Rolando Villazón

AMADEUS AUF DEM FAHRRAD

Roman

─────

Aus dem Spanischen
von Willi Zurbrüggen

Rowohlt

Die Arbeit des Übersetzers
am vorliegenden Text wurde vom
Deutschen Übersetzerfonds gefördert.

3. Auflage Juli 2020

Originalausgabe
Veröffentlicht im Rowohlt Verlag, Hamburg,
Juli 2020
Copyright © 2020 by Rowohlt Verlag GmbH, Hamburg
Satz aus der ITC Legacy
bei Dörlemann Satz, Lemförde
Druck und Bindung CPI books GmbH,
Leck, Germany
ISBN 978-3-498-07070-0

Die Rowohlt Verlage haben sich zu einer nachhaltigen
Buchproduktion verpflichtet. Gemeinsam mit unseren
Partnern und Lieferanten setzen wir uns für eine klimaneu-
trale Buchproduktion ein, die den Erwerb von Klimazerti-
fikaten zur Kompensation des CO_2-Ausstoßes einschließt.
www.klimaneutralerverlag.de

Für Lucía immer
Und für Darío und Mateo –
großartige Mozart'sche Geister

«All children, except one, grow up.»

Peter Pan, J. M. Barrie

———————

«Don't never forget
your true and faithful friend
Wolfgang Amadé Mozart»

W. A. Mozart in
Joseph Franz von Jacquins Stammbuch

Eins

DIE VÄTERLICHE
FESTUNG

1

*A*ls ich aus dem Lärm des Bahnhofs ins Freie trat, hob ich als Erstes den Blick und suchte nach der Burg auf dem Berg. Mein Vater erwähnte sie jedes Mal, wenn er von seinen Reisen in diese Stadt erzählte. Ich sah nichts als Wolken, Dächer und den fernen Schatten der Berge. Die Sonne brannte. Aus irgendeinem Grün drang Vogelgesang zu mir. Eine Frau fächelte sich mit dem Programmheft der Sommerfestspiele Kühlung zu. Ein tiefer Atemzug. Ich war angekommen.

Ich kam nach Salzburg, um ein doppeltes Vorhaben zu verwirklichen: das Versprechen einlösen, das ich meinem Vater ins unbewegte, hinter dem Qualm seiner Zigarre nur zu erahnende Gesicht geschrien hatte, und zugleich den aus diesem Versprechen erwachsenen Traum zu begraben, der heute, nach all den Jahren beharrlichen Strebens, ein ganz anderer – fader, kümmerlicher – ist als der pralle herrliche, den zu genießen ich mir einmal vorgestellt hatte.

Mein Vater besuchte jeden Sommer abwechselnd die weltbekannten Festspiele in der Geburtsstadt Mozarts sowie die ebenso berühmten Bayreuther Festspiele. Begonnen hatte er mit dieser Tradition schon als lediger Mann, sobald er über ein Einkommen verfügte, welches ihm erlaubte, sich die kostspieligen Ausflüge von Mexiko nach Europa zu leisten. Nach seiner Heirat besuchte er mit meiner Mutter weiterhin die Opernsommer – wie er sie nannte –, und auch durch die Ankunft der Kinder wurden diese Reisen nicht unterbrochen.

Uns ließen sie in Süddeutschland auf dem Bauernhof der deutschen Verwandten zurück, damit wir unsere deutsche Grammatik festigten sowie die Liebe zur Natur und dem einfachen Leben lernten, derweil sie perlenden Wein tranken, in verfeinerten Soßen serviertes Wild verspeisten und ihre Seelen mit der Musik der Unsterblichen erweiterten – sowie ihren Anekdotenschatz, mit dem sie die Gäste noch beim Dinner zu Hause beeindrucken konnten. Erst nach dem Tod meiner Mutter, als ich ein Jugendlicher war, ließ mein Vater seine Opernsommer zunehmend öfter ausfallen, bis er eines Tages gänzlich Abstand davon nahm.

Zwölf Jahre sollte das richtige Alter sein, hatte er beschlossen, um auch die Kinder in die Tradition einzuführen. Zwei Monate nachdem mein älterer Bruder an seinem zweiten Opernsommer teilgenommen hatte und während meine Schwester sich auf ihren ersten vorbereitete, wurde ich geboren. Die Schwangerschaft meiner Mutter kam spät und war nicht geplant. «Ein Unfall», sagte mein Vater, mir das Haar verstrubbelnd, in einem leutselig herablassenden Tonfall, den ich verabscheute. Bei der Bemerkung kam ich mir vor wie ein gebrochenes Bein, wie ein Gesicht mit einem Auge oder ein umgekipptes Glas Wein. Und während die Familie zu den Festspielen ging, verbrachte der «Unfall» die Sommer auf dem langweiligen Bauernhof der Verwandten unter trippelnden Hühnern und gemächlich widerkäuenden Kühen und träumte davon, nach Salzburg zu fahren. Ich glaube, eine CD mit der Musik Mozarts, die meine Mutter mich während der Hausaufgaben hören ließ, war die Ursache dafür, dass ich die Mozartstadt der Wagnerstadt vorzog. Ich wollte, dass mein erster Opernsommer mich nach Salzburg führte. Als ich jedoch ein gewisses arithmetisches Bewusstsein erlangte und meine kleinen Finger nutzen lernte, um die Jahre zu zählen, die mir bis zu meinem Zwölften noch fehlten, sowie die Abfolge der Festspieljahre zu errechnen, stellte ich wohl zum ersten Mal in meinem Leben fest, dass eines Menschen Wünsche nur selten mit dem zusammenfallen, was die Wirklichkeit bereithält. In dem Jahr meines zwölften Geburtstags würde die Reise nach Bayreuth gehen. Ich seufzte, lernte, mich damit abzufinden, blieb jedes Jahr auf dem Bauernhof, und schließlich – viele Kühe und Hühner später – kam der Sommer meines Eintritts in die Tradition.

Mein Vater hätte gern *Rheingold* oder den *Fliegenden Holländer* gesehen; beide von perfekter Dauer, um den kleinen «Unfall» in die Welt der Oper einzuführen. Doch in dem Jahr – 1999 – wurde keine der beiden gegeben. Mein Vater erwog die Möglichkeit, mein Eintreten in die Familientradition zu verschieben. Obwohl das bedeutet hätte, dass das Ziel meiner ersten Reise Salzburg gewesen wäre, konnte ich keine Kühe und Hühner mehr ertragen und brannte darauf, die Familie zu begleiten. So ungestüm war mein Flehen, so überzeugend mein Versprechen, mich gebührend vorzubereiten, dass mein Vater schließlich einwilligte, mir die CD der Oper überreichte, die ich zum ersten Mal sehen würde, und ich ihn nicht zu enttäuschen schwor.

Tristan und Isolde. Fünf Stunden Musik.

Ich beschloss, mir jeden Abend vor dem Einschlafen einen Akt anzuhören. Über mehrere Wochen legte ich jedes Mal vorm Zubettgehen eine andere CD ein. Die Aufnahme, hatte mein Vater mich gleich wissen lassen, sei legendär: Furtwängler am Pult, Flagstad und Suthaus in den Hauptrollen und der junge Fischer-Dieskau als Kurwenal. Die Namen der anderen Interpreten nannte mein Vater nicht, wohl aber den einer außergewöhnlichen Sopranistin, Elisabeth Schwarzkopf, die, so hieß es, auf Wunsch der Flagstad die zwei hohen

Töne beisteuerte, die diese aufgrund ihres Alters nicht mehr zustande brachte – die aber für eine vollständige Schallplattenaufnahme der Isolde notwendig waren.

Anfangs machte mich diese ausufernde Musik ratlos, war für mich ein einziger Klangwirrwarr, der mein Verständnis überstieg; zugleich jedoch erlebte ich dabei angenehme und unerwartete Stimmungssprünge, die meine Neugier beflügelten. Ich versuchte, weniger zu verstehen und mich stattdessen auf diese kleinen Gefühlsexplosionen zu konzentrieren. Das war gut so, und bald schon begann ich, die Musik zu genießen, mich auf die Wechselwirkung zwischen ihr und mir zu freuen. Dass ich irgendwann immer einschlief (stets an den gleichen Stellen der Aufnahme), störte mich nicht. Ich war überzeugt, dass ich mir die Musik und ihre Geschichte auch im Schlaf aneignen konnte.

In den Nächten des ersten Aktes entflammte die Ouvertüre meine Brust und rief die ersten Träume hervor. Ich lauschte ihr, den Blick zur dunklen Zimmerdecke gerichtet. Die Schatten schienen lebendig zu werden und sich zu bewegen, sich einander zu nähern, sich zu vereinen, zu tanzen und lustvoll mit dem sanften Strom der melodischen Flut zu verschmelzen. Dann trat Stille ein. Die ferne, schwebende Stimme des jungen Seemanns lullte mich ein; doch das plötzliche Ungestüm Isoldes, das verderbliche Stürme beschwor, weckte mich wieder auf. Und weiter lauschte ich dem prahlerischen Kurwenal, der Erregung Isoldes, während sie Brangäne den unerschütterlichen Blick Tristans beschrieb; an der Stelle jedoch, als Brangäne den ritterlichen Tristan beschwor, Isolde aufzusuchen, schlief ich ein.

In den Nächten des zweiten Aktes überwältigte mich der Schlaf nach den Warnungen Brangänes und dem Duett der Liebenden, die dem nahenden Tag trotzig entgegensahen.

Und in den Nächten des dritten Aktes fiel ich gerade dann in Schlaf, wenn Tristans Tod sich ankündigte. Gegen Ende der Aufnahme aber, wenn die Flagstad des *Liebestods* erhabene Worte wogen ließ, erwachte ich weinend, tief gerührt.

So verbrachte ich die Nächte vor der Reise, lauschend, träumend, mit wachsender Ergriffenheit mein Dabeisein am ersten Opernsommer bereitend. Ich ließ mich gefangen nehmen von dieser geschmeidigen, melodienreichen Musik, die sich wie eine gewaltige, leuchtend schöne Schlange aufrichtete; eine unsichtbare Anaconda, die meinen Leib zusammenpresste, sich zärtlich sanft und mörderisch entschlossen um mich schlang, bis sie mir einen Seufzer abrang, eine Träne, mir die Sinne schwanden.

Endlich kam der Tag der Abreise. Zum ersten – und letzten – Mal würde die gesamte Familie nach Bayreuth fahren. Meine Geschwister machten mürrische Gesichter; sie reisten mehr meinem Vater zu Gefallen als aus eigenem Wunsch. Am Flughafen überreichte mein Vater mir meinen Reisepass. Es war das erste Mal, dass er mir das Dokument anvertraute. Dieser Vertrauensbeweis rührte mich und bestätigte mir meinen Eintritt in die Musiktradition.

Wir passierten die Sicherheitskontrolle, frühstückten grüne Enchiladas in einem mit bunten Pappmachéfiguren und Mariachihüten dekorierten Restaurant und schauten uns die Läden an. Als es Zeit zum Einsteigen war, mussten wir am Gate unsere Reisedokumente vorzeigen. Eifrig wollte ich meinen Pass aus der Tasche ziehen und stellte erschrocken fest, dass er nicht mehr da war, wo ich ihn hingesteckt hatte. Mein Vater begann zu schimpfen und Verwünschungen auszustoßen und nannte mich einen verantwortungslosen Esel. Meine Geschwister wohnten der Szene mit einer gewissen Hoffnung bei, dass die Reise möglicherweise ausfallen könnte. Meine Mutter ergriff mich am Arm und zerrte mich nervös zum Restaurant, wo wir zu meinem Glück den Pass in der Sitzecke des Tisches fanden, an dem ich meine Enchiladas verschlungen hatte. Wir waren die Letzten, die an Bord gingen. Für den Rest der Reise nahm mein Vater den Pass in Verwahrung.

Am Tag der Vorstellung steckten sie mich in einen Smoking, in dem ich wie ein herausgeputzter Zwerg aussah. Die Fliege drückte mir den Hals zusammen, die Jacke kniff unter den Armen, und das Gel, das meine Haare bändigen sollte, verströmte einen unangenehmen Geruch. Doch nichts davon kümmerte mich; die Erregung, die ich in diesem Augenblick empfand, ließ mich alle Unannehmlichkeiten ertragen.

Wir nahmen unsere Plätze ein. Das Orchester stimmte die Instrumente, mein Herz pochte vor Aufregung. Der einstimmige Akkord des Orchesters löste sich auf in individuelle Skalen, einzelne Noten und *pizzicato*, dann in Stille. Die Lichter verloschen. Aufgeputscht von der erwartungsvollen Elektrizität eines glanzvollen Ereignisses, das für mich bereits Wirklichkeit war, begann ich zu klatschen. Ich wusste nicht, dass der Dirigent in diesem Theater nicht mit dem Applaus begrüßt wird, mit dem man ihn überall sonst empfängt.

«Noch passiert ja nichts, beherrsch dich», flüsterte mein Vater mit der Selbstgefälligkeit des Kenners, der spontane Aufwallungen nur widerwillig erträgt. Er irrte sich, denn für mich passierte eine ganze Menge, alles, und wenn seine Bemerkung mich auch erröten und meinen ignoranten Applaus verstummen ließ, pulste in meinen Adern doch weiterhin eine stürmische Freude, die mich übermannte.

Ein paar Minuten vergingen, und dann ließ Daniel Barenboim aus dem Dunkel und der Stille diesen ersten unvergesslichen Akkord des Stückes erstehen und begann mit der Inspiration und Weisheit, die nur den Großen gegeben ist, das gewaltige Gerüst des musikalischen Monuments zu errichten. Und das Monument war in der Vorstellung viel größer, viel eindrücklicher und wundervoller, als ich es von der Aufnahme kannte, und die Anaconda, in die es sich verwandelte, umschlang nicht nur meine, sondern die Brust eines jeden im Saal, und wir alle wurden zu einem einzigen, genussvoll erstickenden, bewegten, verzauberten Körper. Am Ende der Ouvertüre rutschte ich auf die Kante meines unbequemen Sitzes vor, damit mein Vater die Träne nicht sah, die mir aus dem Auge quoll. Weit vorne sang der junge Seemann, und seine Stimme war samtener und klang ferner als auf der Aufnahme. Isolde seufzte sehnsuchtsvoll den Sturm herbei. Ich hörte Waltraud Meiers wunderbare Stimme nicht nur, mein ganzer Körper nahm diesen Klang auf, vibrierte mit dem Gesang und dem Orchester. Und all das passierte hier und jetzt, in diesem einzigartigen Augenblick, und nicht in einem Studio vor vielen Jahrzehnten. Ich kleiner Mensch war ein Resonanzraum, der dazu beitrug, dem Augenblick Lebendigkeit zu verleihen.

Kurwenal sang seinen Protest, es folgte der Dialog zwischen Brangäne und Isolde und danach die Bitte an Tristan, Isolde aufzusuchen. Doch plötzlich verloren die Sänger auf der Bühne ihre Farben, wurden zu gleitenden Schatten ähnlich denen, die an der Decke meines Zimmers getanzt hatten. Mein Verstand benebelte sich, meine Lider wurden schwer, und im selben musikalischen Moment wie während meiner vorbereitenden Nächte sank ich in einen nicht aufzuhaltenden Schlaf. Vergebens waren die verhaltenen Rippenstöße und das heimliche Zwicken, mit denen meine Mutter mich aufzuwecken suchte. Ich erwachte vom Applaus am Ende des ersten Aktes.

Während des Essens in der Pause stichelten meine Geschwister über den kleinen Schläfer, meine Mutter streichelte mir hin und wieder über das vom parfümierten Gel starre Haar, mein Vater sparte sich jeden Kommentar.

Bevor wir unsere Plätze für den zweiten Akt wieder einnahmen, ging ich zur Toilette, befeuchtete mein Gesicht mit kaltem Wasser, klopfte mir auf die Wangen, bis sie sich röteten, und kehrte wacher als eine Eule an meinen Platz zurück. Die Lichter erloschen, und mein Vater flüsterte mir ins Ohr:

«Träum was Süßes.»

Meine Wangen waren jetzt nicht mehr das einzige Rot auf meiner Haut. Mein ganzer Körper brannte vor Zorn. Ich biss mir auf die Lippe, bis ein Tropfen Blut hervortrat. Der zweite Akt begann. Mein Vater würde schon sehen, wie sehr ich diese Musik zu schätzen wusste. Besser jedenfalls als er, der diese Vorstellungen mehr ihres Bombasts wegen besuchte, der ihm reichlich Material für seine späteren Angebereien lieferte, als aus Liebe zur Kunst. Dies hier wurde zu einem Kampf zwischen dem natürlichen, erst frisch in die Kunst eingeführten Liebhaber und dem vor lauter ausgestelltem Wissen unsensibel gewordenen, prahlerischen Musikkenner.

Die Minuten vergingen, ich verfolgte jeden Moment des Geschehens, ohne zu blinzeln, mit durchgedrücktem Rücken, die Fingernägel in meine Schenkel vergraben. Brangäne warnte vor den Gefahren des anbrechenden Tages, die Liebenden ignorierten das heraufziehende Licht, meine Lider fielen zu, mein Kinn sank herab, mein Kopf kippte nach hinten.

Als ich vom Schlussapplaus des zweiten Aktes geweckt wurde, blickte ich in das spöttische Gesicht meines Vaters und auf seinen Finger, der anklagend auf meine Schulter zeigte. Und nachdem er gesehen hatte,, wie ich den Speichelfleck entdeckte, den mein offener Mund auf meiner Jacke hinterlassen hatte, stand er lachend auf und ging zum zweiten Essensgang hinaus.

Am Tisch gab es weiteren Spott von Seiten der Geschwister, weitere entschuldigende Fürsprache meiner Mutter, weitere väterliche Gleichgültigkeit.

Ob ich im dritten Akt einschlafen würde, kümmerte mich nicht mehr, ich erwartete es beinahe. Doch diesmal fielen mir nicht nur die Augen zu, sanken nicht nur Kopf und Kinn herab; zu der Schande des Schlafens fügte ich noch die des Schnarchens hinzu. Geweckt wurde ich dieses Mal nicht von den sanften Rippenstößen meiner Mutter oder vom begeisterten Applaus des dankbaren Publikums, sondern von dem Ellbogen meines Vaters, der mir einen so rohen Stoß an den Oberarm versetzte, dass dieser blau anlief und noch mehrere Tage schmerzte. Den Rest der Vorstellung verbrachte ich schläfrig nickend, geschlagen und gedemütigt, bis die glorreiche Waltraud Meier den *Liebestod* zu singen begann. Jedem Satz des Monologs folgte ich mit wachsender Erregung, war der Wachste von allen. Ihre Stimme drang mit jedem Satz, mit jedem vom makellosen Kristall der Vokale verbundenen Konsonanten in die Poren meines Körpers. Mein Arm schien vor Schmerz zu bersten, aber noch mächtiger war die Explosion meiner Seele, und nichts kümmerte mich, als allein die Stimme der Meier, der gestaltgewordenen Isolde, und das planvolle Dirigat Barenboims, der jeden Takt bedachtsam an den nächsten reihte, in einer Wolke von Klängen, das viel mehr als ein Netz von Noten wob; dies war die klingende Ewigkeit reinen, bewegenden Ergreifens. Ich wurde zum Quell. Ich weinte haltlos, versuchte nicht einmal, meine Tränen zurückzuhalten, im Gegenteil, sie waren der erste Ausdrucks eines Glücks, wie ich es noch nie empfunden hatte.

Ich wurde zum Sturzbach, schluchzte laut. Niemand wagte es jetzt, mich zum Schweigen zu bringen.

Mein Vater sollte später die Bedeutung meiner Tränen herunterspielen. Wer immer auf die Sache zu sprechen kam, dem würde er verkünden, dass ich vor Schmerz über seinen Armhieb zum Wohl der Aufführung und des Publikums geschluchzt hätte. Ich versuchte erst gar nicht, seine falsche Begründung richtigzustellen. Denn ich ahnte, dass er unfähig war, eine Verzückung zu verstehen, die er selbst nie empfunden hatte.

In den Tagen darauf wurde nicht mehr über die Angelegenheit gesprochen, und ich ertrug stoisch meine ungerechtfertigte Schande. Zurück in Mexiko entschloss ich mich jedoch, mit der Komödie des «Nichts-passiert» Schluss zu machen und meinem Vater zu erklären, dass ihm in meiner Musikerziehung ein Fehler unterlaufen sei, indem er zugelassen habe, dass mich Opernmusik des Nachts einlullte, denn so sei es dazu gekommen, dass ich jedes Mal an einer bestimmten Stelle jedes Aktes eingeschlafen sei.

Ich fand ihn Zigarre rauchend im Wohnzimmer, wo er hinter einer Qualmwolke Zeitung las. Ich begann mich zu entschuldigen (wofür?) und versprach ihm, dass so etwas im nächsten Jahr in Salzburg nicht passieren würde.

«Quäl dich nicht, Junge», unterbrach er mich, den Blick von der Zeitung und die Zigarre aus dem Mund nehmend, «ich sollte dir nicht meinen Geschmack aufzwingen. Nächstes Jahr werden deine Geschwister nicht mitfahren. Freu dich, du auch nicht. Wir haben beschlossen, dich in ein Feriencamp nach Boston zu schicken, damit du dein Englisch verbesserst, das doch einiges zu wünschen übrig lässt.»

Ich protestierte, stieß stammelnde Erklärungen hervor, und als ich erkannte, dass seine Entscheidung getroffen war, begann ich zu flehen. Er sagte dann, mit der Zeit würde ich schon lernen, meinen kindlichen Wunsch, ihm zu gefallen, nicht mit echtem ästhetischem Interesse zu verwechseln; das Verlieren meines Reisepasses im Flughafen sei ein deutliches Signal meines Unterbewusstseins gewesen; in Wirklichkeit hätte ich gar nicht mit ihnen verreisen wollen.

«Aber Papa ...»

«Aber nichts da.»

Mein Vater widmete sich wieder seiner Zigarre und seiner Zeitung. Eine aus dem Mund quellende Rauchwolke verschleierte sein Gesicht. Die Sprechstunde war zu Ende. Das Urteil war gesprochen.

Ich verspürte denselben Zorn wie bei der Demütigung, als mein Vater mir vor Beginn des zweiten Aktes «süße Träume» gewünscht hatte. Ich stampfte auf den Teppich.

«Mir egal!», stieß ich atemlos hervor. «Dann werde ich eben selbst ein großer Opernsänger und komme nach Salzburg nicht als Besucher, sondern um den Applaus des Publikums entgegenzunehmen, und dann» – hier zeigte ich anklagend mit dem Finger auf ihn – «wirst du dich daran erinnern, wie ungerecht du heute zu mir gewesen bist.»

Normalerweise blieb ich stumm, wenn ich mich ärgerte; ich war selbst überrascht von diesem übertriebenen, beinahe opernhaften Ausbruch. Hinter der Qualmwolke schaute mein Vater teils mit Neugier, teils mit Zorn auf mich. Er zog die Augenbrauen hoch, betrachtete forschend den «Unfall», der ihm mit frecher Kühnheit ein so melodramatisches Urteil entgegengeschleudert hatte. Langsam nahm er die Zigarre aus dem Mund, stieß eine weitere Qualmwolke aus und sagte:

«Opernsänger ist nichts, was zu werden man entscheidet. Entweder hat man das Talent dazu, oder man hat es nicht.

Wer das Talent an sich entdeckt, hat einen beschwerlichen Weg mit viel Arbeit, viel Disziplin und Mut vor sich und braucht noch viel Glück dazu. Einem Talentierten unter tausend gelingt es, das Singen zu seinem Beruf zu machen. Wir werden sehen, Kleiner» – dabei vollführte mein Vater ein paar etwas verächtliche, kreisende Bewegungen mit seiner Zigarre – «wir werden sehen, ob du einer von denen bist.»

Es folgte eine drückende Stille. Sein ernster, forschender Blick hinter dem Rauchschleier ließ meine Knie zittern. Ich musste schlucken. Ich war wie betäubt. Die Gewissheit, mit der ich meinen Satz gesprochen hatte, war verflogen.

«Kommst du, um mir zu applaudieren, wenn dieser Tag Wirklichkeit wird?», fragte ich und wunderte mich, dass meine Stimme beinahe wie ein Schluchzen klang. Mein Vater zog eine Grimasse, ließ den Zigarrenrauch durch gespitzte Lippen entweichen, und ich würde nie erfahren, ob dieses Luftlachen Ausdruck von Zärtlichkeit, Spott oder Widerwillen war.

Sechzehn Jahre später war dieser Tag Wirklichkeit geworden.

2

*I*ch schleifte meinen Koffer zur Haltestelle der Busse, die in die Altstadt fuhren. Einer war schon voller Fahrgäste und stand mit laufendem Motor bereit. Ich begann zu rennen, stolperte über einen rosafarbenen Koffer, erreichte die Tür, und als ich den Fuß hob, um einzusteigen, ging die Schiebetür vor meiner Nase zu. Bevor der Autobus sich in

Bewegung setzte, erblickte ich im Glas der Schiebetür einen Moment lang mein Gesicht, die ungläubige Überraschung in meinen noch verschlafenen kleinen blauen Augen, den Schweiß auf meiner breiten Stirn, meine bebenden Nasenflügel.

Falls mich jemand während der zehn Minuten beobachtete, bis der nächste Bus kam – und ich bin sicher, dass es jemand tat, es gibt immer jemanden, der mich beobachtet –, muss er gedacht haben, dass ich unter Bewegungsmangel litt oder ein Boxer war, der sich für den Ring aufwärmte. Ich hatte zwar kein Bewegungsproblem, aber das mit dem Boxer war nicht ganz falsch. Es deutete sich ein Kampf zwischen meinen Schatten an, den vergangenen, den üblichen also, und den zukünftigen. Doch das war nicht der Grund, weswegen ich in die Knie ging, von einem Bein aufs andere hüpfte, den Oberkörper nach hinten bog und meine Hüften kreisen ließ, während ich auf den Bus wartete. Eine Wespe flog drohend um meinen Kopf, und ich versuchte – vergeblich – ihr auszuweichen. Der Bus kam, die Wespe blieb draußen, für mich begann das letzte Wegstück zur ersehnten Stadt.

Kurz vor dem Abitur teilte ich meinem Vater mit, dass ich ins Nationale Konservatorium für Musik eintreten und nicht die Universität besuchen würde, wie er es wünschte. Er nahm es gefasst auf und antwortete nicht gleich, und als er es tat, sprach er ohne Zorn und ohne zu gestikulieren, mit der Sicherheit dessen, der weiß, dass er die Macht hat. Er schwor, mir jede finanzielle und moralische Unterstützung zu entziehen, und drohte sogar damit, mich aus dem Haus zu werfen, wenn ich darauf beharrte, diesen absurden Weg zu gehen. Er versicherte mir mit der Selbstgefälligkeit des Erwachsenen, der einem Kind die Gründe erklärt, warum es die Hände nicht ins Feuer halten darf, dass eine akademische Ausbildung die Grundlage für mein Berufsleben sei und dass es dem Bau eines auf Dauer viel zu schwachen und instabilen Fundaments gleichkäme, diese entscheidenden Jahre einer ungewissen künstlerischen Laufbahn zu widmen. Er machte eine Pause und legte seine schwere Hand auf meine Schulter. Vielleicht sollte das eine warmherzige Geste sein; doch für mich war dieser Arm eher eine schwere Zugbrücke, die zwar den Weg zur Festung freimachen, aber ebenso gut jeden Versuch eines Einspruchs gegen die Meinung des Burgherrn niederschmettern konnte. Nach einem Seufzer begann die Festung wieder zu sprechen:

«Und damit du nicht glaubst, ich sei ein herzloses Ungeheuer, verspreche ich, deine gesangliche Berufung zu fördern, falls du am Ende deines Studiums – mit dem Diplom in der Hand – immer noch eine solche verspürst.»

Er schaute mir dabei in die Augen, die Brücke über dem Abgrund, der uns zeitlebens getrennt hat, war herabgelassen. Er erwartete eine Antwort. Eine Stimme des zwischen Bergen brausenden Windes befahl mir, mich nicht von meiner Entscheidung abbringen zu lassen. Ein paar Sekunden lang stellte ich mir den Kampf vor, den zu entfachen ich im Begriff stand, die Ungewissheit, in die ich gestürzt würde, und ich spürte schon den schrecklichen Rausch der Freiheit. Eine andere Stimme, die einer kleinen, zitternden Ratte, empfahl mir versöhnlich, den Vorschlag meines Vaters anzunehmen; wenn es ein universitärer Abschluss war, den er brauchte, um an mein Talent zu glauben, brauchte ich den doch bloß zu machen, und alle Probleme wären ausgeräumt. Der Druck der Hand auf meiner Schulter verstärkte sich; sie war nicht bereit, den ganzen Tag zu warten. Ich schluckte, hielt die Luft an, und dann nahm ich – zögernd zuerst und angesichts des durchdringenden Blicks der Festung schließlich mit unterwürfiger Überzeugung – den Vorschlag an. Zufrieden zog sie die Brücke hoch und ließ mich allein.

Ich begann ein Studium der Betriebswirtschaftslehre an der Iberoamerikanischen Universität; doch parallel dazu und ohne meinem Vater etwas davon zu sagen, suchte ich mir Gesangslehrer, um mich auf das vorzubereiten, was ich als meine wahre Berufung betrachtete. Vier Jahre später hatte ich mein Diplom, wenngleich nur ein mittelmäßiges. Mein Vater verbarg seine Enttäuschung nicht, hielt aber sein Versprechen und sagte, er werde mich ein Jahr lang unterstützen. Diese Zeit hätte ich, um meinen Traum ohne finanzielle Sorgen zu verfolgen, um festzustellen, dass er eine Schimäre sei, fügte er noch hinzu.

Mehr als alles wollte ich ein großer Tenor werden; doch so eifrig ich auch meine Lektionen lernte und Tonleitern übte, so oft ich meine Lehrer und Techniken wechselte, wie viele Stunden ich mir auch die Aufnahmen der berühmtesten Tenöre anhörte, um ihre Geheimnisse zu ergründen, trotz aller meiner Anstrengungen gelang es mir nicht, die hohe Stimmlage zu erreichen. Manchmal schaffte ich mit etwas Glück ein anständiges A, doch nach dem B brachte ich kaum mehr als gestützte Schreie, vibratolose oder kratzige Töne hervor, pfeifende Geräusche. Ich ließ mich jedoch nicht entmutigen und war überzeugt, dass meine beharrliche Arbeit Früchte tragen, ich am Ende meine Technik beherrschen und die stimmlichen Höhen erreichen würde, nach denen ich mich so sehnte. Um meine Fortschritte vor Publikum zu testen, sang ich auf Hochzeiten von Freunden, Bekannten und Verwandten nicht sehr hochstimmige Kirchenlieder; und auf einem dieser Feste erkannte ich unter den Gästen Professor Murillo, den bekanntesten Gesangslehrer der recht überschaubaren mexikanischen Opernwelt und Direktor der

Gesangsklasse der *Escuela Nacional de Música*. Später sprach ich ihn an, wir tauschten Meinungen aus, tranken ein Glas von dem unsäglichen Wein, der zum Abendessen ausgeschenkt wurde, und als wir uns verabschiedeten, schlug er mir zu meiner Freude und Bestätigung, dass ich zum Gesang berufen sei, vor, Unterricht bei ihm zu nehmen.

Dreimal die Woche ging ich in sein Studio, mein Vater zahlte widerwillig die Unterrichtsstunden. In der vierten Woche gemeinsamer Arbeit sagte mir der Professor, der Grund für meine Probleme mit der hohen Stimmlage sei, dass ich eigentlich eine Baritonstimme habe und kein Tenor sei. Mir sank das Herz in die Hose. Bariton! Was wusste ich von dieser tiefen, verführerischen Stimme? Nur wenig, so gut wie nichts. Ich konnte kein Bariton sein; die ganze Theorie meiner Persönlichkeit basierte darauf, Tenor zu sein. Ich wollte, dass Mimi und Violetta und Carmen ihre letzten Seufzer in meinen Armen hauchten; ich wollte die Tode von Werther, Edgard, Lenski und Cavaradossi singen; ich wollte meine Stimme in den Triumphen Nemorinos und Almavivas aufgehen lassen. Nur wer singt, weiß, wie sehr die Stimmlage die Persönlichkeit eines Sängers bestimmt. Die Stimmlage zu wechseln, heißt nicht nur, ein neues Repertoire zu lernen und eine neue physische Stellung der Stimme zu entdecken. Es bedeutet auch einen neuen Aufbau der Persönlichkeit und der Idee davon, wie ein Sänger sich als Mensch sieht. Professor Murillos wegen hätte ich einen Psychologen aufsuchen müssen. Die ohnehin stets düsteren Wolken über meiner Seelenlandschaft waren schwärzer denn je. Ich wusste nicht einmal, was ich dem Professor sagen sollte; ich verabschiedete mich stammelnd, verließ sein Studio und kehrte nicht mehr zurück. Tagelang vergrub ich mich in meine Gedanken und verlor mich in Grübeleien. Ich war nicht bereit, zurückzugehen und meine Stimmtechnik umzubauen, hatte nicht die seelische Kraft, diesen Rückschritt überhaupt in Erwägung zu ziehen. Ich beschloss, auf meine Berufung zu verzichten; noch war es Zeit, mein Streben in eine neue Richtung zu lenken.

Ich sprach mit meinem Vater. Er tröstete mich von seinem Gipfel aus, von dem er immer schon die Schimäre gesehen und gewusst hatte, dass das alles nichts als eine kindische Obsession gewesen war. Seine schützenden Mauern umfingen mich. Er besorgte mir eine Anstellung in einer Beratungsfirma, in der ich mit der Zeit und mit seiner Hilfe auf der Karriereleiter vorankommen könnte. Ich fühlte mich sicher und beschützt, zugleich aber leer und verzweifelt. Die Tage vergingen, einer war wie der andere. Ich hörte mir keine Aufnahmen mehr an. Von Gesang und Oper hielt ich mich fern, vermisste sie aber. Meine Seufzer brachten meinen Vater zur Verzweiflung. Eines Tages traf ich ihn im Büro an, wo er sich mit dem Firmenchef unterhielt, der mich eingestellt hatte, und wir gingen alle drei zum Essen. Wir sprachen über Oper, und mein Vater berichtete von meinem Versuch, Tenor zu werden, von meiner Begegnung mit Professor Murillo und wie ich vom Traum meiner Kindheit Abstand genommen hatte. Aus seinem Mund klang die Geschichte wie ein langer lustiger Witz, den wir alle mit Lachen und erhobenen Gläsern quittierten; doch in meinem Innern regte sich der zornentbrannte Krieger. Das war eine klare Kränkung. Ich hatte meine Berufung und meine mühselige Ausbildung zum Sänger nicht aufgegeben, damit mein Vater sich darüber lustig machte und die Geschichte als drollige Anekdote erzählte. Wenn meine Berufung wahrhaftig war, erkannte ich, dann müsste ich alle Hindernisse überwinden, jeden Spott ertragen, allen Widrigkeiten trotzen. Wenn meine Stimmlage Bariton war, dann musste ich daran arbeiten, bis ich sie beherrschte und sogar ihre Möglichkeiten lieben lernte, um meiner künstlerischen Bestimmung vollkommen genügen zu können. Ich legte den Rückwärtsgang ein und begann von neuem. Ich nahm den Unterricht bei Professor Murillo wieder auf, der entzückt war, mich erneut bei sich zu haben, mitfühlend und glücklich, für meinen Unterricht wieder Honorar zu kassieren. Meinem Vater sagte ich nichts. Ich brauchte ihn nicht mehr, konnte die Gesangsstunden von meinem Gehalt bezahlen, und von dem, was übrigblieb, sparte ich, so viel ich konnte. Ich hatte einen Plan, und ich setzte ihn um. Meine Zielrichtung hatte sich geändert, ich wurde Bariton.

Ein Jahr mit harter Arbeit war vergangen, als ich meine Stellung kündigte. Ich schrieb meinem Vater einen langen Brief, vermied es jedoch, mit ihm zu sprechen, um ihm keine Gelegenheit zu geben, mich umzustimmen. Ich bestieg ein Flugzeug nach Europa, wo ich zum Vorsingen antreten wollte. Er sollte ruhig lachen. Wenn alles so lief, wie ich es erwartete, würde ich auf dem alten Kontinent bleiben und das Singen zu meinem Beruf machen.

3

$\mathcal{D}$ie Fahrgäste unterhielten sich in verschiedenen Sprachen. Ich suchte immer noch den Horizont ab, um die Burg zu finden. Ich kannte sie nicht einmal von Fotos. Jedem Abbild war ich bisher aus dem Weg gegangen, weil mein erster Eindruck der sein sollte, den meine eigenen Augen mir vermittelten, wenn ich davorstand. Ich fühlte mich, als hätte ich kein Auge zugetan, seit ich in München in den Zug gestiegen war. In meiner Brust stritten Erwartung, schmerzhafte Vorfreude und Zweifel miteinander. Das letzte Abenteuer meiner Jugend hatte begonnen, und ich wollte keine Einzelheit davon verpassen, so unbedeutend sie auch scheinen mochte. Hiermit wurde die Akte meiner fehlgeschlagenen Suche nach Ruhm in der Welt der Oper zugeklappt, dies war der letzte Gesang meines gescheiterten epischen Gedichts. Ich übertreibe nicht, wenn ich die angetretene Reise als Odyssee bezeichne, obgleich ich damals noch nicht wusste, dass ich sie als eine solche erleben sollte. Als meine Odyssee. Odysseus' Rückkehr nach Ithaka war jedoch sein Sieg, während die Aussicht, am Ende des Sommers nach Mexiko zurückzukehren, nachdem ich in Europa vier Jahre lang um einen Platz auf der Bühne gekämpft hatte, meine Niederlage war.

Zu meinem ersten Vorsingen fuhr ich nach Prag. Vor dem Betreten des Staatstheaters ließ mich der leere Blick eines gesichtslosen Gespenstes innehalten. Es saß an einer Ecke des Gebäudes, eingehüllt in einen Umhang aus dunkler, grünspaniger Bronze. Die verborgenen Hände ruhten gelassen auf seinen Oberschenkeln und waren von den harten Falten des Umhangs nicht zu unterscheiden. Wo das von der Kapuze umrahmte Gesicht hätte sein sollen, war ein Loch, eine schrecklich abgründige Höhle; stehender Wind, der starrte. Die Skulptur von Anna Chromy schaute mich an mit dem zwingenden Nichts ihres leeren Gesichts vor dem Gesang. Ich las ihren Namen: *Il Commendatore*, wie der steinerne Gast in *Don Giovanni*. Ich riss mich los von diesem Gesicht aus dunklem Hauch, verscheuchte die düstere Vorahnung, die es in mir weckte, und trat durch den Künstlereingang ins Theater.

Mit anderen Sängern, die hin und her liefen und mit geschlossenem Mund Stimmübungen machten, wartete ich in einem kalten Flur, bis ich an die Reihe kam. Ein junger Mann mit verschmierten Brillengläsern, fettglänzendem Gesicht und verdrießlicher Miene rief meinen Namen auf und geleitete mich zur Bühne. Ich übergab dem Pianisten meine Noten und machte mich bereit, zu singen, wie ich noch nie gesungen hatte. Ich hatte vier Arien vorbereitet, singen ließen sie mich drei. Meine Nervosität verwandelte sich in Begeisterung. Das Interesse der vier Juroren war deutlich zu erkennen. Sie flüsterten oft miteinander, während ich sang. Am Ende baten sie mich, wieder im Flur zu warten. Ich sah einen Sänger nach dem anderen eintreten und die meisten von ihnen mit gesenktem Kopf wieder herauskommen, nachdem sie nur ein einziges Stück gesungen hatten. Dann kam der Pianist heraus, der in sein Telefon sprach; der Junge mit der Brille und dem fettglänzenden Gesicht ging gähnend an mir vorbei; drei von denen, die mich angehört hatten, hasteten an mir vorüber, ohne mich eines Blickes zu würdigen. Als ich den vierten der Juroren herauskommen sah, sprach ich ihn einigermaßen verzweifelt an und erinnerte ihn daran, dass man mich zu warten gebeten hatte. Er erkannte mich nicht gleich; dann warf er den Oberkörper zurück und sog mit einem lautlosen «Ah» die Luft ein, legte die Hände zusammen und bedankte sich für meine Interpretation, leider müsse er mir aber mitteilen, dass es keine Rolle für mich gäbe, und wenn auch allen, die zugehört hätten, meine künstlerische Qualität sehr zugesagt habe, so seien sie doch einhellig der Meinung gewesen, ich hätte unnötigerweise versucht, meine klare und von Natur aus brillante Stimme künstlich dunkler klingen zu lassen.

«Sie sind kein Bariton. Sie sind Tenor», schloss er und ging davon, ohne mir die Hand zu geben. Wie versteinert blieb ich mit offenem Mund mitten im Flur stehen. Ich überwand die Enttäuschung, ignorierte die Bemerkung und stellte mich darauf ein, die restlichen Gesangsproben zu absolvieren, die ich geplant hatte. Doch meine anfängliche Begeisterung litt jetzt unter einer chronischen Zweifelsinfektion. Ich sang unsauber in München, wenig inspiriert in Mannheim, textvergessen in Berlin, ohne Tiefe in Paris und mit Grippe in London. Niemand kommentierte etwas, und ich bekam auch keine einzige Rolle.

Meinem Vater sagte ich, drei meiner Gesangsproben seien erfolgreich gewesen. Ich erfand Kurse und Opernwerkstätten. Er verzieh mir nicht, gegangen zu sein, ohne ihm ins Gesicht gesehen zu haben, wünschte mir Glück und bot mir keinerlei finanzielle Hilfe an. Ich fand Arbeit als Kellner in einem mexikanischen Restaurant in Berlin, und danach fotokopierte ich Partituren in einer Musikschule. Ich trainierte meine Stimme wieder bei neuen Lehrern. Einer versicherte mir, ich sei Bariton; der andere, meine Stimme sei die eines Tenors. Was ich am Ende erreichte, war eine gewaltige, lähmende Verwirrung. Meinem Traum vom Künstlerdasein kam ich am nächsten, wenn ich bei Opernaufführungen als Komparse eingesetzt wurde. Ich, der ich geglaubt hatte, zum Singen geboren zu sein, trottete stumm über die Bühne, wie ein Schatten, wie eine von Schreien erfüllte Stille. Meinem Vater schickte ich Fotos mit meinen Kostümen und berichtete ihm, ich singe kleine Rollen in Opern, stiege in meiner Künstlerkarriere Stufe um Stufe die Leiter hinauf. Ich begeisterte mich für meine Lügen, als wären sie in einer Parallelwelt Wirklichkeit geworden. Ich genoss diese Fiktion. Auf einem der Fotos, die ich ihm schickte, war ich als römischer Soldat zu sehen. Meinem Vater schrieb ich, ich spiele die Rolle des

Flavio in *Norma*. In Wirklichkeit stand ich bei dieser Produktion mit fünfzehn anderen Komparsen am Anfang und am Ende der Oper da und schob einen Stuhl zur Seite, damit der Vorhang frei herunterfallen konnte. Dem Bühnenregisseur war der Mexikaner, der den Stuhl verschob, wohl sympathisch, und er lud mich ein, bei seiner neuen Produktion von *Don Giovanni* in Salzburg mitzumachen. Ich sagte sofort zu; glücklich, mein kindliches Versprechen wahrmachen zu können. Meinem Vater sagte ich, man habe mich in Salzburg für die Rolle des Masetto in Don Giovanni verpflichtet, und falls der Sänger erkrankte, würde ich an seiner Stelle singen. «Ein Debüt in Salzburg, Papa. Stell dir vor!» Er reiste unangekündigt nach Berlin und saß eines Nachmittags in meinem Zimmer, das ich gemietet hatte.

«Hältst du mich für blöd, Vian?»

Ich rechtfertigte mich, warf ihm Polizeimethoden vor, versicherte ihm, alles sei wahr, alles entwickle sich phantastisch, er würde schon sehen, wie gut es für mich lief. Ich hob die Stimme und fuchtelte mit den Armen. Mein Vater sagte kein Wort, schaute mich nur forschend an, erkundete jedes Stammeln, jede plumpe Erklärung, jeden Schweißtropfen in meinem ertappten Gesicht und schüttelte unmerklich den Kopf. Er nutzte eine Atempause in meiner stolpernden Rede, stand auf und ging dahin, wo meinem Gefühl nach die Welt am Einstürzen war, ließ, wie er es vor Jahren schon getan hatte, die Zugbrücke auf meine Schulter niedergehen.

«Glaubst du, ich bin blöd, Vian?», wiederholte er mit strenger, gebieterischer und vernichtender Stimme; derselben, die mich als Kind den Diebstahl einer Tafel Schokolade hatte gestehen lassen, und genau wie damals brach ich auch diesmal zusammen. Ich gestand ihm die ganze Wahrheit, von jedem ergebnislosen Vorsingen bis zu meiner wahren Rolle als Komparse. Meine wütenden, hilflosen Tränen konnte ich nicht wirklich vor ihm verbergen. Jahrelang hatte ich mich hinter den Lügen versteckt, die ich meinem Vater erzählte, hinter den Fotos, die ich ihm schickte, um weiterträumen zu können. Sein Blick machte mein entlarvtes Scheitern unwiderruflich.

«Es ist an der Zeit, dass du vernünftig wirst und diese absurden Träume hinter dir lässt», sagte er ruhig und bestimmt. «Komm mit mir zurück nach Mexiko, ich kann dir immer noch in irgendeinem Unternehmen eine Stelle besorgen, damit du endlich beginnst, in der Wirklichkeit zu leben.»

Er ließ einige Sekunden verstreichen, und als er merkte, dass ich nichts mehr zu sagen hatte, nahm er seine Hand von meiner Schulter, fuhr mir damit durchs Haar und meinte:

«Unglaublich, dieser ‹Unfall›. Pack deine Sachen», befahl er dann und griff nach seiner Aktentasche, «wir fahren heute noch.»

«Ich kann nicht, ich habe den Vertrag für Salzburg schon unterschrieben», log ich, und nach einem Moment vorwurfsvollen Schweigens seinerseits bat ich mit flehender Stimme: «Bitte, Papa, lass mich dieses Mal nach Salzburg fahren.»

Mir war, als schössen seine Augen giftige Pfeile ab. Er knirschte mit den Zähnen, schnaufte und schlug seine Fäuste auf die Oberschenkel. Mein Vater verlor niemals die Kontrolle über sich.

«Du bist achtundzwanzig Jahre alt, Vian, ein erwachsener Mann», rief er ungeduldig, erbittert. «Mach, was du verdammt noch mal willst; aber wenn du im September noch nicht in Mexiko bist, kannst du jede Unterstützung meinerseits vergessen.»

Bevor er ging, schaute er mir in die Augen und nahm mir

das Versprechen ab, Ende des Sommers nach Mexiko zurückzukehren. Wir verabschiedeten uns mit einem Händedruck.

In den folgenden Tagen hatte ich das Gefühl, von einem
kraftlosen, unbeständigen Licht umgeben zu sein; in einem
Schatten zu leben, der düster und unausweichlich war. Ich
schloss meine elende Bleibe ab, fuhr nach München und
nahm dort den Zug in die ersehnte Stadt. Während ich die
Landschaft am Fenster vorbeiziehen sah, schwor ich mir,
mich mit all meinen Kräften an das schwache, unbeständige
Licht zu klammern, die kommenden Tage nicht von dem lästigen, unausweichlichen Schatten verdüstern zu lassen und
meinen Aufenthalt in Salzburg wie einen Sieg zu feiern.

4

*E*rhitzt und gereizt drängten wir Fahrgäste uns in dem
holpernd vorankommenden Bus zusammen. An den
Fenstern zogen Häuser in matten Farben vorbei, Gelb, Blau
und Weiß, Grünflächen, ein Schreibwarengeschäft, Fußgänger in kurzen Hosen und Miniröcken, ein Postamt. Erster
Halt. Einer der Fahrgäste nannte den Namen «Mirabell» und
deutete auf den Park, an dem wir vorbeigefahren waren. Ver-
kehrsampeln, Plakate mit den Namen von Opern. Zweiter
Halt. Mein Herz schlug schneller, denn an genau diesem Tag
vor vier Jahren war ich in Mexiko in das Flugzeug gestiegen,
das mich nach Europa zu meinen Vorsingen bringen sollte.
Meine damalige Erregung war jedoch Ergebnis einer erfri-
schenden Ahnungslosigkeit gewesen, einer blind machenden
Begeisterung vor der Begegnung mit dem Unbekannten; die

jetzige hingegen nährte sich aus einer Gewissheit im Angesicht des unwiderruflichen Abschieds.

Der Bus bog nach rechts, ich erblickte eine Bronzeskulptur, die mich an eine zerfließende Schnecke denken ließ, und dann, hinter ihren Windungen, zwischen denen ich ein lächelndes Profil zu erkennen glaubte, sah ich das Haus, in dem die Mozarts gewohnt hatten. Ein großes Metallschild an der grauen Fassade verkündete es: MOZART WOHN-HAUS. Dritter Halt.

Das Einzige, was ich über viele Jahre hin von Mozart kannte, war eine Schallplatte mit seinen bekanntesten Stücken, die meine Mutter mich hören ließ, während ich meine Hausaufgaben machte. Jemand hatte ihr erzählt, diese Musik fördere die intellektuelle Entwicklung von Kindern. Meine arme Mutter, so leichtgläubig, so scheu, so tot.

Der Bus bog jetzt auf die Brücke ein, die in die Altstadt führte. An einer der Straßenecken, die hinter uns zurückblieben, sah ich eine Konditorei, in der es die berühmten Mozartkugeln gab. Ich musste lächeln, denn schon lief mir das Wasser im Mund zusammen. Wenn mein Vater von seinen Besuchen in dieser Stadt nach Mexiko zurückkam, pflegte er ausgewählte Gäste zum Abendessen einzuladen. Nach den aufsehenerregenden österreichischen Gerichten ließ er zum Kaffee die Schokoladenkugeln reichen. Und dann – schweren Brandy in der einen, qualmende Zigarre in der anderen Hand – fing der Gastgeber an, seine märchenhaften Anekdoten des Sommers zu erzählen. Mir war es verboten, diese Süßigkeiten zu probieren. Manchmal stahl ich eine und verschlang sie mit einer solchen Wonne, dass ich den Geschmack von Nougat, Marzipan und dunkler Schokolade kaum im Mund behielt; aber mein Vater, der unerbittlich Buch über die Schokoladenkugeln führte, so wie er es über alles tat, was sich in seinem Haus befand, ließ meine Diebstähle nie ungestraft. Mein Vater. So aufgeblasen, so diszipliniert, und ach, so lebendig.

Lange österreichische Fahnen hingen schwunglos an hohen Masten, die sich schlank entlang der Brücke erhoben. Zum ersten Mal hätte ich jetzt die Burg sehen können, wenn mich der Anblick der breiten, grünen, quirligen Salzach nicht abgelenkt hätte. Ich schaute auf und sah ein Bauwerk auf dem Hügel. Sollte das die Burg sein, waren ihre Ausmaße bescheiden; doch dann deutete ein Tourist auf das Gebäude und gab ihm einen Namen. Es war das Museum der Moderne. Zu dem Zeitpunkt hatte ich noch nicht die geringste Ahnung, welche Bedeutung diesem Ort in meinem Leben zukommen würde. *Altstadt Zentrum*, sagte eine weibliche Stimme vom Band, damit einen vielsprachigen Begeisterungschor auslösend. Vierter Halt. Meiner.

Die Türen öffneten sich, mehrere Leute stiegen aus. Auf dem Bürgersteig versuchte ein großer dicker Mann mit Boxertänzeln umherschwirrenden Wespen auszuweichen. Er hatte meine Anteilnahme. Ich querte eine überdachte Gasse und erblickte zu meiner Rechten ein Hutgeschäft. Meine nicht sehr hochgewachsene Gestalt spiegelte sich im Schaufenster, in dem Baskenmützen, Filzhüte, Melonen, mit Gänsefedern geschmückte Zweispitze und andere Hüte ausgestellt waren. Einer mit hoher Krone schien einen Moment lang auf dem Spiegelbild meines Kopfes aufzusitzen. Ich verließ die schattige Gasse und trat auf den Marktplatz. In der Mitte sprudelte ein Brunnen. Die goldenen Buchstaben eines mittelalterlich anmutenden Transparents aus rotem Stoff verkündeten den Eintritt in die Goldgasse. Ich verharrte auf dem kleinen Platz inmitten der Menschen, die ohne Hast kamen und gingen, lauschte dem Plätschern des

Brunnens unter einer Sonne, die die Fassaden weißte, und während einer Minute überschäumender Freude war mir völlig egal, was mit mir werden würde und was bislang gewesen war. Das sich zu Ende des Sommers schließende Kapitel interessierte mich genauso wenig wie die dann anstehende schmerzliche Rückkehr. Ich war hier, das allein zählte, und am nächsten Tag begannen die Proben. Als trüge ich ihn auf dem Kopf, lüpfte ich den Hut mit der hohen Krone, den mein Spiegelbild getragen hatte, und grüßte mit theatralischer Geste die alte, ehrwürdige Stadt.

«Hallo, Salzburg, da bin ich nun.»

Ein paar Schritte von meinem spontanen Gruß entfernt stand ein Mann mit gezwirbeltem Schnauzbart, Tirolerhut, kariertem Hemd, kurzer Lederhose mit Hosenträgern und einer gebogenen Pfeife in der Hand und schaute mich verwundert an. Aus einer Konditorei blinzelte ein lächelnder Mozart herüber. An meinem Gesicht schwirrte eine Wespe vorbei. Ich war angekommen.

5

Weil ich einem Haufen Pferdemist ausweichen wollte, kam es zu diesem glücklichen Zusammenstoß. Ich war stehengeblieben und las eine Plakette am Haus neben dem Café Tomaselli, in dem Mozarts Witwe mit ihrem zweiten Mann und ihren Kindern gewohnt hatte. Um den dunklen, schwitzenden Pferden einer Kutsche aus dem Weg zu gehen, die mir entgegenkam und aus der drei Touristen ihre Fotos schossen, musste ich zur Seite treten. Als ich der Kutsche hinterherschaute, entdeckte ich zum Glück ein Stück weiter das Salzburg Museum und erkannte, dass ich am Marktplatz falsch abgebogen war. Ich musste eine Straße mit Kolonnaden finden, die an der Stiege endet, welche zum Nonnberg führt. Das Haus, in dem ich die kommenden drei Wochen wohnen würde, lag an der Nonnbergstiege, und die Verwalterin erwartete mich seit einer halben Stunde. Mein Vater hatte mir wiederholt aufgetragen, pünktlich zu sein. Die Hauseigentümer waren Kunden von ihm, und er wollte keinen schlechten Eindruck bei ihnen hinterlassen. Das Haus wurde wochenweise an Künstler vermietet, die bei den verschiedenen Festivals eines Jahres auftraten; da sich aber für diese ersten Sommerwochen noch niemand angemeldet hatte, boten sie es meinem Vater an, und ich konnte es benutzen, ohne Miete zu bezahlen. Ich hätte die Hilfe am liebsten abgelehnt, doch die Leere in meinem Geldbeutel war überzeugender als das Ausmaß meines Stolzes. Ich akzeptierte. Die Frage der Miete war damit fürs Erste zwar geklärt, aber für den Rest der Saison hatte ich noch keine Bleibe; darum würde ich mich später kümmern.

Ich schlug die neue Richtung ein, schleppte weiter meinen Koffer hinter mir her und folgte der Kutsche. Ich betrachtete die Fenster der historischen Gebäude, den strahlend klaren Himmel, den großen Brunnen in der Mitte des Platzes, dem ich mich näherte. Mir war heiß. Die Hufe der müden Pferde klapperten auf dem Kopfsteinpflaster. Das Pochen in meinen Schläfen hörte sich wie ihr Echo an. Das Sonnenlicht bleichte alle Fassaden, Mozarts Name auf der Plakette am Café Tomaselli pochte hämmernd in meinem Kopf. Mir war schwindlig. Ich hätte das Taumelgefühl gern genutzt, um in Mozarts 18. Jahrhundert mit seinen Perücken und gepuderten Gesichtern, seinem ätzenden Humor und den falschen

Schönheitsflecken zu entschwinden. Der Wunsch zu träumen allein reichte jedoch nicht. Mein Unwissen stand der Phantasie im Weg, und der Tagtraum reduzierte sich auf ein Sammelsurium unvollständiger Bilder. Ich wischte mir den Schweiß von der Stirn und beschleunigte meine Schritte.

Die Kutsche bog ab zu einer Stelle, an der schon andere auf Kundschaft warteten. Ich hatte eine Vorahnung, ein herber Geruch drang mir in die Nase, und die Stimme meines Vaters stieg in meiner Erinnerung auf, erinnerte mich daran, beim Gehen die Hände aus den Hosentaschen zu nehmen und auf meine Schritte zu achten. Ja, ich neigte zum Stolpern. Doch diesmal warnten mich die Stimmen meiner Erinnerung, der deutliche Geruch und die Vorahnung gerade noch zur rechten Zeit. Ich sah den Haufen Pferdemist, in den zu treten ich im Begriff stand, und tat einen diagonalen Sprung darüber hinweg. Der übertriebene Satz zur Seite war genauso groß wie meine Freude, nicht in den Haufen hineingetreten zu sein. Doch die Freude währte nicht lange. Ihr folgte auf dem Fuß ein Schrei in Italienisch: «*Ma che pazzo!*», der zu späte Klang einer Klingel, ein harter Schlag in meine Seite und danach ein Ausruf des Schreckens, des Schmerzes und der Überraschung. Ich fand mich auf dem Boden wieder, direkt vor dem nutzlos sich drehenden Rad eines Fahrrads und daneben eine wilde Lockenpracht, die sich aufzurichten suchte. Leute eilten herbei, um der Radfahrerin auf die Beine zu helfen. Ich stand alleine auf, und als ich mich umsah, fand ich die Zahl der Menschenfreunde und der Neugierigen doch etwas übertrieben.

«Ich bin okay, ich bin okay», sagte die Radfahrerin in einem italienisch klingenden Englisch, als sie sich rasch erhob und jene höflich abwies, die ihr zu helfen versuchten. Ich bekam das aus den Augenwinkeln mit. Ich schaute mich um, sah aber nicht, wo mein Koffer gelandet war. Sie trat zu mir.

«*E tu, stai bene?*»

«Ja, nichts passiert, alles gut», sagte ich errötend, und mir vorgeblich den Staub von der Kleidung klopfend, vermied ich ihren Blick, damit sie mir meine Beschämung nicht ansah. Noch mehr Leute kamen hinzu.

«*Are you sure?*», beharrte sie ernst und legte eine Hand auf meine Schulter. Ich spürte ihren forschenden Blick. Ich nickte wortlos, und als ich sie nun endlich ansah, wurden meine Augen tellergroß, mein Magen hüpfte. Es war die anerkannteste, die berühmteste Mezzosopranistin der Welt, es war Cecilia Bartoli.

«Es tut mir sehr leid», sagte ich, doch es hörte sich an wie «Ich-kann-nicht-glauben-, dass-ich-mit-Ihnen-spreche-, die-ich-so-sehr-bewundere».

«Ist schon gut», erwiderte sie und setzte sich den Fahrradhelm aufs Haar, das ein loderndes Lockengewitter war. «Uns ist ja beiden nichts passiert. *Che pazzo!*», rief sie lachend. «Du bist wie ein erschrockener Grashüpfer plötzlich zur Seite gesprungen.»

Jemand brachte ihr das Fahrrad, sie bedankte sich mit einem Lächeln. Die Umstehenden hielten mit einem Mal Mobiltelefone in der Hand und fotografierten. Sie gab ein paar Autogramme. Ich sah einen Mann, der rasch etwas in ein kleines Notizbuch kritzelte, und ein Mädchen, das mich hasserfüllt anstarrte und wütend ihr buntes Eis am Stiel leckte. Eine elegant gekleidete Frau trug einen nutzlosen Regenschirm an diesem heißen, wolkenlosen Tag.

Die Bartoli gab ein letztes Autogramm, schwang sich auf ihr Rad, setzte den Elektromotor in Gang und drehte sich zu mir, wohl um mir *arrivederci* zu sagen.

«Ich arbeite diesen Sommer auch am Theater», bemerkte ich mit vermutlich viel zu hoher Stimme in dem Bestreben, unsere Begegnung in die Länge zu ziehen. «In der neuen Produktion von *Don Giovanni*», fügte ich hinzu und spürte die Blicke einiger Neugieriger auf mir.

«Ach ja?», fragte Cecilia interessiert. «Welche Rolle singst du?»

Daraufhin erklärte ich ihr überhastet und mit wirren Worten, dass ich nicht sänge, sondern in der Aufführung von *Don Giovanni* eine Statistenrolle hätte, eigentlich aber Sänger sei, Gesang studierte, genauer gesagt, dass dies eine große Chance für mich sei und ich deshalb die Rolle angenommen hätte, mehrere Jahre in Berlin gewohnt, aber große Lust hatte, hier in diese Stadt zu kommen, und dass die Begegnung mit ihr schon beweise, dass es sich lohne, bei den Festspielen dabei zu sein, wenn auch nur als Komparse, und, wer weiß, vielleicht würden wir ja eines Tages zusammen auf der Bühne stehen, was natürlich nur ein Traum sei, schließlich könne ich mich als Künstler nicht mit ihr vergleichen, aber, Menschenskind, wenn man nicht träumte, seine Träume nicht bis zur letzten Konsequenz verfolgte, würde man von Anfang an in seelenlosen Büros bei geistlosen Arbeiten versauern, vielleicht sei das mein Schicksal, doch erst mal hätte ich noch dieses Engagement und der Unfall sei vielleicht ein Zeichen, obwohl ich nicht wisse, ob für was Gutes oder was Schlechtes, auf jeden Fall sei es sehr gut, sie kennengelernt zu haben, und mein Vater würde sicher tief beeindruckt sein, wenn …

Cecilia Bartoli folgte meiner labyrinthischen Erklärung mit verständnisloser Miene, als wäre das, was sie zu hören bekam, ein langer, komplizierter, ganz unwahrscheinlicher Zungenbrecher.

«*Bene*», sagte sie schließlich und richtete erneut den Helm auf ihrem amazonenprächtigen Haar. «Dann sehen wir uns da.» Ihre Hände umfassten den Lenker. «Wie ist dein Name?»

«Vian», antwortete ich.

«*In bocca al lupo*, Vian», wünschte sie mir mit warmer Stimme und fuhr, allen Umstehenden ein Lächeln schenkend, das wie Seifenblasen oder Sternenkränze war, davon. Sie beschleunigte und grüßte noch einmal munter winkend aus der Ferne. Die Geste wurde von den Umstehenden mit begeistertem Applaus beantwortet. Und dann, als hätte sie auf diesen Augenblick gewartet, trat die Frau mit dem nutzlosen Regenschirm vor die Applaudierenden, breitete die Arme aus – der Regenschirm baumelte an ihrem Unterarm – und begann, jaulende Töne von sich zu geben, die wohl kulminierende Soprantriller sein sollten. Der Applaus verstummte, die Blicke wandten sich von der Diva zu der jaulenden Frau. «Das ist die Verrückte, die singt», sagte jemand, der die Frau schon zu kennen schien. Die komische Dame stieß einen letzten misstönenden Triller aus, der alle Luft aus ihren Lungen sog. Danach Stille. Sie legte ihre kleinen Hände an die Brust, wobei sie den herabgleitenden Schirm geschickt am Griff auffing, grüßte mit einer langsamen, feierlichen Verbeugung und eilte mit trippelnden Schritten glücklich davon. Die Leute zerstreuten sich unter Kommentaren und lauten Bemerkungen. Niemand beachtete mich. Ich hob meinen Koffer auf.

«Entschuldigung, wie sagten Sie, war Ihr Name?», fragte mich der Mann, der eifrig in sein Notizbuch geschrieben hatte.

«Vian», sagte ich, als machte ich eine Aussage unter Eid. «Vian Mauer.»

Einen Moment lang stand ich wie benommen mitten auf

dem Platz. Ich hörte Hämmern, eine ferne Geige und das Plätschern des Brunnens. In meinen Schläfen pochte es wieder. Mir war, als träte ich aus einem seltsamen Traum, doch mein schmerzender Körper sagte mir, dass dies alles keine Illusion gewesen war. Was für ein Gesicht mein Vater machen würde, wenn ich ihm erzählte, dass ich mich mit der Bartoli unterhalten hatte! Dann fiel mir die Hausverwalterin ein, die auf mich wartete, und ich marschierte wieder los. Auf dem Spann meines Fußes spürte ich plötzlich etwas Warmes. Der Mann mit dem Notizbuch zauberte ein Mobiltelefon hervor und fotografierte mich. Ich war soeben in einen Haufen Pferdeäpfel getreten.

6

*I*ch säuberte meinen Schuh, so gut ich konnte, und war noch keine zehn Schritte gegangen, als ich – aus purer Eingebung – nach oben schaute. Ich hielt meine Hand als Sichtschutz über die Augen. Da sah ich sie zum ersten Mal zwischen zwei gegenüberliegenden Dächern. Schlicht, still, weit entfernt. Mehr breit als hoch. Dort auf dem Berg über der Stadt lag die Burg. Eine zerfasernde Wolke darüber ließ mich an den Rauch der Zigarre denken, die meines Vaters Gesicht einhüllte. An der Fassade blinkte ein rotes Licht. Wie ein schlafloses Auge, das mich beobachtete.

Das Summen meines Telefons riss mich aus der Betrachtung des Gebäudes, von dem ich so oft geträumt, das ich so oft gefürchtet hatte. Sehr passend: Auf dem Display erschien eine Nachricht meines Vaters. Er fragte, wo zum Teufel ich sei, die Hausverwalterin warte schon seit fast einer Stunde auf mich. «Mir ist was dazwischengekommen, Papa», antwortete ich, und um ihm zu imponieren, setzte ich gleich hinzu: «Ich habe Cecilia Bartoli auf der Straße getroffen, und wir haben uns lange unterhalten.» Seine Antwort kam unverzüglich: «Ist mir schnurz, wen du getroffen hast. Sieh zu, dass du zum Haus kommst, wenn du diese Nacht nicht auf der Straße schlafen willst. Und blamier mich nicht länger vor den Leuten.»

Ich antwortete, ich sei schon so gut wie da, und setzte meinen Weg fort. Meine Stimmung verdüsterte sich. Der Kummer über das Scheitern meines Traums kehrte zurück und versetzte der Hochstimmung, mit der ich aus dem Bus gestiegen und in die Altstadt marschiert war, einen spürbaren Schlag. Jetzt ging ich zu einem Haus, das mein Vater mir besorgt hatte, so wie ich Ende des Sommers in ein kleines kaltes Büro gehen würde, das mir ebenfalls mein Vater besorgt hätte. Mein Magen drehte sich um, oder vielleicht rebelliert er auch nur jetzt, da ich diese Zeilen schreibe und erkenne, wie unfähig ich mich fühlte, nach eigenen Lösungen zu suchen; wie leicht ich mich am Ende meiner Versuche von der schützenden, autoritären und vermeintlich wohlwollenden Hand meines Vaters lenken ließ. Ich hörte schon den Flügelschlag und das Krächzen meines Raben. Der verfluchte Rabe, der mich verfolgt, so lange ich denken kann. Wie ein dunkler, rauschender Blitz flog dieser Vogel eines Tages aus meiner umwölkten Seele nach draußen und schlug mit seinem Schnabel die ganze Schwärze der Wolken und seines Gefieders in mein Gemüt. Seitdem folgt er mir. Sein beharrlicher, nie nachlassender Flügelschlag verfinsterte oft meine Stimmung in der Kindheit; sein fauliges Krächzen machte die unerklärlichen Trauerschübe meiner Jugend schier unerträglich, und in jenen Tagen räuberte er in noch giftigerer Dunkelheit, und mit weiteren seiner Art verschlechterte er die ohnehin schwankenden Stimmungen eines Menschen ohne verlässlichen Plan und ohne Gewissheiten.

Ich ging schneller, um dem Raben zu entkommen. Nicht, dass ich ihm entfliehen könnte, ich trug ihn ja in mir; aber die Bewegungsenergie half mir, ihm aus dem Weg zu gehen, seinen Flug umzulenken. Das schlappende Geräusch meiner Schritte und das Scharren der kleine Steinchen zertrümmernden Räder meines Rollkoffers vereinten sich mit dem mein zügiges Vorwärtsschreiten begleitenden Klanggemisch von Lachen, Brunnengeplätscher, einem Flugzeug, das seine weiße Wölkchenspur über den Himmel zog, einer Melodie von Morricone, die ein Geiger gegen den Lärm von Hämmern, Eisen und Brettern auf dem Domplatz durchzusetzen suchte, wo Arbeiter die Bühne für das traditionelle Theaterstück *Jedermann* errichteten. Am Mozartdenkmal ging ich vorbei, ohne ihm große Aufmerksamkeit zu schenken, und bog nach rechts ab. Ein sonnengebräunter Mann mit einem Radetzkyschnauzbart kam mir dort entgegen und schrie etwas in einem deutschen Dialekt, den ich nicht verstand. Ich betrat eine lange schmale Gasse, danach eine andere. Ich schwitzte. Dann sah ich unter einem hohen Betongewölbe den Geiger vor mir. Ich blieb stehen und schaute mich um. Ich sah weder eine Galerie noch die Treppe, die ich suchte. Irgendwann musste ich falsch abgebogen sein. Ich beschloss zurückzugehen, kehrte dem Geiger den Rücken zu, wurde jedoch am Weitergehen gehindert. Der leere Blick eines gesichtslosen Gespenstes hielt mich zurück, das im Schatten einer Nische hockte. Es war eine andere Version der Skulptur von Anna Chromy, derselben, die mich genauso leer, mit dem gleichen eindringlichen Nichts vor dem Ständetheater in Prag angeschaut hatte. In Salzburg heißt sie nicht *Il Commendatore*, sondern *Die Pietà*. Ich war nach Prag gefahren, um zum ersten Mal in dem europäischen Theater vorzusingen, in dem die Oper *Don Giovanni* uraufgeführt worden war. Nach Salzburg war ich gekommen, um als Komparse in der neuen Produktion der gleichen Oper aufzutreten. Das Schicksal stellte mich bei meiner Ankunft in beiden Städten vor den gleichen Bronzeumhang, die gleiche körperlose Hülle. Aberglaube und Zufall bewirkten, dass ich im leeren Gesicht der Gespenster einen Spiegel aus Luft und Schatten sah, in dem ich die beiden Enden meines Scheiterns erblickte. Das gleiche bronzebedeckte Gespenst am Anfang und am Ende meines Abenteuers vorzufinden, war, als sähe ich den Ausgangspunkt der Linie, die ich in der tschechischen Hauptstadt zu ziehen begann, mit ihrem Ende in der österreichischen Stadt verbunden und so einen leeren Kreis bilden. Das Antlitz der Statue war das Abbild meines vollendeten Scheiterns.

Der Rabe stieß ein betäubendes Krächzen aus. Seine scharfen schwarzen Federn zerrissen die Luft, die mich umgab. Ich musste so schnell wie möglich eine lichte Zuflucht finden. Wenn ich es mir fest vornahm, gelang es mir manchmal, unter den dunklen Wolken meines Zweifels und Kleinmuts einen Raum für Optimismus aufzutun, den ich meine «lichte Zuflucht» nannte. Schon als Kind lernte ich, das Licht dieser inneren Zone zu suchen, ihren Halt, ihre Oasenfrische, in der ich mich für Momente, für Stunden, manchmal für Tage vor den wüsten Angriffen der finsteren Raben verstecken kann.

Erste Strategie: Ich begann, Verse zu deklamieren. Was von den vielen Gedichten übriggeblieben war, die ich als Kind auswendig gelernt hatte. Um meine Raben zu vergessen und mich zu beruhigen, las ich Gedichte und lernte sie auswendig. Je abstrakter, desto lieber waren sie mir; desto öfter fand ich in diesen Worten, die ihre Bedeutung dehnen konnten, um ganz andere Dinge zu sagen, den Freiraum, in dem ich die Hieroglyphen meiner eigenen Worte unterbringen konnte, die meiner ureigenen, noch nicht entzifferten Sprache. Ich lernte viele Gedichte auswendig, habe sie aber alle vergessen. Nur einzelne wenige Verse hüpfen mir manchmal auf die Lippen, wenn ich sie herbeirufe, und wehen als Waisen davon, traurig, weil sie nur ein verstümmeltes Gedicht sind; Stofffetzen eines Banners, das ich in anderen Schlachten flattern ließ. Ich bewegte kaum die Lippen, als ich im Gehen Verse von Mistral, von Poe, von Baudelaire, von Rimbaud deklamierte.

Zum zweiten Mal kam ich an der Mozartstatue vorbei, trat auf eine breite Straße ohne Autos und fand die Straße der Galerien. Auf dem Gehweg bat eine Frau um Almosen. Der schwarze Flügelschlag fiel über die Kuppel der zerbrochenen Verse her. In meiner schlecht gebauten lichten Zuflucht zog ich den Kopf ein. Die Verse allein reichten nicht aus. Zweite Strategie: eine vielfarbige Geometrie suchen. Wenn die Gedichte nicht reichten, stellte ich fest, dass ich die schützende Kraft auch in bestimmten Dingen finden konnte, in denen sich kombinierte Farben zu einer Ordnung fügten: Kaleidoskoprosen, Regenbögen, die sich bildeten, wenn man den Daumen gegen die Sonne unter einen Wasserstrahl hielt, Bilder von Kandinsky. Wie viele Stunden verbrachte ich damit, Papierblätter zum Leuchten zu bringen oder die Zeichnungen bunter mexikanischer Phantasiefiguren zu betrachten, um mich des Angriffs der Raben zu erwehren! Ich musste eine Farbenkombination finden, um meine lichte Zuflucht zu stabilisieren. Mein Koffer machte einen

Satz und verlor eines seiner Räder. Ich fluchte. Der Rabe kam näher. «Wer bist du denn in dieser Stadt der Siege und Sieger?», fragte der dunkle Vogel, als er sich auf mich stürzte. Kein Bariton, kein Tenor, kein Sänger, kein gar nichts; nur etwas Dunkles, das sich metaphysische Zufluchten ausdenkt; ein Unfall, die Leere im Gesicht eines Gespensts. Die bettelnde Frau schaute mich an, und in ihren Augen glaubte ich einen Funken Mitleid zu erkennen. Ich schämte mich meiner Raben angesichts ihres Elends. Jetzt würde ich diese Schuld auch noch mit mir herumtragen müssen. Und den schweren Koffer bis zur Treppe. Da kam mir eine Idee, eine Art Spiel, das mich retten könnte. Ich erinnerte mich an Pípila, den mexikanischen Minenarbeiter und Nationalhelden, der im Unabhängigkeitskrieg während der Belagerung der Alhóndiga de Granaditas – ein gewaltiges Bauwerk, einer Festung gleich! – einen Grabstein auf seine Schultern lud, um sich vor dem Geschosshagel zu schützen, und so das Tor erreichte und sprengen konnte und damit den Aufständischen zum Sieg verhalf. Ich hob meinen lahmenden Koffer hoch und wuchtete ihn mir auf den Rücken, als wäre er eine Grabsteinplatte und ich Pípila. Nun konnten die Raben kommen und mich mit ihren krächzenden Schnäbeln behacken.

Ich erreichte den Fuß der Stiege verschwitzt und mit schmerzendem Rücken. Nun begann der Aufstieg. Eine Gruppe Studenten ging lachend und sich schubsend ebenfalls hinauf, und als sie mich überholten, spürte ich ihre neugierigen Blicke. Meine Knie zitterten bei jedem Schritt, das Gewicht des Koffers schien mich auf die Treppenstufen niederdrücken zu wollen, meine Armmuskeln, die ihn hielten, waren zum Zerreißen gespannt. Sahen die jungen Leute in mir den leidenden Helden, der sich vor den Schnabelgeschossen der Raben schützte, um Unabhängigkeit zu gewinnen? Nein, ihr spöttisches Gelächter und belustigtes Flüstern, nachdem sie mich hinter sich gelassen hatten, verrieten mir, dass sie nur ein Possenspiel sahen, das karnevalistische Treiben eines Narren, eines schnaufenden Schildkrötenmanns. Ich fragte mich gerade, warum so viele Leute die Stiege hinauf- und hinuntergingen, als mein Telefon summte. Sicher wieder eine ungeduldige Nachricht meines Vaters. Ich blieb stehen und überlegte einen Moment, ob ich weiter hinaufsteigen oder die Last absetzen und den Anruf annehmen sollte. Ein Typ in silbernem Anzug, mit silbernen langen Strümpfen, einer silbernen Perücke mit Nackenzopf und einem silbernen Gesicht, in das der Schweiß kleine silbrige Furchen zog, sprang, zwei Stufen auf einmal nehmend, an mir vorbei die Stiege hinunter. Das war Mozart. Im ersten Moment wusste ich nicht, ob meine Erschöpfung mir einen Streich spielte und mir eine Sinnestäuschung zeigte, einen aus der Zeit gefallenen Geist, oder ob der vorbeihastende Mensch ein als Mozart verkleideter Schauspieler war, der zu seinem Posten als menschliche Statue eilte, um sich ein paar Münzen zu verdienen. Ich entschied mich, mein Telefon steckenzulassen, da ich sonst meinen Koffer hätte absetzen müssen und, da ich immer noch kein Farbspektrum gesehen hatte, die Raben mich zerhacken würden. Ich setzte meinen Aufstieg fort. Ab und zu hob ich den Kopf, um die Hausnummern der Gebäude zu sehen, die die Treppe säumten. Die Nummern tanzten mir vor den Augen. Meine Beine waren wie Blei, und jeder Schritt war ein Wunder an Willenskraft und Bewegung. Ich weiß nicht, wie es mir gelang, nicht auf eine Schnecke zu treten, die auf der Stufe vor mir kroch. Mein Fuß schwenkte gerade noch rechtzeitig zur Seite und trat daneben. Ich blieb stehen und betrachtete sie. Irgendjemand würde sicher dieses Tierchen unter seiner Schuhsohle zertreten, bevor es die andere Seite der Treppenstufe erreicht hätte. Ich empfand Mitleid. Von meinem Gesicht tropfte der Schweiß und bildete feuchte Flecken auf dem Zement. Die Sonne ließ sie fast augenblicklich verschwinden. Trotz der herabstoßenden Raben musste ich dieses kleine Leben retten, das meinen Weg gekreuzt hatte. Ich stellte meinen Koffer auf der Treppenstufe ab, ohne ihn loszulassen, bückte mich langsam und unter Schmerzen (die Folgen des Zusammenstoßes mit der Bartoli machten sich bemerkbar) und nahm mit zwei Fingern der freien Hand die Schnecke auf, die sofort ihre Fühler einzog und sich in ihr Schneckenhaus verkroch, als sie sich ergriffen fühlte. Mein Telefon summte, und ich erschrak zwar nicht sehr, wohl aber genug, um den Koffer loszulassen. Mit verkrampftem Magen und aufgerissenen Augen sah ich mein Gepäckstück die Treppenstufen hinunterpoltern, in zwei Hälften aufspringen, einen Teil seines Innern von sich geben und auf einem Treppenabsatz zehn Stufen unter mir liegenbleiben. Ich starrte ungläubig und keuchend hinunter, die Schnecke zwischen Zeigefinger und Daumen. Ein Mädchen war rechtzeitig zur Seite gesprungen, um dem unerwarteten Projektil zu entgehen. Meine Augen begannen zu glänzen, ein Lächeln stahl sich in mein Gesicht, ohne dass ich sie ansprach. Die Raben flohen entsetzt. Ich hatte die Farben meiner lichten Zuflucht gefunden.

*I*hr Haar war vielfach gefärbt, in hellem Blau und Limettengrün, einem bisschen Gelb und Rot mit purpurnen Spitzen. Sie sah mich an, ich sah sie an, sie sah das Durcheinander auf der Treppe, zeigte den Anflug eines Lächelns und begann einzusammeln, was herausgefallen war. Ich stieg so schnell es meine zitternden Beine zuließen und alle belustigten und neugierigen Blicke ignorierend, zu ihr hinunter. Die Schnecke setzte ich auf meine Schulter, damit ich die Hand freibekam. Ich begann ebenfalls, meine Habseligkeiten aufzusammeln.

«Danke», sagte ich.

«Kein Problem», antwortete sie mit einem ausländischen Akzent und ohne mich anzusehen, ganz darauf konzentriert, meine Kleidung in den Koffer zu legen. Sie tat es gefühlvoll und sehr kunstfertig, faltete sie, sie beinahe streichelnd, als wären es magische Teile oder Museumsstücke. Sie trug keinen Schmuck. Ein feiner Schweißfilm ließ ihre bloßen Schultern glänzen. Ich dachte, sie müsse nach dem fruchtbaren Frühling eines leichten, frischen Parfüms riechen oder nach der Rebellion von Bier und Zigaretten. Um es herauszufinden, sog ich die Luft ein; ich tat es langsam und tief, um mich nicht zu verraten. Sie roch nach nichts ... ein bisschen nach feuchter Erde vielleicht ... und nach unter der Sonne gebräunter Haut. Zwischen ihren schmalen Fingern mit kurzen, unlackierten Nägeln erschien eine meiner mit Bugs-Bunny-Figuren bedruckten Unterhosen. Ich beugte mich über meine Socken und einen Pyjama, um mein rot gewordenes Gesicht zu verbergen. Als alle Kleidung wieder im Koffer verstaut war, hob ich meine Zahnpastatube und ein Kaleidoskop auf und sie ein Buch. Sie betrachtete das Foto von Antonin Artaud auf dem Umschlag und las laut den Titel: «Los Tarahumares.»

«Ist das gut?», fragte sie auf Spanisch. Sie blätterte durch das Buch, ohne an einer Zeile hängenzubleiben.

«Ja, sehr gut», antwortete ich, entzückt, in meiner Sprache sprechen zu können. «Hast du es gelesen?»

«Das nicht, aber andere Bücher von ihm», sagte sie.

«Artaud war ein erleuchteter Verrückter.»

Sie blätterte im Buch und hielt bei einem unterstrichenen Absatz inne. Die Zeilen mit dem Finger verfolgend wie eine artige Schülerin, las sie laut vor:

«In der Kabbala gibt es eine Ziffernmusik, und diese Musik, die das materielle Chaos auf seine Prinzipien reduziert, erklärt durch eine Art grandioser Mathematik, wie die Natur die Entstehung der Formen, die sie dem Chaos entzogen hat, ordnet und lenkt.»

«Artaud war ein Verrückter ... wie sagt man, ein ...», sie suchte erfolglos nach dem spanischen Adjektiv und sagte dann auf Deutsch: «ein erhabener Verrückter.»

«Ja, ja, sublim», half ich ihr begeistert, «furios und kreativ und genial. Aber er musste es teuer bezahlen. Seine Vernunft lag in Fesseln.»

«Die Vernunft fürchtet alle, die gegen die bestehende Ordnung aufbegehren und gegen die Regeln, die sie aufgestellt hat.» – Sie ließ das Buch zwischen zwei Hemden und den Bugs-Bunny-Unterhosen verschwinden. – «Ich mag Verrückte.»

Ich hatte den Eindruck, diese Unbekannte meinte meinen Vater, als sie von der Vernunft sprach, und mein frohlockender Geist war überwältigt von dem dringenden Wunsch, selbst verrückt zu werden.

Wir erhoben uns, und ich bedankte mich noch einmal bei ihr. Ihre Aufmerksamkeit schien sich aber schon auf etwas anderes zu richten. Ich wollte unbedingt mit ihr im Gespräch bleiben, und da mir nichts Besseres einfiel, fragte ich sie, ob sie wisse, warum so viele Menschen auf dieser langen Treppe unterwegs waren.

«Sie führt hinauf zur Burg», antwortete sie etwas erstaunt. Mir rann ein Schauer über den Rücken. Ich erklärte ihr, ich sei gerade erst in der Stadt angekommen, und fügte nicht ohne Stolz hinzu, dass ich bei einer neuen Produktion der Festspiele mitarbeite.

«Im Theater also», bemerkte sie abwesend, als sagte sie es zu jemand anderem. «Okay, dann sehen wir uns», schloss sie in rätselhaftem Ton, hob die Hand nach Art der Indianer, setzte ein rasches «Tschüs» hinzu, wandte sich um und ging, die Hände in den Taschen ihrer Pluderhose vergraben, davon. Ich glaubte schon seit langem nicht mehr an Liebe auf den ersten Blick; doch irgendetwas an diesem Mädchen hatte mich angezogen, und dieses Etwas war weder erotische Phantasie noch romantische Schwärmerei. Es war eher der Verdacht, einem wunderbaren Wesen, einem ungewöhnlichen Menschen begegnet zu sein. Schön, auf ihre Art, und grausam (vielleicht); hintergründig und außergewöhnlich (mit Sicherheit) wie eine mythologische Gestalt. Ich musste sie wiedersehen. Ich fühlte aufkommende Kühnheit in meiner Brust; eine glänzende Perle, die ihre Kraft verströmte bis an den Ort, an dem die Wörter entstehen. Ich sollte ihr etwas zurufen. Mit einem übertrieben hinausgebrüllten «Nochmals danke!» beginnen, nach dem sie sich umdrehen und noch einmal lächeln würde. Danach müsste ich sie irgendwas fragen: nach ihrem Namen, ihrer Telefonnummer, ob sie auch bei den Festspielen arbeite. Irgendeine Antwort würde schon über ihre Lippen kommen und dann ... Ein neuerliches Vibrieren in meiner Hosentasche nahm dem Schrei, der absprungbereit auf meiner Zunge lag, den Schwung. Meines Vaters Ungeduld lenkte mich ab, und die Perle der Kühnheit in meiner Brust schmolz dahin wie meine Schweißtropfen auf dem Zement. Bevor das Mädchen unten an der Treppe meinen Blicken entschwand, entdeckte ich in ihrem Nacken ein Tattoo, konnte aber seine Form nicht erkennen. Mein Blick lag gebannt auf ihrem farbigen Haar.

8

*E*rleichtert, endlich vor der gesuchten Hausnummer zu stehen, stellte ich meinen Koffer auf dem Treppenabsatz ab. Bevor mein Daumen auf den Klingelknopf drücken konnte, wurde die Tür aufgerissen. Eine gutgekleidete alte Dame stand auf der Schwelle. Ihr weißes Haar war zusammengebunden, die schmalen Lippen fest aufeinandergepresst, der Blick ihrer ernsten grauen Augen durchbohrte mich.

«Ah, der junge Mauer. Endlich!», rief sie und legte die Hände zusammen wie jemand, der einem Wunder beiwohnt oder einer Katastrophe. «Frau Schmulzen», fügte sie hinzu und streckte ihre magere Hand aus, die sie mich eine halbe Sekunde lang festhalten ließ.

«Sehr erfreut. Ich weiß, dass ich mich verspätet habe», begann ich zu erklären, «entschuldigen Sie, aber mir sind ein paar Missgeschicke passiert ...»

Mitten in meiner Erklärung hielt ich inne, als der graue

Blick der Hausverwalterin von meinen Augen auf meine Schulter sprang und sich ein Ausdruck von Überraschung und Ekel auf ihrem faltigen Gesicht abzeichnete.

«Oh», rief ich mit gespieltem Erstaunen beim Blick auf die Schnecke. «Wie mag die dahin gekommen sein?»

Ich zog das kleine Weichtier von meiner Jacke, bemerkte die klebrige Spur, die es auf meiner Schulter hinterließ, und setzte es vorsichtig auf einen schmalen Streifen Gras, der sich zwischen Hauswand und Treppe hinzog.

«Fertig», sagte ich, mir die Hände abklopfend. Die Frau schaute auf die feuchte Schneckenspur, schenkte mir ein mitleidiges Lächeln und seufzte, ob aus Rührung oder Verzweiflung, vermochte ich nicht zu deuten. Sie warf einen Blick auf ihre Armbanduhr.

«Folgen Sie mir», sagte sie, und ich befolgte ihren Befehl unverzüglich.

Das Haus war luftig, schlicht und gemütlich. Es hatte zwei Stockwerke. Im oberen befanden sich ein Wohn- und Esszimmer und eine schmale, langgestreckte Küche. Vom Wohnraum aus erreichte man eine quadratische Terrasse mit einem Tisch und zwei weiß gestrichenen Eisenstühlen sowie ein paar Topfblumen, um die Wespen kreisten. Während sie mich herumführte, erklärte Frau Schmulzen mit knappen Worten, wie Waschmaschine, Heizung, Mülltrennung, Heißwasserboiler, Elektrogeräte und Internet funktionierten. An den Wänden hingen gerahmte Lithographien: alte Stadtansichten, Zeichnungen von Dürer, ein Stillleben. Auffällig waren die zahlreichen Obelisken, die überall herumstanden: auf den Nachtschränkchen, zwischen Stapeln von Hochglanz-Büchern, in zwei in den Wänden eingelassenen Nischen. Ich befinde mich im Haus der Obelisken, dachte ich. Auf einer Kommode stand ein Schachbrett mit Figuren, von denen ein weißer Bauer fehlte. Mein Vater hatte meinen Geschwistern und mir zwar das Schachspiel beigebracht, uns aber nie in die Geheimnisse seiner Spielzüge eingeweiht. Er genoss es, zu gewinnen und sich im Sieg generös zu zeigen, voller Verständnis für unsere strategischen und intellektuellen Beschränkungen. Meine Schwester erzählte immer wieder gern, wie ich ihn doch einmal beinahe geschlagen hätte. Sie bog sich vor Lachen, wenn sie sich daran erinnerte, wie meinem Vater das überlegene, milde Lächeln, das er stets aufsetzte, wenn er mit uns spielte, plötzlich aus dem Gesicht fiel, als er begriff, dass ich seinen König in Schach gesetzt hatte. Bleischwere Stille senkte sich über das Zimmer. Seine gerunzelte Stirn ließ an einen granitgrauen Himmel kurz vor Ausbruch eines Gewitters denken. Bis ein unbedachter Zug meinerseits ihm aus der Klemme und zum Sieg verhalf, sodass er wieder der großzügige Gewinner sein konnte. Während meine Geschwister noch immer staunend darüber sprachen, wie der Kleinste von uns dreien den Unschlagbaren beinahe geschlagen hätte, mochte ich ihnen nicht gestehen, wie wichtig es mir war, dass mein Vater gewann. Wenn ich verlor, schenkte er mir nämlich sein Lächeln, strubbelte mir mit seiner großen Hand durchs Haar und sagte schmunzelnd, ich müsse noch viel üben, wenn ich ihn eines Tages besiegen wolle. Heute frage ich mich, ob zu denken, dass es mir nichts ausmachte, dass er gewann, dasselbe bedeute wie: Ich habe gern verloren. Es ist, als würde ich mich fragen, ob das Cis und das Des, die auf derselben schwarzen Taste angeschlagen werden, ein und dieselbe Note sei.

«Eine Zahnlücke», scherzte ich, auf das Schachbrett mit dem fehlenden Bauern zeigend. Die alte Dame lächelte still und fuhr mit ihrer Führung fort.

Wir stiegen eine Spindeltreppe hinunter. Im Untergeschoss befanden sich Bad, Ankleideraum und ein Studio. Von dort aus betrat man ein Gärtchen mit zwei Sonnenliegen, die mich sogleich einluden, zu faulenzen, zu lesen, Siesta zu halten. Die Frau schien meinen Trägheitsgedanken zu bemerken, schüttelte den Kopf und verschwand, um die Tür zum Bad wieder zu schließen. Ich nutzte den Moment, um meinem Vater eine Nachricht zu schicken und ihm mitzuteilen, dass ich angekommen und alles in Ordnung war. Als ich meinen Blick vom Telefon hob, blickte ich in die grauen Augen von Frau Schmulzen, die mich ansahen wie die einer Lehrerin, die einen Schüler auf frischer Tat bei einem Streich ertappt hat.

«Eine Nachricht für meinen Vater», sagte ich schuldbewusst wie der ertappte Schüler. «Er machte sich Sorgen, weil ich nicht rechtzeitig zu der Verabredung mit Ihnen kam.»

«Ein wahrer Kavalier, Ihr Herr Vater», verkündete die alte Dame.

Nicht wie Sie, hätte sie wohl zu mir gesagt, vermutete ich, wenn sie es nicht so eilig gehabt hätte, den Rundgang mit mir hinter sich zu bringen.

«Ein wahrer Kavalier ...», murmelte sie noch einmal und schüttelte bedächtig den Kopf, als könne sie es nicht glauben.

Ich wusste, dass meine Schwester vor einigen Sommern dieses Haus gemietet hatte, war mir aber nicht sicher, ob mein Vater das wusste. Ob Frau Schmulzen meinen Vater auch Kavalier genannt hätte, wenn sie die Geschichte meiner Schwester kennen würde?

Vor meiner Geburt, vor dem «Unfall», liebäugelte mein Vater eine Weile damit, nach Deutschland zu ziehen, dem Land seiner Eltern; doch er fand nie eine Stellung, die es ihm erlaubt hätte, in Europa dasselbe Leben zu führen, wie er es sich in Mexiko angewöhnt hatte. Als er begriff, dass der Luxus, die Annehmlichkeiten und die Überlegenheit des Hellhäutigen, die er in Mexiko genoss, ihm in Deutschland verwehrt bleiben würden, verabschiedete er sich von seinen Auswanderungsplänen. Das Thema wurde nicht mehr angesprochen. Deutschland war nur noch das Ziel der Opernsommer und hin und wieder eines Besuchs auf dem Bauernhof der Verwandten. Meine Schwester arbeitete in Mexiko in der Pharmaindustrie, und nach zwei Jahren bot man ihr eine leitende Stellung in Frankfurt an. Als mein Vater erfuhr, dass seine Tochter den Sprung über den Atlantik geschafft hatte, der einmal seine große Sehnsucht gewesen war, machte er aus der Sache einen persönlichen Affront, verbarg seinen Neid unter der Maske des Schmerzes, weil seine Tochter ihn verließ. Er versuchte sogar, sie von ihren Plänen abzubringen, verschaffte ihr einen besserbezahlten Posten in der Firma eines seiner Freunde, bot an, ihr ein Haus zu kaufen. Meine Schwester ließ sich jedoch von ihrem Weg nicht abbringen und entschied sich obendrein für ein unorthodoxes Leben. Sie hat sich entschlossen, keine Kinder zu haben und lebt unehelich mit ihrem Lebensgefährten zusammen, bis die Liebe endet; danach will sie wieder ohne Partner leben. Für meinen Vater war es eine leidvolle Erfahrung, dass der berufliche Erfolg seiner Tochter sie nach Übersee führte, sie dort aber nicht die brave und fleißige Gattin und Hausfrau sein würde, wie er es sich immer vorgestellt hatte; und dass sie ihm keine Enkel schenken würde, war für ihn unerträglich. Er sprach kein Wort mehr mit ihr.

Kurz nach diesem Bruch aß ich mit meinem Vater zu Mittag, als mein Bruder übers ganze Gesicht strahlend nach Hause kam. Meine Mutter war da schon nicht mehr bei uns. Hochgefühl und Glück perlten ihm aus allen Poren. Er stellte sich vor den Tisch und erklärte mit nervöser Stimme den Grund seiner Freude: Er war schwul, hatte sich in einen anderen Jungen verliebt, und sie würden als Paar zusammenleben.

Ich richtete den Blick sofort auf meinen Vater. Er sagte nichts und starrte unbewegt auf einen Punkt jenseits des Esszimmers. Einer seiner Finger begann auf die Tischplatte zu trommeln, wurde immer schneller. Dann hörte das Trommeln auf, und ihm folgte ein Fausthieb auf den Tisch, dass Geschirr und Besteck erbebten. Mein Vater heftete den Blick auf meinen Bruder, schaute ihm direkt in die Augen.

«Ich habe nur noch einen Sohn», sprach er und legte seinen von täglich vierzig Minuten Kraftsport gestählten rechten Arm um meine Schultern. «Verschwinde auf der Stelle aus diesem Haus, in dem Anstand noch etwas gilt.»

Das Gesicht meines Bruders verkrampfte sich, er schluckte mühsam, zog die Mundwinkel enttäuscht nach unten und stieß ein kurzes, trauriges Lachen aus. Sein Stolz stoppte rechtzeitig die Tränen, die seine Pupillen trübten. Und mit diesen schwimmenden Augen sah er uns an. Ich hätte zu ihm gehen sollen, ihm sagen sollen, dass ich mich freue, ihn so glücklich zu sehen, und dass er immer auf mich zählen könne. Ich hätte zu meinem Bruder laufen und ihn umarmen sollen, ihn wissen lassen sollen, dass er immer noch eine Familie hatte und es mich einen trockenen Furz interessierte, ob er einen Mann oder eine Frau heiratete. Doch in dem Moment, als ich die Vorwärtsbewegung, die Bewegung hin zu meinem Bruder einleitete, drückte mein Vater seinen Arm ein wenig fester in meinen Nacken und grub seine Finger noch etwas tiefer in meine Schulter. Diese beiden Bewegungen lähmten mich: die zupackenden Krallen, das Gewicht seines Arms auf meinen Schultern. Ich rührte mich nicht. Ein resigniertes Lächeln trat auf meines Bruders Lippen, und er schenkte mir sein Verzeihen mit einem verständnisvollen, zärtlichen Blick. Wie oft hat mich ein Glücksgefühl überschwemmt, wenn ich an diese Augen voller Tränen dachte! Von dem Halbkreis aus, den die muskulösen Arme meines Vaters bildeten, sah ich meinen Bruder die Festung für immer verlassen. Er ließ die Tür sacht hinter sich ins Schloss fallen, sanft wie der letzte Schlag eines Herzens. Er hätte sie zuknallen, aus den Angeln reißen, die Wände damit zum Wackeln bringen sollen, damit wir, die wir zurückblieben, vor Schuld zu Boden gesunken wären. Keines meiner Geschwister bekommt je einen Anruf von meinem Vater. Schachmatt. Jeder verliert. Festung verrammelt. Er hat sie beide aus seinem Leben verbannt; den einen, weil er eine «Schwuchtel», die andere, weil sie eine «undankbare Feministin» ist. So hat er es mir, ungerührt und ohne Reue, eines Nachmittags in Berlin gesagt. Warum war keines seiner Kinder so wie die seiner Freunde? Dem Reichtum zugetan und väterliche Befehle befolgend, stolze Verschwender des Erbes, müßiggängerische Nutznießer väterlichen Schaffens, ewig dankbar für das ungeheure Glück, niemals zu den Verlierern gehört zu haben! All dies fragte er sich an jenem Tag in Berlin und versicherte mir, dass ihm ein paar dankbare Taugenichtse lieber seien als diese undankbaren und fehlgeleiteten Ratten, von denen nichts mehr wissen zu wollen er ganz recht getan habe. «Du wirst mich nicht enttäuschen», sagte er zu mir. Auf mich setzte er seine ganze Hoffnung, und ich spürte, wie mir meine Zukunft unter den Händen wegfaulte.

«Meine Schwester hat hier vor ein paar Jahren gewohnt», sagte ich.

«Es ist ein wunderschönes Haus», entgegnete Frau Schmulzen und führte mich mit kurzen schnellen Schritten wieder die Treppe hinauf. Im Wohnzimmer zeigte sie mir – Fernbedienung in der Hand –, wie der Fernseher funktionierte. Durch das Fenster drang ein Lichtstrahl herein, in dem Staubpartikel tanzten. Das Licht fiel auf ein Buch, das Mozart auf dem Umschlag zeigte. Vom Fenster aus sah man den kleinen Balkon des Nachbarhauses, und wenn man den Blick ein wenig nach links wandte, eine niedrige, moosbewachsene Mauer, hinter der ein Stück der Stiege sichtbar wurde mit den vielen Leuten, die nach oben oder nach unten gingen. Ich ertappte mich dabei, dass ich unter denen, die gerade vorbeigingen, nach einem bestimmten Gesicht Ausschau hielt. Doch offensichtlich gehörte keines davon dem Mädchen, das aus seinem Haar eine Kaleidoskop-Rose gemacht hatte.

«So, ich glaube, das wäre alles», sagte Frau Schmulzen lächelnd. «Alles weitere werden Sie schon selbst entdecken. Ich muss jetzt gehen. Für den Fall, dass Sie heute keine Zeit mehr finden, zum Supermarkt zu gehen, habe ich Ihnen eine Flasche Mineralwasser und etwas zu essen hingestellt. In der Speisekammer finden Sie Kaffee, Zucker und Teebeutel. Sagen Sie, wie ist eigentlich Ihr Vorname?»

«Vian», antwortete ich, zum dritten Mal, seit ich in Salzburg war.

«Ah, Sie haben den Nachnamen des französischen Schriftstellers als Vornamen.»

«Genau!», rief ich und wollte ihr schon die absurde Geschichte vom Zustandekommen unserer Vornamen erzählen, doch sie gab mir mit unverwechselbaren Gesten (Blick auf die Armbanduhr und ein fast lautloser Ausruf der Bestürzung) zu verstehen, dass sie gehen musste.

«Bitte entschuldigen Sie meine Eile und die hastige Art, mit der ich Ihnen alles gezeigt habe. Ich habe nämlich einen Termin und komme schon zu spät, müssen Sie wissen. Ich gebe den Kindern im Flüchtlingszentrum Deutschunterricht. Hier haben Sie meine Telefonnummer, und falls Sie noch Fragen haben oder etwas brauchen, zögern Sie nicht, mich anzurufen. Übrigens, obwohl ich sie nicht oft gesehen habe, ist mir Ihre Schwester doch in angenehmer Erinnerung geblieben.»

Ich dankte ihr und drückte ihre magere Hand diesmal überschwänglich. Kaum hatte ich die Tür hinter ihr zugemacht, hörte ich von draußen ein Knirschen, das sich anhörte, wie wenn Zähne auf krosse Pommes beißen, was sofort eine furchtsame Besorgnis in mir auslöste. Die Schnecke! Ich wartete noch einen Moment, dann riss ich die Tür auf. Auf dem heißen Pflaster lag eine klebrige Masse von Fleisch und zertretenen Schneckenhausstückchen. Kummer übermannte mich. Ich hatte die arme Schnecke zu ihrer Richtstätte getragen, und der Schuh einer Menschenfreundin auf dem Weg zu einer guten Tat hatte sie gerichtet. Ich hob den Blick, schaute in die Gesichter der Menschen, die die Treppe hinaufgingen und herunterkamen. Ich erinnerte mich, dass die Stufen zur Festung hinaufführten. Noch ein Stück höher hob ich den Blick und sah das Parallelogramm des Himmels zwischen zwei Gebäudelinien, und ich hatte das unbestimmte Gefühl, dass sich hinter den vorüberziehenden Wolken eine gigantische Schuhsohle verbarg. Wieder lief es mir kalt über den Rücken, und meiner umwölkten Brust entrang sich ein fernes Krächzen. Seufzend warf ich einen letzten Blick auf den Streifen Grün, auf dem ich die arme Schnecke abgesetzt hatte. Und da war sie! Es war eine andere, die zertreten worden war. Ich hob meine Schnecke auf und betrat euphorisch das Haus. Am liebsten hätte ich getanzt, gelacht, gesungen. Mir wie ein mächtiger Gorilla auf die Brust getrommelt. Ich ging ins Wohnzimmer und nahm das Buch mit den Hochglanzseiten, auf das der Lichtbalken fiel. *Mozart – Lebensbilder* hieß es. Auf gut Glück schlug ich es auf und setzte die Schnecke auf die Seite. Dann stand ich lange da und betrachtete das langsame, schleimige Tierchen, wie es über den hübschen blauen Anzug eines sehr kindlichen Mozart kroch, der mit einer Hand in der Weste und der anderen am Gürtel posierte. Ich dachte nicht mehr an das, was draußen geblieben war: die stolze Burg, die vorübergehenden Leute, der bedrohliche unsichtbare Schuh und – oh kleine Trauer – die andere Schnecke, die zertretene.

9

*D*reimal nannte ich bei meiner Ankunft in Salzburg meinen Namen. Zum ersten Mal einer der berühmtesten und am meisten bewunderten Künstlerinnen des Planeten; zum zweiten einem unbekannten Wirrkopf, der Dinge in ein Notizbuch schrieb, und zum dritten einer Altruistin. Keinem der drei habe ich die pittoreske Herkunft meines Vornamens erklärt.

Während eines Besuchs auf dem Bauernhof meiner Verwandten erzählte meine Tante mir, dass meine Mutter bei ihrer ersten Schwangerschaft nicht wissen wollte, ob das Kind ein Junge oder ein Mädchen werden würde. Mein Vater jedoch verschaffte sich diese Information – ohne ihr etwas zu sagen – bei dem Arzt nach einer der Ultraschalluntersuchungen. Meine Mutter erfuhr es also nicht nur gegen ihren Wunsch, sondern auch noch als Letzte in der Familie. Sie war tief gekränkt und nahm nach diesem heimtückischen Verrat deshalb das Recht für sich in Anspruch, den Namen des Erstgeborenen zu wählen. Er sollte Johannes heißen, zu Ehren ihres Großvaters, der sie geliebt hatte wie der Vater, den sie nicht hatte, weil er im Krieg geblieben war. Mein Vater lehnte das rundheraus ab und sagte, sein Sohn werde auf jeden Fall seinen Namen tragen, so wie er den Namen seines Vaters trug: Helmut. So begann der erste der vielen Kämpfe, die sie im Lauf ihrer Ehe ausfochten. Damals war Mutters Psyche noch so robust, dass sie dem diktatorischen Temperament meines Vaters entgegentreten konnte. Als ich zur Welt kam, war sie schon eine in ihr Schicksal ergebene Frau. Erst nach ihrem Tod erfuhr ich, warum das so war.

Sie stritten Tag und Nacht. Die ganze Familie machte sich Sorgen; meine Eltern stritten, egal wer anwesend war. Jemand schlug vor, man solle dem Jungen doch beide Namen geben; aber es ging ihnen nicht nur darum, ihren jeweiligen Namen durchzusetzen, sondern auch, den zu verhindern, den der andere wollte. So vergingen Tage und Wochen, und mein Bruder hatte immer noch keinen Namen. Die Wehen setzten ein, und noch immer hatte er keinen Namen. Sie fuhren ins Krankenhaus und auch da hatte er noch keinen Namen. Nach einer sechs Stunden dauernden Geburt kam er schließlich zur Welt ... ohne Namen. Meine Tante sprach dann ein Machtwort. Sie nahm die beiden mit in die Bibliothek und sagte, sie ließe sie erst wieder heraus, wenn der Kleine einen Namen habe. Johannes, sagte meine Mutter; Helmut, entgegnete mein Vater ungerührt. Da hatte meine Tante die Idee, die bei der Namenswahl der drei Mauer-Kinder zum Ritual werden sollte: Da das Haus vom Vater meines Vaters stammte und die Bibliothek vom Großvater meiner Mutter, sollte man blind ein Buch aus den Regalen ziehen und dem Kind den Namen des Autors geben. Denn in diesem Namen westen gewissermaßen die Geister beider

Erblasser. Keiner meiner Elternteile würde verlieren. Meine Mutter wollte widersprechen, doch mein Vater hatte seine Pranke bereits auf eines der Bücher gelegt, zog es aus dem Regal und legte es auf den Tisch, der mitten im Zimmer stand. «Das ist der Name», sagte er zufrieden. «Hermann?», fragte meine Mutter. Doch mein Vater, der immer das letzte Wort haben musste, sagte nein, sein Sohn werde den Nachnamen des Autors als Vornamen tragen, das sei nicht nur literarisch, sondern auch originell. Meine Mutter antwortete mit einem einlenkenden Lachen, und so kam es, dass der Erstgeborene meiner Eltern auf den Namen Hesse Mauer getauft wurde. Er hat diesen Namen nie gemocht.

Zwei Jahre später, kurz vor der Geburt meiner Schwester, stellten sie ein Regal nur mit Büchern von Autorinnen zusammen. Ich stelle mir vor, dass meine Mutter der Gedanke nervös machte, nach der Buchwahl feststellen zu müssen, ihre Tochter könne Yourcenar Mauer oder Arendt Mauer oder schlimmer noch Woolf Mauer heißen. Das waren alles wunderbare Künstlerinnen und großartige Denkerinnen, aber es wären unaussprechliche Namen für ihr Kind. Zu ihrer großen Freude zog mein Vater *Labyrinth des Minotaurus* von Anaïs Nin aus dem Regal. Meine Schwester Nin ist glücklich mit ihrem Namen.

In meinem Fall einigten sie sich darauf, mehr als ein Buch aus dem Regal zu ziehen. Vargas Llosa Mauer schien ihnen schrecklich kompliziert und Dostojewski Mauer war unerträglich prätentiös. Joyce Mauer wäre nicht schlecht gewesen, doch es war nicht *Ulysses*, der Roman des Iren, auf den mein Vater die Hand legte, sondern sein Nachbar, *Alexis Zorbas*. Ich hätte also Kazantzakis Mauer heißen müssen (ich habe mich stets gefragt, wo eigentlich Kafka in dieser Bibliothek blieb), doch bevor der Name als gewählt gelten konnte, zog die gebenedeite Hand meiner Mutter ein letztes Buch hervor, und beide waren entzückt über den Nachnamen des Autors von *Der Schaum der Tage*. So kam ich nicht nur zu meinem Namen, sondern auch zu einer frühen Neugier auf Literatur.

Mit der Schnecke in der Hand ging ich ins Studio hinunter. Die Möglichkeit, dass ich sie von dem Platz, an dem sie zu sein wünschte, entfernte, wies ich von mir und redete mir stattdessen ein, dass es ein glückliches, ja wundersames Ereignis in ihrem Leben war. Ich hatte sie vor einem Tod wie dem ihrer Mitschnecke vor dem Haus bewahrt und brachte sie in ein unverhofftes grünes Paradies im Garten. Vorher machten wir jedoch Zwischenstation im Studio.

Ich freute mich, unter den auf dem Schreibtisch aufgereihten Büchern eine spanische Übersetzung der *Briefe an Poseidon* von Cees Nooteboom zu finden. Ich hob die Schnecke auf Höhe meines Gesichts, damit die Äuglein auf ihren Antennen mich in dem für sie unbedeutenden Augenblick ihrer Namensgebung sehen konnten.

«Du sollst Nooteboom heißen», sagte ich zu ihr, doch sie hielt sich in ihrem Haus verkrochen.

In jeder Hand einen Nooteboom, betrat ich den Garten. Die Schnecke setzte ich am Rasenrand ab, legte ein paar Blätter neben sie und wertete es als Schneckenfreude, dass sie aus ihrem Haus gekrochen kam und neugierig ihre Fühler kreisen ließ. Den Dichter nahm ich mit zur Sonnenliege, auf die ich mich niederließ, um ihn dort zu lesen. Das Buch hatte gelebt; die Umschlagecken waren abgestoßen, auf den Seiten waren hier und da Kaffeeflecken oder Tomatenspritzer zu sehen, viele Sätze waren unterstrichen. Ich sprang von einem Brief zum nächsten, von einem unterstrichenen Absatz zu einer Seite mit umgeknickter Ecke. Die Geräusche Salzburgs am Abend schläferten mich ein: der Gesang der Vögel, das

Brummen des Verkehrs und das ferne Rauschen der Salzach, das Geläut der Glocken. Ich hob den Blick von den Buchseiten und betrachtete hinter einer über Dächern und Antennen aufragenden goldenen Kuppel den grünen Berg, der sich vor dem Horizont abzeichnete. Eine Assoziationskette von Gedanken ließ mich erkennen, dass er die Form eines Wals hatte. (Der letzte Brief hatte vom Tod der Meeressäuger gehandelt.) Für mich war der Berg dort ein tausendjähriger Wal, der sich über Salzburg zur Ruhe gelegt hatte. Er war nicht von Muscheln, Schnecken, Aalen und Bakterien aufgefressen worden wie seine Artgenossen; diesem waren Bäume, Land, Wanderer, Rehe und Eichhörnchen und zwei gelbe Hostels gewachsen. Ich gab ihm den Namen Josefina in Erinnerung an eine Zeichentrickfigur (ich war an diesem Nachmittag ausgesprochen taufselig). Etwas bewegte sich in einer Ecke der rechteckig geschnittenen Sträucher, die eine Hecke bildeten und den Garten von der Treppe trennten. Ich bekam nur noch flüchtig eine dicke haarige Schlange zu sehen, die im sorgsam frisierten Gezweig verschwand. Es war der schwarze Schwanz einer Katze. Tief atmete ich den Geruch von Gartenpflanzen ein und schaute zu der Stelle, an der Nooteboom immer noch genüsslich über die Blätter schlich. Die Lektüre, die Geräusche, die Fauna des Gartens, der Geruch von Grün, die Rettung der Schnecke, die Begegnung mit der Bartoli und der Gedanke an das Regenbogenhaar des Mädchens hatten mir ein Eckchen von der strahlenden Stimmung zurückgebracht, mit der ich nach Salzburg gekommen war. An dieses angenehme Kitzeln klammerte ich mich. Es war weder Glückseligkeit noch die lichte Zuflucht; aber es reichte aus, das Krächzen fernzuhalten, davon zu träumen, dass hinter dem Wolkendunkel in meiner Brust das Licht eine Chance haben würde, haben musste, und es meine Pflicht war, mich glücklich zu fühlen. Was bedeutete es da schon, dass ich in wenigen Wochen wieder würde bei null anfangen müssen! Morgen hatte ich Probe. Ich war in Salzburg, und morgen hatte ich Probe. Ich wollte das Eckchen Glück vergrößern, ein ganzes Zimmer daraus machen, ein Haus, ein Land, eine Welt aus Freude in meinem Herzen. Das Telefon summte: mein Vater, der sich an das einzige seiner drei Kinder klammerte, zu dem er noch Kontakt hatte. Ja, sein beschützender Arm würde mich am Ende des Sommers erreichen; dieses Schicksal war unausweichlich, und ich durfte und konnte ihn nicht enttäuschen. Doch diesmal würde ich ihm noch nicht antworten. Morgen hatte ich Probe. Schließlich hatte ich doch noch, wenn auch stolpernd, das Versprechen meiner Kindheit eingehalten. Morgen hatte ich Probe. Ich konnte meine Ziele erreichen. In Mexiko würde ich mir neue setzen. Egal, welche ich mir vornehmen würde. Morgen hatte ich Probe. Und wer weiß, dachte ich, von meiner Zuversicht noch nicht ganz überzeugt, vielleicht passiert in den nächsten Tagen ja was, vielleicht tritt in den kommenden Wochen ein unerwartetes und so großartiges Ereignis ein, dass ich auf die Erinnerung an diese Jahre, all die aufreibenden Geschehnisse und das misslungene Ende erhobenen Hauptes zurückblicken kann, mit dem stolzen Herzen eines Reisenden, der alle Rückschläge, Unbilden und Widrigkeiten, die jedem guten Abenteuer innewohnen, überlebt hat. Vielleicht käme mir, wie der Schnecke Nooteboom, auf meinem Weg ein glücklicher Zufall zu Hilfe, der mich aufhob und vor einem schrecklichen Schicksal bewahrte, mich stattdessen einem neuen zuführte, dem Beginn eines weiteren Abenteuers, das ich mir noch gar nicht vorstellen konnte.

Morgen hatte ich Probe. Und wieder summte mein Telefon.

Zwei

DER REGENBOGEN UND DER TEUFEL

1

*I*ch erwachte in vielfacher Form. Mein erschrockenes, gerade aus dem Schlaf gerissenes Gesicht, mein erstarrter Hals und meine Gänsehaut spiegelten sich bestimmt in allen Augen der Spinne, die kopfüber an der Wand über dem Kopfende meines Bettes hing und still und stumm auf mich herabsah. Von Krämpfen heimgesucht, beobachtete ich sie waagerecht, unter meiner Decke verkrochen.

Sämtliche Spinnen – ob real oder geträumt, ob Spielzeugspinnen, gemalte oder gezeichnete Spinnen – rufen in mir eine irrationale und atypische Übelkeit hervor. Keine, die die Eingeweide umdreht und übelriechende Magensäfte in den Hals schießen lässt, um sie dann hinauszubefördern, sondern eine andere, eine mineralische, langsame und gebirgige, die sich im Verkrampfen wer weiß wie vieler verhärteter Muskeln verfestigt und mich zu einem versteinerten Wasserfall macht, aus dem kein Erbrechen und kein Erweichen mich erlöst.

Begegnen mir Spinnen draußen in der Natur oder auf der Straße, brauche ich ihnen bloß aus dem Weg zu gehen, keine Notiz von ihnen zu nehmen, und schon bin ich beruhigt. Sehe ich aber eine in einem geschlossenen Raum, finde ich erst Ruhe, wenn sie tot ist. Mehr als einmal bin ich bei einem gemütlichen Treffen mit Freunden, in einem Wartezimmer, aus einem bequemen Friseursessel oder von einem Bartresen aufgesprungen, um eine Spinne zu zertreten.

Es gab nur eine Spinne, die mich nicht gelähmt hat. Ich begegnete ihr in London, und sie war gigantisch. Jedes ihrer

Beine war mehrere Meter hoch, und um den schwarzen Leib zu sehen, dem sie entsprangen, musste man den Kopf in den Nacken legen, als würde man eine dunkle Lampe an der hohen Decke betrachten.

Nach meinem gescheiterten Vorsingen an der Oper von Covent Garden begab ich mich in die Tate Modern, um bei den gedeckten Farben Rothkos meine Gemütsruhe wiederzufinden. Zu meiner Überraschung jedoch kam ich an einem der unregelmäßigen Beine der gigantischen Spinne aus gedrehtem Eisen zur Ruhe, die in der langen Lobby des Museums stand. Es gab Stockbetten an den Seiten, auf denen Bücher lagen. Kinder rannten zwischen den Eisenbeinen umher, und mich überkam, zu meinem eigenen Erstaunen, bei ihrem Anblick eine große Ruhe. Ich betrachtete sie lange, bezaubert von dem, was mit mir geschah. Als ich mich für eine Eintrittskarte anstellen wollte, sah ich zwei Kinder am Fuß eines der Spinnenbeine sitzen. Sie hatten die Köpfe zusammengesteckt und lasen ein Buch, und das Bein war für sie keine Bedrohung, sondern Schutz, wie ein Baumstamm oder die Beine eines Sessels, in dem die verständnisvolle Großmutter Platz genommen hat. Ich zog das Buch von Don DeLillo hervor, das ich mir gekauft hatte, setzte mich gleichfalls auf den Boden, lehnte mich an eines der Beine und verbrachte den Rest des Nachmittags lesend im Schutz der riesigen Spinne, bis das Museum schloss. Beim Hinausgehen dachte ich, diese Begegnung hätte mich vielleicht von meiner Spinnenphobie geheilt, und allein deswegen habe sich, trotz gesanglichen Scheiterns, der Besuch in London schon gelohnt. Doch so war es nicht, denn noch viele weitere Spinnen haben mich später verstört, einschließlich der, deren vieläugig forschendem Blick ich beim Aufwachen an meinem ersten Morgen in Salzburg begegnete.

Ich schleuderte die Bettdecke mit einem Fußtritt zu Boden, schnappte mir mit der rechten Hand meinen linken Schuh, sprang mit einem Satz aufs Bett und zerschmetterte die Spinne schnell und maßlos heftig an der Wand. Den Schuh warf ich von mir, als wäre er ein rauchender Revolver, und um mich zu beruhigen, murmelte ich einen Vers von César Vallejo: «Und wie ich sie so sah / bestürzt in ihrem Todeskampf / tat sie mir heute unendlich leid, diese Wanderin». Der Vers änderte nichts, weder am Tod noch am Fleck an der Wand, noch an der Ruhe, die ich nach und nach wiederfand; aber wenigstens gab er der ausgeführten Tat einen Sinn, ich weiß zwar nicht recht, welchen, einen tragischen sicher, und nahm ihr die scheinbare Bedeutungslosigkeit.

Danach riss ich die hölzernen Fensterläden auf. Die Sonne drang mit derselben warmen, leuchtenden Kraft ins Zimmer, mit der das Programm dieses Tages in meiner Brust aufbrach. Ich hatte Probe. Ich ging in den Garten, grüßte den Wal, nahm wohlgefällig das Rauschen des Verkehrs und den Klang der Glocken mit ihrem nachhallenden Echo auf. Ein paar Apollinaire gewidmete Zeilen Huidobros kamen mir über die Lippen: «Aber wenn der Frühling kommt / Werden am Gartenbaum / Augen erblühen / wie an einem Blindenstock».

Unter der Dusche pfiff ich die bekannte Arie von Rossinis Figaro. Sie zu singen, traute ich mich nicht. Ich wusste, wenn ich es täte, würde sich in meinem Innern gleich die Stimme eines grausamen Jurors erheben und meine spontane Freude zunichte machen, indem er mich auf jeden falsch gesetzten Ton hinwies, jeden fehlerhaften Klang, jeden voreiligen Atemzug. Musik und Gesang waren für mich nie, wie sie es für so viele andere sind, Zuflucht oder Trost. Ich füllte leere Blätter mit Farben aus, sammelte bunte Bildchen, las Gedichte und lernte sie auswendig. Ich fuhr Fahrrad. Gesang und Musik waren von frühester Kindheit an ein Ziel, eine Herausforderung. Nie ein Ort erholsamen Ruhens.

Ich ging ins Studio, um Nooteboom einen guten Morgen zu wünschen, den ich auf einer Seite des Buches abgesetzt hatte, in dem Porträts von Mozart abgebildet waren (am Vortag war er so glücklich über das Kinderporträt geschlichen). Ich fand ihn auf dem Ärmel des roten Rocks, in dem der junge Maestro mit vierzehn Jahren am Klavier saß. Seine Fühler bewegten sich kaum. *«Verweilen!», Ruf der Seele / «Verweilen, verweilen!», ruft unser ganzes Sein. / Unser Trachten ist verweilen.* Diese Zeilen von Pedro Salinas kamen mir in den Sinn, als ich die langsame Schnecke sah und das Bild aus einer anderen Zeit.

Irgendwas im Blick des jungen Mozart erregte meine Aufmerksamkeit: Es war, als schaue er den Maler, der ihn damals porträtierte, und den, der jetzt das Bild betrachtete, direkt an und doch nicht an. Ich hielt mit dem Daumen sein linkes Auge zu, das rechte blickte direkt auf den Maler. Ich legte den Daumen auf das andere Auge, und das frei gewordene schien jetzt etwas oder jemand hinter dem Betrachter anzusehen; schien, besser gesagt, das dahinter Liegende gerade schon gesehen zu haben, und genau diese Blickrichtung war es, die der Künstler, der ihn malte, eingefangen hatte. Vielleicht stand sein Vater hinter dem Maler und betrachtete das Bild. Vielleicht hatte Mozart seine Gedanken schweifen lassen und über eine Melodie nachgedacht.

Ich nahm einen Beutel Salat aus dem Kühlschrank, und mit den kalten Blättern baute ich ein Lager, auf das ich Nooteboom setzte. So gut ich konnte, wischte ich den Schneckenschleim von der Seite, blätterte im Buch und stellte fest, dass die Porträts einander so gut wie gar nicht glichen. Vor einem Foto des Denkmals, das in der Mitte des

Mozartplatzes steht, hielt ich inne. Ich wusste, dass sein Erbauer Ludwig Schwanthaler war, dass die Statue – ebenso pompös wie der Name des Bildhauers – keine Ähnlichkeit mit dem wirklichen Mozart hat und dass sie 2006 mit einem Berg von Einkaufswagen zugestellt worden war, womit die brutale Vermarktung angeprangert werden sollte, für die der Name und die Figur Mozarts, speziell in diesem Jahr seines zweihundertfünfzigsten Geburtstags, herhalten mussten. Damit hatte der kritisierende Künstler nicht ganz unrecht. In Salzburg gibt es neben Hampelmännern, Plastikenten, Figürchen, Fähnchen, Bleistiften, Puppen, Büsten aus Keramik, Schokolade usw. mehr Mozarts als Spinnen, was aus meiner Sicht gar nicht so schlecht ist. Und aus Sicht des Maestros vielleicht auch nicht. Ärgerte er sich darüber, dass man aus seiner Geburtsstadt eine Art Mozartland gemacht hatte? Ich glaube nicht; aber ich wusste zu wenig, so gut wie nichts über das Leben des Komponisten, um diese Frage beantworten zu können. Ich hatte noch nichts davon gehört, dass er, so lange er lebte, seine Heimatstadt verabscheute.

Ich machte mir zwei Rühreier und ging hinaus und aß sie auf dem Balkon. Sobald ich den Teller auf dem Eisentisch abgestellt hatte, kamen drei Wespen, um mit mir zu frühstücken. Mit ihren vorstehenden Kiefern packten sie kleine Schinkenstückchen und flogen damit davon. Die auf den Teller niedergehende Gabel schien sie nicht zu stören. Irgendwann zählte ich sechs. Ich versuchte, sie mit Pusten zu verscheuchen. Wenn sie den Luftzug spürten, flogen sie weg, kamen aber gleich darauf zurück. So klein und so aufdringlich! Und ich so groß und so kleinmütig. Ich stand auf, nahm den Teller, um in der Küche weiterzuessen, und verjagte die Wespen mit wildem Wedeln. Als ich in einer

Ecke des Gärtchens den Besitzer des schwarzen Schwanzes erblickte, der sich in der Nacht zuvor zwischen den Sträuchern davongemacht hatte, blieb ich stehen. Der schwarze Kater starrte mich mit hellen Obsidianaugen an, den Körper angespannt wie ein Bonsaipanther.

«*Vade retro, Satanás*», sagte ich und bekam zur Strafe gleich einen Reißzahn zu spüren, der sich in meinen Nacken grub. Ein Blitz durchzuckte meinen Körper, meine Augen füllten sich mit Schatten, der Teller mit meinem Frühstück fiel mir aus der Hand und zerschellte am Boden. Das Ganze dauerte zwei Sekunden. Als das Licht wiederkam, erblickte ich meinen Angreifer, der sich auf dem Rückzug befand. Es war eine dunkle, aufdringliche Wespe, die sich schon wieder zu ihren Brüdern gesellte und sich über das am Boden verteilte Frühstück hermachte. Auf eine irrationale Spinnenphobie folgte der hinterhältige Angriff einer Wespe. Und das nur, weil ich den Teufel angerufen habe, dachte ich, während ich versuchte, mir den Stachel mit Hilfe einer Kreditkarte (auf der kein Kredit mehr war) aus dem Nacken zu ziehen.

Benommen und mit einem Gefühl von aufkommender Übelkeit schaute ich auf den schwebenden Flug der Wespen. Dann auf das kaum wahrnehmbare Schwanzzucken der schwarzen Katze im Garten. Die Zeit verlangsamte sich, wurde dehnbar und zäh. Wie das Netz einer Spinne. Eine süße Bewegungslosigkeit strömte in meine Glieder. Hier würde ich bleiben, gefangen auf dem Balkon. Ich würde zu spät zur Probe kommen. So wie am Ende des Sommers zu meinem Vater nach Mexiko. Das Verhängnis war eine Spinne. Das Rauschen des Windes und der Schmerz des Stichs in den Nacken verzogen sich in die Ferne. Diese Ferne war die Wirklichkeit. Und in dieser sich entfernenden Wirklichkeit verkündete der gläserne Klang eines Glockenspiels die vergehende Zeit. Der Klang beendete die Gefangenschaft. Die Wirklichkeit kehrte in meinen Körper zurück. Ich schüttelte ihn durch und riss mir die Fesseln vom Leib. Dann ging ich ins Haus. Ich würde pünktlich sein. Die Melodie des Glockenspiels, das von irgendeinem Gebäude aus der Innenstadt kam, stammte aus Mozarts *Zauberflöte*.

2

Der Morgen war schon ziemlich heiß trotz der frischen Brise, die den Anstieg des Quecksilbers im Thermometer nicht aufhalten konnte. Aber es war nicht nur die Hitze, derentwegen mir Schweißtröpfchen auf der Stirn standen, als ich das Haus verließ. Zum warmen Wetter gesellten sich noch das irrationale Erschauern, welches die dräuende Festung in mir hervorrief (ich sprang die Stiege zwei Stufen auf einmal nehmend hinunter, so wie ich es den silbernen Mozart-Statuen-Mann tags zuvor hatte tun sehen), und auch die Blicke der Fußgänger, die an diesem Morgen einen Sekundenbruchteil länger auf mir verweilten, als der flüchtig forschende Blick des Entgegenkommenden es gewöhnlich tut. Seit ich denken kann, lebe ich mit dem absurden Gefühl, dass jeder in meiner Nähe, der mich etwas eingehender ins Auge fasst, in meinen Kopf und meine Brust hineinsehen kann und dort meine tief verborgenen Mängel erkennt, meinen uneingestandenen Neid, meine Ängste und meine unschuldigen, lächerlichen Träume. Wie oft habe ich mich bei unnötigen Entschuldigungen ertappt; Dinge erklärt, von denen mein Gegenüber gar nichts wissen konnte; mich unter dem Blick einer Frau geschämt, deren Anblick erotische Phantasien in mir weckte!

Am Fuß der Treppe angekommen, gab ich dem Bettler eine Münze, der schon zwischen den beiden Supermärkten seinen Posten bezogen hatte und jeden Vorübergehenden mit einer Formel in Deutsch und Italienisch ansprach («Alles Gute la famiglia»), die ich später bei vielen anderen Bettlern in der Stadt hörte. Auf der anderen Straßenseite musterte mich eine sehr geschminkte Frau mit sehr großer Sonnenbrille und sehr breitem Kopftuch ganz unverhohlen. Nahm sie meine altruistische Geste positiv auf? Negativ die fast wertlose Münze, die ich gegeben hatte? Verwerflich den Beitrag, den ich zum Unterhalt der «Invasoren ihres Vaterlands» leistete? Mit einem Lächeln, das mich etwas ratlos machte, setzte sie ihren Weg fort. Was hatte dieses Lächeln zu bedeuten? Ich ging ebenfalls weiter. Ich wollte mir ein Fahrrad mieten, und da ich immerzu auf den Zettel starrte, auf dem ich die Adresse des Fahrradverleihs aufgeschrieben hatte, wäre ich beinahe über einen hölzernen Reklameaufsteller gestolpert, auf dessen beiden Seiten das Foto des Tenors Jonas Kaufmann zu sehen war und dessen neue CD angekündigt wurde. Den ganzen weiteren Weg stolperte ich über Namen und Fotografien berühmter Sänger. In einer Galerie, in der farbige Aquarelle von typischen Ansichten der Stadt ausgestellt waren und auch von Sängern in der Rolle, die sie bei den Festspielen verkörperten, erkannte ich den Tenor Piotr Beczala als Rodolfo in *La Bohème*; die Sopranistin Nino Machaidze als Juliette; Ildebrando D'Arcangelo als Figaro, der einen Engel trägt. Im Schaufenster sah ich unter den Autogrammen anderer Sänger die gezeichnete Karikatur von Rolando Villazón über seiner koboldigen Unterschrift. Im Schaufenster eines Juweliers stand eine große Fotografie der Sopranistin

Anna Netrebko, behängt mit edlem Schmuck; und auf der gegenüberliegenden Straßenseite zeigte ein anderes Foto, im selben Format wie das der Sopranistin, den großen Tenor Plácido Domingo, porträtiert in eindringlicher und einnehmender Pose, kostümiert und geschminkt als Mohr von Venedig. Ein zwischen zwei hohe Pfosten gespanntes Transparent verkündete das Solokonzert des amerikanischen Baritons Thomas Hampson, und in einem Musikgeschäft wurde das Datum angekündigt, an dem die Sopranistin Angela Gheorghiu anwesend sein und Autogramme geben würde. Neben dem Foto der lächelnden Diva warb das Porträt Bryn Terfels in der Titelrolle von *Der fliegende Holländer* für die neue DVD der Wagneroper und die Regale des Ladens waren vollgestellt mit Platten des Tenors Juan Diego Flórez.

Ich fragte mich, wie diese Künstler, diese Menschen, die essen und schlafen, mit schlechtem Atem und ungekämmt aufwachen wie jeder von uns, sich fühlen mochten, wenn sie überall ihre Namen lasen und ihre Bilder sahen. An denen hier, jedenfalls, blieben alle Blicke hängen. Wie wirkte sich der Ruhm auf ihre künstlerischen Ambitionen aus, auf die Ziele, die sie im Leben hatten? Ich habe zwar auch Träume vom großen Ruhm gehegt, genieße es aber nun, unbemerkt zu bleiben und nicht den penetranten Blicken der Leute ausgesetzt zu sein, die in meiner Phantasie den anderen Vian entdecken, den kleinen, verschreckten und verwirrten Vian, der unbeholfen mit rudernden Armen und ohne Plan (zumindest keinem durchdachten) den Körper Vian dirigiert, die Fassade Vian, die 1,67 Meter Größe Vian, den blaue Augen Vian, den glattes braunes, wie der Wasserpilz eines Springbrunnens herabfallendes Haar Vian, den hamsterbackigen und dicknasigen Vian. Dieser Blick, der den anderen Vian im flüssigen Kristall der Pupillen meiner Gegenüber aufblitzen ließ, war, im Nachhinein betrachtet, wohl mein größtes Problem, wenn es ans Vorsingen ging. Wenn ich, zum Singen bereit, im geschwungenen Bogen des Flügels vor meinen Richtern stand, konzentrierte ich mich nicht auf die Stimmtechnik, die Diktion, die Interpretation oder die Fallstricke der Partitur, sondern darauf, mir die Folie der Unsichtbarkeit abzureißen, mit der ich durchs Leben ging, daraus hervorzutreten und den Künstler vorzuführen, der ich sein wollte. Es gelang mir nie ganz; ich schaffte es nicht, den Künstler in mir zur Welt zu bringen, blieb in der Plazenta hängen, zu einer Hälfte sichtbar und verletzlich, zur anderen verborgen und beschützt. Wie meine Schnecke. Ich bin überzeugt, dass dieser Grat zwischen dem Abscheu oder der Angst vor dem Ruhm und dem Wunsch, berühmt zu werden, aus mir einen perfekten Komparsen machte: einen, der der Szene, in der er auftritt, den notwendigen *human touch* verleiht, durch den die Hauptdarsteller kraftvoller und wirklichkeitsnäher wirken; und gleichzeitig einer, der auf natürliche Weise, ohne daran arbeiten zu müssen, auf das Heldentum verzichtet, das in jedem Bühnentier schlummert. Ich war genau der richtige Dorfbewohner, der rechte Soldat, der präzise Betrunkene, der unauffällige Diener und sogar – in einer Bühnenfassung, die zu Wutgeschrei und Missfallensäußerungen führte – der brave, gleichgültige Hund-Mann, als es im dritten Akt einer kontroversen *Traviata* zur Fellatio kam.

Auf dem Weg zum Fahrradverleih hatte ich noch nicht die geringste Ahnung, welche Rolle ich in *Don Giovanni* spielen sollte. Ich stellte mir vor, einen Gast beim Festmahl am Ende des ersten Aktes zu spielen, oder einen Bediensteten beim Abendessen in der Schlussszene der Oper, oder einen Totengräber in der Szene auf dem Friedhof.

Bei einer Gruppe junger Leute, die vor einem Café saßen,

hatte ich den Eindruck, dass einer auf mich zeigte. Vorher war mir schon gewesen, als hätten mich zwei Männer, die mir entgegenkamen und sich, beide die Hände auf dem Rücken, unterhielten, mit einem leichten Kopfnicken gegrüßt. Ich war an so vielen Gemälden, Fotografien und Ankündigungen berühmter Künstler vorbeigegangen, dass ich mich in meiner Phantasie (meinem Wahn?) durch verstohlene Blicke, auf mich zeigende Finger, grüßende Kopfbewegungen aufgewertet fühlte. Warum werde ich immer von düsteren Empfindungen heimgesucht, beängstigenden Raben, Würmern von Schuldgefühl, Furcht vor Festungen und jetzt von falschen forschenden Blicken, die mich meiner Anonymität zu entreißen suchen? Immer ein Grund für Angst. Immer die eiskalten Zangen, die mir den Hals zudrücken.

Der Mann mit dem Radetzkybart, den ich am Vortag schon gesehen hatte, kam mir wieder entgegen. Auch heute Morgen murmelte er unverständliche Sätze vor sich hin. Er schaute mich eine Sekunde lang an, ohne anzuhalten, und als er an mir vorüberging, ließ er eine Bemerkung fallen, deren abfälliger Klang nicht zu überhören war.

Ich setzte meinen Weg über den Kapitelplatz fort und entdeckte zu meiner Überraschung dort Poseidon, nur wenige Meter von einer riesigen Leinwand entfernt, auf der nachts Übertragungen vom Festival gezeigt wurden. Er stand hoch aufgerichtet über seinen Tritonen, den Dreizack in der Hand, hinter dem fröhlich plätschernden Wasserschleier des Brunnens, flankiert von zwei Trauerweiden, deren Zweige die Erde berührten und dort grüne Blätter wie Tränen vergossen. Ich nahm mir vor, ihm in den nächsten Tagen einen von Nootebooms Briefen vorzulesen. Auf der anderen Seite des Platzes, hinter den Sitzbänken, die für die künftigen Zuschauer der Übertragungen während der Festspiele aufgestellt waren, sah ich eine riesige goldene Kugel, die mich an die Kuppel denken ließ, die ich vom Garten meines Hauses aus sah, und gleich danach an die Mozartkugeln, die ich als Kind heimlich naschte. Oben auf der Kugel stand ein einfacher aus Holz geschnitzter Mann mit herabhängenden Armen, einem weißen Hemd und schwarzer Hose. Ich weiß nicht, warum ich bei seinem Anblick an die maskierten Kämpfer der *lucha libre* denken musste. «Kämpfen werden sie um zwei von drei Stürzen ohne Zeitbegrenzung, in dieser Ecke der Gott, in der anderen dort der Mensch.» Oben auf dem Berg konnte ich die Burg sehen. Bei ihrem Anblick rann es mir kalt über den Rücken, ich kehrte um, nahm eine andere Richtung und entdeckte schließlich am Ende einer mit Kopfsteinen gepflasterten Straße, die zum Mozartplatz führte, den Fahrradverleih.

Zwei Polizisten kamen mir entgegen. Ich schluckte und war etwas beunruhigt, tastete hastig nach meinem Reisepass – die Vorstellung, dass ich keinen Pass vorweisen konnte, wenn mich ein Vertreter des Gesetzes danach fragte, wie es mir auf dem Flughafen von Mexiko vor dem Flug nach Bayreuth passiert war, ließ mich schaudern –, meine Finger glitten in die Tasche, in der ich ihn aufbewahrte, und als ich mit den Fingerspitzen die harte Kante des Einbands berührte, setzte ich stolz und erleichtert meinen Weg fort. Ich hoffte beinahe, dass sie mich anhalten würden, damit ich ihnen zeigen konnte, dass meine Papiere in Ordnung waren, und sie mir auf die Schulter klopften: «Bravo, Vian Mauer, Sie sind ein gesetzestreuer Bürger. Weiter so, junger Mann.» Als sie näher kamen, sah ich, dass eine der Uniformierten eine Frau war und mich anlächelte. Ich war viel zu überrascht, um auf die unerwartet freundliche Geste zu reagieren. Die Polizistin flüsterte ihrem Kollegen etwas zu, und der, nach einem Blick auf mich, nickte bestätigend. Was hatte das zu bedeuten? Statt so etwas wie ein Hochgefühl aufkeimen zu lassen, weil die Obrigkeit freundlich zu mir gewesen war, wurde ich misstrauisch. Mein Herz klopfte schneller, und ich hatte überhaupt nicht mehr den Wunsch, angehalten und irgendwas gefragt zu werden. Was, wenn mein Pass abgelaufen war? Und wenn das Foto darin mir gar nicht mehr glich? Und wenn sie mich für einen langgesuchten Verbrecher hielten und das Lächeln der Polizistin gar nicht freundlich, sondern siegesgewiss in der Art von «Na, jetzt haben wir dich!» war? Das würden sie nämlich sagen, wenn sie mich verhafteten, und wenn ich noch so viel erklärte, würden sie mich aufs nächste Revier bringen, und ich würde, bis ich den Irrtum aufgeklärt hätte, meine erste Probe verpasst haben.

Ich sah einen Buchladen und rannte hinein. Durch die Schaufenster spähte ich nach draußen, um mich zu vergewissern, dass die beiden Polizisten vorbeigegangen waren. Eine der Verkäuferinnen schaute mich befremdet an, und um jeden Verdacht im Keim zu ersticken, ging ich zu einem Ständer, in dem Mozart-Biographien in mehreren Sprachen angeboten wurden. Und um sie endgültig zu beruhigen – nicht, dass sie auf die Idee käme, ich sei ein Dieb auf der Flucht oder stehe im Begriff, einen Diebstahl zu begehen –, kaufte ich eine. Die dicken, gelehrten Bände verwarf ich und entschied mich stattdessen für ein schmales, bezahlbares Büchlein. Ich trat vorsichtig nach draußen, schaute mich nach allen Seiten um, ob die Polizisten nicht irgendwo auf der Lauer lagen, um den Überraschungsmoment zu nutzen und mich zu verhaften. Dann rannte ich los und kam schließlich heil und gesund an mein Ziel.

«Ich möchte ein Fahrrad mieten», sagte ich viel zu laut, mich von meiner Polizistenphantasie erholend. Der Angestellte legte seine Zeitung zur Seite, warf mir einen mürrischen Blick zu, hob apathisch die Schultern, deutete mit offenen Handflächen an, dass mein Ansinnen ja wohl klar sei, und wies auf das Angebot, aus dem ich wählen sollte. Ich probierte zwei oder drei Räder aus und wählte dann eines, das mit Sicherheit für Jugendliche, für meine Größe aber perfekt war. Ich erzählte, dass ich für das Theater arbeite und mir gesagt worden sei, für Festspielmitarbeiter gäbe es Rabatt. Er nickte und sagte, er sei gleich für mich da. Eine Melodie erklang, die die Musik aus seinem Radio übertönte. Es war die, bei der viele Menschen an die Hubschrauberstaffel denken, die in einen Himmel des Krieges aufsteigt, und welche die meisten wohl an den Platz verorten, der ihr zukommt, nämlich die Wagner'sche Oper. Wenn die Interpretation mit einer einzigen elektronischen Trompete auch ein wenig ärmlich klang, so war ihre erobernde Kraft doch ungebrochen und kam aus meiner Hosentasche. Es war ein Anruf meines Vaters.

«Hallo, Papa», sagte ich und versuchte, mir den Schrecken nicht anmerken zu lassen, der mir beim Klang der Melodie in die Glieder gefahren war. Mir fiel ein, dass ich alle seine Nachrichten nicht beantwortet hatte.

«Wo steckst du denn, Vian, verdammt?», rief er und fügte ironisch hinzu: «Sprichst du nicht mehr mit mir, seit du berühmt bist?»

Ich schwieg, weil ich nicht wusste, worauf er hinauswollte, und wartete auf die verletzende Bemerkung, die er sich zur Strafe ausgedacht haben würde, weil ich seine Anrufe ignoriert hatte.

«Du sagst nichts?»

«Ich weiß nicht, was du meinst, Papa.»

«Ich habe meine Informanten, Vian. Sag nicht, du hättest die Titelseite der *Salzburger Nachrichten* noch nicht gesehen.

Na ja», fuhr er fort, ohne meine Antwort abzuwarten, «koste den Karneval da aus, wir feiern, wenn du wieder zu Hause bist. Ich habe mit meinem guten Freund Ignacio gesprochen, du erinnerst dich an ihn? Er ist ganz angetan davon, dir eine Stelle in seiner Firma anzubieten. Nicht irgendeine; eine sehr gute Stelle, Vian. Freut dich das?»

«Ja, Papa ... danke.»

Er riet mir, immer noch ironisch, mich vom Ruhm nicht blenden zu lassen, und legte lachend auf.

Ich bat den Fahrradverleiher, mich einen Blick auf die Zeitung werfen zu lassen, die er gerade überflog. Und da war es. Links unten auf der Titelseite das Foto, auf dem man das umgestürzte Fahrrad sah, daneben Cecilia Bartoli, wie sie lächelnd ihre Mähne bändigte, die halb noch ein sprudelnder Sturzbach war und halb schon die ordentliche Salonfrisur, und ich mit Dreiviertel meines linken Profils im Bild, das glatte Haar leicht verstrubbelt und mit einem perplexen Ausdruck im Gesicht, der mich etwas dümmlich aussehen ließ. Damit war alles klar. Jeder Finger, der auf mich gezeigt hatte, jedes Lächeln, jeder freundliche Gruß und der neugierige Blick der Polizisten kehrte als kompakte Röte in mein Gesicht zurück.

«Ah!», rief der Verleiher, belustigt dem Hinweis unter dem Foto folgend, nach dem auf Seite 8 der zum Bild gehörende Bericht zu lesen sei. In dem ging es nur kurz um den folgenlosen Unfall und darum, dass die Diva sich in Salzburg aufhielt. Über das dazugehörige Foto musste der Fahrradverleiher laut lachen und mein Gesicht wurde noch röter. Das Foto war das, welches der Mann in dem Moment aufgenommen hatte, als ich in den Pferdehaufen getreten war.

«Sie sind berühmt», bemerkte der Fahrradverleiher belustigt.

«Nein», antwortete ich knapp und wies ihn an, die notwendigen Unterlagen zügig auszufertigen, ich sei in Eile. Er bat um meinen Ausweis. Offenbar reichte das Zeitungsfoto mit meinem Namen darunter nicht aus.

Während er das Formular ausfüllte, fuhr eine Radfahrerin in einem extravaganten, blumigen Kleid über den Platz in Richtung Festspielhaus. Sie trat gemächlich in die Pedale. Die Leute zückten ihre Kameras, zeigten auf sie und begrüßten sie, als sie vorüberfuhr. Es war Anna Netrebko, die ich auf dem Reklamefoto gesehen hatte, die berühmteste Sopranistin des Planeten. Als sie entschwand und die Leute ihre Spaziergänge und Unterhaltungen fortsetzten, fragte ich den Mann, ob er, falls Anna Netrebko ein Fahrrad bei ihm leihen wolle, auch einen Ausweis verlange. Er antwortete, er sehe keinen Grund, jemand so Berühmten um einen Ausweis zu bitten. Worum er sie allerdings bitten würde, sagte er, das wäre ein Autogramm. Er blickte mich ein paar Sekunden wortlos an, dann nochmals auf das Foto in der Zeitung, und schließlich fuhr er lächelnd fort, die Daten aus meinem Pass in das Formular zu übertragen.

3

Als ich zur Probe kam, überschlug sich mein Herz zweimal. Das erste Mal vor Schreck kurz nach dem Betreten des Probenraums. Das zweite Mal vor Freude, Begeisterung und Nervosität, als ich während der Präsentation einen Blick zurück auf die Gruppe Zuspätgekommener warf.

Nachdem ich das Fahrrad gemietet hatte, war ich zum

Lehrbauhof gefahren; das war die mehrere Kilometer außerhalb der Stadt gelegene BAUAkademie, deren Säle die Festspielleitung als Probenräume mietet. Der Beginn war auf elf Uhr angesetzt, ich war eine halbe Stunde früher da. So hatte ich Zeit genug, mir am Kaffeeautomaten einen bitteren und viel zu heißen Espresso zu kaufen, durch den langen, trotz großer Saalfenster schlecht beleuchteten Korridor zu schlendern, den Plastikbecher mit dem Kaffee von einer Hand zur anderen wechselnd, um mich nicht zu verbrennen, und nach und nach die Teilnehmer der Probenbesprechung eintreffen zu sehen. Nach ihrer Kleidung und ihren Bewegungen hätte ich die Funktion eines jeden vorhersagen können: kräftige Bühnenarbeiter in ärmellosen Unterhemden oder Latzhosen, die sich locker und selbstsicher bewegten wie Jägerinnen oder Krieger; Tänzer und Tänzerinnen in knappen, beinahe überflüssigen Trikots an ihren schönen Körpern mit den schlanken Hälsen und den entspannten Schultern, mit anmutigen Trippelschritten sehr aufrecht schreitend; Friseure und Maskenbildnerinnen, deren aufmerksamen Blicken nicht das winzigste Detail entging und die gern kleine Extravaganzen zur Schau stellten (einen Nasenring, ein Tattoo auf der Schulter, eine lange afrikanische Kette um den Hals geschlungen); glücklich und ein wenig weltfremd dreinschauende Komparsen wie ich; Kostümschneider, die die Tausenden Ängste, Wutanfälle, Agonien, Glücksmomente, heimlichen Besucher und sonstige Turbulenzen der Sänger kennen, für die sie arbeiten, all ihre Geheimnisse; sie sind daher mit dem Hauch mystischer Vertrauter umgeben, diese Hüter des seltsamen immateriellen Schatzes, den so viele begehren; Intendanten, die eleganter aussehen als die übrigen, wacher auch, aber weniger magisch; lärmende Solisten, die dröhnend lachen und mit komödiantischem Überschwang

Küsse verteilen und Hände schütteln; flinke Requisiteure; freundliche Beleuchter; aufgeweckte Bühnenassistenten. Sie alle bewegen sich mit der Sicherheit, dem Stolz und der gestischen Akkuratesse von Leuten, die um die Gunst wissen, einem königlichen Hofstaat anzugehören: Herzöge, Grafen, Markgrafen, Pagen, Prinzen, Minister und Narren am Hof der Oper. Ich versuchte, unter diesen Arbeitern der Bühnenkunst die Neider, Verräter, Langweiler, Frustrierten und Heuchler auszumachen. Wenn es welche gab (und es musste sie geben, es gab sie immer), verriet sie nichts, sie beherrschten die Kunst der Tarnung. Sie alle dort wirkten aufrichtig begeistert. Manchmal glaubte ich, von jemand wegen des Fotos in der Zeitung erkannt zu werden, dann senkte ich den Kopf und ging mit meinem Kaffee woandershin. Mit einem Mal verspürte ich Unruhe und fühlte mich fehl am Platz. Nach dieser Produktion würden alle weiterwandern zur nächsten und dann wieder zur nächsten und einer weiteren. Nur ich nicht. Das Nächste für mich war Büroalltag mit sitzender Arbeit.

Die lange Neonröhre an der Decke schien mehr Schatten als Licht in den Flur zu werfen, in dem sich alle wie Fische im Wasser bewegten, nur ich fühlte mich wie ein ölverschmierter Pelikan. Ich betrat den Saal, in dem das Konzeptionsgespräch stattfinden sollte, den Becher mit dem Rest kalt gewordenen Kaffees in der Hand. Der Regisseur und sein Kreativteam trafen die letzten Vorbereitungen zur Präsentation ihrer Idee, ihres Konzepts, ihrer Neuerfindung des Stücks. Ich setzte mich auf einen Klappstuhl in der vorletzten Reihe. Mit verhaltenem Ekel bemerkte ich, dass der Sitz warm war. Ich schaute nach vorn, und da überschlug sich mein Herz zum ersten Mal.

Auf dem Produktionstisch war ein maßstabsgetreues Modell des Bühnenbildes aufgebaut, und in dessen Mitte stand eine Miniaturreplik der Chromy-Skulptur, des gesichtslosen Gespensts, dem ich gleich nach meiner Ankunft in Prag begegnet war und später in Salzburg. Ganz ungeniert zeigte es dem Publikum seine hohle Leere anstelle des Gesichts. Meine Raben krächzten, und vergebens versuchte ich mit vernünftigen Argumenten die abergläubische Angst zu vertreiben, die diese gesichtslose Gestalt in mir entfachte. Das Bild des Gespensts vervielfachte sich. Es war nicht nur als Modell gegenwärtig, sondern erschien auch auf Aquarellen und Bleistiftzeichnungen von Kostümen, Szenen und Darstellern, die an der Wand hinter dem Produktionstisch hingen. Auf einem konnte man es umgeben von Teufeln erkennen; auf einem anderen hinter zwei Gestalten in Schwarzweiß; auf einem weiteren gewaltig wie ein Berg. Ich hörte ein Knirschen und spürte Nässe auf meiner Hand. Als ich hinsah, bemerkte ich schwarze Tropfen, die von meiner verkrampften Faust zu Boden troffen. Ich hatte, ohne es zu wollen, meinen Kaffeebecher zerdrückt. Nachdem ich mich vergewissert hatte, dass meine Sitznachbarn glücklicherweise nichts von meinem Missgeschick mitbekommen hatten, verbarg ich meine nasse Hand unter dem Sitz, öffnete mit der anderen meinen Rucksack und stellte einen Fuß auf die kleine Kaffeepfütze.

Eine Stimme bat um Ruhe, der Regisseur erhob sich, stellte sich aus meiner Blickrichtung vor die Abbildungen der Gespenster und begann mit der Vorstellung der eingeladenen Künstler. Die erste Erwähnung fand die junge Dirigentensensation Eduardo Montes, der den begeisterten Applaus der Anwesenden mit freundlichem Wedeln der Hand entgegennahm, mit der er den Taktstock führte. Ich kramte unterdessen in meinem Rucksack nach einer Serviette oder einem Stück Papier, mit dem ich meine Hand säubern konnte. Meine Finger tasteten fahrig über Bleistifte, das Buch über Mozart, das ich gekauft hatte, die Hausschlüssel und einen Comic von Enki Bilal, den ich stets bei mir hatte. Der Festspielleiter fuhr fort, die Solisten vorzustellen. Jeder, der seinen Namen hörte, stand auf und nahm den Willkommensapplaus entgegen. Die herzlichsten Empfänge wurden dem Bariton Richard Fellow, der in dem Stück die Hauptrolle spielte, sowie der Sängerin Dorothea Röschmann entgegengebracht, die die Donna Elvira geben würde. Mit meiner triefenden Hand konnte ich nicht applaudieren, und ich fürchtete schon, dass man es bemerken und als Unhöflichkeit oder Arroganz auslegen könnte. Ich warf den zerknautschten Kaffeebecher unter meinen Stuhl, und da ich nichts gefunden hatte, womit ich meine feuchte Hand abtrocknen konnte, rieb ich sie an meinem Rucksack ab (auf keinen Fall würde ich meinen Lieblingscomic oder die Mozart-Biographie ruinieren). Der Intendant verkündete gerade, die Sopranistin, die als Donna Anna auftreten würde, habe angerufen, ihr sei etwas dazwischengekommen und sie käme etwas später zur Probe. Vom Produktionstisch war ein missfälliges Räuspern zu hören, das mir aus dem Mund des Regisseurs zu kommen schien. Regula Mühlemann, die die Zerlina singen würde, drehte sich auf den Fersen einmal um die eigene Achse und grüßte lächelnd in die Runde. Als der Festspielleiter den Sänger vorstellte, der den Masetto spielen sollte, dessen Rolle ich einzunehmen nach Salzburg kommen sollte, laut der Lüge, die mein Vater in Berlin aufgedeckt hatte, spürte ich die Scham des Usurpators und eine irrationale Angst in mir aufsteigen. Ich hatte mir nicht nur die Lüge ausgedacht, sondern, um meinem eigenen Schwindel glauben zu können, auch die Rolle auswendig gelernt. Ich fürchtete, der Sänger könnte mich sehen und mit anklagendem Finger auf mich zeigen. Mein Fuß auf der Kaffeepfütze vollführte nervöse, immer größer werdende Kreisbewegungen. Neben mir nahm ich neugierige Blicke wahr. Der junge Bariton, der den Masetto singen würde, bedankte sich für den verhaltenen Applaus. Hatte sein Blick nicht eine Sekunde lang in meinen Augen verharrt? Obwohl ich überzeugt war, dass dieser Verdacht nur eine Ausgeburt meiner Raben sein konnte, suchte ich hinter mir nach einem möglichen Ausweg aus meinem selbstgemachten Schandgericht, und da überschlug sich mein Herz zum zweiten Mal. Unter den Nachzüglern stand das Mädchen mit den kaleidoskopischen Haaren. Zwei absurde Gedanken gingen mir fast gleichzeitig durch den Kopf: Artaud war nicht verrückt. Und: Nie würde ich masturbieren und dabei an sie denken. Die Zeit sollte mir zeigen, dass von diesen beiden spontanen Behauptungen wenigstens eine falsch war. Ich kniff die Augen zusammen, um sicherzugehen, dass sie es tatsächlich war. Sie befand sich nicht sehr weit entfernt; aber mein Blick schien sich nur in Zeitlupe zu bewegen und unterwegs alle möglichen Hindernisse umgehen zu müssen. Doch, sie war es, stand da mit auf dem Oberschenkel ihres Standbeins gefalteten Händen, den Blick hoch auf einen Punkt über der Wand mit den Bildern der Bühnenausstattung gerichtet, unbekümmert ob einer um ihre Schultern fliegenden Wespe. Ich suchte ihre Aufmerksamkeit auf mich zu lenken. Ich streckte den Kopf so weit in die Höhe, wie ich konnte, forcierte meinen Blick, als wollte ich ihr telepathische Energie übermitteln, damit sie mich ansähe und wiedererkenne, meinen Oberkörper dabei empathisch hin und her bewegend. Nichts. Der telepathische Fluss schien abgelenkt zu werden und das falsche Ziel zu treffen. Ein Typ mit wirrem Haar, scharf geschnittenem blassem Gesicht, intelligenten Augen und loderndem Blick und schmalen, zu Sarkasmus neigenden feuchten Lippen sah mich herausfordernd an, reckte den Hals wie ein Reptil, runzelte die Stirn, legte den Kopf schief und warf ihn dann provokant zurück, als wollte er fragen, was, zum Teufel, ich da suche oder was ich an diesem Ort, an dem ich nichts zu suchen habe, überhaupt treibe. Ich zuckte schuldbewusst mit den Schultern und schaute wieder nach vorn.

In diesem Augenblick stellte der Festspielleiter den umstrittenen Regisseur Friedemann Schuff vor, den ich bei mehr als einem Vorsingen vor Zorn zum Heulen gebracht hatte. Er bekam bescheidenen Applaus, und es gab lebhaftes Geflüster.

Schuff ergriff das Mikrofon und begann, sein Team vorzustellen, beginnend mit dem Bühnenbildner Johannes Leiacker. Ich fuhr fort, mit dem Fuß die Kaffeepfütze zu vergrößern und einen Kontinent zu zeichnen, auf den ich mich absetzen könnte. Der Blick und die Reaktion des Typen neben dem Mädchen mit den bunten Haaren hatten mein Unbehagen noch verstärkt, und ich fühlte mich zunehmend fehl am Platz, immer mehr als Fremdling in diesem Heimatland der Schauspieler. Die drückende Hitze im Raum machte es nicht leichter. Leiacker ergriff jetzt das Wort und begann mit den großen Gesten eines Bohemien und Malers, sein Bühnenbild zu erklären. So erfuhren wir, dass das gesichtslose Gespenst die Statue des ermordeten Komturs war, die in jeder Szene an Größe gewann und schließlich zu einem gewaltigen Monument wurde, aus dem wie Küchenschaben kleine Teufel herausströmten, die Don Giovanni in die Unterwelt entführten, und dass der Raum, in dem die Sänger auftraten, so etwas wie ein riesiges Mausoleum war, das je nach Bedarf in einen Wohnraum, ein verlassenes Haus, ein Speisezimmer, einen Friedhof oder ein Sanatorium umgewandelt werden konnte. Dann stellte Schuff Bettina vor, die Kostüm-

bildnerin, die über riesengroßen Augen ihre Wimpern klim-
pern ließ und auf ebenso intelligente wie humorvolle Weise
darlegte, warum sie in ihren Entwürfen zeitgenössische
und moderne Theatermode miteinander verband, indem
sie Capes, lange Strümpfe, melierte Stoffe, Rembrandthüte,
Lederwesten, Tattoos und dergleichen kombinierte. Aus den
angeführten Gründen konnte ich nur drei Wörter heraus-
hören, die der bezaubernden Bettina am häufigsten über
die Lippen kamen: zeitlos, frei und verwerflich. Es wurde
applaudiert, Bettina lächelte und gab das Mikrofon, mit
dem sie so gut umgehen konnte, an den Beleuchter weiter,
der gar nichts damit anzufangen wusste. Er räusperte sich
nur und stammelte etwas Unverständliches, bevor Schuff es
ihm taktvoll entwand, sich in dem Kabel verheddert, es seinen Assistenten entwirren ließ und dann etwas lustlos mit
der Erklärung seines Konzepts fortfuhr, als erledige er eine
Pflicht, der er sich lieber entzogen hätte.

Ich war schon bei mehreren Konzeptionsgesprächen dabei
gewesen. Es gibt Regisseure, die sind eindeutig, direkt und
präzise wie Chirurgen; andere sind großspurig, ausufernd
und kompliziert wie Philosophieprofessoren; und dann sind
da die Wirren, die nur vage Ideen haben und kopflos agieren
wie Studenten, die ihre Hausarbeiten nicht gut gemacht haben und inhaltliche Schwächen mit Witzchen und Anekdoten überspielen. Schuff ist eine Kombination aus allen.

Bevor er anfing, ließ er einen raschen Blick über die Anwesenden gleiten, als wolle er sich ihre Gesichter einprägen,
und ich hatte den Eindruck, er habe einen unmerklichen
Moment lang auf mir verweilt. Hatte er mich erkannt? Sich
daran erinnert, wie er meinen Auftritt als geheimnisvoller
Stuhldieb in seiner Inszenierung in Berlin gelobt hatte? Wie
viele der hier anwesenden Darsteller hatte er wohl persön-

lich eingeladen? Ein kitzelndes Gefühl von Stolz versuchte den Berg des Unbehagens, der auf mir lastete, zu untergraben. Ich bewegte den Kopf und wollte aus den Augenwinkeln einen Blick auf das Mädchen hinten im Saal erhaschen, wurde jedoch gebremst von den zusammengezogenen Augenbrauen meines Sitznachbarn, der auf den feuchten braunen Fleck starrte, den mein Fuß auf den Boden gezeichnet hatte. Schuff erwähnte unterdessen einen Essay von Gounod über *Don Giovanni*, ein «einigermaßen verrücktes» Buch von Anthony Burgess, das sich um die Figur Mozart drehte, sowie die vom Philosophen Kierkegaard geschriebene Abhandlung über das Erotische im Werk des Komponisten. Er sprach von der Anwesenheit Casanovas bei der Uraufführung der Oper, und schließlich, nach einigen weiteren ebenso prätentiösen Details, die mehr Gähnen als Bewunderung hervorriefen, verkündete er, die Freiheit werde als Virus, als eine schreckliche Krankheit gesehen, mit der Don Giovanni seine Mitmenschen ansteckte und der alle mit der Zeit erlägen, so sehr, dass sie nach dem Verschwinden des Antihelden den Verstand verlören. Dies sei die schlichte Grundlage seines Konzepts. Ich erfuhr, dass ich einen der vielen Dämonen spielen sollte, die sich auf der Bühne tummelten, um den Eindruck von Masse zu erzeugen. Andere Tänzer, keine Komparsen, würden verantwortungsvollere Rollen übernehmen. Der Regisseur erwähnte einen Oberteufel, den kleinen Satanas, Anführer der Teufelsbande, der von einem Schauspieler interpretiert würde, den er mit ausgestrecktem Zeigefinger ganz hinten im Saal verortete, den ich jedoch nicht sehen konnte, da mein Blick vergeblich die Augen des Mädchens mit den bunten Haaren suchte, das sich ganz in ein Büchlein vertieft hatte, in dem sie sich Notizen machte. Des weiteren erfuhren wir, dass es eine lesbische Szene mit Donna Anna und Donna Elvira geben würde, dass Don Ottavio von zwei kleinen Teufelinnen verführt würde, Don Giovanni Satanas umbringen und die Strafe seiner absoluten Freiheit auf sich nehmen würde. Nichts jedoch erfuhren wir an diesem Tag über die sadomasochistische Szene mit Zerlina und Masetto, nichts über die Orgie, in die das Fest am Ende des ersten Aktes ausarten sollte, und nichts über den Wahnsinn, mit dem die zerlumpten Tollhausfiguren, die den Lebemann überdauern, der sie angesteckt hat, in zerrissenen Kleidern und verzweifelt fuchtelnd das Lied von der Moral des Stückes als Spottgesang anstimmen sollten. Ein kollektives Höllenspektakel, die groteske Botschaft der Marionetten, denen Don Giovanni die Fäden durchgeschnitten hat. Das alles sollten wir erst in den kommenden Wochen während der Proben erfahren, nicht jetzt, denn die Präsentation der Bühnenfassung geriet ins Stocken, da Schuff keine Worte mehr fand, als er eine Sekretärin zum Festspielleiter gehen und ihm etwas ins Ohr flüstern sah, das einen unterdrückten Wutanfall bei diesem auslöste. «Kommt sie nicht?», fragte der Regisseur, als er die nur schlecht verhohlene Reaktion des Festspielleiters sah. «Sie kommt nicht», beantwortete Schuff indigniert seine eigene Frage, während der Festspielleiter sich erhob, um ihm die Situation zu erklären. Im Saal erhob sich Gemurmel. Schuff begann zu schreien, und die Leute verstummten. Er protestierte, sagte, man habe ihn belogen, ihm sei versprochen worden, von Anfang an mit allen Sängern arbeiten zu können, nur deshalb habe er sich überhaupt auf dieses Ensemble eingelassen. Erklärungen und Entschuldigungen flogen hin und her. Der Grund für diesen Ausbruch wurde von denen im Saal flüsternd weitergegeben. Wie es aussah, würde die Sopranistin, von der es zu Beginn der Veranstaltung geheißen hatte, sie werde später eintreffen, heute gar nicht mehr kommen und man wisse nicht einmal, wann überhaupt. Es hieß, zwischen dem Regisseur und der Sopranistin sei es schon früher zu unerfreulichen Szenen gekommen, zu einem Zank in einer gemeinsamen Produktion wegen eines Paars Schuhe, das die Diva nicht hatte wechseln wollen. «*Sempre lo stesso con quella*», hörte man die Flötenstimme des Tenors, der sämtliche Anwesenden in ihrem eigenen Saft braten ließ, weil er gefordert hatte, die Klimaanlage müsse abgeschaltet werden. «Der sollte lieber den Mund halten», war eine andere Stimme aus den vorderen Reihen zu vernehmen. Schuff verschwand, nachdem er seiner Assistentin ein paar Anweisungen gegeben hatte, die die ganze Zeit dastand wie eine Trainerin, bereit, eine Leichtathletin nach dreifachem Salto mortale aufzufangen, damit sie sich nicht den Hals bricht. Nach dem Regisseur verließ der Intendant den Saal gemessenen Schritts, er ließ keine Sekunde lang die Würde vermissen, die das Amt ihm auferlegte. Man rief zur Ordnung, Claudia, die Assistentin, erklärte das Konzeptionsgespräch für beendet und lud jeden, den es interessierte, ein, sich das Bühnenbildmodell und die Kostümzeichnungen anzusehen. Sie bat Tänzer und Komparsen in den Nebenraum, wo die Kleiderprobe stattfand, und ließ verlauten, in einer halben Stunde begännen die Proben. Alle erhoben sich, einige der Komparsen rannten los, um bei den Ersten zu sein. Ich suchte nach dem Mädchen mit dem farbenfrohen Haar, doch sie war nicht mehr da, wo ich sie gesehen hatte, stattdessen traf ich wieder auf den unverschämten inquisitorischen Blick des Typen mit dem scharfgeschnittenen blassen Gesicht, der mit verschränkten Armen dastand und mich angrinste, als sei er einem Seelengeheimnis auf die Spur gekommen. Ich fühlte mich ertappt, nackt, wie durchsichtig. Ich senkte den Blick, beschleunigte meine Schritte, stieß mit einem stämmigen Bühnenarbeiter zusammen, entschuldigte mich und verschwand im Halbdunkel des Korridors, nur fort von dem kryptischen Typen, dessen brennender Blick mir immer noch folgte. Die Stelle im Nacken schmerzte, wo die Wespe mich gestochen hatte. Schweiß stand mir auf der Stirn.

4

*I*ch musste über zwanzig Minuten warten, bis ich mein Kostüm anprobieren konnte, und las in der Zeit die Mozart-Biographie. Wir waren fünfunddreißig Darsteller, die auf einer langen Bank an der Wand saßen, und alle waren von geringem Wuchs. In diesem homogenen Meer von nicht mehr als 1,67 Höhe lag die Erklärung für meine Anwesenheit in Salzburg. Sämtliche Teufel sollten klein sein, und unter den örtlichen Freiwilligen, die jedes Jahr in den verschiedenen Produktionen mitwirkten, gab es einfach nicht genügend Winzlinge. Schuff hatte mich nicht wegen meines großartigen schauspielerischen Talents herbestellt, das ich bei dem subtilen Raub eines Stuhls unter Beweis gestellt hatte, sondern weil ich mich durch kleinen Wuchs auszeichnete. Doch statt dass meine Zweifel sich verstärkten, wie es normal gewesen wäre, als ich aus dem Probenraum kam, fühlte ich mich plötzlich angeregt und ermutigt.

Wir befanden uns in einem länglichen Saal, der durch ein vom Boden bis zur Decke reichendes Fenster von einem Innenhof getrennt war, in den die Leute gingen, um zu rauchen. Es herrschte eine Atmosphäre der Stille trotz des allgegenwärtigen leisen Geflüsters der Anwesenden. Dieser vibrierende Ton ähnelte dem beinahe stummen Klangsediment, das in meinem schmerzenden Kopf summte. Es war keine Stille, sondern das klappernde Skelett einer Stille. Abwesenheit von Sauerstoff. Fische im Aquarium.

Der Komparse, der rechts neben mir saß, unterbrach die aquatische Lautlosigkeit mit einem hörbaren Rülpser. Für den er sich nicht entschuldigte. Der rechts von mir ließ ein rattenähnliches Fiepen hören, das wohl als Lachen durchgehen sollte. Er wirkte irgendwie verkrampft, oder wie ein Schlafwandler.

«Der Nächste», erklang die Stimme des Kostümbildners aus dem Ankleideraum. Einer stand auf, und wir anderen rückten einen Sitz weiter nach rechts.

Ich schaute von meinem Buch auf und sah auf der anderen Seite des Fensters das Mädchen mit den gefärbten Haaren. Sie ging mit zu Boden gerichtetem Blick rauchend auf und ab. Hin und wieder blieb sie stehen und stieß mit dem bloßen Zeh in ihrer Sandale an ein verdorrtes Blatt, einen Stein, eine Kippe. Sie rauchte zwanglos, genussvoll und elegant, als sei Rauchen für sie ein außergewöhnlicher Luxus und nicht alltägliches Tun. Sie stieß Rauchwölkchen aus, die der Wind ihr ins Gesicht blies. Das Rauchen stand ihr gut. Es war seltsam, sie von meinem Platz aus zu sehen wie ein Fisch, der aus dem Aquarium auf den zerstreuten Besucher schaut, die Rollen von Gefangenem und Betrachter einen Moment lang vertauscht. Das Mädchen blieb stehen, nahm einen letzten Zug aus der Zigarette, hob das Gesicht und stieß den Rauch gen Himmel, und während die Wolke über ihrem buntgefärbten Haar verwehte, ruhte ihr Blick auf den Fischen hinter dem Fensterglas. Sie ließ ihre Augen gleichgültig über die Reihe der Komparsen gleiten, bis sie bei mir innehielt, dem Fisch, der ihr die größte Aufmerksamkeit schenkte. Sie schaute mich mit einem Ausdruck an, als sei sie auf etwas oder jemand Bekanntes gestoßen, jedoch nicht imstande, ihn in ihrer Erinnerung unterzubringen. Ich hob einen unsichtbaren Koffer auf und stopfte drei imaginäre Teile hinein, und da öffnete sie den Mund, lächelte und grüßte mich mit einer Handbewegung, als verscheuche sie eine Fliege. Ich wollte schon aufstehen und zu ihr gehen – obwohl ich die lauernde Haltung des Schlafwandlers links von mir gewahrte, der die Möglichkeit witterte, meinen frei werdenden Sitzplatz einzunehmen –, doch im selben Moment verabschiedete sie sich, warf ihre Kippe auf die Erde, trat sie mit der Spitze ihrer Sandale aus und verschwand durch eine Seitentür im Haus.

«Hier riecht's nach ollem Kaffee», sagte mein Nachbar zur Rechten in angewidert vorwurfsvollem Ton. Das Buch, in dem ich las, und der Rucksack, an dem ich meine kaffeefeuchte Hand abgerieben hatte, lagen auf meinen Knien.

«Nein», antwortete ich, «es ist ...»

Ich ließ den Satz unvollendet, starrte auf die Tür, durch die das Mädchen verschwunden war. Eine Frage ging mir durch den Kopf. Wir waren uns begegnet. Und dann? Ich erforschte meine Gefühle. Ich fand sie nicht schön, nicht begehrenswert, ich kannte sie gar nicht. Was an ihr zog mich also an?

«Das Haar», sagte ich laut.

«Es riecht nach Haar?», fragte der Schlafwandler zu meiner Linken mit schleppender Stimme. «Von wem?»

«Nach Kaffee», sagte der rechts von mir. «Und zwar schlechtem, wie aus der Maschine.»

«Der Nächste!», rief die Stimme aus dem Ankleideraum.

Wir rückten alle einen Sitz nach rechts und schlossen uns

wieder in unsere aquatische Stille ein. Ich las wieder in meinem Buch. Jedes Mal wenn jemand im Innenhof erschien, schaute ich auf in der Hoffnung, dass sie es wäre. Drei Tänzer traten hinaus, zündeten Zigaretten an, rauchten gierig, betrachteten uns und gingen wieder hinein. Die Sopranistin, die die Rolle der Zerlina sang, kam, warf etwas in einen großen Abfalleimer, schaute uns kurz an und kehrte zur Probe zurück. Der Bariton, der den Masetto spielte, erschien, als würde er sich vor jemand verstecken, zündete sich eine Zigarette an, und als er uns hinter dem großen Fenster entdeckte, warf er sie fort und trat sie schuldbewusst aus. Danach nichts. In meinem Buch schritt Mozarts Leben Jahr um Jahr voran, rasch von einer Seite zur nächsten. Im Aquarium verging die Zeit nur langsam, als wäre sie gestaut unter einer drückenden Schicht von Hitze, in unablässig dahinfließendem Gemurmel. Am Ende des ersten Kapitels wurden Mozarts weiter, intensiver Blick beschrieben, seine ernsten Augen und seine große Nase, was mich an die Porträts denken ließ, über die meine Schnecke Nooteboom geschlichen war, an die Katze im Garten, an meine eigene klobige Nase.

Ein Schatten schob sich zwischen das Fensterlicht und meine Lektüre.

«Da wird also eine der zahllosen Biographien von Johannes Chrysostomus Wolfgangus Theophilus Mozart gelesen.» Es war keine Frage; die sibyllinische Stimme stellte nur fest, was ich tat. Ich schaute auf und sah mich dem durchdringenden Blick des Teufels ausgesetzt. Er hielt einen Zahnstocher zwischen den lästerlichen Lippen, den er beim Sprechen nicht herausnahm. Die Hände hatte er halb in die Taschen seiner engen Jeans gesteckt, sein dünner gestreifter Pullover und das rote Seidentuch um den Hals erinnerten mich an einen venezianischen Gondoliere. Auf dem scharfgeschnittenen blassen Gesicht lag noch derselbe anmaßende, spöttische Ausdruck, mit dem er mich von hinten im Saal gemustert hatte.

«Es sind Tausende von Büchern geschrieben worden», fuhr er fort und riss mir, ungeachtet meines Protestes, das Buch aus den Händen, «Hunderttausende von Artikeln und Aufsätzen und Analysen und Biographien über den größten Komponisten aller Zeiten. Welches liest du?» Er warf einen Blick darauf und nickte wiedererkennend. «Vergeude deine Zeit nicht mit diesem», sagte er und warf es mir vor die Füße. «Lies seine Briefe, höre dir seine Stimme an. Das einzig wirklich Wichtige, wenn man das Leben eines großen schöpferischen Geistes studiert, ist am Ende das Auffinden jener Passagen, die Licht auf das Werk werfen. Lausche seiner Musik. Das Einzige, was zählt, ist das Werk, nichts sonst.» Im Bewusstsein der neugierigen Blicke, die sich auf ihn zu richten begannen, hob er die Stimme, ließ seine Finger wie Zauberstäbe schwingen, hypnotisierte seine Heerscharen. Er war der Schauspieler, der den Satanas darstellte. «Die einen sagen dieses, die anderen jenes, dass er seine Frau geliebt hat, dass sie nur Ersatz für seine Schwester war, dass sie ihn ausgenommen hat, dass sie ihn geliebt hat, dass sein Vater ein viehisches, manipulatives Arschloch war, ein aufopferungs- und liebevoller Erzieher des Wunderkindes, das er zum Sohn hatte, dass der Tritt in den Hintern, den ihm der Salzburger Hofküchenmeister verpasste, real oder metaphorisch war, dass er alle möglichen psychischen Auffälligkeiten und Probleme hatte, dass er gesünder und robuster war als ein Ochse.» Jedes «dass» begleitete er mit einem kreisförmigen Schwung seiner Hand, wobei er die Augen in gelangweilter Verzweiflung zum Himmel verdrehte, zwischendurch Seufzer ausstieß und den Zahnstocher zwischen seinen Lippen auf und ab hüpfen ließ.

«Dass er arm gestorben ist, dass er einen Haufen Besitztümer hatte, dass er bekennender Katholik war, Freimaurer aus Berechnung, heimlicher Atheist, dass Salieri ihn vergiftet hat, dass sein Tod ein von den Freimaurern organisiertes Ritual war, dass er an einer Krankheit gestorben ist.» Er machte eine Pause, beugte sich herab, bis sein Gesicht sich vor meinem befand, und fuhr fort: «Der wahre Mozart, der Mozart aus Fleisch und Blut, der durch diese Straßen gegangen ist mit seiner gepuderten Perücke und seinen Partituren unter dem Arm, ist ein anderer, ist immer ein anderer. Ähnlich vielleicht, aber ein anderer; unerreichbar, unerklärbar, unerforschbar und noch alles andere Un-bare, das ihn den akademischen Fesseln entreißt, die wir ihm anzulegen trachten.

Willst du eine Biographie des Meisters? Er wurde mit Musik geboren und trank Musik als Muttermilch, er wuchs auf mit Musik und spielte mit Musik, er reiste, und es regnete Musik, er verliebte sich und ejakulierte Musik, er befreite sich und entfesselte Musik, er heiratete und gebar Musik, er tanzte, maskierte sich, spielte Billard und vollbrachte die herrlichsten Zauberkunststücke mit Musik, er wurde krank und blutete Musik, er starb und erstand wieder auf in Musik, sein Leichnam verfaulte und düngte Musik. Ende der Biographie. Alles andere gleicht dem Kind, das sein Spielzeug zerschlägt, um den Mechanismus zu finden, der es zum Laufen bringt, und am Ende nur mit einer Handvoll Rädchen und Federn dasitzt, die ihm nichts sagen; Puzzleteilen, die es wieder zusammensetzen kann.»

«Amen», sagte der zu meiner Rechten, rülpste wieder, und der Schlafwandler links von mir ließ sein Rattenkichern hören.

«Wie kannst du es wagen, so über Mozart zu sprechen?», fuhr ihn ein Komparse an, der aussah, als verstände er etwas davon. «Ejakulieren, gebären, verfaulen, düngen! Mozart ist das Höchste und Erhabenste, was es gibt.»

«Oh, hoch und erhaben», rief der Teufel salbungsvoll. «Das Einzige, was ein Mann erheben sollte, ist sein Schwanz. Mozart ist nicht hoch und erhaben, du Trottel. Mozart ist, und damit hat es sich. Deine großspurigen Etiketten kannst du dir sonst wohin stecken.»

«Ja», entgegnete der Verständige, «aber Mozart musste sein Talent erst entdecken, es suchen und finden und zum Glänzen bringen und …»

«Hört jetzt auf mit diesem Unsinn», unterbrach ihn der Teufel, und ich konnte mich des Gefühls nicht erwehren, dass dieses scheinbar spontane Symposium über Mozart eigentlich eine eigens für mich aufgeführte schräge Pantomime war. «Mozart», fuhr der Teufel fort, «trug sein Talent durch alle Freuden und Leiden des Lebens mit derselben nachlässigen Eleganz, mit der der Dandy seine makellosen Anzüge trägt. Er machte so ungezwungen und selbstverständlich Gebrauch davon, wie der Millionär sein Vermögen mehrt. Es steckte ihm im Blut, so wie dem da», dabei zeigte er auf mich, «die Nase und die Erfolglosigkeit im Gesicht stehen.»

Der Schlafwandler fiepte sein Rattenkichern, und ich erhob mich von meinem Sitz. Ich wusste nicht, ob ich diesem Aufschneider eins draufgeben oder aus dem Saal rennen sollte. Vielleicht beides, aber ich tat nichts, hielt den Mund, wurde rot, starrte auf die Mauer seines spöttischen Grinsens.

«Und du?», rief der verständige Komparse, «was glaubst du, wer du bist, du aufgeblasener Besserwisser?»

«Ich bin der, der alles weiß, kleinmütige Kreatur», entgegnete er, den Blick von mir abwendend und den Wortmelder kalt und durchdringend musternd, «denn ich war Mozart.»

«Der Nächste», erscholl die Stimme aus dem Ankleideraum.

Der Teufel spie den Zahnstocher aus, drängte an allen
Wartenden vorbei und sprang, unsere wütenden Proteste
ignorierend, zur Anprobe hinein. Wir anderen setzten uns
wieder.

«Es riecht nach Kaffee», sagte mein Nachbar zur Linken;
ein kraushaariges Dickerchen, das ich zum ersten Mal erblickte.

«Nein», sagte der Schlafwandler, der jetzt zu meiner Rechten saß, «es riecht nach Chlorophyll.»

Sein rechter Nebenmann ließ einen siegesgewissen Rülpser
hören. Sie hatten mir meinen Platz weggenommen. Aus dem
Ankleideraum erscholl Gelächter. Der Teufel tat sein Werk.

5

*F*ast zwei Stunden vergingen, bis ich die Tür des Anklei-
deraums erreichte. Ich trat ein und zog mich bis auf die
Unterhose aus. Die Assistentin der Kostümbildnerin gab
Anweisungen an zwei Näherinnen, die an mir Maß nahmen,
meine Arme hochhoben, wie sie es brauchte, mich in die
eine oder andere Richtung drehten, mich mit ausgestreckten
Armen stehen ließen wie eine Vogelscheuche, derweil sie sich
unterhielten und ihre Maßbänder schwangen. Ich war eine
gehorsame Kleiderpuppe, die man herumschubsen konnte.
Im Leben wie im Ankleideraum.

Als ich nach draußen kam, atmete ich genussvoll die frische Luft ein. Das lange Eingesperrtsein drinnen und die

Kopfschmerzen hatten mich trübsinnig gemacht. Ich musste dringend eine lichte Zuflucht finden. Die Raben näherten sich. Ich deklamierte laut Bolaño:

«Dies kann die Niederlage sein, aber auch das Meer / und die Kneipen / Das Zeichen, das deine bedachte Unreife mit den Allegorien versöhnt / Einer sein und schwach und sich bewegen.»

Ich war gerade dabei, mein Fahrradschloss aufzuschließen, als ich einige der Solisten aus der Probe kommen sah. Sie lachten, gestikulierten, verabschiedeten sich mit großem Getue. Ich hasste sie. Sie sangen Mozart, ich nicht. Waren sie sich des Privilegs überhaupt bewusst, das sie genossen? Einige ja, vielleicht; aber die dort, entschied ich, als ich mich aufs Fahrrad schwang, gehörten nicht dazu, so verblendet wie sie waren von ihren übergroßen Egos. Mein Hass war gerechtfertigt. Ich hasste sie im Namen Mozarts. Ich trat kräftig in die Pedale, beschleunigte, fuhr an der Limousine vorbei, die auf einen der Solisten wartete, und als ich mein dunkles Gesicht in einer der undurchsichtigen Scheiben gespiegelt sah, schämte ich mich des giftigen Neids, der mich erfüllte. Sklave meiner Gefühle. «Freiheit!», schrie eine Stimme in mir. Ich dachte, nur einer wie Mozart wurde in seiner Bestimmung geboren, wie der Teufel es ausgedrückt hatte, und kaum jemandem gelang es, seine Bestimmung zu suchen und auch zu finden. Oder war es umgekehrt? Hatten diese Sänger sie gesucht, oder lebten sie immer schon in ihr? «Freiheit!», rief eine Stimme in meinem explodierenden Kopf. Denn was für eine verdammte Notwendigkeit haben wir überhaupt, nach Bestimmungen zu suchen?

Ein blasser Schuppentierglanz vor mir erregte meine Aufmerksamkeit. Er war zwar nicht die Bestimmung, doch ich trat in die Pedale, als wäre sie es, und kam ihr langsam näher. Es war das Tattoo im Nacken des Mädchens mit den bunten Haaren.

Ich war einem Drachen und einem Schmetterling im Gewand einer Elfe gefolgt (oder war es eine Elfe im Gewand eines Schmetterlings?). Ich beabsichtigte nicht, sie einzuholen, sondern in Ruhe hinter ihnen her zu fahren, sie nicht aus den Augen zu verlieren, auf den geeigneten Moment zu warten, in dem ein plötzlicher Einfall mir sagen würde, was zu tun sei. Die Hitze war feucht und drückend. Ich schwitzte. Meine Stimmung hellte sich auf, je länger ich in die Pedale trat. Fahrradfahren hebt meine Laune, gibt mir ein Gefühl von Freiheit. Das passende Lied dazu musste ich nicht lange suchen, es stellte sich als Ohrwurm ein, jedoch nicht mit der unverwechselbaren Stimme von Freddie Mercury, sondern der misstönenden meines Bruders Hesse:

Bicycle, bicycle, I want to ride my bicycle ...

Ich war sechs oder sieben Jahre, als ich meinen Vater bat, mir ein Fahrrad zu kaufen. Er antwortete, so lange ich nicht fahren könne, hätte es keinen Zweck, eines zu besitzen. Seine Argumentation schien mir unwiderlegbar, und als ich Hilfe bei meiner Mutter suchte, bekam ich ein resigniertes Lächeln und ein Streicheln der Wange. Doch mein Bruder, der selbst nie ein Fahrrad gehabt hatte, borgte sich eines von unserem Nachbarn, ohne dass Vater davon erfuhr, und brachte mir das Fahren bei. Das Rad hatte hinter dem Sattel ein aufwärts gebogenes Rohr, das als Lehne diente. Hesse nahm es in beide Hände, schob mich damit an und hielt mich im Gleichgewicht, während er mit seiner grauenhaften Stimme den Song von Queen trällerte. Und ich erzählte ihm, um meine Nerven zu beruhigen, ohne Unterlass Episoden aus meinen Comics. Eines Tages ließ er mich los, ohne mir etwas zu sagen. Ich merkte nichts davon, trat weiter in die Pedale und referierte ein Kapitel meines Lieblingscomics Barbapapa.

Dass ich ihn nicht mehr singen hörte, schob ich darauf, dass das Kapitel so spannend war oder (die vorzuziehende Version) ich es so spannend erzählte. Als ich ihn aus der Ferne rufen hörte: «Du kannst ja fahren!», prallte ich gegen ein paar Mülltonnen und fiel vom Rad. Aber ich lernte, und mit dieser Erfahrung und Hesse als Zeuge trat ich vor meinen Vater und widerlegte sein Argument. Er willigte ein, mir ein Fahrrad zu kaufen, und wenn es auch ein halbes Jahr – ein halbes Jahr! – dauerte, kam er an einem Abend voller Mücken damit an und forderte mich auf, ihm das Resultat meines Lernens vorzuführen. Ich stieg auf, radelte los und fiel hin. Er brach in ein Gelächter aus, das mir richtig auf den Magen schlug. Wütend stieg ich wieder auf, trat voll verletzten Stolzes in die Pedale, gewann nach einigem Zickzack die Kontrolle über den Lenker und fuhr. Mein Vater war da schon wieder ins Haus gegangen. Er sah nichts von alldem. An diesem Nachmittag fuhr ich so schnell und so weit von zu Hause fort, wie ich konnte. Mein verschwitztes Gesicht war am Ende voller Kamikazemücken, und trunken von Freiheit kehrte ich zurück. Nichts machte mir mehr Spaß, als Fahrrad zu fahren. Stunden verflogen, ohne dass ich es merkte. Manchmal stellte ich mir vor, auf einem fliegenden Teppich unterwegs zu sein. Dann wieder, ich sei eine Weltraumrakete, und andere Male, ich jage Drachen hinterher.

I don't believe in Peter Pan, Frankenstein or Superman / All I wanna do is bicyle, bicycle ...

Hinter mir klingelte ungeduldig ein anderer Radfahrer, überholte mich links, ohne mich zu sehen, und ich fürchtete schon, er würde sich zwischen mein Rad und den Drachen setzen; doch er überholte auch den Drachen, ohne Notiz von ihm zu nehmen. Ich folgte weiter den planen Körpern der Elfe und des Drachen, beide glänzend im Schweiß der Haut, in die sie eingezeichnet waren.

Wir ließen typische Häuser mit großen Fenstern hinter uns. Auf Veranden saßen Frauen und tranken Tee, schauten den Fußgängern, Radfahrern und vorbeifahrenden Autos zu. Auf einem der Dächer zeigte ein Wetterhahn aus dunklem Metall fälschlicherweise nach Norden. Rechts erstreckte sich mit einem Mal ein weites unbebautes Grundstück mit viel Grün, auf dem vier Kühe weideten und mit großen Augen den Verkehr von Fußgängern, Radfahrern und Autos vorüberziehen ließen. Ich trat weiter in die Pedale wie ein glücklicher Fisch, der dem Aquarium entkommen ist und dem Köder folgt, der seinen Weg bestimmt: ein Drache und eine als Schmetterling verkleidete Elfe, auf Nacken und Schulter des Mädchens mit den kaleidoskopischen Haaren tätowiert.

Bicycle races are coming your way / So forget all your duties oh yeah! / Fat bottomed girls, they'll be riding today / So look out for those beauties oh yeah ...

Manchmal kam ich sehr spät nach Hause und mein Vater schalt mich. Wer achtet schon auf die Zeit, wenn er Fahrrad fährt! Ich hatte Stürze, Zusammenstöße mit anderen Jungen, mit Sträuchern, geparkten Autos und Laternenmasten, von der Kette zerrissene Hosen und Fettflecken auf den Kleidern, was mir Schelte und Strafen einbrachte. Nichts entmutigte mich. Ich fuhr weiterhin Rad, ließ die Reifen schleudern, erhob mich auf die Hinterhand, suchte Rampen, die mich durch die Luft fliegen ließen, veranstaltete Wettrennen gegen Hunde, gegen die Zeit, gegen andere Radfahrer, gegen Drachen. Könnte ich meine Stimme handhaben, wie ich mein Fahrrad handhaben konnte, würde ich nicht als einer von vielen Teufeln in Salzburg sein, sondern als Mozartinterpret. Ich musste lächeln bei dem Gedanken, dass Mozart ein begeisterter Fahrradfahrer gewesen wäre.

I want to ride my bicycle, I want to ride it where I like ...

Vor mir sah ich die Ampel und wusste, dass dies meine Chance war, den Drachen einzuholen und das Mädchen mit dem bunten Haar in ein Gespräch zu verstricken. Ich fühlte mich kühn und selbstgewiss im Sattel meines Gauls aus Gummi und Eisen. Gleich würde ich sie eingeholt haben. Ich stellte mir Mozart vor, der an meiner Seite dahinraste, den Wind im Gesicht und Musik in seinem Kopf, die er komponierte, während er mit zerzauster Perücke in die Pedale trat, sein Gehrock flatternd wie das Cape eines Superhelden.

Ich warf mich nach vorn und radelte noch schneller. Ich hätte singen mögen. Eine Mücke flog mir in den Hals und zerplatzte.

6

*V*erlieben würde ich mich nicht, sagte ich mir immer wieder, ich könne es keinesfalls zulassen, dieser ungeheuren Ablenkung in die Falle zu gehen. Während der letzten Monate meiner Opernlaufbahn, was mir davon noch blieb, hier in Salzburg, würde ich genug zu sehen, zu fühlen, zu leben haben. Ein Verliebter wird zur Insel, zu einem Abseits seiner Wirklichkeit. Alles um ihn herum wird ausgelöscht, damit der Glanz des Geliebtwerdens sich voll entfalten kann, genauer gesagt, sich die beinahe schmerzhafte Intensität entfalten kann, die diesem Gefühl eigen ist. Nein, ich konnte mich nicht verlieben. Weswegen folgte ich dann dieser Unbekannten? Wegen der Farben ihres Haars. Deshalb.

Wir näherten uns der Kreuzung mit der Ampel, und ich betete zuerst zu allen Göttern und dann, eingedenk meiner Begegnung am Morgen, nur zu Poseidon, die Ampel möge rot sein, wenn Drache und Schmetterling oder was immer dort ankämen. Gerade als der Drache beschleunigte, um nicht anhalten zu müssen, wechselte das Licht von Grün zu Gelb und gleich darauf zu Rot. Die Bremsen quietschten, und Sekunden später hielt ich ganz sanft neben dem Mädchen, ein paar Zentimeter weiter vorne, damit sie es sei, die mich erkannte. Ich schielte aus den Augenwinkeln zu ihr hinüber, sie war ganz auf die Musik in ihren Kopfhörern konzentriert. Ich beugte mich zur Seite und begrüßte sie. Sie hob eine Hand über die Augen, lächelte lustlos und nahm die Kopfhörer ab, aus denen ein Summen rhythmischer Musik mit Geigen und Flöten zu hören war. Barock, dachte ich und sagte, was ich ihr eigentlich schon hätte sagen wollen, als ich sie in der Gruppe der Zuspätgekommenen entdeckt hatte.

«Artaud war nicht wirklich verrückt.»

«Ich weiß nicht», erwiderte sie, nicht im Geringsten überrascht, und warf einen Blick auf die Ampel. «Ich nehme an, das hängt davon ab, wie du verrückt definierst. Van Gogh hat man, wie Artaud es ausdrückte, geselbstmordet. Bei Artaud hat man Genie mit Wahnsinn verwechselt. Kannst du dir Mozart vorstellen, wenn man ihn neun Jahre in eine Irrenanstalt gesteckt hätte? Natürlich kann man das Genie Artaud nicht mit Mozart vergleichen. Rimbaud ja, vielleicht. Kafka, auf jeden Fall. Hast du *Heliogabal* von Artaud gelesen?»

Sie hielt beim Sprechen den Blick auf die Ampel gerichtet. Manchmal berührte sie ihr Gesicht mit den Fingerspitzen.

«Nein», antwortete ich und bereute sogleich meine Aufrichtigkeit.

«Jacques' Lieblingsbuch von Artaud ist *Heliogabal*. Hast du gesehen, dass Rihms *Eroberung von Mexiko* im Festspielprogramm ist? Es basiert auf Texten von Artaud.»

«Wer ist Jacques?»

Sie schaute mich an, mit zwei Fingern strich sie eine grüne Strähne aus der Stirn. Ich sog die Luft tief durch die Nase ein und stellte fest, dass sie nicht nach einem Parfum roch, sondern nach Haut, nach Erde, nach bitterem Achselschweiß, nach Mandeln vielleicht; sie roch nach sich.

«Ich heiße Vian», sagte ich hastig, weil ich befürchtete, die Ampel könnte auf Grün schalten und sie ohne ein weiteres Wort davonfahren, «wie der Autor von *Der Schaum der Tage.*»

«Jacques ist der Typ, der mit dir gesprochen hat, als du mit den anderen Komparsen gewartet hast.»

«Oh, aber er hat nicht mit mir gesprochen, er hat eine Art Vortrag für alle gehalten.»

«Nein, er hat zu dir gesprochen. Er sagt, dass du ein Verlierer bist, dass du schön werden kannst, wenn du zulässt, dass dein Scheitern dich veredelt. Er glaubt auch, dass du dich in mich verlieben wirst. Ich habe ihn daran erinnert, dass das unmöglich ist.» Sie schaute wieder auf die Ampel. «Ich heiße Julia, wie der Autor der *Cronopien*. Willst du in der Stadt eine Bratwurst essen?»

Die Ampel war auf Grün gesprungen, Julia schwang sich auf ihr Rad, ohne meine Antwort abzuwarten, und trat stehend in die Pedale. Mein Fuß rutschte vom Pedal ab, sodass es sich in der Luft drehte; mit einem ungeduldigen Fußtritt hielt ich es an und machte mich an die Verfolgung. Mir fehlte die Zeit, um alles zu verarbeiten, was sie mir gesagt hatte. Verlierer, verlieben, unmöglich, Autor der *Cronopien* ... zusammen was essen. Wer war dieser Jacques? Klar, dass einer, der behauptete, Mozart gewesen zu sein, geistig gestört sein musste. Wichtiger aber war: Warum erlaubte er sich, Vermutungen über mich anzustellen? Wann hatten sie beide über mich gesprochen? Ich hätte mich ärgern müssen, brennenden Zorn im Hals spüren und vor Wut kochen müssen; und doch empfand ich, als wir durch den langen Tunnel fuhren, der genau auf dem Platz mit dem Großen Festspielhaus mündet, nichts als Freude. In meiner Brust sprudelte das gleiche Frohlocken, das mich bei meiner Ankunft in Salzburg hatte jauchzen lassen. Hinter dem Tunnel bog der Drache nach rechts ab, und als wir am Großen Festspielhaus vorbeifuhren, warf Julia immer wieder kurze Blicke auf die gerahmten Plakate entlang der Mauer, die mit Fotos und Titeln auf die bei den Festspielen gezeigten Aufführungen hinwiesen. Sie zeigte auf das mit der Oper von Rihm. Ich konnte gerade noch das A von Antonin erkennen, und obwohl sie mich nicht sehen konnte, da sie vorausfuhr, nickte ich bestätigend, als könnte der Drache in ihrem Nacken mich beschuldigen, nicht gleich geantwortet zu haben. Wir passierten den Künstlereingang, vor dem Fotografen den kommenden und gehenden Diven und Maestros auflauerten in der Hoffnung, ihre brandneuen Fotos an Zeitungen und Zeitschriften verkaufen zu können. Niemand wäre auf die Idee gekommen, mich zu fotografieren, dennoch verbarg ich mein Gesicht. Ich fürchtete, einer der großen Stars könne zufällig gerade dann aus der hohen Metalltür treten, wenn ich auf dem Rad vorbeistrampelte; dann wäre ich schon wieder in der Zeitung.

Erst als wir von den Rädern stiegen, gewahrte ich, dass Julia größer war als ich. Als ich sie im Saal unter den Zuspätgekommenen entdeckt oder durch das hohe Fenster im Innenhof gesehen hatte, war mir der Größenunterschied wegen der Entfernung nicht aufgefallen, und am Tag vorher, als sie mir auf der Treppe geholfen hatte, war ich immer einige Stufen über ihr gewesen. Sie war einen Kopf größer als ich ... Ich fühlte mich plötzlich wie ein Gartenzwerg, eine Ameise, ein verlorenes Körnchen Salz. Die Sonne brannte auf die Restaurantterrassen nieder, Julia ging ein paar Schritte vor mir, ich folgte ihr verzaubert. Eine bekannte Stimme aus der Gästeschar an den draußen gedeckten Tischen entriss mich meinem Taumel.

«Spring bloß nicht wieder zur Seite und stoß mit einem Fahrrad zusammen.»

Es war die Bartoli. Sie stand zwischen den Tischen und hielt eine aufgeblasene schwarze Papiertüte in der Hand, die sie einem Mann in weißem Hemd und mit hellen, wachen Augen zeigte. Ich ging hin und begrüßte sie. Julia folgte mir.

«Hast du gesehen, dass wir in der Zeitung stehen?», fragte Cecilia Bartoli lachend. Ich hörte auf, ein verlorenes Körnchen Salz zu sein. Ich wurde wieder ich, ein bisschen geschwollener, ein Gartenzwerg, der sich einer Amazone nähert.

«Ja, ja, sehr peinlich», antwortete ich, mich am Nacken kratzend, und stellte ihr Julia vor.

«Wie läuft es bei den Proben von ...», fragte sie, versuchte sich an den Namen der Aufführung zu erinnern, bei der ich mitspielte, und forderte mich gleichzeitig auf, es ihr zu sagen. Ihr Mienenspiel glich einer Wimmelbühne von Gesichtsausdrücken.

«*Don Giovanni*», vervollständigte ich ihren Satz. «Wir haben schon angefangen, es ist eine merkwürdige Produktion.»

«Eine interessante», verbesserte mich Julia.

«Das glaube ich», sagte die Bartoli, und ihr Blick glitt von mir zu Julia und wieder zurück, so schnell wie ihre perfekten Koloraturen. Sie stellte uns den Mann vor, mit dem sie gesprochen hatte; Franzi, den Wirt des Restaurants Triangel. Sie hatte ihm gerade eine Methode vorgeführt, die Wespen zu verscheuchen, die dieses Jahr überall herumflogen und enthemmt wie nie die Terrassengäste belästigten. Hängte man die aufgeblasene Tüte über den Tischen auf, würden die Wespen sie für ein Bienennest halten und verschwinden.

«Sehr einfallsreich», sagte ich. «Mich hat schon eine gestochen.»

«Ach, du Ärmster», sagte Franzi und ließ ein kurzes Zweitonlachen hören.

Es folgte ein drückendes Schweigen, wie man es bei Gesprächen unter Fremden oft beobachten kann. Bevor eine noch so winzige Stimmungsschwankung meine gute Laune untergraben konnte, verabschiedete ich mich mit einem ausgiebigen Kopfnicken, und die beiden widmeten sich wieder ihrer Tüte. Als sie die erste aufhängten, kam sofort ein Fotograf angelaufen und hielt die Szene mit einem überflüssigen Blitz fest. Diesmal achtete ich darauf, nicht mit aufs Bild zu kommen.

«Soso, du kennst also die Bartoli», sagte Julia auf dem Weg zum Würstchenstand, von dem uns Gerüche von Wurst und Käse entgegenwehten. Ich nickte vage, ohne näher darauf einzugehen, weil ich den Hauch von Bewunderung, den ich in ihrer Stimme wahrzunehmen glaubte, nicht aufs Spiel setzen wollte. Wir blieben vor einer Galerie stehen, in der zeitgenössische chinesische Kunst ausgestellt war. In einem der Schaufenster standen blaue Penisse mit lächelnden Gesichtern. Wir bestellten zwei scharfe Bratwürste, Julia bezahlte.

«Du bist also Komparse», stellte sie fest und betrachtete

mich eingehend. Ich sagte ja und erklärte dann überhastet und stammelnd, dass ich eigentlich Opernsänger sei, Bariton, um genau zu sein, und hier sei ich nur als Komparse, weil ich bei den Festspielen dabei sein wollte.

«Aber ich fahre bald nach Mexiko zurück», schloss ich. «Und warum sagt dieser Wahnsinnige, dieser Janis ... James ... Jacques, dass ich ein Verlierer bin?», fragte ich, um das Thema zu wechseln. Im selben Moment bekam ich meinen Pappteller mit der dicken fettigen Wurst, und für einen Sekundenbruchteil war mir, als lächle sie mich an wie die blauen Penisse aus der Galerie.

«Ich arbeite als Produktionsassistentin», sagte Julia. Sie teilte ein Stück Wurst mit der Gabel ab, tunkte es in Senf und steckte es sich in den Mund. Ihre Zähne standen etwas auseinander, und zwei waren schief. «Mich interessiert Schuffs Vision des Überschreitens.»

Ich sagte ihr, dass ich traditionelle Produktionen bevorzuge. Julia bezeichnete sie als museale Arbeiten und verstieg sich zu einem langen Plädoyer für moderne und riskante Bühnenstücke, die ein Werk in unsere heutige Zeit transponierten, das Publikum zum aktiven Teilnehmer machten und dazu aufforderten, das eigene Denken zu stimulieren. Etwas in der Art. Sie gab zu, dass auf dem Weg dahin auch eine Menge Mist gemacht würde, versicherte mir jedoch, das sei immer noch besser, als vom bequemen Sessel aus Sängern in mottenstichigen Krinolinen und Strumpfhosen zuzuhören, während sie mit ausgebreiteten Armen am Bühnenrand stehen und die Münder weit aufreißen, was jeder Film besser in Szene zu setzen vermöge. Ich nickte zur überbordenden Begeisterung, mit der sie argumentierte, und meine Atmung beschleunigte sich.

Zweimal blieb ihr ein Rest Senf an der Oberlippe hängen,

und beide Male sah sie es in meinen Augen und beseitigte ihn mit der Zungenspitze, die sich an der Lippe hinaufschob wie ein kleines feuchtes Tier, das sich über ein Blütenblatt hermacht.

Wir sprachen über Bücher von lateinamerikanischen Autoren, über die sie sehr viel wusste. Ich fragte sie, woher ihr Interesse für diese Literatur rühre. Sie erzählte mir, ihre Mutter sei Chilenin, sei nach dem Putsch nach Europa ausgewandert und habe einen ziemlich verrückten Iren geheiratet. Aus dieser Ehe stamme sie. Ihr Vater habe sie verlassen, als er entdeckte, dass ihre Mutter ihn mit einem deutschen Maler betrog, in den er sich ebenfalls verliebt hatte. Julia war da fünf Jahre alt. Nach drei Jahren verließ ihre Mutter den Maler und heiratete einen wortkargen Franzosen; einen gutmütigen Vegetarier, der ihre erotischen Eskapaden tolerierte. Julia sprach die Sprachen ihrer Mutter, des Geliebten ihrer Mutter, ihres Vaters und ihres Stiefvaters, von dem sie außerdem lernte, die Musik von Monteverdi, Bach, Lully, Gluck, Händel und Rameau zu lieben, den Stufen, die sie zum Gipfel der Musik hinaufgeführt hatten, zur Epiphanie Mozart. So sagte sie es, und ihre Augen leuchteten.

«Jetzt hast du Senf an der Lippe», lachte sie und zeigte mit einem Finger an eine Stelle auf ihrer Lippe, als Spiegel. Ich bemerkte, dass der Fingernagel abgekaut war. Ungeschickt wischte ich mir mit dem Handrücken über den Mund.

«Jacques muss man nur die Hälfte von dem glauben, was er in die Welt hinausbellt», sagte sie ohne Übergang. «Und die andere Hälfte darfst du getrost anzweifeln. Er ist immerzu, ununterbrochen, gespielte Figur. Zurzeit gibt er den Teufel, den er in der Oper spielen wird.»

«Klar, welchem Verrückten kann man schon glauben, der behauptet, Mozart gewesen zu sein!»

«Das stimmt aber. Jacques war Mozart.»

Sie sagte es mit vollem Ernst und lachte nicht, als sie meinen überraschten Gesichtsausdruck sah. Sie faltete ihren Pappteller zu einem Päckchen zusammen und warf ihn in den Abfallbehälter.

«Ich muss jetzt los», sagte sie, nach etwas in ihrer Handtasche kramend. «Vor der nächsten Probe muss ich noch ein paar Besorgungen machen. Wir sehen uns, Vian.»

Ich bedankte mich für die Bratwurst, und wir verabschiedeten uns mit Küssen auf beide Wangen. Ich versuchte, mit meinen Mundwinkeln so viel wie möglich von ihrer Haut zu berühren und atmete zugleich tief ein. Sie roch nach sich, nach Julia. Und ein bisschen nach Senf. Bevor sie auf dem Markt unter den Leuten verschwand, rief sie mir noch zu, ob ich das Theaterstück *Amadeus*, von Shaffer, kenne. Ich rief zurück, nein, aber ich hätte die Filmfassung von Forman gesehen.

«Jacques war Mozart, er hat die Rolle in einem Theater in der französischen Provence gespielt», rief sie und ging lachend davon.

Das Letzte, was ich von ihr sah, war ein fahler Glanz von dem in ihrem Nacken gefangenen Drachen. Die Bratwurst stieß mir auf. Ich starrte immer noch auf die Stelle, an der Julia verschwunden war, als mir der Pappteller aus der Hand fiel. Ich hob ihn auf und warf ihn in den Mülleimer. Ohne dass ich es recht merkte, gingen mir diese Verse von Sor Juana durch den Kopf:

«Denn habe ich mit Leidenschaft / meine Liebe verneint, / ist mein größter Feind, wer mir Vernunft zugesteht.»

«Scheiße», sagte ich laut.

Ich war verliebt.

7

So ging ich mit hängenden Schultern durch die Geburtsstadt Mozarts dahin, meine Hände am Lenker des Fahrrads, das am Haus der Obelisken abgestellt werden würde; ich ging dahin, beunruhigt und verwirrt im Wissen um meine Verliebtheit. Das Kribbeln in meinem Magen war so eindeutig wie meine beschleunigte Atmung und auch die Erinnerung an das elektrische Zucken, das durch meinen Körper ging, als ich mit der Hand einmal kurz Julias Arm berührt hatte. Ich war verliebt. Aber wie war das möglich? Ich sagte mir, das Gefühl von Verlassenheit, das in den letzten Tagen über mich gekommen war, habe das Terrain bereitet, habe mich verletzlich und nachgiebig gemacht, bis ich anfällig für Blendung und Verzauberung war. Und ich wählte absichtlich Verzauberung statt Verliebtheit, weil dieses Wort, das eine vorübergehende Starre bezeichnet, mein Empfinden präziser ausdrückte als das andere, das zu gefährlicher Schlaflosigkeit verleitete. Denn das konnte ich in meiner derzeitigen Situation am wenigsten gebrauchen.

Bei wie vielen meiner amourösen Abenteuer kann ich behaupten, wirklich verliebt gewesen zu sein? Mein erstes Abenteuer – etwas zwischen Ernsthaftigkeit und Spiel – erlebte ich nach meiner Rückkehr aus dem Opernsommer. Es waren zwei Monate unbeholfener Küsse, steifer Umarmungen und richtungsloser Hände auf der Suche nach verbotener Haut. Zwei Monate kitschiger Gedichte und Schokoladen mit Schleifchen und im Garten gepflückter weißer Blumen. Zwei Monate Claudia. In den Briefen, die sie mir sechsmal gefaltet zusteckte, schrieb sie ihren Namen mit K: Es liebt dich, Klaudia. Ich war mir nicht sicher, ob diese merkwürdige

Orthographie aus der Geburtsurkunde stammte, oder ob sie das K benutzte, um sich interessant zu machen. Eines Tages fragte ich sie danach, und sie antwortete, sie wolle nicht mehr meine Freundin sein. Ich fragte sie, ob es wegen des Namens sei, meinetwegen könne sie ihn mit Q schreiben, wenn ihr danach wäre. Qlaudia streichelte meine Wange, Klaudia lächelte traurig oder bedauernd, Claudia ging. Mir blieb nur der Plüschpinguin in der Hand, den ich ihr an diesem Tag hatte schenken wollen, und im Herzen die erste Stichwunde einer verlorenen Liebe. Meine Schüchternheit und die Angst vor neuen unsichtbaren Dolchstößen ließen mich eine Rüstung schmieden, mit der ich das Wüten der Pubertät während der nächsten fünf Jahre ertrug, bis Guadalupe erschien, die Protagonistin meines zweiten amourösen Abenteuers. Sie wurde wütend, wenn man sie Lupe nannte, oder schlimmer noch, Lupita. Sie war wunderschön, braun, intelligent, und trotz einer deutlichen Neigung zu Schwermut lächelte sie gern. Sie hatte lange Wimpern, die meine Augen kitzelten, wenn wir uns küssten; ihr Haar war glatt und schwärzer als der schwarze Kaffee, mit dem sie ihren Tag begann. Sie liebte die Poesie der Sor Juana Inés de la Cruz. Bezeichnete jemand die Dichterin Sor Juana als Muse, wurde Guadalupe noch zorniger, als wenn man sie Lupe nannte. Mit ihr erlebte ich die Liebe zum ersten Mal, und für sie hätte ich alles aufgegeben: den Gesang, die Farben, meine Familie, die Dichtung, die Spinnen, das Leben selbst. Mein Vater konnte sie nicht ausstehen. Er war überzeugt, dass die Unterschiede «von Rasse und Klasse» unüberwindliche Hindernisse für eine Verlobung darstellten. «Sie ist fast eine Negerin», schrie er empört, «und ihre Familie ist kommunistisch!» Ich stritt mich nicht mit meinem Vater, ließ ihn seine Vorbehalte auskotzen und antwortete mit drei schlichten Worten: «Ich liebe sie.» Er lachte nur und versicherte mir, was ich fühle, sei bloß Fieber, und wenn es vorbei wäre, würde ich ihm recht geben. Seine Argumente beeinträchtigten weder meine Gefühle noch mein Denken, doch ich war so ungeschickt, Guadalupe von der empörenden und schwachsinnigen Haltung meines Vaters zu erzählen. Und was für mich ein Liebesbeweis war, war für sie eine furchtbare Beleidigung, ein Dolchstoß ohne Dolch. Sie hatte den Eindruck, dass sich mein Denken von den Ansichten «des Schweins von deinem Vater» nicht unterschied. So sprach sie zu mir. Ich bat sie, meinen Papa nicht zu beleidigen, und der daraus entstehende Streit verschlang sich zu einem Knoten, der sich nicht mehr lösen ließ. Alles war zu Ende. Wir sahen uns nicht mehr. Sie antwortete weder auf meine vielen verzweifelten E-Mails noch auf die Hunderte von Textnachrichten, die ich ihr schickte. Das letzte Mal sah ich sie im Vorübergehen auf der Straße, rauchend, am Arm eines Mannes, der älter war als sie.

Noch bevor die Wunde ganz verheilt war, fand ich den sprichwörtlichen Keil, der den anderen austreibt: mein drittes amouröses Abenteuer.

Victoria wurde Bicha genannt und war drei Jahre älter als ich. Sie roch nach Tabak und ungewaschener Wäsche, hatte Ringe unter den Augen und war voller Dunkelheit. Sie sprach nicht viel und las noch weniger. Wir gingen in Clubs, in denen Rockbands spielten, und im Kino sahen wir uns Horrorfilme an. Sie schlief in der Mitte des Films ein, und ich lag die ganze Nacht vor Schrecken wach. Wir fummelten viel aneinander herum, doch mit mir ins Bett gehen wollte sie nicht. Immer wenn wir zum Höhepunkt einer Runde mit Händen, Schweiß und Zungen kamen, schob sie mich – statt zum Ablegen der Kleider und zur Vereinigung der nackten Körper zu kommen – mit den Handflächen auf meiner keuchenden Brust von sich und sagte mit aufgerissenen Augen, die aus den Höhlen zu springen drohten: «Nein, nicht doch.» Ich stand da mit schmerzhaft geschwollener Männlichkeit und musste noch eine ganze *Heavy-Metal-Session* über mich ergehen lassen, bis wir uns verabschiedeten und ich nach Hause gehen und meinem angestauten Begehren Linderung verschaffen konnte. Während der Monate unseres Zusammenseins habe ich bestimmt einen Masturbationsrekord gebrochen. Unsere Beziehung endete unspektakulär, als ich nach Europa ging.

Dann erschien Magdalena. Ich lernte sie in einer Bar in Berlin kennen. Sie war es, die mich ansprach (wir redeten über Prag, ihre Heimatstadt, über Martinů, über Smetana und Kundera), und sie war es auch, die mich noch in derselben Nacht mit in ihr Bett nahm. Alles Lieben, das mir mit der rätselhaften Gothic-Frau versagt geblieben war, holte ich mit Magdalena nach. Wir liebten uns, wie wir konnten, wann wir konnten und auch, wann wir nicht konnten (ich hatte mir nie vorstellen können, wie wundervoll Telefonsex war). Unermüdlich jede Sommersprosse auf ihrer Haut untersuchend, an ihren feuchten lüsternen Lippen hängend, mich mit der Wolllust des Selbstmörders in ihre langen, hungrigen, verspielten Küsse versenkend und mich von ihrem unstillbaren sexuellen Appetit anstecken lassend, lief ich bald wie ein Zombie durch die Straßen von Berlin; das Gehirn ausgelutscht, die Murmelaugen gerötet, die bleiche Haut allen Blutes entleert, das morgens, mittags und nachts den Protagonisten unserer amourösen Schlachten groß machen musste. Die Beziehung erlosch durch die immer wieder entfachte Flamme des großen, gefräßigen, gewaltsamen Feuers, das uns verzehrte, bis wir eines Nachts nichts mehr vorfanden als nur noch Asche. So lange sie noch warm war, konnten wir uns ein bisschen was vormachen, belügen, Stöhnen und Spasmen zu Gehör bringen, denen schon ein starker Geruch von Scheingefechten anhaftete. Da wir loderndes Feuer gewohnt waren, merkten wir schnell, dass es vorbei war. Die Reste des Scheiterhaufens interessierten sie nicht und mich auch nicht. Wir blieben Freunde. Wir tranken Bier, gingen hier und da in ein Konzert und erfreuten uns am Funkenflug einer unerwartet auflodernden Glut. In der letzten Nacht in Berlin, vor meiner Abreise nach Salzburg, sagte mir Magdalena nach einem Triplett unerwarteter Glut und noch bevor ich in einen tiefen Zombie-Schlaf fiel, ich solle immer daran denken, dass es ihre Heimatstadt, Prag, gewesen sei, die Mozart zu Lebzeiten geehrt und gefeiert habe wie keine andere Stadt.

Sie waren bislang also die Heldinnen meiner amourösen Abenteuer: Klaudia (oder Claudia oder Qlaudia), Guadalupe (niemals Lupe und schon gar nicht Lupita), Victoria (alias Bicha), Magdalena (einfach so). War Julia (der Regenbogen) die Heldin meines fünften Abenteuers? Sollte dem so sein, würde es nur diesen Sommer dauern. Warum es also erst versuchen? Und außerdem: Hatte Julia nicht gesagt, es sei unmöglich, dass ich mich in sie verliebe?

Ich kam an dem einsamen Holzmann auf der goldenen Kugel vorbei. Einsam durch die Welt gehen, dachte ich mit Heldenmut, so wie diese Statue. Einsam und stolz. Mein Fahrrad schiebend, sterbend, allein. Ich musste über diese Sätze lachen. Poseidon grüßte ich mit einer Handbewegung von der Ecke meiner Stirn, als würfe ich ihm mit den Fingerspitzen meine Gefühlsturbulenzen zu. Da hörte ich einen spitzen Schrei, halb Geheul, halb missratener Sangesgipfel. Ich erkannte die singende Verrückte. Sie trug jetzt ein anderes, genauso elegantes Kleid, und derselbe Regenschirm hing an ihrem ausgestreckten Arm wie eine in einen Fledermausflügel gewickelte Note. Die Leute schauten zu ihr hin, manche verblüfft, andere verächtlich. Sie endete, vollführte einen Hofknicks und ging, wie tags zuvor, selig lächelnd davon. Ich wünschte, eine Verrücktheit wie die ihre nähme von mir Besitz. Eine, die nicht allzu lästigfällt und selbst der beste Schutz ist vor dem Gelächter und der Verachtung, die sie hervorruft. Eine Verrücktheit, die einen von anderen erfundenen Pflichten entbindet, befreit und erlöst. Aber nein, die Liebe war so eine Verrücktheit nicht. Und nein, auch nicht die Kunst.

Vor dem Mozart-Denkmal blieb ich stehen. Hoch aufragend und würdevoll, den Blick ins Endlose seiner Nachzeitlichkeit gerichtet, einen Gänsekiel in der rechten Hand, und aus den Fingern seiner Linken entrollt sich eine Partitur. Am Fuß des Sockels, unter dem Namen des Komponisten, lagen zwei trockene Blumenkränze und ein Strauß frischer Rosen. Ich las den Namen von hinten, so wie er manchmal seine Briefe unterschrieb: Trazom. Jacques, der gondolierende Teufel, hatte mir empfohlen, Mozarts Briefe zu lesen. Ja, das würde ich tun. Er hatte behauptet, alles, was zähle, sei das Werk; aber nachdem ich seine kleine Biographie gelesen hatte, wollte ich lieber den Menschen Mozart kennenlernen, alles über das Leben des Künstlers lesen, mir all diese Biographien besorgen, von denen Jacques gesagt hatte, dass Mozart dort jedes Mal ein anderer war. Ich wollte all diese anderen Mozarts kennenlernen. Vielleicht war ich deshalb nach Salzburg gekommen, um bei der Begegnung mit Mozart eine im Verborgenen lauernde Bestimmung zu finden. «Die Offenbarung Mozart», hatte Julia gesagt. Der Regenbogen Julia.

«Gute Nacht, Trazom!», verabschiedete ich mich von der Statue und ging langsam zum Haus der Obelisken zurück, sprach den Namen des Regenbogens vor mich hin wie ein in der Kindheit auswendig gelerntes Gedicht.

Drei

AM UFER
DER SALZACH

1

ährend der ersten drei Probentage wurden wir Komparsen noch nicht einbestellt.. Um mir diese einsamen Stunden in Salzburg erträglich zu machen, richtete ich mir einen mehr oder weniger komfortablen Tagesablauf ein, der mich von den Gedanken an das Leben, das mich nach dem Sommer erwartete, ablenkte und mir in meinem absurden Liebesschmerz wegen eines Mädchens, mit dem ich nur ein paarmal gesprochen hatte, ausreichend Zeit und Raum bot, nach Lust und Laune zu seufzen. Wenn sich auch das Ende des Sommers unaufhaltsam näherte, wie der schmutziggraue und entsetzlich harte Boden dem, der von einem Hochhaus gesprungen ist, so war doch wenigstens mein Tagesablauf der löchrige Fallschirm, der den Fall zu verlangsamen und den unvermeidlichen Aufschlag wenn möglich abzudämpfen suchte.

Ich ging gern am Ufer der Salzach spazieren, wo ich mein Zeitgefühl bei der Betrachtung ihres beständig murmelnden Laufs vergessen konnte, beim Anblick des grünen Wassers, das sich durch all die Chemie, die im Lauf ihrer langen Geschichte hineingeschüttet wurde, eingetrübt hat. Oder ich stellte mich vor Poseidon hin, das Buch mit Nootebooms Briefen in der Hand, das ich aufs Geratewohl aufschlug und ihm das Erstbeste vorlas, was mir aus der Seite entgegensprang. Dann interpretierte ich das Schweigen des Gottes und der Statue und schrieb das Ergebnis in mein Notizbuch. Ich fuhr auch gern mit dem Fahrrad auf unbekannten Wegen, bis ich mich verfahren hatte und mir den Rückweg erfragen musste. Oder ich stieß wegen Julia unwillkürliche Seufzer aus. Betrachtete den Mann aus Holz auf der goldenen Kugel. Bewunderte seine einsame Heldenhaftigkeit. Sein stoisches Verharren auf dieser übersichtlichen Welt ohne Baobab und Rose. Ich drehte auch gern die Stereoanlage voll auf und hörte mir die Klavierkonzerte 20 und 21, die Symphonien 38 und 39 sowie das erste Violinkonzert von Mozart an, die ich alle im Haus der Obelisken fand; lauschte ihnen in voller Lautstärke mit einem Bier oder einem Kaffee in der Hand, im Schlafanzug oder mit einem um die Taille gewickelten Handtuch, bis mir die Seele schwoll von etwas, das eine Mischung war aus Freude, Wehmut, Miauen wollen, mich vom Balkon stürzen, um zu fliegen oder von einem dieser großen dunklen Vögel entführt zu werden, die ich vom Garten aus über Salzburg schweben sah; lauschte dieser Musik, während ich den Abwasch machte, der Schnecke Salatblätter in die Schachtel legte, den Berg betrachtete, der durch den unerwarteten Rauch eines Kamins auf der anderen Seite des Gartens zum Wal geworden war, während ich umgeben von Obelisken mitten im Wohnzimmer stand, versunken in den kristallklaren Fluss dieser Musik, in ihre unverwüstliche Zerbrechlichkeit, in ein neues unentbehrliches Element gleichsam, ohne das es kein Leben mehr gab. Und nachts, wenn auf den Straßen und Plätzen keine Touristen mehr waren, keine Bettler, keine Porträtmaler mehr, nur noch letzte Betrunkene, zufällige Bummler und hier oder da ein Pärchen unter erwartungsvollem Geflüster auf dem Weg ins Hotel, besuchte ich Mozart auf seinem Sockel und erzählte ihm, was ich tagsüber erlebt hatte, verabschiedete mich von ihm, indem ich seinen Namen verkehrtherum sprach.

An einem probenfreien Nachmittag ging ich über die Fußgängerbrücke, die wie so viele Dinge und Orte in Salzburg den Namen des Komponisten trägt. Auf der anderen Uferseite gelangte ich bald in eine schmale Straße, auf der es anheimelnde Restaurants, ein paar Galerien, ein kleines *Maison de Plaisir*, geöffnet von zwei Uhr nachmittags bis zwei Uhr nachts, ein Schirmgeschäft und, eingeklemmt zwischen zwei hohen alten Häusern, einen Buchladen gab. Ich ging hinein und schaute mir Bücher über Mozart an. Ich sah auf den Preis auf der hinteren Umschlagseite, überschlug meine Barschaft, griff zu einem anderen. Irgendwann zählte ich meine Geldscheine genau. Eine ganze Weile blätterte ich noch in Biographien, geschrieben von Hildesheimer, Einstein, Robbins Landon, Maynard, Leisinger und Nettl.

Ich zog ein Buch aus dem Regal und betrachtete schon leselustig das nächste in der Reihe. In je mehr Büchern über Mozart ich blätterte, umso dringlicher wurde mein Wunsch, mir etwas aus diesen Seiten mitzunehmen. Ich wusste, dass ich mir keines von ihnen leisten konnte. Also überwand ich meine Schüchternheit, ging zum Buchhändler und erfand eine Geschichte, nach der ich in zwei Stunden einen Vortrag über Mozart halten musste, meine Notizen zu Hause liegenlassen hatte und ihn nun bat, ein paar Passagen aus den Büchern, die ich natürlich selber alle besaß, abschreiben zu dürfen. Er blickte mich einige Sekunden schweigend an, und ich sah in seinem faltigen Gesicht mit dem grauen Bart, dem nikotingelben Schnurrbart, den wuchernden Augenbrauen und den Tränensäcken unter den Augen, die blau und feucht durch dicke Brillengläser schauten, dass er mir kein Wort glaubte. Trotzdem antwortete er mit einem unmerklichen Kopfnicken, und seine altersfleckige Hand wies zurück zu dem Regal, in dem die Biographien standen. Ich schlug eine irgendwo auf, suchte mir eine Stelle, die mich interessierte, und schrieb sie in mein rotes Notizbuch. So verfuhr ich auch mit den anderen. Teile eines vergnügten und verspielten Mozart, des Sohnes Mozart, der sich vom väterlichen Lehrmeister befreit, des liebevollen Ehemanns, des einzigartigen Genies fanden sich rasch hingeworfen in meinem Notizbuch wieder. Ich merkte nicht, dass der Buchladenbesitzer zu mir getreten war, plötzlich neben mir stand.

«Das borge ich Ihnen», sagte er mit ausdruckslosem Gesicht und hielt mir ein gebrauchtes Exemplar von Mozarts Briefen hin. «Wenn Sie es gelesen haben, es Ihnen gefällt und Sie die Mittel haben, es zu kaufen, bezahlen Sie es mir; wenn nicht, geben Sie es einfach zurück. Einverstanden?»

Ein wenig beschämt verstaute ich mein rotes Notizbuch im Rucksack. Ich dachte, niemand täte so etwas, ohne dafür eine Gegenleistung zu erwarten. Wenn ich dieses Buch annahm, würde ich früher oder später den Gefallen, den er mir heute tat, zurückzahlen müssen, und vielleicht wäre das dann etwas, das mir gar nicht gefiel. Ich dachte daran, dass das Ganze eine Falle – meines Vaters? – sein könnte. Ich dachte, kaum wäre ich aus der Tür, würde der Alte bei der Polizei anrufen und mich des Diebstahls eines wertvollen alten Buches bezichtigen. Ich dachte, das Buch könne eine teure Antiquität sein, und wenn ich es mitnähme, würde er es gleich bei der Versicherung melden, um die Versicherungssumme zu kassieren.

«Und?», fragte der Buchladenbesitzer etwas ungeduldig ob meines Schweigens.

Ich akzeptierte und dankte ihm ausgiebig, doch als ich den Laden verließ, war ich immer noch misstrauisch. Als ich in dem Buch zu lesen begann, stellte ich fest, dass es unterstrichene Absätze und Anmerkungen an den Seitenrändern gab.

Zwei Tage später kam ich zurück, darauf gefasst, mit einer Falle, einer Erpressung oder der Einforderung eines niederträchtigen Gefallens für das ausgeliehene Buch konfrontiert zu werden. Der Buchladenbesitzer forderte jedoch nicht nur nichts für das Buch, sondern gestattete mir, ein anderes mitzunehmen. Ich brachte es ein paar Tage später zurück, und nach den kurzen Unterhaltungen, die wir führten, verflogen die Ängste und Befürchtungen allmählich, die ich bei unserer ersten Begegnung noch gehabt hatte. Und ich fühlte mich immer behaglicher in der kleinen Buchhandlung, umgeben von Regalen voller Bücher, dem konzentrierten Geruch von Holz und Papier, der heiseren Raucherstimme des Buchhändlers lauschend. Ohne dass ich es merkte, wurden die Besuche in der Buchhandlung zu einem weiteren Flicken im Fallschirm meiner täglichen Routine. Wir sprachen über Bücher und Autoren. Ich erzählte ihm vom Ursprung meines und meiner Geschwister Vornamen, was er sehr lustig fand, und er sagte, in unserem Fall hätte es ihn gefreut, Perec oder Musil oder Melville oder Benjamin genannt zu werden. Von dem Tag an nannte ich ihn Perec.

«Ihr Bruder heißt also Hesse», sagte Perec, erhob sich langsam und schwerfällig und zog aus einem Regal ein Buch mit dicken Umschlagdeckeln. «Erinnern Sie sich noch an den letzten Satz aus *Der Steppenwolf*?»

Ich erinnerte mich nicht einmal mehr an die Handlung, und sicher sah er mir das an.

«Mozart erwartete mich», las Perec und hustete am Ende des Satzes. «Ein hübscher Zufall, meinen Sie nicht? Sie hier auf der Suche nach Zitaten über Mozart und der Name Ihres Bruders, der mich an dieses Ende erinnert.»

«Ich wollte, mit diesem Satz würde meine Geschichte beginnen», sagte ich.

«Dann hören Sie sich dies hier an.» Perec blätterte mehrere Seiten zurück und fand dann, was er suchte. «‹Und auf drei stimmten sämtliche Anwesende mit tadellosem Einsatz ein Gelächter an, ein Gelächter im höhern Chor, ein furchtbares, für Menschen kaum erträgliches Gelächter des Jenseits.› Meinen Sie nicht», fuhr Perec fort und erhob sich, um das Buch an seinen Platz zurückzustellen, «dass dieser Absatz das cinematographische Gelächter von Formans *Amadeus* inspiriert haben könnte?»

«Möglich», erwiderte ich, ohne sicher zu sein, was ich davon halten sollte, oder zu verstehen, was daran wichtig sein sollte. Perec ließ ein furchtbares, für Menschen kaum erträgliches, dabei dunkles und schleimiges Gelächter hören, das in einen trockenen Hustenanfall mündete.

Ich erklärte ihm, was ich in der Stadt tat, erzählte ihm ein wenig von meiner Sehnsucht, Opernsänger zu werden, und auch, dass der Grund dafür, mir keine Bücher kaufen zu können, meiner prekären finanziellen Lage geschuldet sei und ich das bisschen Geld, über das ich noch verfügte und was ich als Komparse verdiente, sparen musste, damit ich mir innerhalb einer Woche ein Zimmer mieten konnte.

«Ich könnte Ihnen eines vermieten», sagte er und nahm seine Brille ab, um die Gläser mit dem Zipfel seines weißen Hemdes zu putzen. «Unser Sohn ist in diesem Jahr nach Graz gezogen, und sein Zimmer ist frei geworden. Meine Frau möchte nicht, dass jemand darin wohnt, aber wenn ich durch die Vermietung ein paar Euro extra verdienen kann, wird sie schon einlenken.» Er setzte die Brille wieder auf, legte seine Hände auf die Knie und seufzte. «Das Geld käme uns sehr gelegen. Jeden Tag, mein Freund, wird es schwieriger, von guter Literatur zu leben», er wies mit einer Hand auf die Bücherregale seines kleinen Ladens, «denn ich weigere mich, Selbsthilfebücher, Kochbücher, Gesetzestexte oder Bücher über Alchimisten zu verkaufen. Hier findest du keines von diesen oberflächlichen Drehbüchern, die davon träumen, verfilmt zu werden. Nein. Wer hier eintritt, der findet nur die ganz Großen, egal, ob Essayisten, Philosophen, Dichter, Romanciers, Dramatiker oder Musikwissenschaftler. Aber die Großen verkaufen sich immer schlechter. Nun ja; wenn du das Zimmer nehmen möchtest, das hier frei geworden ist, legen wir den Preis fest, und dann gehört es dir so lange, wie du es brauchst. Allerdings muss klar sein, dass du das Zimmer – im Unterschied zu den Büchern – bezahlen musst, und zwar im Voraus, sonst wirft mich meine Frau aus dem Haus. Sind wir im Geschäft?»

Eine rasche Bewegung an der Wand verdarb mir die Freude. Es war eine Spinne. Wie ein Fleck, der lebendig wird und alles schmutzig machen will; wie der Punkt am Ende eines Satzes, der plötzlich Beine bekommt und davonläuft, damit der Satz nicht endet, damit die Geschichte weitergeht; wie eine zerzauste Musiknote, die man nicht mehr lesen konnte. Eine kleine Spinne. Mich schauderte am ganzen Leib. Perec hatte meinen verstörten Gesichtsausdruck wohl wahrgenommen, denn seine Augenbrauen zogen sich in die Höhe. Ich musste sie töten! Ich rannte nach draußen; aber nicht vor der Spinne davon, sondern vor meinem Tötungsimpuls. Dann blieb ich stehen, kehrte in den Buchladen zurück und erklärte dem Besitzer, dass ich unter Arachnophobie litt. Perec lächelte, fand den Grund für meine Erregung, nahm die Spinne sanft in seine klobige Hand und entließ sie durchs Fenster nach draußen.

«Sind wir im Geschäft?», fragte er wieder und streckte mir die Hand entgegen. Dieselbe, über die die Spinne mit ihren schwarzen spitzen Beinen gelaufen war. Ich schloss die Augen, ergriff seine Hand und ging dann davon, um Trazom zu berichten, dass ich eine Bleibe gefunden hatte, wenn meine Zeit im Haus der Obelisken zu Ende ging, dass es aber eine Spinne gab, die frei herumlief und mich verfolgte.

«Meine Stimme ist eine Spinne», sagte ich. «Gute Nacht, Trazom.»

Dann lief ich und wusch mir die Hand.

2

Als ich schließlich bei den Proben an die Reihe kam, stellte ich mir klopfenden Herzens vor, Julia auf dem am weitesten von Schuff entfernten Stuhl sitzen zu sehen, wie sie sich am langen Tisch des Produktionsteams Notizen machte und ich jede ihrer Bewegungen, jeden ihrer Blicke verfolgen würde, während ich den Anweisungen folgte, die mir als Nebenteufel gegeben wurden. Ich irrte mich. Ja, sie befand sich im Saal, genau wie Jacques und die anderen Tänzer, aber wir Komparsen wurden in einen anderen Saal geführt, um dort mit dem Choreographen zu arbeiten.

Vergebens ließ ich mich in der Hoffnung, Julia zu begegnen, während der Pausen in der Cafeteria oder im Innenhof der Raucher sehen. Solisten und Komparsen hatten unterschiedliche Stundenpläne. Manchmal rannte ich los, sobald unsere Probe geendet hatte, um sie noch sehen zu können, doch ihre war schon lange vorher zu Ende gewesen, und alle waren gegangen. Andere Male endete unsere so viel früher, dass – bei allen Vorwänden, die ich mir ausdachte, um noch im Lehrbauhof zu verbleiben – irgendwann der Punkt kam, an dem ich mich zu verraten fürchtete. Schließlich war ich nicht irgendein Komparse, sondern genoss eine bescheidene Popularität in der Theatertruppe, da ich außer auf den Unfallfotos noch zwei weitere Male in der Zeitung gestanden hatte. Das erste Mal auf dem Foto, dem ich irrtümlicherweise entwischt zu sein glaubte; das, auf dem Cecilia Bartoli zusammen mit Franzi die aufgeblasene Papiertüte im Restaurant Triangel aufhängt. Mein Fluchtversuch sah passenderweise aus wie ein Davonrennen vor gefährlichen Wespen. Das zweite Mal, als ich vor dem Haus für Mozart Ildar Abdrazakow um ein Autogramm bat. Wegen meines wiederholten Auftauchens in der Zeitung hatte ich mir den Spitznamen Zelig eingehandelt, von der Titelfigur im Film von Woody Allen, die an allen möglichen und unmöglichen Stellen auftaucht. Mein Vater schickte mir spöttische Textnachrichten, und für mich war das Ganze mit einem bisschen Stolz, einem bisschen Scham und einer Menge Verlegenheit behaftet. Mein Umherstreifen in den Fluren, der Cafeteria und den Gärten des Lehrbauhofs blieb jedenfalls nicht unbemerkt. Und jedes Mal, nachdem ich wieder einmal hatte feststellen müssen, dass ich Julia weder sehen noch mit ihr sprechen können würde, schwang ich mich übelgelaunt und niedergeschlagen aufs Fahrrad und fuhr nach Hause.

Ich sah sie ein einziges Mal. Sie blieb auf der Türschwelle stehen, sah uns schwitzend und schweißriechend proben, rümpfte die Nase und verschwand. Sie hatte mich nicht entdeckt, mir jedoch waren Veränderungen in ihrem Haar aufgefallen. Sie hatte mehr gelbe Strähnen gehabt, das Violett war fast komplett verschwunden, das Orange war intensiver geworden, und das hell schimmernde Grün stand mit den anderen beiden Farben im Begriff, das ganze Haar zu erobern; das Blau war jetzt dunkler als in den Tagen zuvor.

Philippe, der Choreograph, ließ uns auf einem Bein stehen, auf alle viere fallen, mit einem Satz auf die Füße kommen, niederkauern, still verharren eine Zeitlang, die mir wie eine Ewigkeit vorkam, uns plötzlich kraftvoll und schnell von einer Seite zur anderen bewegen und dann – er klatschte in die Hände – abrupt stehen bleiben, wo wir uns gerade befanden. Zuerst probten wir unsere Bewegungen sehr langsam, dirigiert von seinen Anweisungen und dem Rhythmus seiner auf den Brettern klackenden Hacken. Nach und nach beschleunigte er dieses Aufstampfen. Das Ziel war, unsere Choreographie mit der Musik der Ouvertüre von *Don Giovanni* in Einklang zu bringen. Philippe hatte seine Verzweiflung gut unter Kontrolle. Er war es gewohnt, nicht nur mit Tänzern, sondern auch mit Chorsängern und – wie in unserem Fall – mit Komparsen zu arbeiten, denen Verrenkungen und komplizierte Bewegungen beizubringen ihn viel Zeit kostete. Eines Nachmittags spielte er auf der Musikanlage endlich die Ouvertüre, die Mozart angeblich erst kurz vor der Uraufführung komponiert hatte. Wir bewegten uns hingebungsvoll und hochkonzentriert. Es gab ein paar Zusammenstöße, die eine blutende Lippe und eine geschwollene Wange zur Folge hatten und das Gekicher einer fiependen Ratte. Philippe war zufrieden und entließ uns früher aus der Probe. Ich ging in die Cafeteria, kaufte mir ein Mineralwasser und suchte mir einen Platz, um in Mozarts Briefen zu lesen. Aus den Augenwinkeln beobachtete ich die Hereinkommenden in der Hoffnung, Julia zu sehen. Es war jedoch nicht sie, die erschien.

«*Salut, mon petit!*», sagte Jacques und setzte sich zu mir an den Tisch.

Leck mich, *mon petit*, dachte ich und beantwortete seinen Gruß mit einem Kopfnicken, das verächtlich und verwegen wirken sollte, mir aber nur verzagt geriet.

«Ah, sehr gut», rief er, mir das Buch aus den Händen rei-ßend, «du machst deine Hausaufgaben, liest Mozarts Briefe, wie ich es dir geraten habe. Oh!», fuhr er mit theatralischer Bewunderung fort, während er in dem Buch blätterte, «und nicht nur das. Der Herr gehört zu denen, die unterstreichen. Bravo, Vian!»

Jacques zeigte mit dem Finger auf einen Absatz im Buch, das ich ihm wegzunehmen suchte, doch er zog es schnell zurück, schnalzte mit der Zunge und hielt mir seinen lan-gen ausgestreckten Finger verneinend vor die Augen. Ich war wie versteinert; aber nicht so wie beim Anblick von Spinnen. Meine Lähmung ähnelte eher der Starre, in die ich als Kind verfiel, wenn mein Lehrer in der Deutschen Schule mich wegen einer unvollständigen Hausaufgabe schalt oder weil ich meinen Notenzettel nicht von den Eltern unterschreiben lassen und zurückgebracht hatte. Manchmal dauerte es Tage, bis ich den Mut aufbrachte, den Eltern meine mittelmäßi-gen Noten zu zeigen und mir ihre demütigende Predigt an-zuhören oder sogar Bestrafung zu riskieren, zu der auch die Konfiszierung meines Fahrrads gehörte.

«Hören wir, was der *Maître* sagt», sprach er mit gedehn-ter Stimme, schlug das Buch wieder an der alten Stelle auf und las laut vor, wie Mozart seinem Vater mitteilte, dass er nicht auf poetische Art schreiben könne, da er kein Poet sei, Wörter nicht mit Licht und Schatten arrangieren könne, da er kein Maler sei, und sich auch nicht pantomimisch aus-zudrücken wisse, da er kein Tänzer sei; dass er aber all das sehr wohl mit Musik machen könne. «Ich bin ein Musikus», konstatierte er.

Ich hatte mich inzwischen aus meiner Erstarrung gelöst. Die Stimme des Teufels hypnotisierte mich mit den Worten Mozarts. Jacques blätterte geräuschvoll zur nächsten Seite um, räusperte sich theatralisch und las dann eine wunderschöne und labyrinthische Passage, die ohne weiteres den besten Seiten aus *Alice im Wunderland* hätte entspringen können.

Zwei Tänzer, die an der Theke der Cafeteria saßen, warfen ihm genervte Blicke zu und baten ihn, etwas weniger laut vorzulesen. Jacques hob die Hand, wie um sich zu entschuldigen. Er ging die Briefe noch einmal durch und begann dann mit immer lauter werdender Stimme eine andere Passage vorzulesen, in der Mozart ein lautes Geräusch wie Donner beschreibt, gefolgt von einem Brandgeruch, der ihn von der Arbeit ablenkt und der sich am Ende – wie seine Mutter ihm im Vorbeigehen schon hatte wissen lassen – als eine knallende Blähung des Maestros herausstellt.

Ich hätte gern laut losgelacht, doch der unwilligere der beiden Tänzer beschied Jacques, jetzt sei es genug, und forderte ihn recht unhöflich auf, endlich leiser zu lesen. Jacques deutete ein halbes Lächeln an, entschuldigte sich leise, suchte eine andere Seite, fand die Abschiedsworte eines Briefes und las mit laut erhobener Stimme:

«Ich bin, ich war, ich wär, ich bin gewesen, ich war gewesen, ich wär gewesen, o wenn ich wäre, o dass ich wäre, wollte Gott ich wäre, ich wurde sein, ich werde sein, wenn ich sein würde, o dass ich sein würde, ich wurde gewesen, ich werde gewesen sein, o wenn ich gewesen wäre, o dass ich gewesen wäre, wollte Gott ich wäre gewesen, was? – ein Stockfisch.»

Das letzte Wort spie er den beiden Tänzern entgegen. Der gesprochen hatte, knirschte mit den Zähnen, stieg wütend von seinem Hocker. Der andere versuchte, ihn zurückzuhalten, und sagte, es lohne doch nicht, aber Ersterer entwand sich seinem Griff und näherte sich drohend. Jacques kam gewandt auf die Beine. Aus einer seiner Taschen zog er einen

Gegenstand, drückte einen Knopf, und mir lief es eiskalt über den Rücken, als ich in seiner Hand ein Messer blitzen sah.

«Bist du krank im Kopf, oder was?», rief der Tänzer, der an der Theke sitzen geblieben war und jetzt zu dem anderen rannte, der ungläubig auf die silberglänzende Klinge starrte.

«Ich?», fragte Jacques unschuldig. «Ah, ihr meint deswegen», er nahm sein Messer zwischen Daumen und Zeigefinger, als hielte er einen toten Fisch. «Immer mit der Ruhe, Jungs, damit schneide ich mir bloß die Fingernägel.»

Er warf das Messer in die Luft, fing es mit der anderen Hand auf, führte die Klinge an den kleinen Finger und schnitt einen dünnen Sichelmond vom Nagel ab. Dann stach er sich in die Fingerkuppe, drückte mit dem Daumen darauf, dass übertrieben viel Blut hervortrat, malte sich einen roten Streifen auf die Stirn, leckte die Wunde ab und grinste dabei wie ein Bilderbuchschurke.

«Es sei denn, man provoziert mich. Irgendein Problem?», fragte er ein bisschen maniert. «Kommt, ihr Schwestern, geht an eure Theke zurück, mein Freund hier zahlt den Kaffee für die Unannehmlichkeiten, die ihr gehabt habt, und alles bestens. Die Lesung ist beendet.»

Er schob mir das Buch mit Mozarts Briefen zu, beugte sich dabei weit über den Tisch, ich drückte mich an die Rückenlehne meines Stuhls. Er fragte mich, ob ich wisse, dass Luzifer, bevor er in die Hölle hinabgeschleudert wurde, der Engel war, der im Himmel für die Musik zuständig gewesen sei. Er wartete meine Antwort nicht ab und sagte im Davongehen, meine nächste Aufgabe sei es, die Biographie des Teufels gründlich zu lesen.

«Warum?», rief ich ärgerlich und verwirrt seinem sich entfernenden Rücken hinterher.

«Weil du einen spielst», antwortete er, ohne sich umzudrehen.

Die beiden Tänzer schauten belustigt zu mir herüber und grinsten mit hochgezogenen Brauen. Ihr Ärger war offensichtlich verflogen.

«Danke für den Kaffee, Zelig», sagte einer.

Der andere führte eine Hand an die Lippen und blies mir einen Kuss zu, dann marschierten sie ab.

«Die haben wohl gedacht, sie wären hier in einem Western-Saloon oder einer Piratenkneipe, was?», bemerkte die Bedienung hinter der Theke und überreichte mir die Rechnung.

Ich zahlte und stürzte stinksauer nach draußen. Ein Blick auf das Buch zeigte mir, dass Jacques den Einband versaut hatte und dem Profil Mozarts jetzt zwei blutige Hörner sprossen.

3

*D*ie Tage vergingen, und ich hatte Julia immer noch nicht wiedergetroffen. Das bekümmerte mich. Manchmal sah ich sie von ferne kommen oder davonfahren wie eine Erscheinung auf dem Fahrrad, den Regenbogen ihres Haars am Horizont entschwinden. In solchen Momenten war mein Fahrrad stets außer Reichweite, und die Rufe meiner Baritonstimme erreichten sie nicht.

Jacques hingegen traf ich eines Morgens wieder, als ich gerade von Perecs Buchhandlung zurückkam. Ich befand mich auf dem Mozartsteg und versuchte erfolglos, mit meinem Blick das trübgrüne Wasser der Salzach zu durchdringen.

Ein schlanker, kräftiger Arm zerrte mich von der Brücke. Jacques' Stimme schoss wie ein Maschinengewehr einen Diskurs über Dämonen ab. Geschichten über Lilith und Beelzebub, Belial und Azazel kamen wie verirrte, wütende Geschosse aus seinem Mund.

Wir liefen genauso überstürzt, wie Jacques sprach. Wir überquerten den Mozartplatz (ich schickte einen verlegenen Blick zu Trazom), dann den Residenzplatz (der Brunnen in seiner Mitte plätscherte lauter als die Salzach), gingen durch die Sigmund-Haffner-Gasse (in meinem Geiste erklangen einige Akkorde der Serenade, die Mozart für den Namensgeber dieser Straße komponiert hatte), betraten den Franziskanergarten und gleich darauf Sankt Peter.

«Hier wurde zum ersten Mal die Messe in c-Moll aufgeführt», sagte Jacques, und ein paar Touristen warfen ihm neugierige Blicke zu. «Mozart dirigierte die Musik der Messe, Constanze sang den Part der Sopranistin, und die erste Geige im Orchester spielte Vater Leopold, dem die beiden frisch Verheirateten erstmals nach ihrer Hochzeit einen Besuch abstatteten. Und dort», sagte er und zeigte mit weit ausgestrecktem Arm, damit nicht nur ich, sondern auch die ihm neugierig Lauschenden ihn hörten, «dort, meine Damen und Herren, ist der Teufel. Bitte in einer Reihe aufstellen, wenn Sie ihn auf den Mund küssen wollen.»

Jacques begab sich dahin, wohin er gezeigt hatte, und keiner folgte ihm, auch ich nicht, um ihn zur Rede zu stellen. Ich ging durch die Seitenschiffe der Kirche, betrachtete die Heiligen in ihren goldenen Umhängen, bewunderte die hohen angezündeten Lampen, schaute in die Grabnischen. Doch es waren nicht die, die meine größte Aufmerksamkeit erregten. Am Ende des Gangs stand ich lange vor einer anderen Grabnische. Auf dem dunklen Deckel ruhte in Bronze gegossen das Abbild des Freiherrn Georg Anton Franz von Motzel in seiner Rüstung, den entblößten Kopf auf einem Kissen, zu seinen Füßen der Helm mit offenem Visier, eine Hand auf der Brust, die andere auf ewig den Griff des Schwertes umklammernd, und am Fußende der für den letzten Kampf gegen den Tod nutzlose Schild. Ich dachte an Don Quijote. Ich dachte an Lohengrin. Ich dachte daran, wie meine Grabstätte wohl aussehen würde. Ich dachte, dass ich so gut wie nie die meiner Mutter besucht hatte.

Von der anderen Kirchenseite erinnerte mich Jacques' Stimme mit einem durchdringenden Wispern, das wie das Zischen einer Schlange klang, weshalb wir hergekommen waren.

«Sssssaaaaataaan», sagte er, und die Leute, die in den Bänken beteten, suchten mit ihren Blicken herauszufinden, woher diese Stimme kam, die den Namen des Unaussprechlichen aussprach. Damit Jacques den Ort nicht noch weiter mit der Nennung des Dämons entweihte, ging ich unverzüglich zu der in Stein gehauenen Darstellung, in der der Teufel im Begriff steht, den Kampf gegen den Erzengel Michael zu verlieren.

Mir gefiel der Gesichtsausdruck des Erzengels nicht, der die Kehle des Gegners mit seiner in einem Kreuz endenden Lanze durchbohrt. Nüchtern, beinahe heiter, als würde er bei der Szene nur zuschauen und nicht der sein, der die Tat vollbringt. Sympathischer war mir da der Teufel mit seinen spitzen Ohren, den gebogenen Widderhörnern, Drachenflügeln, Frauenbrüsten und Ziegenfüßen und einem Gesichtsausdruck, der sowohl Spott als auch Entsetzen ausdrücken mochte. Es fehlte der Szene an Intensität. Ich hatte den Eindruck, Teufel und Erzengel könnten jeden Moment aufstehen, die Glieder strecken, die Muskeln lockern, dann ein Bier trinken gehen (ein großes für den Teufel, ein alkoholfreies für Michael) und wieder zurückkommen, um an alter Stelle die gleiche dramatische Pose einzunehmen.

«Siehst du das?», fragte Jacques hinter mir, und ich, der ich ihn nicht hatte herankommen sehen, tat beinahe einen Luftsprung vor Schreck. «Der Erzengel ist groß wie das Denkmal, das sie Mozart errichtet haben, und der Dämon ist so klein wie der Mozart aus Fleisch und Blut, der zu Lebzeiten hier herumgelaufen ist.»

Ich wusste nicht recht, was er mir damit sagen wollte. Bevor Jacques ging, kniete er nieder und bekreuzigte sich. Er steckte zwei Finger in das Weihwasserbecken und zeichnete sich einen feuchten Kreis auf die Stirn. Dann nahm er sich eines der dicken Gesangbücher, die am Eingang ausliegen, damit die Gläubigen sich zu Beginn der Messe eines nehmen, um gemeinsam beten und singen zu können, und es am Ende der Messe wieder zurücklegen. Jacques befeuchtete seinen Finger an der Zunge und blätterte nachlässig durch die Seiten aus dünnem Bibelpapier. Ein Frau kam und sah sich die Kirchenprospekte an, die neben den Gesangbüchern lagen.

«Seien Sie nicht gar zu andächtig!», rief Jacques und klappte das Gesangbuch knallend zu. Die Frau blickte ihn empört an.

«Diesen Satz, *Madame*», fuhr Jacques mit breitem Lächeln fort, «hat Mozart seiner Frau ins Gesangbuch geschrieben.»

Mit dem Buch in der Hand lief er nach draußen. Ich rannte hinterher, rief mit lauter Stimme, um das Hufgetrappel der Pferde einer Kutsche zu übertönen, er müsse es in die Kirche zurückbringen.

«Morgen», sagte Jacques, den Blick auf die Sonnenuhr am

Ende der Straße gerichtet, «proben wir zusammen mit den Komparsen. Da wirst du Julia sehen, *mon petit.* Freue dich und leide. Hinterher können wir ein Bier trinken gehen. Hier, nimm, ich schenke es dir», fügte er hinzu und knallte mir das Buch mit dem schwarzen Einband vor die Brust.

«Was soll ich damit?», entgegnete ich erschrocken und streckte es von mir, um es ihm zurückzugeben.

«Kannst es als Kopfkissen benutzen», sagte er und sprang davon.

Ich sah bereits ein Heer von Priestern herbeieilen, um den Diebstahl zu bestrafen, ein paar Exorzisten darunter, die mir den Kopf herumdrehen würden wie eine Eule. Die Frau, die von Jacques belästigt worden war, würde mich verraten, und sogleich wären die beiden Polizisten zur Stelle, denen ich am Vormittag begegnet war, als ich das Fahrrad ausleihen wollte, sie würden mir Handschellen anlegen und breit grinsend sagen, jetzt würde ich ihnen nicht wieder durch die Lappen gehen.

Ich schwitzte, und mein Herz raste. Bestimmt würde jetzt eine Spinne auftauchen. Ich betrat die Galerie gegenüber dem Franziskanergarten und versuchte mich vor ein paar gerahmten Lithographien von Chagall zu beruhigen. Die Abbildungen von Clowns und Akrobaten im Zirkus, von Bibelszenen und fliegenden Städten waren alle viel zu gespenstisch und weit entfernt von der Klarheit der Figuren eines Kaleidoskops. Ich blieb vor einem Bild stehen, auf dem eine riesige rothaarige Nixe über dem Meer und dem Strand schwebte. Sie hielt einen gigantischen Blumenstrauß in ihren Händen. Der untere Teil des Bildes war von dem gleichen Blau, wie ich es in Julias Haar gesehen hatte, aber das Gelb, das Grün und das Orange der Blumen fand sich, als wollten sie nach und nach die ganze Landschaft mit ihren

Farben erobern, in den Schwanzschuppen der Nixe wieder und am Rand des großen Vollmonds. Ich drückte das Gebetbuch an meine Brust, als wäre es der Mast eines Schiffes, an den ich mich klammerte, um nicht vom Gesang der Sirene fortgerissen zu werden. Am nächsten Tag würde ich Julia sehen.

Ein Verkäufer näherte sich mir mit geschäftsmäßigem Lächeln und legte unmerklich den Kopf zur Seite.

«Suchen Sie etwas Bestimmtes?», fragte er, und sein Blick glitt von meinem Gesicht zu dem Buch an meiner Brust.

«Farben!», antwortete ich erregt. «Aber ich habe sie schon gefunden.»

Ohne ein weiteres Wort stürzte ich nach draußen. In meinem Gesicht stand das boshafte Lächeln eines ungezogenen Kindes, und das Bild von Julias Haar war ein Stern in meinem Magen, der mir ein kosmisches Kribbeln bereitete. Ich ließ den Mast los, stopfte das Gesangbuch in meinen Rucksack und ging meines Wegs, ohne mir das Lächeln aus dem Gesicht zu wischen. Ich wusste genau, wohin meine Schritte mich führten. Mein Ziel war der Mozartplatz, wo ich dem Denkmal Trazoms von meiner Freude berichten würde.

4

*E*s gibt einen Mann, der den *Spirit of Mozart* säubert. Ich dachte an die Pantomime von Erzengel und Teufel, an den Regenbogen meiner Nixe, die ich am nächsten Tag sehen würde, und an Mozarts knallende Fürze, als ich ihn erblickte. Er hatte ein von der Sonne gebräuntes Gesicht mit Falten, unter der Mütze standen wirre graue Haarsträhnen hervor, er trug eine dunkle Jeans und ein schwarzes T-Shirt mit dem Festspielaufdruck. Ich schlug mein rotes Notizbuch auf und schrieb: «Es gibt einen Mann, der den *Spirit of Mozart* säubert.» Ich schrieb auch, dass das Werk von der Künstlerin Marina Abramovic stammt, dass der *Spirit of Mozart* aus acht Stühlen aus rostfreiem Stahl besteht, die vor einem fünfzehn Meter hohen Stuhl ohne Sitzfläche (der Thron des Geistes?) aufgebaut sind und alle auf einem Dreieck aus weißem Kies stehen, von rotbraunen Ziegelsteinen umrandet, die der Mann nun reinigte.

Er kniete, tauchte einen mittleren Pinsel in einen Topf und bestrich jeden Stein mit einer klaren Flüssigkeit. Ohne dass er mich sah, fuhr ich mit einem Finger über einen der behandelten Steine. Die Substanz fühlte sich an wie verdünntes Öl. Ich betrat die Kiesfläche, wie es auf einer Plakette empfohlen wurde, auf der in zwei Sprachen Informationen über das Werk und die Künstlerin standen. Der Mann war auf seine Arbeit konzentriert wie ein Chirurg, der am offenen Herzen operiert, und nahm meine Anwesenheit gar nicht wahr. Ich setzte mich auf einen der Stühle. Zu meiner Rechten hielten und fuhren die Autos, wie die Lichter der Ampel es ihnen befahlen; zu meiner Linken rann der Fluss, der sich nichts befehlen ließ; um die Stühle herum suchten Tauben unbeholfen hüpfend etwas zu picken zwischen den Steinchen. Ich setzte mich auf einen anderen Stuhl und stellte fest, dass sie alle von unterschiedlicher Höhe waren. Ich setzte mich auf jeden einzelnen. Der einzige unerreichbare war der hohe Stuhl, dem die anderen gegenüberstanden. Seine hohen glänzenden Beine boten je nach Stuhl, von dem aus man schaute, unterschiedliche Rahmen für die Landschaft, die sich in der Ferne ausbreitete, Sonnenlichtreflexe an den glänzenden Kanten, und durch das leere Rechteck des Sitzes ganz oben schien ein wolkenloser Himmel.

Der Mann, der die Randsteine säuberte, ging bei seiner Arbeit so aufmerksam und sorgfältig vor wie einer, der voll Freude seinem mit Leidenschaft betriebenen Hobby frönt. Vielleicht war er ein Mozartfan oder ein Liebhaber zeitgenössischer Kunst oder ein städtischer Arbeiter, der mit unüblicher Begeisterung zu Werke ging.

Ich glaube, ich probierte zweimal alle Stühle durch. Mein Lieblingsstuhl wurde der fünfte in der Mitte der zweiten Reihe, der höchste der acht Stühle vor Mozarts allerhöchstem. Ich schlenkerte mit den Füßen, die nicht bis zur Erde reichten, wo die Tauben pickten. Ich dachte an die glückliche Zeit der Kindheit zurück, als meine Beine von allen Stühlen, auf die ich mich setzte, herabschlenkerten, als mein Vater noch ein allmächtiger und beschützender Gott war und ich noch zu klein, um seine boshafte, überhebliche Sprache zu verstehen, als ich vergnügt und begeistert das Wort wiederholte, mit dem er mich manchmal ansprach und das sich für mich damals wundervoll anhörte. «Umfal, Umfal», trällerte ich freudestrahlend, wenn mein Vater mir lächelnd das glatte Haar zerwühlte. Bis ich mich eines sonnigen Sonntags beim Zoobesuch von der Familie entfernte, wie hypnotisiert vom Grunzen, Gähnen und Schnauben der eingesperrten Tiere, und in einem Augenblick kindlicher Tollkühnheit auf die andere Seite des Gitters zu gelangen suchte, um mit den Eisbären im Wasser zu schwimmen. Ein Wärter bemerkte mich rechtzeitig, und zwanzig Minuten später holten mich mein wutschnaubender Vater und meine angstschwitzende Mutter aus dem Informationshäuschen ab, von wo aus sie ausgerufen worden waren. An diesem Tag begriff ich, dass das Wort «Unfall», das mein Vater von der Festungsmauer

seines Gesichts durch das Kanonenrohr seines Mundes ab-
schoss, niemals wundervoll gewesen war und es niemals sein
würde.

Seit damals hege ich eine sanfte, beinahe wehmütige
Sympathie für Eisbären. Während meines Aufenthalts in der
deutschen Hauptstadt saß ich oft im Zoologischen Garten,
die Füße fest auf dem Boden, vor dem Gehege der Eisbären.
Für einen von ihnen empfand ich großes Mitleid. Er tappte
vom Rand seines falschen Eisbergs zur weißen Wand seines Gefängnisses und wieder zurück. Immer dieselbe kurze
Strecke, unentwegt den langen Hals wie ein Pendel hin und
her schwingend, wie ein in den weißen Wänden seiner Zelle
eingesperrter Irrer. Er setzte sich ein paar Sekunden, dann
stapfte er wieder los. Ich lernte dieses unglückliche Ge-
schöpf lieben und die Freiheit herbeisehnen, die man ihm
verwehrte. Ich dachte an die Bilder von *Animal'z*, meinem
Comic von Enki Bilal. Am Himmel einer der schwarzweißen
Landschaften seiner melancholischen und gewalttätigen
Vignetten voller Poesie fliegen Elefanten, Schildkröten und
Eisbären. Ich stellte mir gerne vor, dass mein gefangener Eisbär – irre geworden an Berlin – Anlauf nahm, über das Git-
ter setzte und sich in die Lüfte erhob wie die Eisbären von
Bilal.

Als ich aufschaute, war der Mann, der den *Spirit of Mozart*
säuberte, nicht mehr da. Ich lief los, um nachzusehen, ob
er vielleicht unten in der Unterführung war, auf der Ufer-
straße, die unter der Brücke hindurchführt und dann auf die
Hauptstraße trifft. Leute gingen spazieren, fuhren auf Roll-
schuhen oder Fahrrädern, saßen auf Bänken mit Blick auf
den Fluss, betraten oder verließen das Schwimmbad, doch
keiner davon war der Mann, den ich suchte. Auf der anderen
Straßenseite, hinter dem Verkehr, rannten jauchzende Kin-

der um die Fontänen eines Springbrunnens zu ebener Erde, über dem ein Transparent gespannt war, auf dem eine Oper von Gluck mit Cecilia Bartoli in der Titelrolle angekündigt wurde. Doch da sah ich ihn auch nicht, ebenso wenig unter denen, die über die breite Brücke gingen oder vor der roten Ampel warteten. Wo ich auch hinschaute, ich fand ihn nicht. Ich ging in die Gegenrichtung, aus der mir die Autos entgegenkamen. Ich verscheuchte eine Wespe, und da entdeckte ich ihn in einem Blumenbeet vor dem Café Bazar Erde häufeln und die Blumen gießen. Er tat es genauso gewissenhaft, ruhig und aufmerksam, wie ich ihn die Steine hatte säubern sehen. Ich sprach einen der Kellner an und fragte ihn, wer dieser Mann sei. Meine Erregung stand in krassem Gegensatz zu der Ungezwungenheit, mit der die Gäste auf der Terrasse ihren Kaffee tranken und ihre Kuchen oder Palatschinken verzehrten.

«Ein Spinner», sagte der Kellner und schüttelte nachsichtig lächelnd den Kopf, als wäre von einem ungezogenen Kind die Rede. «Er nennt sich Herr Wolfgang, lebt seit fünfzehn Jahren unter der Brücke und hält Beete in Ordnung, pflanzt Blumen, malt Gullys an ...»

«Und säubert den *Spirit of Mozart*», unterbrach ich ihn, ohne Herrn Wolfgang aus den Augen zu lassen.

Der Keller ging an seine nicht spinnerte Arbeit zurück, die Caféhausgäste aßen weiter ihre Kuchen unter Wespen, und Herr Wolfgang, der mit seiner Arbeit am Blumenbeet fertig war, ging raschen Schritts die Straße entlang in Richtung des Kunstwerks der Abramovic. Ich folgte ihm. Ich fühlte mich wie in einem Krimi. Er stieg die Treppe zur Unterführung hinunter, stellte seine Gärtnerutensilien in einer Ecke unter der Brücke ab und setzte sich auf eine der Bänke mit Blick auf den Fluss. In der vertieften Fensternische des

Schwimmbads stand ein lächelnder Gartenzwerg mit einem Pappschild, auf dem zu lesen stand:

HALLO FREUNDE DER TIERE UND PFLANZEN.
EINEN GLÜCKLICHEN SOMMER
WÜNSCHEN HERR WOLFGANG UND TEAM

Ich setzte mich ans andere Ende der Bank am Eingang des Bades, auf der Herr Wolfgang mit vor der Brust verschränkten Armen den Fluss betrachtete. Ich bemerkte, dass der lange Grünstreifen, der den Fußgängerweg vom Fahrradweg trennt, in einen wunderschönen schmalen Garten verwandelt worden war. Hohe Sonnenblumen wuchsen da und alle Sorten anderer farbenprächtiger Blumen. Die Gullys und der Eingang des Schwimmbads waren mit bunten Punkten bemalt, und hier und dort waren einige Steine – einer eigenen Symmetrie und der Reihenfolge der Farben der Gullys folgend – mit geometrischen Mustern verschönt. An das schmale Geländer in der Mitte des Grünstreifens war eine Obstkiste festgebunden, auf der ein rosarot glänzendes und feist grinsendes Schwein mit einem Schlitz auf dem Rücken stand. Wenn jemand eine Münze hineinwarf, wurde ihm von Herrn Wolfgang mit einem leichten Kopfnicken gedankt. Ich schaute zur Brücke. An einer Ecke war der Einkaufswagen eines Supermarkts abgestellt, in dem sich wohlgeordnet ein paar Utensilien und Kleidungsstücke befanden. Aus den Augenwinkeln beobachtete ich Herrn Wolfgang mit seinem sonnengebräunten Gesicht und den muskulösen Armen. Mit welcher Gelassenheit er den Lauf der Salzach betrachtete. «Ein Spinner», hatte der vernünftige Kellner gesagt, und wenn dem so war, dann waren die Sonnenblume, der Gartenzwerg aus Ton, die Reihe eingeölter Steine, die Blumen, die verschönerten Gullys das Werk seiner Versponnenheit. Aber warum Spinner? Warum nannte man ihn nicht Vagabund, Künstler, Dichter, Gärtner? Mit dem kleinen Garten Eden vor Augen und direkt neben seinem Erschaffer sitzend, der still den lärmenden Galopp des Flusses betrachtete, sagte ich mir, dass Herr Wolfgang möglicherweise weder ein Spinner noch ein Dichter oder Philosoph war, sondern ein verstoßener Gott, vergessen vielleicht, aber immer noch unsterblich wie der ewige Poseidon am Brunnen, heroisch einsam wie der Holzmann auf seiner Kugel und spielerisch frei wie Trazom, das Genie. Vielleicht war er aber auch der Eisbär aus Berlin, der hierhergeflogen war. Er war Mensch geworden und saß neben mir auf der Bank.

Ich stieg die Treppe hinauf und kehrte zum *Spirit of Mozart* zurück. Unter dem hohen Stuhl aus Edelstahl blieb ich stehen. Alle Tauben waren davongeflogen. Bis auf eine. Ich legte den Kopf in den Nacken. Der leere Sitz umrahmte einen grauen, mit blassen Wolken gesprenkelten Himmel, wie ein Bildchen aus dem Comic. Wie gern hätte ich Elefanten, Delfine und Eisbären langsam durch dieses matte Quadrat fliegen sehen! Aber ich sah nur die Taube, die auf der hohen Querstrebe der Rückenlehne saß. Mein Blick glitt nach unten. Auf der Erde lag eine Feder. Mit zwei Fingern nahm ich sie auf. Ich stellte mir Mozarts Hand vor, wie sie die Schreibfeder vom Tintenfass zum Notenblatt führte, auf dem er seinen Geist verewigte, vom Tintenfass zur leeren Seite, auf der er ein Stück seiner Stimme für die Ewigkeit hinterließ, gerichtet an einen ganz bestimmten Empfänger, der trotz der eifersüchtig über die Reinheit der Kunst und Moral wachenden Ästhetik- und Ethikpolizei am Ende niemand anderes war als die gesamte Menschheit. Ich fühlte einen freundlichen Klaps auf meiner Schulter. Niemand war neben mir. Ich tastete mit der Hand über meine Schulter und zog sie sofort angewidert zurück. Als ich nach oben schaute, landete prompt eine zweite Fäkalladung mitten auf meiner Stirn. Ich bedachte die Taube mit einer sehr mexikanischen Verwünschung. Auf der Suche nach etwas, mit dem ich mich säubern konnte, fiel mein Blick wieder auf die glänzenden Steine. Etwas an ihrer öligen Friedfertigkeit streichelte meinen Ärger wie ein langes freundliches Abschlecken mit der Zunge. Mein Blick fiel auf die Sonnenblume, die Herr Wolfgang in seinem kleinen Reich gepflanzt hatte, und ihr gelber Kreis wurde zu so etwas wie einer großen haarigen Pranke, die an meinem verängstigten Körper zu kratzen begann. Ich schaute zum Himmel hinauf, und die Möglichkeit eines Eisbären nahm auf meiner Netzhaut langsam Gestalt an. Ich fühlte mich beschwingt. Ich rieb die Feder an meiner Nase und steckte sie mir hinters Ohr. War Herrn Wolfgangs Spinnerei etwa ansteckend? Ich ließ ein lautes Miauen hören, setzte ein seliges Lächeln auf und wischte mir die Stirn nicht ab, da ich entschieden hatte, vom *Spirit of Mozart* geküsst worden zu sein.

5

*E*s gibt ein Buch von Philip K. Dick, das ungefähr so beginnt: Ein Typ schüttelte sich einmal den ganzen Tag lang Insekten aus dem Haar. Der Doktor sagte ihm, er habe kein einziges Insekt in seinem Haar. Nachdem er acht Stunden lang unter der heißen Dusche gestanden hatte und jede einzelne Stunde unter den Insekten litt, ging er hinaus, trocknete sich ab und hatte immer noch Insekten im Haar; tatsächlich hatte er am ganzen Leib Insekten. Einen Monat später hatte er Insekten in der Lunge. Die Figur endet in einer geschlossenen psychiatrischen Anstalt, wo sie sich immer noch für verseucht hält, unablässig von Insekten befallen. Sie bleibt biologisch zwar am Leben, ihr Geist jedoch bekommt einen Kurzschluss und ist auf immer zerstört.

Nein, eigentlich wollte ich keinen Kurzschluss, keine Eisbären überall wie Wespen durch Salzburg fliegen sehen. Verrücktheit als poetische Metapher kann sehr attraktiv sein, aber mit ihr zu leben mitten in unserer Gesellschaft von Vernünftigen muss furchtbar sein. Daran musste ich denken, als ich mir für die Probe das provisorische Kostüm des Nebenteufels anzog. Ich war der einzige Komparse im Umkleideraum. Die anderen probten schon. Ich hatte geträumt, ich lebte unter der Brücke, am Himmel flögen Bären, Elefanten und Wale, die nur ich sehen konnte und die mich mit ihren riesigen Exkrementen bombardierten, und Mozart bräche darüber in lautes Gelächter aus. Ich erwachte nervös, erregt, wusste nicht, wo ich mich befand. Später begriff ich und war glücklich, ein Dach über meinem verschwitzten Kopf zu haben, eine warme Dusche, die mich erwartete, und die Pfanne, in der ich mir Eier mit Speck braten würde. Mir reichte meine Freiheit mit einem Minimum an Sicherheit, und meine Verrücktheit mit einem Minimum an Vernunft, sodass ich unter den anderen nur ein komischer Typ war, ein extravaganter Dandy, vielleicht. Aber selbst das schien für mich in weiter Ferne zu liegen. Durch meine Erziehung war ich fest und voller Angst an Regeln und gesellschaftliche Konventionen gebunden, und eine nicht wegzudenkende Scham hinderte mich, die Zügel meines Daseins haltloser Phantasie zu überlassen. Mein Vater hatte recht, ich war für ein biederes Büro gemacht, für feste Arbeitszeiten, für Krawatten, die neben den fünf grauen Anzügen am Haken hingen, einen für jeden Werktag, und für den Kneipenbesuch am Donnerstag, bei dem man über die Verrücktheiten der anderen herzog.

«Und worauf wartet der junge Herr Vian, um endlich zur Probe zu erscheinen?»

Es war ein freundlicher Vorwurf, es war ein Willkommen ohne Gruß, es war Julia. Ich hätte vor Freude schreien können. Ihre Stimme war wie ein Peitschenknall in der Luft, und mein Herz schlug Purzelbäume, um gehorsam mit meinen eingebildeten Eisbären Pirouetten zu drehen. Julia hatte die Hände in die Hüften gestemmt, ein schmales Lächeln im blassen Gesicht, in dem ihre schiefen Zähne nur ein wenig zu erkennen waren, eine spielerische Ungeduld im Blick und eine neue Farbverschiebung im Haar. Die gelbe Färbung hatte an Intensität eingebüßt, das Blau war insgesamt heller, und das Violett schien sich die grünen und orangefarbenen Strähnen einverleiben zu wollen. Wie auf dem Bild mit der Nixe, dachte ich verwundert.

«Schuff ist wütend, weil du noch nicht da bist», sagte sie drängend.

«Wütend ...?», fragte ich überrascht und etwas verstimmt.

Es war nicht ungewöhnlich, dass bei den Proben einer neuen Aufführung einer oder mehrere Komparsen zu spät kamen oder gar nicht erschienen, weil sie noch arbeiten mussten. Ich hatte keine Arbeit, kam aber trotzdem meistens zu spät wegen dieses natürlichen flexiblen Verhältnisses, das ich, wie jeder Mexikaner, zur Zeit hatte. Fünf mexikanische Minuten haben eine größere, unbestimmtere und unvorhersehbarere Dauer als die Minuten im Rest der Welt. Ich habe nie erlebt, dass ein Theaterregisseur sich aufregte, weil ein

Komparse nicht anwesend war, vorausgesetzt, der abwesende Komparse konnte ersetzt werden und der Ersatz spielte die Rolle so gut wie der ursprünglich Vorgesehene. Außerdem wurde an diesem Morgen eine neue Szene geprobt, und bei neuen Szenen stehen wir Komparsen meistens nur herum und warten, derweil der Regisseur mit den Solisten probt.

«Schuff ist wütend wegen mir?», fragte ich verwirrt.

«Ja, wegen dir», sagte Julia. «In letzter Zeit ist er überhaupt schlechtgelaunt. Nadia Tchenova hat sich immer noch nicht blicken lassen. Einmal heißt es, sie kommt am Morgen, die Szenen der Donna Anna werden vorbereitet, die zuvor mit ihrem Ersatz Maria geprobt worden sind, und dann wieder heißt es, sie kommt am Morgen doch nicht, sondern erst am Nachmittag. Und wenn das Programm für diesen Tag komplett umgeworfen worden ist und die anderen Solisten darüber informiert worden sind, kommt jemand und sagt, ihre Großmutter sei gestorben oder ein tollwütiger Hund habe sie gebissen oder sie sei in der Badewanne ausgerutscht und zum Arzt gegangen, um zu kontrollieren, ob sie vielleicht eine gebrochene Rippe habe. So geht das seit einer Woche. Und gesehen hat sie immer noch niemand. Schuff ist auf hundert und schreit bei jeder Gelegenheit gleich los. Gibt ihm einer einen Vorwand, lässt er sofort seinen Frust und Ärger raus. Jeden von uns hat es schon getroffen. Also zieh den Gürtel stramm, leg dir einen Fallschirm an oder was immer. Ich fürchte, heute Morgen bist du sein Opfer. Komm jetzt.»

Kein Zweifel, mich erwartete ein gewaltiger Rüffel von Schuff, die Missbilligung der anderen, der Rauswurf und die mir durchs Haar fahrende Hand meines Vaters, der mit alles verzeihendem Lächeln und mit ekelhaft überheblicher Zärtlichkeit zu mir sagen würde: «Ach, der Unfall.» Ich schwitzte und hatte große Lust, davonzulaufen, dem Tief-schlag zu entgehen, der mich erwartete. Zwanzigtausend Raben schwangen sich aus den schwarzen Wolken herab und krächzten misstönend im Chor. Ich dachte, wenn ich ein wenig verrückt wäre, würde mich das alles nicht kümmern. Ich holte zu Julia auf.

«Hast du mal etwas von Philip K. Dick gelesen?», fragte ich.

«Nein, warum?»

«Er hat mich heute früh übers Verrücktsein nachdenken lassen.»

«Wie Artaud?»

«Mehr oder weniger.»

«Ich weiß nur, dass einer meiner Lieblingsfilme, *Blade Runner*, auf einem seiner Bücher basiert.»

«Genau.»

«Magst du *Blade Runner*?», fragte sie und blieb stehen.

«Ja, allerdings ist mir *Solaris* von Tarkowski lieber», antwortete ich, den Intellektuellen gebend.

«*Blade Runner*!», rief sie begeistert aus und grub ihre Hände in meine Schultern. Die Berührung verursachte mir ein kosmisches Kribbeln über den ganzen Körper. Seit wie lange hatte ich so etwas nicht mehr gefühlt? Wer hatte mir ein so lustvolles Schwindelgefühl schon einmal bereitet? Magdalena nicht und Bicha auch nicht. Guadalupe vielleicht ein bisschen. Die Energie, die Julias Hände in meine Schultern lenkte, war neu, überwältigend und vereinnahmend, alle meine Zellen und Neuronen schienen Funken zu sprühen. Ah, würden diese Hände doch meine Schultern niemals mehr freigeben, so wie die unvermutete Liebe, die sich in meiner Brust einzunisten begann, ihre Krallen in das Fleisch meines wahnsinnigen Herzens schlug!

«*Blade Runner* und *Mein Nachbar Totoro* sind die beiden Filme, auf die ich immer wieder zurückkomme. Erinnerst du dich an den Monolog des Replikanten, kurz bevor er stirbt?», fragte sie.

«Ich glaube, ja», antwortete ich und sah im Geiste einen weißblonden nackten Mann im Regen, der stockend sprach und eine Taube in der Hand hielt.

Julia ließ meine Schultern los, trat zwei Schritte zurück, neigte den Kopf, schaute zu Boden, legte die Hände zusammen, als hielte sie darin einen geheimen Schatz in Gestalt einer weißen Taube, dann hob sie den Blick und zitierte den Monolog Wort für Wort:

«Ich habe Dinge gesehen, die ihr Menschen niemals glauben würdet. Gigantische Schiffe, die brannten, draußen vor der Schulter des Orion ... Und ich habe C-Beams gesehen, glitzernd im Dunkeln nahe dem Tannhäuser Tor ... All diese Momente werden verloren sein ... in der Zeit, so wie Tränen ... im Regen. Zeit zu sterben.»

Sie ließ ihr Gesicht herabsinken wie einen Vorhang ohne Falten, nur leicht vom Wind bewegt, herabhängend vom verrückten Regenbogen ihres Haars, und öffnete die Hände. Ich schwöre, ich sah daraus langsam und weiß einen kleinen Eisbären in die Freiheit fliegen. Mein Herz hämmerte mit Macht gegen die Wand meiner Brust. Ich sollte sie stürmisch in die Arme nehmen mitten in diesem schlecht beleuchteten Flur, mich auf die Zehenspitzen stellen und meinen Mund auf ihre Lippen drücken mit der langen, plastischen und übertriebenen Leidenschaft alter Filme in Schwarzweiß. Und ich sollte mein Gesicht in den Regenbogen ihres Haars vergraben; ihren Hals mit Küssen und Bissen bedecken und den Duft ihrer Schultern atmen und meine Brust an ihre pressen, damit der wilde Schlag meines Herzens zum Rhythmus ihrer

Überraschung wird; ihren Namen so warm und weich in ihr Ohr flüstern, dass er mir auf der Zunge schmilzt wie eine vergiftete Praline, wie ein unmöglicher Reim, wie eines zum Tode Verurteilten letztes Gebet. Doch nein, mir fehlte es an Verrücktheit und Freiheit, um das zu tun; woran es mir nicht mangelte, waren Regeln, Vorgaben und Scham, die mich an der Stelle festnagelten, an der ich gerade stand, und mich nur die unverfänglichen Worte sprechen ließen, die mir jetzt über die Lippen kamen:

«Das hat Philip K. Dick nicht geschrieben.»

«Oh», sagte Julia enttäuscht, «das habe ich nicht gewusst.» Sie lächelte, schüttelte nachdenklich den Kopf und ging weiter in Richtung Probenraum.

Ich hätte sie wenigstens für die Interpretation des Monologs loben oder eine Bemerkung zum Text machen oder die Szene wachrufen können, irgendetwas, nur nicht: Das hat PKD nicht geschrieben. Hatte ich sie beleidigt? Würde sie zu Jacques sagen, wenn sie es genau überlege, habe sie gar keine Lust, mit diesem langweiligen Zwerg ein Bier trinken zu gehen? Ich sollte ihr nachlaufen und etwas zu ihr sagen. Wir waren fast da und hörten schon die Klänge des Klaviers und Schuffs Geschrei, mit dem er die Szene abbrach.

«Julia ...», murmelte ich, doch sie hörte mich nicht oder wollte mich nicht hören. Sie öffnete die Tür und nahm ihren Platz am Produktionstisch ein.

Ein Leben in Angst ist wirkliche Sklaverei. In diesem Sinne äußert sich auch der Replikant vor seinem Schlussmonolog, den Julia wiedergegeben hatte, bevor er das Leben dessen rettet, der ihn zu töten versuchte.

6

*A*h, der berühmte Herr ist also doch noch gekommen!»,
rief Schuff und unterbrach seine Anweisung für die
Szene, die gespielt werden sollte. «Seien wir dankbar, dass er
uns mit seiner Anwesenheit beehrt.»

Alle starrten mich an. Wäre mir ein Auto entgegengekommen, hätte es vor der roten Ampel meines Gesichts sofort
angehalten. Es gab jedoch kein Auto, nur Schuffs Gesichtsausdruck einer entgleisten Lokomotive, die auf mich zugerast kam.

«Wissen Sie nicht, dass Zuspätkommen bei einer Theaterprobe eine Todsünde ist? Haben Sie Stanislawski nicht
gelesen? Ach was; Sie sind ja gar kein Schauspieler, kein Sänger, kein irgendwas. Sie sind bloß ein Dilettant, dem man
die Chance gegeben hat, einmal auf der Bühne zu stehen.
Herrgott! Und plötzlich werden Sie zu einer zweifelhaften
Berühmtheit. Aber hier machen wir Kunst, mein Herr, Ihre
fünfzehn Minuten Ruhm verursachen mir nicht mal ein Jucken in der Hose. Verstehen Sie?»

Das waren die Worte, die er der Sopranistin hätte sagen
wollen, nicht mir. Der Ruhm, von dem er gesprochen hatte,
war ein Witz, nicht zu vergleichen mit der Berühmtheit von
Nadia Tchenova. Das mit mir nahm keiner ernst. Nicht einmal ich selbst. Zu den Zeitungsfotos war noch mein Auftritt
in den Abendnachrichten dazugekommen. Nachmittags war
ein Filmteam eingetroffen, das Aufnahmen von Philippes
Proben machen wollte. Es ging um eine Reportage über die
Neuaufführung von *Don Giovanni*, und sie wollten kleine
Auszüge aus allen Phasen der Vorbereitung. Philippe hatte
eine fünfminütige Pause angeordnet, und das Fernsehen

nutzte die Zeit, um ihm ein paar Fragen zu stellen. Während einer seiner Antworten sah man mich im Hintergrund auf der Bühne ausrutschen und wie ein Brett auf den Rücken fallen. Philippe drehte sich um, als er den Aufprall hörte, nahm dann wieder das Mikrofon und bemerkte lächelnd, dass es nicht immer einfach sei, mit Komparsen zu arbeiten. In diesem Moment erhob ich mich, ohne etwas von der filmenden Kamera zu ahnen, und rieb mir den Kopf. Dieser Ausschnitt wurde in den Abendnachrichten gezeigt, und Vian alias Zelig wurde einmal mehr auf den Straßen wiedererkannt.

«Stehen Sie nicht herum, Mexikaner. Nehmen Sie endlich Ihren Platz ein», schrie Schuff und ließ es damit gut sein. Er hatte die unselige Aufmerksamkeit aller auf mich gelenkt.

Ich hatte nicht die geringste Ahnung, wo ich mich hinstellen sollte. Die Szene, die geprobt wurde, war das Ende des ersten Aktes, und daran hatten wir mit Philippe noch gar nicht gearbeitet. Ich taperte über die Bühne, schaute nach links und nach rechts und möglichst in keine Gesichter, die ich mir alle spöttisch grinsend vorstellte, und versuchte einen abgelegenen Platz zu finden, an dem ich keinen störte. Eine Faust umklammerte meinen Unterarm, zerrte mich voran und stellte mich neben eine der Säulen aus Pappmaché.

«Du hast da ja einen triumphalen Auftritt hingelegt», sagte Jacques, ließ meinen Arm los und begab sich auf seinen Posten neben dem Commendatore, an der Seite des gesichtslosen Gespensts.

Den Rest der Probe verharrte ich auf meiner Position. Schuff kümmerte sich um Jacques und die Solisten, Philippe um die Tänzer. Wir Komparsen taten, jeder an seinem Platz, alle das Gleiche: warten; im Sitzen oder im Stehen, wie Möbel oder sonst ein Teil der Einrichtung, bis jemand uns sagen würde, was wir zu tun hatten. Um uns kümmerte sich niemand. Schuff stoppte die Musik, um einem der Solisten seine Ideen besser verständlich machen zu können, derweil Philippe mit den Tänzern subtile Choreographien improvisierte, bis Schuff wieder um Musik bat, um gleich darauf erneut «Stopp, stopp!» zu rufen und sich einem anderen Solisten zuzuwenden. So ging es ein ums andere Mal, und Mozarts Musik stolperte und stotterte dazu. Vittorio Grazziemille (Leporello) schüttelte genervt den Kopf, Ernesto Pesado (Don Ottavio) beantwortete Nachrichten auf seinem Telefon, und Richard Fellow (Don Giovanni) versuchte tatsächlich (und fruchtlos), die kluge Regula Mühlemann (Zerlina) zu betören. Masetto gähnte und schaute alle zwei Minuten auf seine Uhr. Der Chor plapperte munter durcheinander, und Claudia, Schuffs Assistentin, war vom vielen «Ruhe»-Rufen schon ganz heiser. Ich spähte zu Julia hinüber, die jede Anweisung Schuffs säuberlich notierte, und fragte mich, ob sie wegen meiner gefühllosen und dummen Bemerkung am Ende ihres Monologs ärgerlich auf mich war.

Bei einer der zahllosen Unterbrechungen ging Jacques zu Julia hinüber, sagte ihr rasch etwas ins Ohr und kehrte an seinen Platz zurück. Julia verließ den Probenraum und kam nach wenigen Minuten mit einem Plastikbecher Kaffee zurück, den sie Jacques hinstellte, ohne dass Schuff etwas davon mitbekam. Ob sie mir auch einen Kaffee brächte, wenn ich sie darum bäte? Auf dem Weg zu ihrem Platz schaute sie zu mir herüber und hob lächelnd die Augen zum Himmel. Und dieses Lächeln erlöste mich aus dem Kummer, in dem ich unterzugehen drohte. Wenn Julia sich über mich geärgert hatte, verzieh mir ihr Lächeln; hatte sie sich gar nicht geärgert, war ihr Lächeln eine einfache Geste der Verbundenheit. In beiden Fällen war dieses Lächeln für mich, was der Spinat für Popeye, den Seemann, ist, und genau wie er fühlte ich mich danach wie neu, bedeutend, stark und voller Mut. Gegen die zunehmende Langeweile begann ich, Gesten des Teufels zu improvisieren, wie ich sie bei dem aus Stein gesehen hatte, der in der Kirche von Sankt Peter den Kampf gegen den Erzengel Michael verlor. Ich krallte die Finger, reckte den Hals, als hätte ich einen Lanzenstich in die Brust bekommen, hob einen Fuß, zog eine böse Grimasse und streckte die gespaltene Schlangenzunge hinaus.

«Aha», sagte Schuff, als er bei einer der Musikwiederholungen meine Pantomime bemerkte, «wenigstens funktioniert die Einbildungskraft bei Ihnen. Die anderen», damit wandte er sich an die übrigen Komparsen, «machen es wie der Mexikaner. Stehen Sie nicht wie Vogelscheuchen herum, verdammt noch mal. Muss ich denn alles anordnen, was hier zu geschehen hat?»

Die Musik setzte wieder ein, und meine Belohnung war nicht die kurze Lobrede Schuffs, sondern das neuerliche Lächeln Julias, das sie mir hinter dem stillen Applaus ihrer Fingerspitzen zeigte. Ich lächelte zurück und verwandelte mich wieder in einen epileptischen Faun, ein sich windendes Reptil, einen verliebten Teufel.

«Stopp!», rief Schuff und wandte sich zu Vittorio. Er erklärte ihm noch einmal, wie er sich die Szene vorstellte, doch noch bevor er zu Ende gesprochen hatte, unterbrach Vittorio ihn und sagte, so habe Mozart seine Figur nicht angelegt.

Schuffs Idee bestand darin, dass in dem Moment, wenn Don Giovanni «Es lebe die Freiheit» anstimmt und mit seinem Gesang alle anderen ansteckt, die sich nun im Chor um ihn scharen, um mit ihm zu singen, alle vorübergehend den Verstand verlieren und die einen in den Armen der anderen landen, womit sie nie gerechnet hätten. Die Hände sollten verbotene Körperstellen betasten, Beine, Leiber und Hälse sich ineinander verschlingen, während die Münder dicht an dicht «Es lebe die Freiheit» sängen. Und in dem Moment, da die neue Musik die Geschichte wiederaufnähme, würden sie bestürzt ihrer schamlosen Berührungen gewahr und sollten augenblicklich die angestammten Positionen auf der Bühne einnehmen.

«Schön und gut», sagte Vittorio, «aber ich kenne Leporello genau, und ich muss meine Figur mit Respekt behandeln. Diese Darstellung von Orgie und allgemeiner Provokation hat nichts mit dem ursprünglichen Werk zu tun. So kompliziert ist das alles nicht, verstehen Sie?»

«Wenn Kunst nicht kompliziert ist», raufte sich Schuff die Haare, «wenn sie nicht schmerzt, wenn sie nicht alle unsere Überzeugungen über den Haufen wirft, ist sie keine Kunst. Es ist keine Kunst! Tun Sie, was Sie können.» Damit ließ Schuff sich auf seinen Stuhl fallen und versuchte, sich wieder zu beruhigen, was aufs Neue gefährdet zu werden drohte, als der Assistent des Dirigenten zu ihm trat und ihn darauf hinwies, dass bei dieser Raumaufteilung und dieser Verteilung der Darsteller auf der Bühne kein Platz für die drei Orchester sei, die Mozart für die drei verschiedenen und gleichzeitig stattfindenden Tänze des Festes vorgesehen habe.

«Das wird schon, das wird schon», entgegnete Schuff, einen unsichtbaren Ball zwischen den Händen drehend. «Dies ist nur ein erster Entwurf.»

«Ich sage das nur, damit es hinterher keine Probleme gibt», flüsterte der Assistent.

«Hinterher gibt es immer Probleme. Hinterher, vorher und während», bemerkte Schuff, stand auf und nahm wieder seinen Platz am Produktionstisch ein. «Musik!»

«Takt achtundzwanzig, bitte, Carrie-Ann», rief Claudia der Pianistin zu, und weiter ging es mit der Probe.

Diesmal ließ Schuff die Szene ohne Unterbrechungen laufen. Er hatte die Ellenbogen auf den Tisch gestemmt und den Kopf in die Hände gestützt. Claudia flüsterte ihm etwas zu, er schüttelte kraftlos den Kopf, lehnte sich weit zurück und beobachtete das Geschehen auf der Bühne einschließlich jener Teile, die niemand geprobt hatte. Wir improvisierten; einige voller Energie, andere ohne jedes Bestreben, etwas beizusteuern. Schuff beobachtete alles mit dem müden Blick eines Betrunkenen am Ende einer langen Nacht, eines Generals vor seiner dezimierten Truppe im Angesicht des heranrückenden übermächtigen Feindes.

Die Musik endete, wir standen still und schweigsam auf der Bühne. Schuff hatte sich auf einen für alle anderen nicht zu erkennenden Punkt konzentriert, unempfänglich für die stille Bewegungslosigkeit, in der wir verharrten und nicht wussten, was zu tun war. Als klar wurde, dass Schuff nichts mehr sagen würde, stand Claudia auf und erklärte die Probe für beendet. Murmelnd verließen wir den Saal, wie man eine Trauerfeier verlässt. Schuff blieb allein auf seinem Stuhl sitzen und schaute in eine unbestimmte Ferne. Später sah ich ihn durch die offene Tür, als ich hinter Julia und Jacques herlief, die schon die Ketten ihrer Fahrräder aufgeschlossen hatten und auf mich warteten, um mit mir in der Stadt essen zu gehen. Er saß immer noch da und starrte auf die leere Bühne. Schrieb Noten in seine Partitur. Versuchte, Ordnung in seine Gedanken zu bringen; eine Struktur zu finden, die das Bild, das Mozarts Musik wie von selbst in seinem verrückten Hirn aufscheinen ließ, ins verrückte Bewusstsein der Schauspieler brächte. Dieser innere Kampf hielt ihn gefangen. Jacques rief meinen Namen, ich antwortete nicht. Julia rief, und ich reagierte unverzüglich und willfährig wie ein Sklave auf den Befehl seines Herrn. Ich entfernte mich von der Tür, ließ Schuff allein, der mit Blick auf die leere Bühne dem Töpferton seiner Kreativität eine Form zu geben suchte, grübelnd, ringend.

Leidend.

7

*D*as Rauschen des fließenden Verkehrs war unsere Hintergrundmusik. Nachdem wir in die Stadt zurückgeradelt waren, saßen wir nun auf der Terrasse einer Pizzeria. Der Preis dafür, mit Julia zusammen zu sein, war offenbar die Anwesenheit von Jacques. Mir blieb nichts anderes übrig, als diesen Preis zu zahlen. Wir bestellten Wasser, eine Karaffe Rotwein des Hauses, Caprese für Julia, Spaghetti *all'arrabiata* für Jacques und eine Pizza mit Schinken und Champignons für mich. Jacques sprach die ganze Zeit und aß dabei. Er trank mit langen Schlucken, mischte den Wein mit Wasser – «Wie die alten Griechen», sagte er –, und wenn das Glas leer war, hielt er es Julia hin, ohne sie dabei anzusehen, und Julia füllte es ihm zu Dreivierteln mit Wein und einem Viertel Wasser. Warum brachte Julia ihm in der Probenpause Kaffee, füllte hier jedes Mal sein Glas und hob seine Serviette auf, wenn sie ihm hinuntergefallen war? Ich hatte nicht den Eindruck, dass sie ein Liebespaar waren, auch nicht verwandt. Aber was waren sie dann? Ich fragte sie nicht, weil ich fürchtete, die Antwort könnte die Desillusionierung meiner Liebe zur Folge haben. Lieber verharrte ich in hoffnungsvoller Ungewissheit, als eine Gewissheit platzen zu lassen, die mein Hoffen eines dümmlichen Verliebten in tausend Stücke reißen würde. Wahrscheinlich wäre es ohnehin das Beste, meine sentimentale Komödie ein für allemal zu beenden. Die Offensichtlichkeit kommenden Schmerzes war Grund genug. Würde Julia sich in mich verlieben, wäre das Ende des Sommers für mich noch schmerzlicher, als es sowieso schon sein würde. Und wäre sie meinen Gefühlen gegenüber immun, würde meine verbleibende Zeit in Salzburg von Tag zu Tag düsterer und krächzender werden. Doch kaum hatte mir die Vernunft den Weg gewiesen, der fern von Jacques und Julia verlief und mir diesen unnötigen Schmerz ersparen würde, wanderten meine Augen unwillkürlich über den Tisch und beobachteten jede Bewegung Julias, die zu Jacques' Monolog nickte und dazu kurze kleine Geräusche von sich gab. Sie aß langsam die kleinen feinen Präparate aus Käse, Tomate und Basilikumblättern, die sie sorgfältig auf ihre Gabel spießte und dann zum Mund führte. Nach jedem Bissen trank sie lautlos einen kleinen Schluck Wein, und wenn sie das Glas auf den Tisch zurückstellte, fuhr sie gleichzeitig mit einer Fingerkuppe an ihre Unterlippe, um das dort jedes Mal zurückbleibende Tröpfchen Wein abzuwischen. Das Tröpfchen verschwand mit dem Finger, und blitzschnell stieß danach die Zungenspitze wie eine vorwitzige Welle hervor und verwandelte mit einer winzigen Liebkosung zu Speichelglanz, was soeben noch ein Glanz von Wein gewesen war. In meiner Brust entfesselte dies einen Sturm, der meinen Mund austrocknen und den Durst nach diesem Tröpfchen, nach diesen roten Lippen unstillbar werden ließ.

Jacques sprach immer noch, als gäbe er ein Interview, als hielte er eine Pressekonferenz oder eine Dankesrede auf einer Preisverleihung. Während des ganzen Essens kommentierte er den Verlauf der Proben, die Probleme, mit denen Schuff zu kämpfen hatte, dessen allzu theoretische Herangehensweise an die einzelnen Szenen, das mangelnde Interesse der meisten Solisten, ihn zu verstehen und seine Vorstellungen mit Leben zu erfüllen. Er sprach von der Begeisterung Dorothea Röschmanns und Regula Mühlemanns, die jedoch unweigerlich an der Apathie der Übrigen zerschellte. Voller Zorn verdammte er die Verantwortungslosigkeit sowie das völlige Fehlen von künstlerischem Pflichtgefühl der nie erscheinenden Sopranistin, die zu seltenen Proben mit dem Chor und die fehlende Interaktion mit dem Dirigenten, der stets woanders war und andere Stücke dirigierte. Es sei traurig, sagte er mit dem Mund voller Nudeln, professionellen Sängern dabei zuzusehen, wie sie mit routiniert intonierten Noten und schon tausendmal eingesetztem technischem Können wunderschöne, doch welke Blumensträuße banden, majestätische, doch leere Tempel errichteten.

«Und wer ist verantwortlich für diese schreckliche Verirrung?», fragte Jacques und schaute sich um, als wären diese Verantwortlichen auf Salzburgs Straßen unterwegs. «Alle! Alle. Die Opernverwaltung, die Fachpresse, die Fans, die Musikindustrie, die Künstler; jeder, der den Makel unserer Zeit in sich trägt.»

Jacques' großsprecherische Gestik und sein zorniger Ton eines apokalyptischen Predigers zogen die Blicke anderer Gäste auf sich. Diese Aufmerksamkeit versorgte ihn mit zusätzlicher Energie und ließ seinen Rednerzorn noch heftiger lodern. Jacques litt an demselben Übel, an derselben Sucht nach Ruhm und Anerkennung, die er verteufelte.

Mir kam das Ganze reichlich aufgeblasen und ein wenig übertrieben vor, doch ganz unrichtig war es nicht.

«Aber das Werk, wenn es ein Meisterwerk ist, widersteht aus eigener Kraft der Krankheit seiner einzelnen Teile», fuhr er fort, und nachdem er eine Runde Kaffee bestellt hatte, fing er an, über *Don Giovanni* zu reden.

«Man muss der Klarheit dieser Musik die Treue halten», versicherte er und rührte mit einem Finger den Zuckerwürfel im heißen Kaffee um, «ihrer hochkomplizierten Schlichtheit. Sonst wird sie zu einem Monster, interessant vielleicht, aber doch ein Monster. Nehmt nur das Genie Wolfgang, das in der Lage ist, den Elf und den Orkus seiner Seele, den Apollo und Dionysos der menschlichen Psyche voneinander zu scheiden und mit dem Zauberstab seiner einzigartigen Gabe wieder zusammenzubringen, ohne dass sie sich ins Gehege kommen. Nein, der Teufel Mozart war nicht verrückt. Die Pathologien, die ihm einige große Experten zuschreiben, hängt man besser anderen, gewöhnlicheren um, die sie mehr verdient haben.» Eine Wischbewegung seiner Hand deutete dabei auf mich.

Wenigstens erschien es mir so. Ich spürte eine Welle von Lava in meinem Gesicht und eine wilde Lust, Jacques zu erwürgen. Ich dachte, sein Geschwafel habe nichts oder nur wenig mit Mozart zu tun, in Wahrheit habe er die Schwächen meiner Seele sichtbar machen und sie vor Julia auf dem Tisch ausbreiten wollen. Diese Taktik war mir bestens vertraut, mein Vater wandte sie gerne an. Wenn ich vor meinen Geschwistern, vor Nachbarn oder Bekannten etwas sagte oder tat, was ihm nicht passte, fand er stets einen Weg, sich über die Defizite eines Schauspielers oder Sängers, der gerade in Mode war, zu verbreiten und die ganze Zeit dabei mich anzusehen. Am Ende deutete er wie nebenbei mit der Hand auf mich, so wie Jacques es getan hatte, damit mir auch wirklich klar wurde, dass es meine Fehler waren, die er getadelt hatte.

«Natürlich», rief ich mit glühendem Gesicht, «wer könnte

es besser wissen als du, ob Mozart verrückt, vernünftig, genialisch oder alles zusammen war; wer, außer Jacques», ich sprach seinen Namen betont hochtrabend aus, «könnte sämtliche Experten in ihre Schranken weisen?»

Julia hielt sich die Hand vor den Mund, um nicht vor Lachen das gerade getrunkene Wasser hinauszuprusten. Ich freute mich fast, sie zum Lachen gebracht zu haben, doch das herausfordernde Glitzern in Jacques' Augen und die Langsamkeit, mit der er sich zu mir umdrehte und mich mit zusammengekniffenen Augen anfunkelte, dabei die Mundwinkel in die Breite zog wie ein Tyrannosaurus Rex, dem man einen Speer in den kleinen Zeh gerammt hat, ließen meinen Mutanfall in sich zusammensinken, und was als sarkastische Attacke gedacht war, verkam zu einer schlaffen Frage, die eher nach Entschuldigung klang als nach Konfrontation.

«Hast du mir nicht gesagt, du selbst seist Mozart gewesen?»

«Und du glaubst, weil du seine Briefe liest, könntest du schon mit mir über den Meister diskutieren, kleiner Vian?», fragte Jacques und schob sein Gesicht nahe an meines. «Jetzt wird er rot», lachte er und warf seinen Rücken wieder an die Stuhllehne zurück. «Es stimmt, ich war Mozart; aber nur während der Vorbereitung auf meine Rolle als Amadeus. Auf der Bühne war ich nicht mehr als eine Karikatur des Genies. Das gebe ich ohne Gram zu. Meine Schuld war es nicht.» Er faltete die Hände hinter dem Kopf. «Aber du, kleiner Vian, erzähle mal. Wer bist du gewesen, was hast du auf die Beine gestellt, von welchen Niederlagen hast du dich wieder erhoben, welcher Siege kannst du dich rühmen? Eh? Erzähle uns ein bisschen von dir, Vian. Na los, löse deine schüchterne Zunge.»

Ich ließ ein unbehagliches Lächeln sehen und winkte mit der Hand ab, um die Sache herunterzuspielen. Versuchte, seinem Biss zu entkommen. Jacques' Blick ließ mich nicht los.

«Warum», mischte Julia sich ein, «erzählst du ihm nicht lieber, wer du bist, Jacques? Geh mit gutem Beispiel voran, na los.»

In dem Keller, in den meine Scham mich hinabgestoßen hatte, ging ein Fenster auf, und ich hatte das Gefühl, meine misslungene Herausforderung habe sich allein für diese Solidaritätsbekundung schon gelohnt.

«Oh, sieh einer an, die Verteidigerin der stummen Kinder erhebt ihre Stimme. Wunderbar. Applaus. Also gut, ich gestehe: Ich verstecke mich hinter Masken, bin ein Gewohnheitstrinker und gewissenloser Onanist. Wenn du dich in diesen befreienden Disziplinen unterrichten lassen willst, stehe ich dir zur Verfügung.» Er nahm meine Hand, schüttelte sie von oben nach unten, ließ sie los und schlug mit der flachen Hand auf den Tisch. «Aber ich weise keinen einzigen Experten in die Schranken!», rief er, warf dabei den Oberkörper mit theatralischer Wucht nach vorn und hieb nun mit beiden Fäusten auf den Tisch. «Mozart antwortet diesen Interpreten seines Lebens und seiner Person aus den Hallen der Ewigkeit mit einem befreiten, abgeklärten, synkopischen Gelächter in sechs Oktaven.»

«Einem Gelächter wie das des Amadeus in Formans Film?», fragte Julia, mir zuzwinkernd.

«Ah», rief Jacques, «das berühmte Gelächter, das ich aus meiner Interpretation komplett verbannt habe. Das der Produzent mich nach mehreren Vorstellungen einzubringen bat, da das Publikum es offenbar vermisste; das Gelächter, dessentwegen ich gefeuert wurde, weil ich mich rundheraus geweigert habe, es in meine Darstellung aufzunehmen.»

Jacques atmete durch, und ich musste mich entscheiden, ob ich mich in der bequemen Sprachlosigkeit jenseits seiner Attacken einrichten oder die Kraft von Julias Augenzwinkern nutzen wollte, um zu erwähnen, was Perec mir in seiner Buchhandlung über dieses Lachen gesagt hatte, als wir über die Herkunft meines und meiner Geschwister Vornamen sprachen.

Die Chance für eine derartige Bemerkung verflog.

«Ich hasse dieses hysterische, idiotische Gelächter», sagte Jacques und winkte die Rechnung herbei.

«Ich dagegen finde dieses Lachen zauberhaft», sagte Julia.

«Das wundert mich nicht», erwiderte Jacques. «Jede Idiotie bezaubert dich, *chérie*.» Er drehte sich zu mir und bedachte mich mit einem ironischen Lächeln.

«Wahrscheinlich ziehe ich deswegen immer mit dir herum, *mon cher*», konterte Julia.

«*Oh, là, là!* Sind wir heute auf Krawall gebürstet? Wie wär's, wenn wir Vian ein wenig von dir erzählten, *chérie*?»

«Wir gehen besser», sagte Julia hart.

«Die hier anwesende Dame mit dem farbenfrohen Haar», sagte Jacques, «leidet an einer Hochstaplerphobie, und damit es dazu nicht kommt, sabotiert sie ihren Erfolg. Auf diese Weise gibt es keine Hochstapelei, sondern nur eine Wirklichkeit voller Verständnis: das von allen akzeptierte Scheitern. So kann sie sich groß fühlen als die Autorin ihres eigenen Zerbrechens. Vor einiger Zeit entdeckte sie, dass Fortschritt und Erfolg viel zu viel Angst, Kummer, Unbequemlichkeit, Neid und Vereinsamung mit sich bringen. Seitdem findet sie mit der Flucht in die Mittelmäßigkeit ihren Frieden.»

«Warum schenkst du dir nicht deine psychoanalytischen Analysen und fährst dafür mit deiner Vorlesung über Mozart fort?»

«Ich wollte nur, dass Vian versteht, warum du lieber blass bleibst, anstatt hell zu leuchten, *ma chérie*.»

«Ich bleibe nicht lieber blass, sondern frei», sagte Julia, zum ersten Mal aufbrausend. «Wer es zu Erfolg und Berühmtheit bringt, ist für den Rest seines Lebens ein Sklave seines Ruhms. Ich habe wenigstens meine eigene Entscheidung getroffen; und das nicht aus Mangel an Talent, wie in deinem Fall ... *mon cher*.»

Jacques lächelte sein schmales Lächeln und steckte sich einen Zahnstocher zwischen die Lippen.

«Bravo, *chérie*», sagte er und streichelte ihr Gesicht.

Julia wischte sich über die Wange, als sei sie mit etwas Unangenehmem, Klebrigem in Berührung gekommen. Jacques zog die Augenbrauen hoch und näherte sein Gesicht – immer noch mit dem spöttischen Lächeln – herausfordernd dem ihren. Sie hielt seinem Blick stand, und beide verharrten in lautloser Umklammerung. Sie ruhig und ernst, er lächelnd und den Kopf schief gelegt wie ein neugieriges Reptil. Der Kellner brachte die Rechnung.

«Er bezahlt», sagte Jacques und zeigte auf mich, ohne den Blick von Julia zu lassen.

«Und warum ich?», fragte ich überrascht und verärgert, mit viel zu schriller Stimme.

Ein nasales Zischen war das Präludium des «gletscherhellen» Lachens, das Julia nicht mehr zu unterdrücken vermochte und das Jacques' entfesseltes Gelächter nach sich zog. Sie lachten wie die Kinder, wie Betrunkene, wie Geistesgestörte. Sie schlugen mit den Händen auf den Tisch, wischten sich die Tränen aus den Augen, schauten mir ins errötete, todernste und völlig verwirrte Gesicht und brachen in neuerliches Gelächter aus, und als ihre Heiterkeit schließlich erstarb, zog Jacques einen Geldschein hervor, bezahlte die Rechnung und fügte meiner Beschämung noch Demütigung hinzu.

«Also dann», sagte er, als er aufstand, «besteigen wir jetzt diesen Berg.» Dabei zeigte er auf den Mönchsberg und schritt auf den senkrechten Einschnitt zu, hinter dem man die steinernen Muskeln des Felsens sah.

Julia schenkte mir ein Lächeln und folgte ihm.

Ich rührte mich nicht. Mein Verstand schrie lauter denn je: «Halte dich fern von diesen zwei Verrückten, an ihrer Seite findest du nur Schmerz und Verwundung, die morgen, wenn sie für dich Vergangenheit sind, jeden Moment deiner Gegenwart mit Qualen erfüllen. Rette dich, du hast schon genug Probleme.»

Julia drehte sich um, und als sie sah, dass ich mich nicht von der Stelle bewegt hatte, fragte sie:

«Kommst du?»

Und ich folgte ihr, trotzig, beruhigt, sicher.

Wie ein Esel.

8

Seit Julia mir gesagt hatte, dass *Blade Runner* und *Mein Nachbar Totoro* ihre Lieblingsfilme seien, habe ich sie mir viele Male angesehen. *Blade Runner* mit seinen subversiven Replikanten, die ihre Identitäten als Maschinen mit besonderem Verfallsdatum entdecken, sich dagegen auflehnen und verfolgt werden und mit Händen und Füßen für eine Freiheit kämpfen, die ihnen nicht vergönnt ist, und die mit derselben Ungewissheit und Beklemmung sterben, mit denselben Fragen ohne Antworten, mit denen auch ihre Schöpfer und Verfolger sterben, die Menschen; *Mein Nachbar Totoro* mit seiner phantastischen Tierwelt, angeführt von einer Art dickem großem Bär-Kater, der fliegen und schweben und Stürme entfesseln und Flöte spielen und sich in Nichts auflösen kann. Ich habe sie mir aufmerksam angeschaut und mir Notizen gemacht, als wären in einzelnen Szenen versteckte Schlüssel zu finden, die mir das Wesen des Mädchens mit den kaleidoskopischen Haaren erschlössen. Manchmal glaube ich, eine Spur gefunden zu haben, stelle Vermutungen an, verwerfe sie alle. Am Ende stehe ich mit leeren Händen da und lasse einfach die visuelle Poesie der beiden Filme mit meinen Gedanken und Erinnerungen durcheinanderwirbeln.

Drei stille Passagiere fahren in der großen, weißen, sehr hell erleuchteten Gondel nach oben. Sie haben Pizza und Pasta gegessen. Ihr Ziel ist der Ort, an dem der *Sky-Space* steht. Sie wissen nicht, ob sie Replikanten oder Menschen sind. Als sie die Kabine verlassen, richten sie den Blick nach oben und können in keinem der hohen Baumwipfel das große behaarte, kugelförmige Tier entdecken, das auf seiner hölzernen Flöte bläst. Was sie sehen, ist ein Bauwerk aus Naturstein mit einer Glastür, das die Form eines elliptischen Zylinders hat. Es sieht aus wie der verlassene Tempel – ohne Betende und ohne Götter – einer verschwundenen Zivilisation. Geräusch von Schritten, die Sonne brennt wie der Atem eines Drachen. Sie begeben sich in das elliptische Bauwerk, schließen die Glastür, setzen sich auf die die glatte weiße Wand umlaufende Bank aus Stein. Alle zugleich heben den Blick. In der Decke befindet sich eine ovale Öffnung, durch die man den Himmel als Gemälde sieht, das mit jeder neuen

Lichteinwirkung sein Aussehen verändert. Einer der drei Entdeckungsreisenden bemerkt, sie könnten sich gut in den Eingeweiden eines als Tempel verkleideten galaktischen Tiers befinden, und die Öffnung in der Decke sei das Blasloch, durch den sie hinausgeschleudert würden, wenn das Biest auszuatmen begänne. Ein anderer sagt, sie befänden sich im Innern eines riesigen Eis, und beim Hinausgehen würden sie wiedergeboren als Andere. Eine elektronische Melodie beginnt von den glatten Wänden widerzuhallen und in das mechanische Echo eines unheimlichen Roboterlachens überzugehen. Der Entdeckungsreisende, der der Tür am nächsten sitzt, zieht sein Kommunikationsgerät aus der Tasche, drückt auf dem *display* eine virtuelle Taste und bringt den Apparat zum Schweigen. Er hat eine Nachricht von seinem Agenten bekommen. Er drückt eine andere virtuelle Taste, und ein paar Sekunden danach erscheint auf dem Bildschirm das pausbäckige Kindergesicht eines alten Mannes, der in einen Hamburger beißt.

«Bist du allein?», fragt er, und nachdem er die negative Antwort des Entdeckers gehört hat, der auf die beiden anderen zeigt, bittet er ihn, einen ruhigen Ort aufzusuchen, wo er reden kann, er hat Neuigkeiten für ihn.

«Es ist wichtig», fügt er hinzu und verschwindet vom Bildschirm.

Die beiden anderen schauen sich an; er weiß nicht, ob das, was er in ihren Augen sieht, ein Aufschimmern von Vorfreude ist oder nur der Widerschein seiner eigenen Begeisterung ob der Aussicht, mit ihr allein zu sein, frei von der tyrannischen Gegenwart des Dritten. Der die Nachricht bekommen hat, steht auf, sagt, er komme gleich zurück, sie sollen bleiben, wo sie sind, und geht. Die anderen beiden betrachten still die Öffnung in der Decke, sie sorglos und träumerisch, er angespannt und unsicher. Wenn das galaktische Tier bloß drückte, denkt er, uns aus diesem vergänglichen Ei hinausstieße und wir wieder auf das Schlachtfeld träten, neu geboren, in anderer Gestalt ... als Andere. Der Wind treibt eine Wolke über den Himmel und lässt sie vor der Sonne schweben. Im Innern des elliptischen Baus herrscht jetzt ein unstetes Dämmerlicht. Die beiden schweigen immer noch, überlegen, strecken ihre Zweifel und Befürchtungen aus wie nachmittägliche Schatten. Die Glastür wird aufgestoßen, der Staub unter der umlaufenden Bank wird aufgewirbelt und fliegt umher wie ein Haufen aufgeschreckter Tierchen. Zwei kleine Mädchen stecken ihre Köpfe herein, schauen sich um, und als sie die beiden Entdeckungsreisenden sehen, flüchten sie, als hätten sie Gespenster gesichtet. Durch die Tür, die offen geblieben ist, dringen menschliche Stimmen herein und das Zirpen von Insekten, das sich mit den Atemgeräuschen der Entdeckungsreisenden vermischt. Keiner der beiden bewegt sich. Die Wolke zieht vorbei, die weißen Wände werfen wieder das grelle Sonnenlicht zurück. Der die Nachricht empfangen hat, tritt ein. «Gehen wir», befiehlt er, und die beiden anderen folgen ihm; sie mit dem Blick auf den Rücken des Anführers, er auf die Decke ohne Deckel, in das offene Oval, durch das eine magische Bestie sie hätte hinausdrücken sollen, damit sie wiedergeboren würden und Andere wären.

«Man bietet mir an, den Hamlet zu spielen», sagte Jacques, die Nachricht seines Agenten kommentierend. «Es ist ein miserables Theater, aber die Rolle ist großartig. Annehmen oder nicht annehmen, das ist hier die Frage. Nehme ich an?»

«Mir scheint ...», begann Julia.

«Du musst nichts dazu sagen», unterbrach sie Jacques. «Die Frage war rein rhetorisch. Deine Meinung dazu interessiert mich nicht. Ich war Mozart, und ich werde Hamlet sein: beides arme Seelen, heimgesucht vom anklagenden Geist des Vaters.»

«So wie du», sagte Julia.

«Halt den Mund und komm», sagte Jacques.

Julia senkte den Kopf, ein paar orangefarbene Strähnen fielen ihr in die Stirn. Wir ließen den *Sky-Space* – Turrells Kunstwerk am Museum der Moderne – hinter uns und wussten immer noch nicht, ob wir Replikanten oder Menschen waren und in den Baumkronen das knuffige Tier sehen konnten, das fliegt und auf der Flöte spielt. Möglicherweise hat Julia es gesehen.

Wir gingen eine kleine Steigung hinauf und gelangten an einen Aussichtspunkt mit zwei Holzbänken. Vor dort aus war die Stadt ein Baukastenmodell mit belebten Straßen und Brücken, dem graugrünen Band des Flusses, auf dem das Sonnenlicht als tanzende Diamanten spielte, mit seinen grünen und grauen Dächern, zwischen denen sich Kirchenkuppeln wie ehrwürdige Schildkrötenpanzer erhoben.

«Dort hat der Geist Mozarts seinen Platz», sagte ich und zeigte auf den hohen Stuhl am Flussufer. Meine Bemerkung löste bei Jacques eine Kaskade trockenen Wissens aus. Noch mehr Daten, noch mehr Theorien, noch mehr Geschwätz, bis er in der Nähe der Bänke eine Inschrift entdeckte, der wir entnehmen konnten, dass 1669 hier ein Felssturz den Tod von zweihundertzwanzig Menschen verursachte und Häuser und eine Kirche zerstörte. Aufgrund dieser Tragödie wurde von der Stadtverwaltung der Beruf des Bergputzers geschaffen; Arbeiter, die in Geschirren an Seilen hängend den Berg von losem Gestein und Wurzelwerk säuberten und dadurch die Häuser am Fuß des Mönchsbergs schützten.

«Oh, das würde ich auch gerne tun», sagte Jacques. «Einen

Tag lang wenigstens, am Berg über dem Abgrund hängen wie ein richtiger Spider-Man.»

Ein kurzer kalter Schauer rann mir über den Rücken. Ja, auch die auf das berühmte Kostüm des Helden der Marvel-Comics gedruckte Spinne rief in mir Abscheu und Entsetzen hervor. Mein privater Superheld war der gequälte Batman in seiner gesetzlosen Welt.

Jacques' Telefon klingelte wieder, er nahm den Anruf an und bedeutete uns mit einer Handbewegung, er käme nach, wir sollten schon vorgehen.

Julia und ich gingen schweigend den Weg hinunter, schauten auf das nachlassende Licht des Nachmittags, das die Bäume dunkler tönte, in denen sich lautes Vogelgezwitscher erhob. Julia stieß einen fröhlich überraschten Schrei aus, nahm meine Hand und führte mich vom Weg fort. Im seitlichen Grün der Sträucher hatte sie eine Konstruktion entdeckt, ein Metallgerippe in Form eines Iglus, zu dem sie mich aufgeregt zerrte. Es war ein weiteres zeitgenössisches Kunstwerk, *Ziffern im Wald*, von Mario Merz. Wir setzten uns unter die zwölf gebogenen Stangen, von denen phosphoreszierende blaue Ziffern herabhingen. Es war, als befände man sich in einer offenen Höhle, einem magischen Heiligtum. Julia senkte den Blick und begann das Gras zu streicheln, als wäre es der Rücken eines großen schönen, alten und weisen Tiers. Ich malte mit dem Finger eine endlose Spirale. Das pflanzliche Murmeln des unter ihrer streichelnden Hand sich biegenden Grases und das Kreiseln meines Fingers verwoben sich mit dem langen Zirpen der Zikaden, dem immer wieder aussetzenden Gesang der Grillen, dem Zwitschern der Vögel, die die hereinbrechende Nacht begrüßten. So saßen wir eine Weile und lauschten der sich auf die Dunkelheit vorbereitenden Natur, betrachteten die Ziffern, die immer heller zu leuchten begannen und den Rücken des Berges liebkosten. Ich brauchte nicht mit Julia zu sprechen, sie nicht in den Arm zu nehmen, sie nicht zu berühren. Mir reichte ihre Nähe und das geteilte Schweigen und unser zärtliches Zeichnen im Gras. Ich erinnerte mich dunkel an den Absatz von Artaud, den Julia auf der Treppe gelesen hatte, als wir uns kennenlernten; etwas über die Musik der Zahlen und eine Mathematik, die den Dingen ihre Form im Chaos gab. Und hier neben ihr, unter diesem Gebilde mit scheinbar endlos an den Stangen entlanglaufenden Zahlen fühlte ich mich umarmt, von einer heiteren, großartigen Gegenwart überflutet und verbunden mit einem ewigen, sphärenhaften Etwas, überzeugt, dass sie das Gleiche empfand wie ich, sich einbezogen fühlte in diese Kameradschaft eines unwiederbringlichen Augenblicks, einer vollkommenen lichten Zuflucht.

«Es ist schön hier», sagte ich, und sie nickte.

Und wieder schloss sich die summende Stille um uns. Julia hielt in ihrer Bewegung inne, ihre Hand hörte auf, den grünen Grund zu liebkosen, sie schaute mich an. Mir war unbehaglich zumute, doch ich ließ sie mich ansehen. Sie lächelte, senkte den Blick und begann zu sprechen, wie sie die letzten Worte des Replikanten aus *Blade Runner* gesprochen hatte; nur dass ihre Worte von tiefer her zu kommen schienen, inniger klangen, als spräche sie zu sich selbst. Das Blau des Himmels war dunkel geworden und das der hängenden Ziffern übertrieben hell. Sie zündete sich eine Zigarette an und erzählte mir ihre Geschichte mit Jacques.

Sie hatten sich in Berlin kennengelernt. Sie war Assistentin in einer Produktion, bei der er als Schauspieler arbeitete. Jacques und Julia begegneten sich zum ersten Mal im Lutter & Wegner am Gendarmenmarkt und unterhielten sich über E. T. A. Hoffmann, dessen Stammkneipe es gewesen war. Nach der Produktion trafen sie sich dort regelmäßig. Als Nächstes wurde Julia als Assistentin für eine neue Produktion der *Zauberflöte* verpflichtet. Jacques sei damals ein anderer gewesen, erzählte sie mir. Er bereitete sich gerade auf die Rolle des Franz von Assisi in einer Adaption des Buches von Kazantzakis bei einem experimentellen Theater vor. Er war wie in einem überschäumenden Wahn, fühlte sich als Heiliger. Sie sprachen über Mozart und Schikaneder, den Librettisten der *Zauberflöte* und ersten Papageno. Sie tranken Bier und lachten viel. Sie sprachen über Filme, die jeder von ihnen gesehen hatte, über ihre Vergangenheiten und über Artaud, über das Theater der Grausamkeit und über Jarry und die Pataphysik. Sie sprachen über die Zukunft und die Angst, die Julia dieses unendliche, uneinsehbare Terrain einflößte, das von Arbeitslosigkeit befallen war, bedroht von kommenden Kriegen und neuen Toten. Eines Tages erschien sie nicht und am nächsten Tag auch nicht. Nachdem Jacques eine Woche lang nichts von Julia gehört hatte, suchte er im Theater nach ihr und erfuhr dort, dass sie in eine Depression gefallen war. Julia ließ sich in eine Klinik einweisen, in der sie eine Woche lang unter Beruhigungsmitteln stand. Danach blieb sie allein. Ihre Freunde waren von der Sorte, mit der man tratschen und über Politik oder die *condition humaine* diskutieren, Bier trinken und Witze erzählen konnte. Für traurige Zeiten taugten sie nicht. Jacques besuchte Julia in der Klinik. Sie war eine andere geworden. Geschrumpft, furchtsam, unsicher, ohne Appetit und ohne Lust, irgendwas zu tun. Jacques zog zu ihr in die Wohnung. Jacques hängte ein Vorhängeschloss an die Schublade mit den Messern, wie die Ärzte es empfohlen hatten. Jacques kochte für sie, las ihr aus Büchern und Zeitungen vor, zwang sie zur Körperpflege.

Jacques lebte drei Monate lang nur für Julia. Es war nicht ihre erste Depression, sie hatte schon als Jugendliche eine durchlitten. Beiden gemein war, dass Julia nicht im Fokus der Aufmerksamkeit stehen konnte, Neid und Konfrontationen nicht ertrug. Das erste Mal bei einem nachtragenden Lehrer in der Schulzeit, das zweite Mal bei einer Theaterregisseurin, die sie ablehnte, weil sie zu intelligent und eine Frau war. Nach drei Monaten stand Julia eines Tages früh auf, machte Frühstück und danach den Abwasch, färbte sich die Haare bunt und ging wieder auf die Straße.

«Ich kehrte zwar nicht ans Theater zurück», sagte sie, ohne mich anzusehen, «aber ins Leben. Und ich entschied mich fürs Scheitern. Niemand bereitet dich aufs Scheitern vor, und doch ist Scheitern das, was uns am häufigsten passiert.»

Julia hing am Fluss herum, aß Currywurst und betrachtete stundenlang aus allen möglichen Winkeln die Stadt mit ihren Narben. Nachts traf sie sich mit Jacques im Lutter, als wäre nichts gewesen. «Du hast mich gerettet, Jacques», sagte sie eines Abends, als kaum Gäste im Lokal waren. «Ich hätte mir das Leben genommen. Ich verdanke es dir und weiß nicht, wie ich dir danken soll.» Jacques wollte von Dank nichts hören; er hatte drei Monate seines jungen Lebens für sie geopfert, und jetzt sei es Zeit, dafür zu zahlen. Wie? «Du sollst drei Monate lang meine Dienerin sein, meine Leporella, und alles tun, was ich dir sage.» Zuerst glaubte Julia, er mache Spaß, doch bald wurde ihr klar, dass er es ernst meinte. «Du schuldest mir drei Monate meines Lebens, und ich will, dass du mich auf diese Weise dafür bezahlst.»

«Er ist kein missbräuchlicher Patron», schloss Julia mit einem traurigen Lächeln.

«Wie lange ist das her?», fragte ich.

«Ich weiß es nicht. Jacques führt Buch. Ich weiß nicht einmal genau, wann die Vereinbarung begonnen hat.»

«Aber was, wenn ...»

Sie zuckte mit den Schultern, und damit war die Geschichte für sie beendet. Wir saßen noch lange schweigend da und ließen uns von der Dunkelheit umfangen. Ich wusste nicht, was ich von Jacques halten sollte. Sollte ich ihn hassen oder ihn für seinen Altruismus bewundern? Ich wusste auch nicht, was ich von Julia halten sollte. Sie war mir so selbstsicher vorgekommen, so sehr Herrin ihres Denkens und Handelns. Figuren, Replikanten, Masken. Ich musste an einen Maskenschnitzer denken, den ich als Kind in Oaxaca kennengelernt hatte.

«Wir alle tragen unser Maß an Traurigkeit, Junge», sagte er zu mir, während er ein Loch in das Holz schnitt, das später der Mund in einer bunten Gesichtsmaske sein würde. «Von Zeit zu Zeit kommt eine neue Traurigkeit hinzu, bis der Sack übervoll ist und platzt. Dann *adiós vida*, lebe wohl!»

Oder lebe wohl, Verstand, dachte ich mit Blick auf eine ungerade phophoreszierende Ziffer.

«Nimmst du immer noch Medikamente?», fragte ich Julia.

«Manchmal. Ich versuche, davon loszukommen.»

Wieder schwiegen wir. Das Schweigen war wie eine Umarmung, wie eine Blase. Es war nicht nötig, ihr die Hand zu reichen oder ein tröstendes Wort zu sagen. Das Schweigen war die dargereichte Hand, die unausgesprochene Botschaft.

«Ich habe jede Menge Phobien», sagte ich nach einer Weile.

Julia drückte ihre Zigarette an der Schuhsohle aus, ließ den letzten Zug über ihre Lippen wehen und streichelte wieder das Gras. In der Stille und im Streicheln berührten sich unsere beiden kleinen Welten, auf denen wir einsam und verwundet wandelten.

Jacques kam auf uns zu, blieb vor Merz' Kunstobjekt stehen und sagte:

«Das sieht wie eine riesenfüßige Spinne aus.»

Ich sprang wie von der Feder geschnellt auf die Füße und vergaß dabei sogar, Julia die Hand zu reichen und ihr auf die Beine zu helfen.

9

Wir folgten dem Weg und liefen im Zickzack durch den Wald nach unten, als wir an einer alten Wegtafel mit den Abbildungen der Vögel vorbeikamen, die auf dem Mönchsberg heimisch waren. Jacques verglich sie mit Opernsängern.

«Papageien», sagte er verächtlich.

Ich verteidigte die Gesangskünstler und nannte ihr Leben ein großes Abenteuer.

«Du glaubst, die Papageien haben ein abenteuerliches Leben?», fragte Jacques. «Nein, nein, mein Kleiner, da irrst du dich. Ein Abenteuer ist etwas Unvorhersehbares, voller Überraschungen und unerwarteter Schlachten, die kühnes und spontanes Handeln erfordern. Die Papageien kennen ihren Terminkalender vier Jahre im voraus, wissen schon, wo sie da frühstücken werden, welche Rollen sie in den kommenden Saisons singen werden, wo und mit welchen Kollegen. Sie erzählen alle dieselben Witze, dieselben Anekdoten, singen immer dieselben Noten, jammern über dieselben Kritiken. Das sind keine Abenteurer. Ein Abenteurer stürzt sich in den Abgrund, um einen geheimen Schatz zu entdecken, ist bereit, in tausend Stücke zu zerschellen. Aus seinen zerbrochenen Knochen macht er ein Puzzle, verschenkt seinen Schatz und behält nur ein Stück als Erinnerung, bricht gleich zu neuen Abstürzen auf. Im Abenteuer sucht und findet der Abenteurer seine Freiheit.»

«Um Louise zu trösten», sagte Julia, die unverwandt die Abbildungen der Vögel betrachtet hatte, während ihr Gesicht sich im Glas des Schaukastens spiegelte, «erinnerte Flaubert sie daran, dass wir alle in Käfige gesperrte Vögel sind und das Leben besonders schlimm für jene ist, die große Flügel haben.»

Ach, Julia, Julia, Julia. Ihr Name flatterte im Innern meines Kopfes wie ein Kolibri, der seine Adlerschwingen schwirren lässt. Ich betrachtete ihr Spiegelbild und wurde immer süchtiger nach ihrem bunten Haar, ihrem sporadischen Lächeln mit den schiefen Zähnen, ihrem fehlenden Duft, ihren klugen Worten.

«Wir alle sind doch mehr oder weniger», fuhr Julia fort, «Adler oder Kanarienvögel, Wellensittiche oder ...»

«Papageien!», rief Jacques laut lachend. Er steckte sich einen Zahnstocher in den Mund und ging weiter. Flaubert hatte Louise aber auch geschrieben, die drei schönsten Dinge, die Gott geschaffen habe, seien das Meer, *Hamlet* und *Don Giovanni*. Und ich frage: Wo hat der einsame große Bär den Sex gelassen?

Wir gingen weiter unter hohen dunklen Bäumen, kamen an einer Mauer vorbei, die früher einmal die Reichsgrenze gewesen war, an majestätischen Villen reicher Leute, deren Hunde angerannt kamen und bellten. Ich beobachtete Julias ruhige Art zu gehen. Ihre Füße hoben sich kaum vom Boden, die Arme schwangen entspannt zu beiden Seiten des Körpers, zeigten zur Erde ohne jeden Widerstand. Sie ging, als hätte sie eine Romanze mit der Schwerkraft. Die Ruhe, mit der sie sich von dieser Kraft anziehen ließ, ließ sie paradoxerweise ganz leicht, beinahe luftig wirken. Ihre Körperbewegung beim Abstieg war nicht von der hysterisch-schwindelerregenden Art einer Achterbahn, sondern von der anderen, sanften, nostalgischen und nachdenklichen einer Wasserrutsche im Freizeitpark an einem bewölkten Sonntagnachmittag.

Als wir über den großen Tunnel gingen, der in die Altstadt führt, blieben wir stehen und beobachteten aus dieser großen Höhe den Verkehr, die Lichter der Restaurants, die Leute, die darauf warteten, dass die Ampel grün wurde. Rechts unter uns konnten wir die Mauer des Großen Festspielhauses sehen und links den beleuchteten Pferdebrunnen.

«Mal sehen, wie sich diese Bergputzer gefühlt haben», sagte Jacques, spuckte auf den Straßenverkehr hinunter und schwang sich auf die andere Seite des eisernen Geländers, das er mit beiden Händen festhielt.

Julia sagte, er solle keine Dummheiten machen, ich erbleichte, und Jacques machte sich über unseren Schrecken lustig.

«Sei kein Narr, Jacques!», rief Julia mit versagender Stimme. «Wenn du abrutschst, bist du tot.»

«Ah», sagte Jacques, «das schrecklich große Abenteuer des Todes, wie Peter Pan sagen würde. Okay», er streckte mir eine Hand entgegen, «hilf mir, Vian.»

Als ich seinen ausgestreckten Arm ergriff, ließ Jacques mit der anderen Hand das Geländer los, und anstatt mit meiner Hilfe auf die andere Seite zu gelangen, warf er seinen Körper nach hinten und zwang mich, das Gleiche zu tun, um ihn halten zu können. Allein meine Kraft und mein Entsetzen bewahrten ihn vor dem Absturz. Julia schrie all das hinaus, dessen ich unfähig war, blockiert von einem langen und bangen Knurren in meiner Kehle, einem zitternden Festhalten und allein darauf bedacht, nicht nachzugeben, Jacques' Arm nicht loszulassen, das Beben meiner schweißfeuchten Hände unter Kontrolle zu bringen.

«Einen Schritt näher, und ich stürze mich hinunter», rief Jacques Julia zu, die Anstalten machte, mich festhalten zu wollen. Er warf den Kopf nach hinten und hob eine Hand, als dirigiere er das Orchester aus Hupen und Schreckensrufen, die von unten heraufdrangen.

Mein Knurren wurde zu einem heiseren Schrei, lange konnte ich ihn nicht mehr halten, sein Gewicht war zu schwer für mich. Ich zerrte wie ein Maultier, um ihn zu mir heranzuziehen. Einen Schritt rückwärts, dann noch einen. Ich glitt aus und verlor seinen Arm. Ich fiel auf die Seite, verletzte mich am Ellenbogen, hörte einen erstickten Schrei, und eisiger Schrecken fuhr mir wie ein Axthieb in die Brust. Ich schaute zu Julia. Die Augen aufgerissen wie in die Tiefe gerichtete Scheinwerfer, die vor den Mund geschlagenen Hände glitten kraftlos an ihrem Kinn, ihrem pochenden Hals, ihrer bebenden Brust hinunter und gruben sich, zu einem Knoten verschlungen, in ihren Bauch.

«Du bist ein riesengroßes Arschloch», presste sie durch die Zähne. Erst da drehte ich mich um und sah Jacques, der gerade über die Absperrung stieg. Offenbar hatte er den Arm, der mir entglitten war, um das eiserne Rohr des Geländers schlingen können. In aller Ruhe ging er auf Julia zu.

«Du kannst abhauen, wenn du willst», sagte er, «niemand zwingt dich, bei mir zu bleiben. Wenn du aber deine Schuld bis zum Ende abtragen willst, nimmst du mich so, wie ich bin, mit allen Risiken, mit allen ...», er machte eine Pause und drehte sich lächelnd zu mir, das letzte Wort an mich gerichtet, «Abenteuern. Wie fühlt man sich, wenn man das

Leben eines anderen in der Hand hat?», fragte er, sich zu mir herabbeugend, bis er mein Gesicht beinahe mit seinem berührte. Ich antwortete ihm mit einem Blick, in den ich meine ganze Verachtung legte, meine ganze Lust, ihn zu schlagen, meine ganze Erschöpfung.

«Weiter geht's», befahl er.

Er reichte mir die Hand, um mir beim Aufstehen zu helfen, und als ich sie zurückwies, ging er los, eine Mozartmelodie pfeifend, als wäre nichts geschehen.

Julia folgte ihm gesenkten Hauptes, beschämt. Ich stand auf und lief hinter den beiden her. Wir gingen im Gänsemarsch, mehrere Meter zwischen jedem von uns, jeder auf seine Weise damit beschäftigt, das «Abenteuer» zu verdauen. Die Bäume, die wir hinter uns ließen, waren riesige dunkle Wächter, hohe pflanzliche Schatten, aus denen Krächzen und Gackern zu uns drang, das Säuseln des Windes im Gezweig. Mir saß immer noch der Schreck in den Gliedern. Der Typ war der Teufel, und er hielt Julia in seinen Klauen.

An der Treppe, die zum Toscaninihof hinunterführt, blieb Jacques stehen.

«Also», sagte er, als wir herangekommen waren. «Hier ist Schluss für dich, kleiner Vian. Julia und ich haben noch etwas zu besprechen, wenn du uns also entschuldigst, *bonne nuit, petit* und bis morgen.»

Mir fehlten die Worte, doch der ersten Verwirrung folgte beinahe unverzüglich eine so mächtige Wut, wie ich sie seit Kindertagen nicht mehr empfunden habe. Ich musste an meinen Vater denken. Ich biss die Zähne zusammen und ballte die Fäuste, bis mir die Handflächen schmerzten.

«Warum beschimpfst du mich nicht, Vian?», fragte Jacques lächelnd. «Oder besser noch: Warum schlägst du mich nicht, Kleiner? Na los, ich hab's verdient.»

Ich ballte die Fäuste noch fester, doch mit einem Mal durchwogte mich eine warme Welle und trat an die Stelle des Ärgers, der in meiner Brust kochte. Einen Moment lang glaubte ich, Jacques mit dem resignierten und dankbaren Blick zu sehen, mit dem Julia ihn anschaute. Jacques hatte Julia gerettet. Ich empfand große Erleichterung, sein spöttisches, boshaftes Gesicht vor mir zu sehen und nicht fünfzehn Meter weiter unten als zermatschte Masse aus blutigem Fleisch, umrahmt vom gelben Absperrband der Polizei.

Jacques grinste, gab mir zwei Klapse auf die Wange und sagte, ich sei ein ganz Zarter. Ich hätte ihn besser geschlagen. Ohne Julia anzusehen, drehte ich mich um und ging auf die Treppe zu. Julia lief hinter mir her und legte mir eine Hand auf die Schulter, um mich anzuhalten. Ich schaute stur geradeaus.

«Dein Schweigen ist wunderschön, Vian», sagte sie.

Als Antwort malte ich mit der Fingerspitze eine Spirale in ihre Handfläche. Das Gewicht ihrer Hand auf meiner Schulter verschwand, ich hörte ihre Schritte hinter denen von Jacques sich entfernen und rührte mich nicht, bis sie in der Ferne verklangen. Dann stieg ich die Steintreppe mit dem Handlauf in Form einer Schlange hinunter, die auf den Toscaninihof am Theater führt. Die steinerne Schlange ließ mich an die mesoamerikanische Gottheit Quetzalcoatl denken, die gefiederte Schlange. Reptil und Vogel. Jacques und Julia. Als ich den Kopf zu der Stelle wandte, an der sie nicht mehr waren, entdeckte ich in einer Nische in der Felswand die hölzerne Skulptur einer Frau. Eine Frau wie der Mann auf der goldenen Kugel des Kapitelplatzes, den Blick in die Ferne gerichtet, heroisch ausharrend in der Einsamkeit ihrer Welt. Ich dachte, eines Tages müssten sie genug davon haben. Eines Tages würden diese Frau aus Holz und der Mann auf der Kugel gegen das ihnen von dem Künstler, der sie geschaffen hatte, auferlegte Schicksal rebellieren. Eines Tages würden sie sich aus der Nische und von der Kugel stürzen, bereit, zerschmettert zu werden, um den Schatz zu finden, den sie suchten. Wie ratlose Nachkommen Pinocchios würden sie durch Salzburgs Straßen laufen, fern von der Kugel und der Nische, verängstigt und frei, bis sie sich begegneten und sich vereinten in einer langen hölzernen Umarmung. Ich grüßte die Frau in ihrer Nische, versprach, ihr Blumen zu bringen, und stieg weiter die Treppe hinab.

10

Ich war früh dran, und der Buchladen war noch geschlossen. Die Sonne brannte schon heiß auf die Fensterscheiben, und von irgendwoher kam in Schwaden ein Geruch von verbranntem Holz. Ich stieß mit dem Fuß eine leere Plastikflasche umher, während ich auf Perec wartete. Wir hatten verabredet, dass er mir an diesem Morgen das Zimmer zeigte, das er mir vermieten wollte. In der Nacht nach der Wanderung mit Jacques und Julia hatte ich schlecht geschlafen, war zwischen zwei wiederkehrenden Albträumen mehrmals aufgewacht. In einem erschienen mir dunkle Tiere, die mich mit glühenden Augen beäugten, und in dem anderen gab es steile Abgründe, die ich hinunterstürzte und dabei Gelächter und Autohupen hörte. Manchmal tauchte die Burg in der Ferne auf. Wenn ich zwischen Albtraum und Albtraum wieder einzuschlafen begann, versuchte ich das Gespräch mit Julia unter dem Iglu von Merz zu rekonstruieren in der

Hoffnung, dadurch den Sturm meiner Träume besänftigen zu können. Doch sosehr ich mich danach sehnte, es gelang mir nicht, von ihr zu träumen, und die Abgründe und dunklen Tiere kehrten zurück. Ich musste sie wiedersehen, allein. Den Vogel ohne die Schlange. Als ich im Morgengrauen nicht mehr einschlafen konnte, machte ich das Licht an und las die Briefe von Mozart, bis es Zeit wurde, zu meiner Verabredung zu gehen. Auf der Straße waren nur wenige Leute unterwegs, das Sonnenlicht pulverisierte sich in der Luft, ich ging über den Mozartsteg, in der Mitte blieb ich stehen und betrachtete den Fluss. Da mir noch viel Zeit blieb, nahm ich Platz auf meinem Lieblingsstuhl im *Spirit of Mozart*. Während ich den hohen Stuhl betrachtete, ging eine Frau mit klappernden Absätzen in Richtung einer der Brücken. Ich stellte mir vor, es seien die Schritte Mozarts, der 1780 durch diese Straßen ging, verzweifelt, weil dieser Ort ihm nicht die Möglichkeiten bot, sein Genie zu entfalten, und nach Auswegen suchend, sich dieser erstickenden Umarmung zu entziehen, in der das Schicksal und die zeitlichen Umstände ihn gefangen hielten. Hin und her gerissen, ob er dem von seinem Vater vorgezeichneten Weg folgen sollte oder der lauten rebellierenden Stimme gehorchen, die ihm aus tiefstem Innern zurief, den befreienden Schritt zu tun, seinem immensen Talent zu vertrauen und den Beziehungen, die er auf seinen vielen Reisen geknüpft hatte. Wenn ich wenigstens Talent hätte, dachte ich. Ich stand auf und trat ans Geländer. Herr Wolfgang saß auf der Bank am Freibad und schaute in die Ferne. Ich ging hinunter, setzte mich ans andere Ende der Bank und beobachtete ihn aus den Augenwinkeln. Ich hatte den Eindruck, er betrachte das Treiben der Welt, als läse er es, als wären die Fußgänger, die Sonnenblume, die er auf dem Grünstreifen selbst gepflanzt hatte, die Baumkronen, die Burg weiter oben, der Fluss in seinem Lauf und die sich stets verändernden Wolken rätselhafte Buchstaben, geheime Zeichen, die, wenn man sie in die rechte Ordnung zu bringen verstand, Sätze und Verse und Absätze eines Buches bildeten, das im selben Moment geschrieben wurde, in dem der Leser seinen Blick auf diese tanzenden Linien richtete. Herr Wolfgang hatte die Gabe, hinter das Offensichtliche, das Benannte und Erlernte zu schauen, und wusste aus diesem lebendigen, unumkehrbaren Text die andere Bedeutung herauszulesen. Ich versuchte, das bewegte Theater, das sich vor meinen Augen entfaltete, zu lesen, wie dieser Lebenskünstler es tat. Doch sosehr ich mich auch bemühte, die andere Bedeutung zu entdecken, sah ich nur einen Fluss, einen Himmel, Leute, eine Sonnenblume und die Berge.

Ich fragte ihn, womit er die Umfassungssteine des *Spirit of Mozart* säubere. Er schaute mich lange an und erklärte mir dann, er bereite die Mischung, mit der er die Steine einpinselte, selber zu. Danach richtete er seinen Blick wieder auf die Welt und las weiter in seinem lebendigen Buch. Wenig später trieb auf dem Wasser ein großer abgerissener Zweig vorbei.

«Ein Schiff, das nicht abgefahren ist», sagte ich und zeigte begeistert hinüber, «ein pflanzlicher Grabstein, eine Tilde, die von einem botanischen Buchstaben heruntergefallen ist.»

Herr Wolfgang musterte mich wieder sehr direkt, dann lachte er kurz auf, dass es seinen Körper schüttelte.

«Nur ein Zweig», sagte er und richtete seinen Blick wieder auf die Welt und las weiter in seinem lebendigen Buch.

Ich verabschiedete mich beschämt mit kaum vernehmbarer Stimme und kehrte zur Buchhandlung zurück.

Perec kam schnaufend heran, lächelte mir zu, zog einen großen Schlüsselbund hervor und schloss die Tür auf. Drinnen war es noch heißer als auf der Straße. Perec schaltete einen Tischventilator ein, machte Eistee und schenkte ihn aus einer alten Kanne aus blauem Porzellan in zwei unterschiedlich große Tassen. Er räusperte sich und schob sich immer wieder die Brille auf der Nase hoch. Er war nervös. Seine Frau war dagegen, das Zimmer zu vermieten, wollte keinen Fremden da haben, wo ihr Sohn gewohnt hatte. Mit konfusen Worten versuchte er schon die Feindseligkeit zu begründen, der ich in seinem Haus begegnen würde. Er erzählte mir, Fritz, sein Sohn, arbeite als Möbeldesigner in Graz. Er käme alle zwei Wochen zu Besuch, und wenn sein Zimmer vermietet würde, müsse er sich eine andere Bleibe suchen. Das war weder für Perec noch für Fritz ein Problem. Wohl aber für seine Mutter. Ich sagte ihm, er könne unbesorgt sein, bestimmt würden seine Frau und ich uns mit der Zeit prima verstehen, und außerdem würde ich ja nur bis Ende des Sommers bleiben. Bei diesen Worten spürte ich einen Knoten im Bauch. Perec lächelte mich an, trank seinen Tee aus, und dann machten wir uns auf den Weg zu seinem Haus.

Madame Perec öffnete die Tür, musterte mich von oben bis unten und forderte mich mit dieser kaum wahrnehmbaren Höflichkeitsgeste auf, einzutreten, mit der jemand, der sich für etwas Besseres hält, einen hereinbittet, den er für weniger wichtig erachtet. Sie war eine korpulente, ernst dreinschauende Frau, herausgeputzt im Rahmen ihrer bescheidenen Möglichkeiten. Sie brummte etwas, das ich nicht verstand, und zeigte mir das Zimmer ihres Sohnes: ein schlichter, anheimelnder Raum. Die Bodendielen knarrten, wenn man darüberging. Möbliert war es mit einem Schreibtisch, einem Stuhl, einem Waschbecken, einem Schrank und einem Bett. Es gab auch eine Stehlampe mit durchgebrannter Birne, die Perec auszuwechseln versprach, sobald ich eingezogen sei. Auf dem Schreibtisch aufgereiht standen einige Bücher, die Fritz als Kind gelesen hatte: Jules Verne, Jack London, Mark Twain, Hermann Hesse. «Alles Geschenke seines Vaters», sagte Perec mit stolzem Lächeln. Das Bad würde ich mit ihnen teilen müssen, und wenn ich die Küche nutzen wolle, müsse ich der Chefin Bescheid geben. Im Wohnzimmer sah ich eine Standuhr mit Pendel, die nachging. Zum Abschied erinnerte mich Perecs Frau daran, dass es mit dem Handel nichts würde, wenn ich die Miete nicht im Voraus bezahlte.

«Vergessen Sie das nicht», sagte sie unter der Tür und warf Perec einen Blick zu. «Ich sehe dich später», fügte sie huldvoll hinzu, kehrte uns den Rücken und schloss die Tür hinter uns.

Perec versagte sich jede Bemerkung über den Besuch, alles war klar. Ich ging mit gesenktem Kopf und einem vagen Gefühl von Verlorenheit in der Brust. Schweigend kehrten wir zur Buchhandlung zurück, und dieses Schweigen war nicht viel anders als das, welches am Nachmittag zuvor zwischen mir und Julia geherrscht hatte. Beschaulich, einladend und freundlich. Wie ein gastlicher Raum, in dem die Gefühle, von der Schwere der Worte befreit, sich langsam und sanft in die Höhe heben. Ein ganz anderes Schweigen als das harte, bestürzende, das der Autorität meines Vaters zu folgen pflegte.

«Hast du noch Zeit, mir einen kleinen Gefallen zu tun?», fragte Perec vor seinem Buchladen, während er sich mit einem blauen Taschentuch den Schweiß vom Gesicht wischte.

Ich antwortete erfreut, es sei noch eine Stunde bis zum Beginn meiner Proben. Wir traten ein.

Perec schaltete den Ventilator ein, der sich mit einem asthmatischen Surren in Gang setzte. Zwei Wespen sausten im Sturzflug nach draußen. Perec zog zwei dicke Bücher aus einem Regal, gab mir eines und nahm das andere mit zu seinem Sessel.

«Wenn ich etwas bereue in meinem Leben, dann das, dass ich keine anderen Sprachen gelernt habe», sagte er mit einer Stimme, die ihre alte Ruhe wiedergefunden hatte. Es war klar, dass die Sorgenlast meiner Begegnung mit seiner Frau von ihm abgefallen war, und seiner Aufgeräumtheit nach zu urteilen schien es besser gelaufen zu sein, als er sich vorgestellt hatte. Das beruhigte auch mich.

«Nichts hätte mir mehr gefallen, als meine Lieblingsautoren in der Originalsprache zu lesen», fuhr Perec fort. «Und da ich Bücher wie das, welches ich dir gerade gegeben habe, nur in Übersetzung lesen kann» – es war eine alte spanische Ausgabe des *Don Quijote de la Mancha* –, «bitte ich jedes Mal, wenn ich jemanden treffe, der die Sprache eines meiner bewunderten Autoren spricht, darum, mir ein Kapitel vorzulesen, sodass ich wenigstens die Musik und den Klang der ursprünglichen Worte genießen kann. Ein britischer Kunde hat mir aus *Tristram Shandy* vorgelesen und ein französischer hat mir im vergangenen Jahr mit ein paar Absätzen aus *Jakob und sein Herr* eine Freude gemacht.»

Der Name ließ mich sogleich auf der Hut sein, als hätte ich eine Spinne über die Bodenbretter krabbeln sehen.

«Sei unbesorgt, Junge», beruhigte mich Perec, der meine ängstliche Grimasse fehlinterpretierte, «es brauchen nur ein paar Seiten zu sein. Zu deiner Probe kommst du auf jeden Fall rechtzeitig.»

Er rieb sich zufrieden die Hände und bat mich, ihm Kapitel VIII vorzulesen.

«Der berühmte Kampf mit den Windmühlen», sagte er

lächelnd und deutete mit seiner Pfeife auf den ratternden Tischventilator. «Ich werde deiner Lesung auf den Seiten meiner deutschen Übersetzung folgen.» Dabei klopfte er liebevoll auf das aufgeschlagene Buch in seinem Schoß.

Bei jedem Satz, den ich ihm laut vorlas, empfand ich wieder die gleiche Freude, die mich erfüllt hatte, als ich das Buch mit zwölf Jahren las. Ich hatte es unter den Büchern meines Großvaters gefunden, und jeden Tag holte ich das dicke Buch mit den herrlichen Illustrationen aus dem Regal und las zwei oder drei Kapitel. Am Ende markierte ich die Seite, bei der ich zu lesen aufgehört hatte, mit dem Erstbesten, was mir in die Hände fiel: der hölzerne Griff eines Eises am Stiel, ein Bonbonpapier oder das Schwert einer meiner Actionfiguren. Ich stellte das Buch ins Regal zurück, da mein Vater Lücken in den Bücherregalen hasste. Er war der Meinung, sie zerstörten die Harmonie und ließen das Regal wie einen Mund mit Zahnlücken aussehen, der das Gesicht des Zimmers hässlich machte. Mein Vater nahm nie ein Buch aus dem Regal, und als er es zu meinem Unglück tatsächlich einmal tat, wollte er nur mit seiner alten Ausgabe des *Don Quijote* angeben und einen Gast, der antiquarische Bücher sammelte, beeindrucken. Was er für ein Gesicht machte, als der Büchersammler mit spitzen Archäologenfingern meine Lesezeichen zwischen den Seiten herauszufischen begann, die ich dort vergessen hatte! Klebrige Eisstiele, kleine Plastikschwerter, Bildchen und, oh Schreck, das Goldpapier einer Mozartkugel, die ich gestohlen und mir während der Lektüre einverleibt hatte. Das brachte mir hinterher eine saftige Abreibung ein und zwei Wochen Fahrradverbot. Weil ich *Don Quijote* gelesen hatte!

Perec verfolgte mein Vorlesen manchmal in seinem Buch, andere Male hob er den Kopf und lauschte glücklich dem

Klang von Cervantes' Worten in meiner Interpretation. Laut lesen ist auch interpretieren.

Ein farbiger Blitz lenkte mich ab. Ich hielt mitten im Satz inne, hob den Kopf und spürte mein Herz einen gewaltigen Satz tun, als ich Julia durchs Fenster langsam auf der Straße vorbeigehen sah. Sie schaute nicht herein, blieb nicht stehen und verschwand aus dem Rahmen des Fensters. Sie war allein. Ich musste zu ihr. Ich ließ das Buch auf dem Stuhl liegen, entschuldigte mich bei Perec, und als ich sah, dass er mich mit einem schelmischen Lächeln beobachtete, sagte ich ihm, ich müsse zu meiner Dulcinea eilen.

«Das sollten wir alle tun», antwortete er mit seiner Pfeife zwischen den Zähnen, «früher oder später.»

Ich drückte gegen die Tür, anstatt zu ziehen, und hätte dabei beinahe die Glasscheibe zerbrochen. Die Sonne blendete mich, als ich hinaustrat. Ich beschirmte meine Augen mit der Hand und sah Julia in dieselbe Gasse einbiegen, aus der ich gekommen war. Ich lief los, um sie einzuholen, doch kaum hatte ich drei Schritte getan, bremste der Teufel meinen Schwung. Julia blieb am Eingang der Straße abrupt stehen. Aus der schmalen Gasse schob sich ein langer Schatten und dann der Eigner des Schattens heran: Jacques. Sie begrüßten sich nicht, sprachen ein wenig, dann hatte ich den Eindruck, sie begännen zu streiten. Julia hob die Stimme, aber ihre Worte konnte ich nicht verstehen. Sie breitete die Arme aus und ließ sie wieder fallen, dass ihre Handflächen an die Oberschenkel klatschten. Jacques schwieg, und als Julias Zorn verraucht war, hob er langsam und mit sicherer Geste den Arm und zeigte wie ein höflicher Butler auf den Eingang zur Seitenstraße. Julia senkte den Kopf und ging in die angezeigte Richtung. Jacques folgte ihr aufrecht und sehr ernst. Bevor sie hinter der Straßenecke verschwanden, warf

Julia einen gedankenverlorenen Blick zurück in die Straße, in der ich stand, und als sie mich sah, blieb sie stehen. Ihre Augen glänzten und sie winkte mir, als spielten ihre Finger ein flüchtiges Arpeggio in der Luft. Sie ging weiter, ohne auf meine Reaktion zu warten. Jacques sah mich auch, zeigte mir ein wölfisches Grinsen und sprang wie ein Faun davon.

Die ganze Zeit stand ich vor dem Fenster der Buchhandlung. Perec hatte alles gesehen, was ich tat. Ich schaute ins Ladeninnere und sah sein Gesicht, das mich mit hochgezogenen Augenbrauen und qualmender Pfeife im Mund beobachtete. Was tat ich da eigentlich? Wer waren alle diese Menschen, die schon bald nur noch Erinnerung sein würden? Ich fühlte mich fremder denn je und wünschte in diesem Augenblick, dass der Sommer schon vorbei sein möge und mein Vater käme, um mich vor mich selbst und vor meinem permanenten Versagen zu retten. Perec beobachtete mich immer noch mit seinem verschmitzten Lächeln. Ich seufzte. Ein Schweißtropfen glitt mir von der Stirn über die Schläfe auf die Wange, wo ich ihn mit dem Handrücken zerdrückte. Statt zu drücken, zerrte ich an der Tür, dass ich beinahe die Klinke abgerissen hätte. Ich trat in den Buchladen, nahm das Buch vom Stuhl, setzte mich und starrte stumm auf den Tischventilator. Perec hielt sein Schweigen dagegen. Schließlich sagte er, ich hätte an der Stelle aufgehört, wo Don Quijote in ausweglosem Kampf, doch mit dem Namen seiner Dame Dulcinea auf den Lippen, gegen den Riesen reitet.

Ich nahm das Buch auf und begann dort weiterzulesen, wo ich aufgehört hatte.

11

*J*acques und Julia. Julia und Jacques. Vogel und Schlange. Replikanten. Keiner der beiden grüßte mich, als ich zur Probe gerannt kam. Sie beachteten mich nicht einmal. Sosehr ich auch ihre Aufmerksamkeit auf mich zu lenken suchte, zumal Julias, traf ich nur auf Gleichgültigkeit. Manchmal warf Jacques einen Blick auf mich, wie ein Museumsbesucher einen Blick auf den leeren Stuhl eines Wärters wirft, und wenn ich Julias Blick abzufangen suchte, sah ich sie am Produktionstisch in ihre Notizen vertieft oder einen Bereich der Bühne betrachten, an dem ich mich nicht aufhielt.

Bei unserer ersten Theaterprobe arbeiteten wir an der Szene mit der Champagner-Arie. Wir Teufel bildeten einen Halbkreis mit Blick auf Don Giovanni, der uns herausfordernd ein explosives *Finch'han dal vino / calda la testa / una gran festa fa preparar* entgegenschleuderte. Wir standen mit dem Rücken zum Parkett – wenn es vollbesetzt war, würde das Publikum deutlich die im achtzehnten Jahrhundert üblichen weißen Perücken mit den schwarzen Schleifchen sehen, die wir nur in dieser Szene tragen würden – und Schuff erwartete, dass das Publikum in den Teufelchen mit Perücken und roten Röcken einen multiplizierten Mozart sähe, von dem Don Giovanni sich, wie von allem anderen auch, am liebsten befreien möchte. Hoch lebe die Freiheit!

«Wenn zwanzig Leute das verstehen», brüllte der Regisseur mit einer unangezündeten Zigarette in der einen und einem Plastikbecher Wein in der anderen Hand, «will ich zufrieden sein und die Buhrufe der Übrigen mit Vergnügen akzeptieren.»

Bei jeder Unterbrechung, während der Schuff seine Anweisungen gab, versuchte ich, so diskret wie erfolglos, Julias Aufmerksamkeit auf mich zu lenken. Irgendwann gab ich tiefbekümmert auf. Ich wusste nicht, wie ich mit dieser Gleichgültigkeit fertigwerden sollte, sie schien mich zu ignorieren. Hatte ihr Jacques diese Gefühlskälte befohlen? Bereute Julia die Vertraulichkeiten des Vortages und verabscheute mich jetzt, weil ich ihre Enthüllungen gehört hatte? Wenn es das Erste war, brauchte ich nur einen Moment, um mit ihr zu sprechen, auf Jacques' Abwesenheit zu warten und herauszufinden, wie lange der seltsame Pakt zwischen den Beiden noch bestünde. War es aber das Zweite, dann war ich verloren. Die tiefe Reue über eine zu große Vertraulichkeit macht den Vertrauten zu einer unerwünschten Person. In meiner Verwirrung wusste ich nicht mehr, wohin ich ging und gehen sollte. Ich bekam keine Luft.

«Mexikaner!», schrie Schuff ins Mikrofon, und seine Stimme rollte wie ein olympischer Donner über die Bühne. Die Musik setzte aus. Ich brauchte einen Moment, bis ich begriff, dass der Lichtkreis, in dem ich stand, nicht für mich gedacht war. In all meinem Kummer hatte ich vergessen, mich mit den anderen Teufeln in den Bühnenhintergrund zu begeben. Ich stand da, wo Don Giovanni stehen sollte. Richard Fellow stand neben mir, hatte die Hände in die Hüften gestemmt und einen belustigten Vorwurf im Blick.

«Willst du etwa den Part der Titelfigur singen?», fügte Schuff in humorvollem Ton hinzu. Gelächter brandete auf. Ich schaute zu Julia, sie schrieb. Ich hob entschuldigend die Hand und eilte nach hinten, versteckte mich hinter den anderen Komparsen.

Die Szene wurde weiter geprobt, ein paar Positionen korrigiert. Ich bekam nichts mehr mit, spielte meine Rolle einfach, indem ich tat, was die anderen taten. Julias Zurückweisung an diesem Morgen weckte einen bebenden Zorn in mir und ließ meine Liebe zu ihr noch höher lodern. Ich glaube, mir zitterten sogar die Hände. Vielleicht brach mir auch kalter Schweiß aus. Ich weiß es nicht mehr. Unmöglich, mich an solche Dinge zu erinnern, wenn meine ganze Aufmerksamkeit nur auf ihre nicht vorhandenen Blicke gerichtet war, auf das schimpfliche Schweigen ihrer Stimme.

Die Pause kam, und mit ihr zerstreute sich die Truppe in Grüppchen. Ich drehte mich um und schaute in den Saal, Julia saß nicht mehr am Produktionstisch. Mit jedem Scheitern meiner Versuche, mit ihr in Kontakt zu treten, wurde es in meinem Inneren finsterer, und mein Herz verkümmerte in meiner Brust, in diesem kalten Universum ohne Sterne, schwarz wie die Schwinge eines Raben. Sah ich da Jacques unter den Tänzern, der spöttisch zu mir herüberlächelte? Ich stürmte aus dem Theater nach draußen. Das Krächzen saß mir im Nacken.

Ich sah auf mein Telefon und fand eine Nachricht meines Vaters. Er verkündete, dass er schon ein Flugticket für mich gekauft hatte, damit ich nach der letzten Vorstellung von *Don Giovanni* mit ihm über Frankfurt zurück nach Mexiko fliege. Ich hob den Blick zur unverrückbaren Burg. Ihre graue Geometrie vor dem endlos blauen Himmel schien mir zu sagen, dass meine ganze Zukunft bereits festgelegt war, gebaut auf dicken, unüberwindbaren Mauern. Mit wenigen Worten dankte ich ihm für das Ticket. Besser so, dachte ich; besser, das Ende klar vor Augen haben, um das Gefühlstheater aushalten zu können, in dem ich steckte. Besser, dass Julia mich ignorierte; besser, dass ich bald den Abflug machte. Doch statt dass dieser Gedanke mich beruhigte, machte er mich wütend. Was er mir sagte, war eine Beleidigung meiner Gefühle, meines Wunsches, zu lieben, in Europa zu bleiben, ein Künstler zu sein. Alles kaputt.

Ich lief auf und ab. In fünf Minuten würde die Probe fortgesetzt.

Julia ...

Hatte ich mich schon einmal so gefühlt, als mein Herz sich um Guadalupe, um Bicha oder um Magdalena drehte? Bei den letzten beiden auf jeden Fall nicht; und die Trauer, die ich für Guadalupe empfunden hatte, war zwar intensiv, aber sie war etwas ganz anderes, war die Frucht einer Liebe, die gewonnen und wieder verloren wurde.

Julia ...

Beinahe hätte ich den Stadtstreicher mit dem grauen Radetzky-Bart und den durchdringenden Augen im sonnengegerbten Gesicht umgelaufen.

«Hallo», sagte ich mit verlegen erhobener Hand. Er gab keine Antwort, und nachdem er mich durchdringend angeschaut hatte, zog er davon, mit sich selbst in diesem mir unverständlichen Dialekt sprechend, mit dem er zornig seine Götter anrief.

Mehrere Leute bedachten mich mit neugierigen Blicken, die ich irrtümlicherweise meinem gelegentlichen Erscheinen in Zeitung und Fernsehen zuschrieb. Schuff befreite mich von diesem Irrtum. Mit der Zigarette in der Hand kam zu mir, blies mir weißen Qualm ins Gesicht und verbot mir, außerhalb des Theaters mein Kostüm zu tragen. Erst da bemerkte ich, dass ich bei meiner überstürzten Flucht vergessen hatte, mir die Perücke und den roten Rock auszuziehen. Schuff war wütend und hätte mich weiter beschimpft, wenn die Vorsehung mir nicht Rettung in Gestalt der wunderbaren Cecilia Bartoli geschickt hätte.

«*Ciao*, Friedemann!», vernahm ich ihre klingende Stimme hinter mir.

«Hallo, Cecilia», antwortete Schuff und machte ein freundliches Gesicht.

«*Come va tutto?*»

«*Insomma, si tira avanti*», sagte Schuff in fließendem Italienisch, doch mit schwerem deutschem Akzent, und zeigte auf mich als Beweis für die Widrigkeiten, mit denen er sich herumschlagen musste. Cecilia erkannte mich und grüßte mich erfreut. Ich errötete. Schuff fragte, ob sie mich kenne, und sie erklärte, ich sei ein mexikanischer Sänger, ohne das weiter auszuführen.

«Ein Sänger?», fragte Schuff lächelnd. «Jetzt verstehe ich, warum er den Platz des Don Giovanni einnehmen wollte.»

Jemand rief uns, aber nur ich drehte mich um und, klick, hatte mich einer der Fotografen am Platz mit meinem ernsten, etwas verträumten Gesichtsausdruck unter der weißen Perücke zwischen den Blicken von Schuff und der Bartoli erwischt.

Ich nutzte die Gelegenheit und empfahl mich mit einem kurzen Kopfnicken. Sie setzten ihr Geplauder fort, und ich lief zurück ins Theater. Ich hielt weder nach Julia Ausschau noch nach Jacques. Ich griff mir mein Mozartbuch und schlug es irgendwo auf, so wie Menschen die Bibel aufschlagen und hoffen, auf der zufällig gefundenen Seite einen Lehrspruch, eine Anleitung oder einen Trost zu finden.

Ich landete bei einem Brief, in dem Mozart einen seiner Freimaurerbrüder um Geld bittet. Ich blätterte weiter und stieß auf die Kopie eines Pamphlets, das Mozart 1786 geschrieben hatte, um es auf einem Maskenball zu verteilen, an dem er als persischer Philosoph Zarathustra verkleidet teilnahm. Ich las:

«Bist du arm, aber geschickt, so bewaffne dich mit Geduld; arbeite. Wirst du nicht reich, so bleibst du wenigstens ein geschickter Mann. – Bist du ein Esel, aber reich, so benütze deine Vorzüge; faulenze; wirst du nicht arm, so bleibst du wenigstens ein Esel.»

Das Ende der Pause wurde angekündigt, und alle wurden wieder zur Probe gebeten, und obwohl Amadé meinen Seelenschmerz weder mit Lehrspruch noch Anleitung, noch Trost gelindert hatte, war er mir behilflich gewesen, die Zeit totzuschlagen, die ich ohne diese Lektüre nur mit nutzlosen, herzzerreißenden Gedanken vertan hätte.

Die Probe begann wieder mit dem Einsatz der Champagner-Arie. «Noch einmal?», grummelte Fellow und nahm seine Position ein. Wir Komparsen umringten ihn wieder, die Musik setzte ein. In der zweiten Hälfte der Arie machte sich eine lauter werdende Unruhe bemerkbar, bis die Szene abgebrochen werden musste. Die Ursache für die Unruhe stand zwischen Bühne und Parkett, angetan mit einem teuren Sommerkleid, eine pompöse Markenhandtasche baumelte am nackten Unterarm, eine große Sonnenbrille verbarg die Augen, und die geschminkten Lippen glänzten wie feuchter Karamell.

Die Tchenova war eingetroffen.

«Da bin ich schon», sagte sie mit einem unschuldigen Lächeln.

«Was will die denn hier?», fragte Schuff Claudia, doch seine Stimme war im ganzen Bühnenraum zu hören, da das Tischmikrofon noch eingeschaltet war. «Soll die Erde aufhören, sich zu drehen, weil die aufgeplusterte Dame am Ende doch noch die Güte hatte, hier zu erscheinen?»

Das Lächeln der Tchenova erlosch. Sie machte kehrt, ließ ihre Absätze klappern und sagte laut, sodass jeder es hören konnte, wenn sie nicht gebraucht werde, könne sie ja gehen. Sofort wurde es am Produktionstisch lebendig. Claudia sprang auf und lief hinter der Diva her, Julia ergriff das Mikrofon und verkündete eine zehnminütige Pause, Schuff zündete sich eine Zigarette an und studierte seine Noten.

«Papageien, eitle Papageien ...», zischte Jacques zwischen den Zähnen, als er an mir vorbeiging, als sagte er es zu jemandem, der hinter mir stand. Dort stand aber niemand.

Dies konnte das Ende der Probe bedeuten, mit dem folgenden Ausschwärmen der Künstler und auch Julias Verschwinden. Wer weiß, wann ich sie dann wiedersehen würde. Also spielte ich meine letzte Karte aus. Ich trat an den Rand der Bühne und streckte ganz offen die Arme in Julias Richtung wie ein Schiffbrüchiger, der in der Ferne den ersehnten Dampfer erblickt. Der Dampfer erhob sich, dampfte durch die Stuhlreihen und entschwand hinter dem Horizont einer der Seitentüren, ohne den Schiffbrüchigen bemerkt zu haben. Schuff schaute mich verwundert an, ich tat, als verscheuchte ich eine Wespe. Dann stürzte ich mich wieder auf Mozarts Briefe.

Wild schlug ich das Buch auf, fand in einem an seinen Vater gerichteten Brief und mit blauer Tinte unterstrichen den Satz und den Rat, den ich brauchte:

«Müsste ich jedes Mägdlein ehelichen, mit dem ich herumgetändelt habe, käme ich leicht auf eine Sammlung von 200 Gemahlinnen.»

Eureka! Das war der Rat, der Fingerzeig, der mir den Weg wies, den ich zu gehen hatte. Was tat ich hier, gelähmt in meinem verliebten Wahn? Mir blieben noch ein paar Wochen in Freiheit. Ich sollte mich mit den Tänzerinnen vergnügen, mit den Backgroundsängerinnen, mit unbekannten Mädchen in irgendeiner Bar. Zum Teufel mit meinen selbstquälerischen

Gefühlen! Ich sollte ein Körper sein, der in einem anderen Körper, in anderen Körpern herumtollte. Ich war ja ein kleines bisschen, immerhin, berühmt, warum nutzte ich das nicht? Danke, Mozart. Ich sollte mich vergnügen, wie ein Eroberer sich vergnügt. Heute Morgen auf der Bühne hatte ich irrtümlicherweise an dem Platz gestanden, der Don Giovanni gebührte; jetzt sollte ich, in meiner Realität, diesen Platz aus Überzeugung einnehmen, Don Giovanni hinter den Kulissen sein, in den Bars von Salzburg, in seinen Straßen, in ...

Eine Hand legte sich sanft auf meine Schulter. Ich wusste, wem sie gehörte, ohne hinsehen zu müssen. Ich klappte das Buch geräuschvoll zu. Lebt wohl, unerfüllbare Eroberungsträume! Das Universum füllte sich mit Sternen, und mein Herz begann wieder herumzuwirbeln auf seiner Umlaufbahn, auf der es stehen geblieben war.

«Schuff wird den ganzen Rest des Tages nur mit der Tchenova arbeiten», erklärte Julia. «Ich lade dich zum Essen ein.»

«Klar», antwortete ich mit viel zu hoher Stimme, die nach dem a versagte. «Klar», wiederholte ich und hätte vor Freude platzen können.

Julia lächelte. Mein Herz begann sofort wie verrückt um den leuchtenden Stern dieses Lächelns zu kreisen, um die Wärme dieser Stimme, um die Regenbogenfarben dieses Haars. Um sie und allein um sie.

«Kein Wort mehr», sagte Jacques und legte seine Hände auf unsere Schultern. «Wir gehen alle zusammen essen, und die Rechnung geht auf mich.»

Ich war der Einzige, der das wie dunkles Gelächter klingende Krächzen vernahm.

Wir gingen los. Die beiden vorweg, ich hinterher in der Sonnenfinsternis wachsendem Schatten. Julia und Jacques. Jacques und Julia. Vogel und Schlange. Replikanten.

12

*S*chuld daran war Don Quijote. Und der Alkohol, der durch meine Adern rann. Wir aßen im Triangel. Jacques bestellte für uns alle Bier zum Essen. Die Hitze leckte gierig an den gläsernen Krügen, und wir mussten schnell trinken, damit das Bier nicht warm wurde. Wir unterhielten uns angeregt über unsere Lieblingsgerichte, über den fehlenden Regen, über Reisen und Filme. Vor dem Kaffee orderte Jacques zwei Runden Schnaps. Julia schwärmte von einem Schwarzweiß-Western, den eine iranische Regisseurin in den Vereinigten Staaten gedreht hatte und dessen Protagonistin eine Vampirin war. Jacques kam daraufhin auf die Sopranos zu sprechen und äußerte sich wieder abfällig über Opernsänger. Er brachte seine Beschimpfung aber nicht zu Ende, trank seinen zweiten Schnaps aus, knallte das Glas auf den Tisch und ging bezahlen. Er wurde von einem kleinen Mann mit wenig Haaren aufgehalten. Eine Wespe ließ sich auf Julias Oberlippe nieder. Ich spannte mich an und sah sie schon ihren Stachel in das weiche Fleisch der geliebten Lippe stechen. Julia hielt ganz still, ließ das Tier über die Lippe laufen, die Nasenspitze erkunden und zum Kinn hinunterkrabbeln. Ich nahm ein winziges Stückchen Wurst, das auf meinem Teller zurückgeblieben war, mit der Serviette auf und näherte es langsam Julias Gesicht an. Die Wespe reagierte, bewegte ihre Antennen, flog zu dem hingehaltenen Leckerbissen und nahm ihn zwischen die Kiefer. Julia dankte mir mit zusammengekniffenen Augen. Jacques kam zufrieden lächelnd zurück. Er hatte sich einen Zahnstocher – einen hölzernen Stachel – in den Mund gesteckt und forderte uns auf, ihm zu folgen.

Der kleine Mann, mit dem er gesprochen hatte, war einer der schillerndsten Blogger über klassische Musik, Verbreiter von Tratsch, Kritiken und beleidigenden Kommentaren, gefeiert von einem Heer von Fans, die nach der schmutzigen Wäsche aus der Welt des hohen Gesangs gieren.

«Ich habe ihm ein paar Anekdoten von unseren Proben erzählt, vom Zuspätkommen der Tchenova und ihrem unverfrorenen narzisstischen Auftritt.»

Bier und Schnaps machten mich mutig genug, die Sänger in Schutz zu nehmen. Ich argumentierte, dass es nicht leicht sei, den permanenten Druck auszuhalten, dem sie vor allem in diesen Zeiten von YouTube und sozialen Medien ausgesetzt waren, erwähnte auch die Fragilität ihres Instrumentariums, die eiserne Disziplin, der sie sich unterwerfen mussten, die Einsamkeit ihres Nomadenlebens.

«Papageien, die Noten und Melodien nachplappern», unterbrach mich Jacques, «sich mehr um ihren Ruhm und die Karriere sorgen als um die Kunst …»

«Sie sind weder Opfer noch Papageien», unterbrach ihn Julia und strich sich eine blaue Strähne aus der Stirn. «Die Wahrheit liegt wohl irgendwo zwischen diesen beiden Extremen.»

«Papageien», beschloss Jacques ungerührt.

«Damit Vian den Grund deiner umfassenden Verachtung versteht, solltest du ihm vielleicht von deinem Vater, dem Tenor, erzählen, der von einer Produktion zur nächsten reiste und sich so gut wie nie zuhause blicken ließ.»

«Warum hältst du nicht lieber deinen vorlauten Mund?», äffte Jacques ihren Ton nach.

«Weil Julia ein freier Mensch ist und daher sagen und fragen kann, was sie will, nicht?», warf ich zu meiner eigenen Überraschung ein, denn, was ich soeben gesagt hatte, war nur einer von vielen Gedanken, die mir durch den Kopf gingen, nur dass der Alkohol mir diesen auf die Zunge gelegt hatte.

«Danke, Vian», sagte Julia, «aber ich weiß mir schon selbst zu helfen.»

«Ah …!», applaudierte Jacques. «Der Kleine wird mutig. Aber seine Verteidigung ist ihm», dabei kniff er mir in die Wange, «wohl noch ein bisschen lau geraten. Vielleicht sogar unterkühlt?»

«So unterkühlt wie dein Blick auf die Welt», sagte Julia, die Augen stur geradeaus gerichtet.

«Danke, Julia», sagte ich beschwipst und zum zweiten Mal überrascht, «aber ich weiß mir schon selbst zu helfen.»

Jacques und Julia lachten. Ich genoss diesen unerwarteten Ausbruch von Heiterkeit und war erleichtert, meiner dräuenden Beschämung so glorreich entkommen zu sein. Erst danach traten die Zweifel auf, und ich dachte, das Doppelgelächter habe doch nur den Spott befördert, dessen Opfer ich während dieses ganzen Dialogs gewesen war.

«Hier herein!», rief Jacques und zog uns in einen Laden.

Es gab mittelalterliche Waffen und Figuren aus Keramik, die Zauberer, Elfen, Phantasiekrieger, Schädel, Drachen und Einhörner darstellten. Vor einer lebensgroßen Rüstung, die in einer Ecke des Ladens stand, blieben wir stehen.

«Stell dir vor, sie würde einen Arm bewegen», sagte ich zu Julia. Jacques klopfte zweimal an den glänzenden Brustpanzer, was einen metallischen Widerhall hervorrief, und fragte, ob da jemand drinnen sei, und bevor die Verkäuferin herankam und uns sagte, es sei verboten, die Waren zu berühren, hob er das Visier hoch, zeigte nach drinnen und sagte zu mir:

«So leer wie dein Kopf, er kann keinen Arm bewegen.»

Dann klappte er das Visier wieder herunter und entschuldigte sich mit einer Handbewegung bei der Verkäuferin.

«Wenn er Agilulf wäre», sagte Julia, «könnte er den Arm bewegen, selbst wenn er nicht drin wäre.»

«Wer?», fragte Jacques.

«Calvinos Ritter, den es nicht gab», sagte ich, und Julia schenkte mir das glänzende Verständnis ihrer Augen.

«Oh, na klar», gähnte Jacques. «Der große Calvino. Mozarts guter Zuarbeiter.»

«Mozarts?», fragte ich und kostete schon vom möglichen Triumph. Jacques wusste nicht nur nicht, wer Italo Calvino war, sondern verwechselte ihn auch noch mit irgendeinem von Mozarts Mitarbeitern, von dem ich nie gehört hatte oder den er erfunden hatte, um wie immer das letzte Wort zu behalten. Normalerweise hätte ich das Thema ruhen lassen, hätte darauf verzichtet, ihn auf seinen Irrtum oder seine Lüge hinzuweisen, doch an diesem Tag war ich komplett Quijote oder sehr betrunken. «Calvino war ein Schriftsteller des vorigen Jahrhunderts.»

Jacques starrte mich herausfordernd an, und sein Grinsen wurde immer breiter. Ich ließ mich nicht einschüchtern und grinste zurück. Da legte er eine Hand auf meine Schulter und sagte:

«Italo Calvino hat eine Ergänzung für die Bühne von Mozarts unvollendetem Singspiel *Zaide* geschrieben. Es war der große Erfolg bei den Opernfestspielen 1980. Großer Calvino.»

Er gab mir zwei Klapse auf die Schulter und trollte sich, um sich noch weitere Sachen im Laden anzusehen.

Es wunderte mich nicht, dass Calvino mit Mozart getanzt hatte; so wie es mich auch nicht gewundert hatte, als Perec mir erzählte, dass Julio Cortázar sich vor seinem Tod den zweiten Satz von Mozarts Klarinettenkonzert gewünscht hatte; oder dass Ernst Theodor Wilhelm Hoffmann seinen Wilhelm abgelegt und zu Mozarts Ehren durch Amadeus ersetzt hatte und so zum berühmten E.T.A. Hoffmann geworden war. Es wunderte mich nicht, dass Autoren, ob seichte oder tiefe, einen besonderen Zugang zu Mozart besaßen. Doch die demütigende Scham über mein einfältiges und voreiliges Gewinnergrinsen trieb mir soeben die Freude am Wundern gründlich aus.

«Hast du gesehen?», fragte Julia.

«Was?»

«Er hat den Arm bewegt», sagte sie todernst und zeigte, ohne mich anzusehen, auf die Rüstung.

Ich schenkte ihr ein dankbares Lächeln. Eine liebenswürdige Stille legte sich über den Moment. Sie hielt aber nicht lang; ein sanfter Stoß an meinem Arm riss mich heraus. Ich sah den Knauf, den Jacques mir hinhielt, und ohne nachzudenken ergriff ich ihn und drehte mich gleichzeitig um. Ich sah mich mit einem breiten Schwert auf Jacques' Brust zielen. Seine Augen waren zwei glühende Kohlen.

«Na los, Kleiner», flüsterte er und breitete die Arme aus, «stoß zu, durchbohre das Fleisch, nimm meinen Platz ein. Irgendwann wirst du es tun müssen.»

Ich dachte an die Wespe auf Julias Lippe.

Die Verkäuferin eilte alarmiert herbei und forderte uns zum zweiten Mal auf, nicht die Waren anzufassen und schon gar nicht damit zu spielen. Jacques entzog sich der eisernen Spitze mit einer eleganten Pirouette, mit einer weiteren war er an meiner Seite und entriss mir das Schwert. Geschmeidig schritt er zu der Vitrine, aus der er es herausgenommen hatte, bückte sich und legte es an seinen Platz zurück. Als er sich wieder aufrichtete, griff er im Umdrehen nach einer Figur, ohne dass die Verkäuferin etwas davon bemerkte, und schon war er wieder bei mir. Das neue Gewicht in meinem Rucksack sagte mir, dass er mich zum Komplizen gemacht hatte. Mit einem Kopfnicken verabschiedete er sich von der Verkäuferin und ging pfeifend hinaus. Julia hielt meine Hand fest, die das gestohlene Teil zurücklegen wollte.

«Sie hätten dich für den Dieb gehalten», sagte sie draußen und zündete sich eine Zigarette an. Ich schaute mir den Gegenstand in meinem Rucksack an; es war ein schuppiger Keramikdrache.

Ich würde auf der Polizeiwache landen, verurteilt im Gefängnis sitzen. «Der hat das Gebetbuch gestohlen», würde der Priester sagen. «Der hat die Figur gestohlen», würde die Verkäuferin sagen. «Er hat versucht, mich umzubringen», würde Jacques sagen. Das waren keine Spinnereien, das war die schreckliche Wahrheit, die mir den Magen umdrehte.

«Schuldig!», rief eine Stimme auf der Straße. Entsetzt blieb ich stehen, und mein Herzschlag setzte aus. Jacques und Julia blieben ebenfalls stehen. Wir standen vor dem hohen, viereckigen Turm des alten Rathauses mit seiner Uhr und seinen vier Fahnen an jeder Ecke.

«Schuldig», sagte der Touristenführer noch einmal zu seiner Gruppe, die hinaufschaute. «Dutzende von Kindern auf den Scheiterhaufen gebracht.»

Er erzählte die Geschichte von Jakob Koller, dem Zauberer Jackl. Einem Jungen, der 1675 des Diebstahls und Schadenzaubers angeklagt wurde. Nachdem seine Mutter ihn unter der Folter verraten hatte, sollte ihm der Prozess gemacht werden. Der Junge verschwand, seine Verfolgung wurde aufgenommen, er wurde für tot erklärt, sein Tod wurde geleugnet. Es gingen Gerüchte von einer Bruderschaft von Jackl angeführter Zauberer. Ihr wurden Raubüberfälle und rätselhafte Morde angelastet.

Jacques hörte versonnen und verzaubert zu.

Die Behörden bekamen Jackl nie zu fassen; aber während der folgenden sechs Jahre wurden zweihundert Personen angeklagt und zum Tode verurteilt: Landstreicher, geistig Zurückgebliebene, Bettler, Diebe und Prostituierte, die der satanischen Bruderschaft anzugehören schworen, nachdem sie den schrecklichsten Foltern unterzogen worden waren. Ein Drittel der Beschuldigten war jünger als sechzehn Jahre.

«Es heißt», fuhr der Touristenführer fort, «die Geister der ermordeten Kinder wehten immer noch durch diese Straßen. Es gibt Fußgänger, die behaupten, von körperlosen Wesen geschlagen worden zu sein.»

Jacques stieß mit der Fußspitze an die Wade einer Frau aus der Gruppe. Die Frau machte einen Satz nach vorn, stieß einen erstickten Schrei aus und schaute erschrocken hinter sich. Da war niemand. Jacques spazierte längst durch die Getreidegasse. Wir hinterher.

«Das war eine herrliche Geschichte», sagte er, als wir ihn eingeholt hatten; er ging mit den Händen in den Hosentaschen. «Aber jetzt brauchen wir Bier.»

Ich sagte mir, Jacques habe die Touristengruppe nur deshalb verlassen, weil er es nicht ertrug, dass ein anderer als er im Mittelpunkt stand. Und als wollte er meine Hypothese bestätigen, begann Jacques auf unserem Weg zu erzählen, wobei er den zugewandt-professionellen Ton des Touristenführers imitierte, dass ein paar Jahre nach Mozarts Tod ein Salzburg-Führer erschienen war, in dem detailliert die Länge und Breite der Straße beschrieben wurde, durch die wir gerade gingen. Ebenso wurden darin die wichtigsten Gebäude und ihre architektonischen Besonderheiten erwähnt.

Er nannte uns die Namen von berühmten Einwohnern, die in dieser Straße gewohnt hatten.

«Dies große gelbe Haus, Getreidegasse Nr. 9», sagte er und konnte mit großer deutender Geste die Aufmerksamkeit einiger Fußgänger auf sich ziehen, «in dem Mozart geboren wurde und die ersten fünfzehn Jahre seines Lebens verbracht hat, wird von Lorenz Hübner, dem Verfasser dieses Stadtführers, nicht erwähnt. Und nicht nur das; der hervorragendste Name dieser Stadt, der einzige, der auf den Seiten dieses Buches nicht fehlen durfte, glänzt durch Abwesenheit. Nach Mozarts Tod gab es in Salzburg weder eine Totenfeier noch eine Gedenkveranstaltung, gerade mal eine von einer anderen abgeschriebene Todesanzeige in einer Grazer Zeitung.»

Wir betraten den SPAR-Supermarkt, der sich im Erdgeschoss dieses Gebäudes befindet. Wir kauften Käse, Wurst, Brot, zwei Flaschen billigen Wein und Bier. Wir bezahlten alles mit Ausnahme eines Apfels, den Jacques mir in den Rucksack steckte, ohne dass ich es merkte. Draußen nahmen wir die kurze Straße, die zum Fluss führt, überquerten die Brücke, machten drei Dosen Bier auf und gingen trinkend und plaudernd flussaufwärts den Uferweg entlang und ließen die Altstadt hinter uns.

Links von uns erstreckte sich ein großer Park. Im späten Nachmittagslicht warfen Bäume, Fußgänger und Reklameschilder lange Schatten.

«Stellt euch vor, wir würden verfolgt, weil man uns für eine Bande hält, die mit dem Teufel im Bunde ist», sagte Jacques. «Stell dir vor, Vian, man würde dich fangen und foltern.»

«Warum mich?»

«Würdest du Julia verraten, um weiterer Folter zu entgehen?» Ich dachte, ja, unglücklicherweise würde ich den

Schmerz nicht ertragen, ich war kein Held; an Leib und Seele versehrt, würde ich Julia und Jacques und jeden, den diese unseligen Folterknechte von mir verlangten, verraten. Ich dachte auch, dass die Frage eine ehrliche Antwort verdiente.

«Nein», antwortete ich im Brustton der Überzeugung. «Vorher stürbe ich.»

«Oh», rief Julia und blieb ganz ernst, «ein fahrender Ritter.»

Ich trank den Rest meines Bieres in einem Zug leer.

Wir kamen an eine breite Brücke mit einer länglichen Zementbarriere in der Mitte, auf der Pärchen und Gruppen Jugendlicher saßen, tranken und sich unterhielten. Wir suchten uns einen freien Platz und warteten wie die anderen auf den Sonnenuntergang. Julia öffnete die erste Flasche Wein, Jacques packte das Essen aus, ich verstaute die leeren Bierdosen in meinem Rucksack, um sie später in eine Mülltonne zu werfen, und entdeckte den Apfel. Ich zuckte zurück, warf ihm einen vorwurfsvollen Blick zu, er tat so, als sei er nicht gemeint. «Der hat im Supermarkt den Apfel gestohlen», würde die Verkäuferin aussagen. Wir aßen Käse und Brot, zogen die Haut von der Wurst und schnitten sie in Stücke, die wir uns in den Mund steckten. Die Flasche Wein, von Jacques verwaltet, ging immer von Julias Lippen zu Jacques' und zuletzt zu meinen, um dann wieder die neue Runde zu machen. Jacques rann immer ein rotes Fädchen aus dem Mundwinkel, wenn er trank. Ein Fädchen wie Blut. Irgendwo wurde Marihuana geraucht, und der Qualm des Joints wehte bis zu uns herüber. Wir öffneten die zweite Flasche. Der Himmel wurde rot, dann violett, tiefblau. Dunkelheit. Jacques brach den Apfel mit den Händen in zwei Hälften und begann, eine davon zu essen. Julia und ich teilten uns die andere. Die fernen Lichter der Stadt tanzten auf dem unruhigen Spiegel des Flusses. Der Wein ging zu Ende, bei der letzten Runde trank Julia und gab die Flasche schnell an mich weiter, bevor Jacques sie sich schnappen konnte. Ich setzte sie an die Lippen, trank küssend.

Was kam dann? Bruchstücke von Szenen. Julia lachend. Jacques, der mir auf den Rücken klopfte. Aus einer anderen Gruppe kam einer und teilte eine Flasche Schnaps mit uns. Wörter, Lachen. Hinter uns die Brücke. Der dunkle Park zu meiner Rechten. Die Lichter tanzten auf dem Fluss und in meinem Kopf. Ich ließ die Suppe raus, wie wir in Mexiko sagen, ließ meiner Zunge die Zügel schießen. Ich sprach von meinen Raben, von der leuchtenden Zuflucht, meinem Trost in Farben (erwähnte ich dabei Julias Haar?), meiner Furcht vor Spinnen, der beeindruckenden Festung und dem festungsgleichen Willen meines Vaters. Ich deklamierte Verse von Pizarnik, Villaurrutia, Parra und auch von Sor Juana, der Dichterin, aber niemals Muse. Später, nach dem Kater, würde das schlechte Gewissen kommen und die Scham darüber, meine Seele entblößt zu haben. Doch solange das alkoholisierte Delirium andauerte, stand ich im Scheinwerferlicht auf der Bühne, vergiftet vom lustvollen Auftritt und dem Applaus meines zweiköpfigen Publikums: Jacques und Julia, Julia und Jacques. Ich sang die Masetto-Arie. Das Rauschen des Flusses war ein nicht enden wollender Applaus, die roten, grünen, weißen, gelben Lichter auf seinem Wasser waren Blumensträuße, die mir die Stadt für meine unvergleichliche Darbietung auf die Bühne warf. Julia und Jacques lachten und flüsterten miteinander. Später wäre ihr Lachen in meiner Erinnerung der reine Spott, das glitzernde Licht auf dem Wasser verächtlich hingespuckt und das Rauschen des Flusses ein beleidigendes Gebuhe. Doch als wir in die Stadt zurückgingen und an der Bushaltestelle vorbeikamen, an der ich ausgestiegen war, um erstmals Salzburg zu betreten, da schritt ich frei, fröhlich, riesengroß dahin und streckte der Burg, die mich mit ihrem roten Auge beobachtete, die Zunge heraus.

Ein langer, spitzer, wogender, misstönender Schrei ließ uns innehalten. Die Leute an der Haltestelle schauten verblüfft geradeaus.

«Seht euch das an!», rief Jacques.

«Wie wunderbar», sagte Julia.

«Das ist die Verrückte, die singt», sagte ich, als spräche ich von einer Tante oder einer alten Bekannten.

Wir standen ganz in ihrer Nähe. Ihr improvisierter Auftritt war beendet. Wir drei waren die Einzigen, die applaudierten, und der Stille an der Bushaltestelle folgte ein grölendes, gemeines Lachen. Drei Jugendliche mit rasierten Köpfen zeigten auf die Sängerin und machten sich über sie lustig. Sie bedankte sich, wie ich es schon früher von ihr gesehen hatte, doch als sie ging, fehlte das Lächeln auf ihren Lippen. Die Typen lachten immer noch und trampelten vor Vergnügen. Mir kochte das Blut. Ich hob einen langen Zweig von der Erde auf. Schuld daran waren Don Quijote und der Wein und das Bier und meine Dame Julia, die neben mir in der Wärme ihrer Farben erstrahlte.

«Fliehet nicht, feige, niederträchtige Geschöpfe; denn ein Ritter allein ist es, der euch angreift», rief ich die Worte des Ritters von der traurigen Gestalt, die ich Perec am Morgen vorgelesen hatte, und stürmte auf die Glatzen los, die beim Anblick des wütenden Zwergs, der ihnen entgegenstürzte, zwei Schritte zurückwichen und zu lachen aufhörten.

Das Ungestüm meines Angriffs verpuffte in der Luft. Sie entwaffneten mich ohne Mühe. Der erste Schlag traf mich in den Magen.

13

$\mathcal{I}$ch wurde vom blassen Morgenlicht geweckt. Feuer in
meinen Augen, Hämmern im Kopf, wogende Wellen in
meinem Magen. Verwirrt schaute ich auf weiße Wände, einen
Schrank aus dunklem Holz, einen ausgeschalteten Fernseher,
zwei Nachtschränkchen, ein Glas Wasser. Wo war ich? Wie
spät war es? Von der Decke hing ein schlichter Leuchter mit
acht Armen aus dunklem Metall, eine elektrische Kerze auf
jedem. Ein Kälteschauer schüttelte mich. Eine feuerbrüns-
tige Spinne, sagte ich mir, die mich in ihrem Netz gefangen
hat und sich daran ergötzt, diese Sadistin, ihre Beute zappeln zu lassen. Ich schloss die Augen und schlief wieder ein.
Rasende, ineinander übergehende Bilder verdichteten sich
zu Angstträumen. Jacques und Julia, die schwarze Katze aus
dem Garten, Wespen, die über die Ufer tretende Salzach, ein
Apfel, der nichts anderes als die Liebe war. Ich schlug die Augen auf und sah in Jacques' Gesicht.

«Das Einzige, was du und ich gemeinsam haben, Kleiner»,
sagte er mit kaltem, spöttischem Lächeln, «ist die Einsamkeit. Und wir sind, wie alle da draußen, lebende Leichen,
deren Zeit noch nicht ganz abgelaufen ist. Obwohl es mit
deiner gestern beinahe zu Ende gegangen wäre, wenn Julia
nicht so laut geschrien und du nicht so weit gekotzt hättest.
Am Ende hast du bloß ein paar harmlose Hiebe abbekom-
men.»

«Und wo warst du?», fragte ich mit heiserer Stimme und
auch etwas verbittert.

«Ich habe deine Kühnheit von der Tribüne der anderen
Straßenseite aus bewundert.»

«Wo ist Julia?»

Ich versuchte, den Kopf zu heben, doch der Mahlstrom drückte ihn wieder in die Kissen.

«Sie ist ins Theater gegangen. Wir mussten dich in unsere Wohnung schleppen.»

Eine lange Stille folgte. Ich erinnerte mich an meinen ungebremsten Redeschwall, die preisgegebenen Vertraulichkeiten. Mir war immer noch schwindelig, und die Arme des Leuchters hinter Jacques' Gesicht schwankten hin und her.

«Danke, dass ihr mich hergebracht habt. Ich gehe gleich.»

«Sachte, Kleiner, du brauchst noch Ruhe. Ich bin hier und kümmere mich um dich», rief er in krankenschwesterlichem Ton.

«Und was muss ich dir geben für deine Großmütigkeit?», fragte ich wütend und hatte ob meiner Grobheit sofort ein schlechtes Gewissen.

«Oh ...!», rief Jacques herablassend. «Eine Nacht ist doch nicht der Rede wert. Julia wird später vorbeikommen und nach dir sehen. Dein bedauernswerter Zustand ist keine Folge der Prügel, sondern nur deines gewaltigen Katers. Schlaf jetzt, ruh dich aus.» Er kraulte mir das verschwitzte Haar, als wäre ich ein Hund. «Ruf mich, wenn du was brauchst.»

In der anderen Hand hielt er den Comic von Bilal. Ich war zu schwach, um ihm vorzuhalten, in meinen Sachen gewühlt zu haben. Er legte das Heft auf einen Stuhl, ging zum Schrank und nahm eine blaue Leinenjacke heraus. Drinnen sah ich einen roten Rock hängen. Jacques folgte meinem Blick.

«Eine Haut aus einer anderen Zeit», sagte er und hob einen Rockärmel hoch. «Ein Teil vom Amadeus-Kostüm, das ich mitgenommen habe, als man mich gefeuert hat. Ich weiß auch nicht, warum ich es noch mit mir herumschleppe. Irgendwann werde ich es verbrennen.»

Er ließ den Ärmel sinken und ging pfeifend hinaus. Ich schloss die Augen. In meinem Kopf drehte sich alles wie ein Wirbelwind, der durch meine Gedanken wehte, wie durch die Wipfel von Bäumen in einer weiten grünen, raunenden Landschaft. Überall waren offene Gräber. Meine Mutter tanzte. Ich rief ihren Namen, doch schon hatte mich mein Traum woandershin entführt, auf die Bühne, auf der die als Teufel kostümierten Tänzer tanzten. Ich wachte auf.

Julia saß im Lotossitz auf dem Stuhl. Das Comic-Heft lag auf ihren Beinen, und sie malte mit Buntstiften etwas hinein. Ich beobachtete sie, ohne mich zu rühren. Mein Schwindelgefühl, das galoppierende Kopfweh und meine schmerzenden Rippen kümmerten mich nicht. Das durchs Fenster fallende Licht schien um Julia herum in einem besonderen Glanz zu erstrahlen. Ich war ganz in ihren Anblick versunken, streichelte mit meinen Augen die ihren, ihre Lippen, die samtene Haut ihrer Wangen. Der winzige Flaum auf ihrer Haut war im Licht deutlich zu sehen. Sie malte mit zusammengekniffenen Augen, leicht geöffneten Lippen, die Haut umrahmt von leuchtendem Flaum. Waren die Gelbtöne in ihrem Haar dunkler geworden, das Rot kräftiger? Eine leichte Veränderung des Lichts lenkte mich ab, ich wandte den Kopf. Im Fernseher lief der Film *Blade Runner* ohne Ton. Ich wollte etwas sagen, doch meine trockene Zunge löste sich nicht vom Gaumen. Ich hob den Kopf ein wenig an, streckte die Hand nach dem Wasserglas aus. Julia kam mir zuvor und hielt es mir an die Lippen.

«Wie geht es dir, Vian?»

«Verzeih mir, Julia, ich habe mich gestern wie ein Idiot aufgeführt ... ich weiß nicht, wie das passieren konnte ... normalerweise bin ich ...»

«Aber was redest du denn da?» Sie strich mir rasch übers

Haar. «Du warst großartig. Und das Beste war, dass wir dich wegschaffen konnten, bevor die Polizei kam.»

Ich setzte mich auf, nahm ihre Hand und dankte ihr mit einem langen Händedruck. Sie entzog dem Dankesdruck ihre Finger und sagte, sie habe nicht viel Zeit, sie müsse zurück ins Theater. Sie erzählte mir, wie die Probe gewesen war. Die Tchenova hatte sich anscheinend lautstark über einen der Kostümbildner beschwert, und Julia fürchtete schon, dass man ihn entlassen könnte. Zum Glück blieb es bei einem hitzigen Wortgefecht ohne Folgen. Die Diva war schwierig; aber sie sang wie ein Engel. Jacques konnte sie nicht ausstehen, und das Ganze hatte ihm die Laune verdorben, doch nur Julia merkte es. Sie schwieg. Dann schnaubte sie durch die Nase, als wollte sie einen düsteren Gedanken loswerden.

«Ich muss jetzt gehen, du kannst noch bleiben, wir sehen uns später bei der Probe», ihrem Gemurmel folgte ein warmer Atem, in dem ich grünen Tee roch, Tabak und etwas, das wohl einfach nur der Geruch ihres Mundes war.

Ich stieg aus dem Bett und stellte mich neben sie, und um ihr Gehen noch hinauszuzögern, fragte ich, was sie da ins Comic-Heft zeichne. Erst jetzt wurde ihr klar, dass es mir gehörte, und sie entschuldigte sich, das habe sie nicht gewusst. Ich sagte, das mache nichts, und daraufhin zeigte sie mir das bunte Haar einer der Figuren. In drei Bildkästen hatte sie es farbig angemalt. Sie gab mir das Heft und deutete auf den Fernseher:

«Das ist die Szene, in der Pris sich als mechanische Puppe verstellt.» Sie hielt den Film an und stellte den Fernseher aus. «Kurz darauf wird sie von Deckard getötet.»

Ihre Miene verdüsterte sich, langsam schloss sie die Schranktür, die Jacques offen gelassen hatte, als schließe sie einen Sarg. Tief im Schrank sah ich etwas, das aussah wie eine geprügelte graue Katze.

«Und das da?», fragte ich.

«Die alte Perücke, die Jacques trug, als er den Amadeus spielte. Den Rock hat er auch mitgehen lassen.»

«Ja, das hat er mir erzählt.» Ich war eifersüchtig und hatte plötzlich den Eindruck, diese beiden Replikanten verbinde etwas, das viel tiefer ging und vielleicht auch kränker war, als ich mir vorstellte. Schliefen sie zusammen in dem Bett, in dem ich gelegen hatte? Ich sah wieder zu dem Spinnenleuchter hinauf, und ein kalter Schauer rann mir über den Rücken. «Ich gehe mit dir, Julia. Ich gehe nach Hause.»

Trotz meines Schwindel- und Übelkeitsgefühls wollte ich dennoch nicht allein dort zurückbleiben. Ich fürchtete, dunkle Geheimnisse zu entdecken, Hinweise auf eine kranke Beziehung, Spuren von Laster und Missbrauch, willentlicher Unterwerfung. Julia ging ins Bad. Ich ging ins Nebenzimmer, die Schreibtischlampe brannte. Ich schaltete sie vorsichtig aus, als berührte ich ein scharfes Schwert. Es gab ein Schlafsofa mit zerwühlten Decken darauf; über einen Sessel an der gegenüberliegenden Wand war ein verknittertes Laken geworfen. Sie schliefen also nicht zusammen. An den Wänden hingen drei nicht sehr gelungene Gemälde und ein schlankes Kruzifix aus hellem Holz. Die Zimmerecken waren gerundet und verliehen der Wohnung die Atmosphäre einer gemütlichen Höhle. Keine Spur von Laster oder Dekadenz. Im Gegenteil. Ärgerlicherweise fühlte ich mich ganz wohl in dieser einfachen Umgebung, jedoch verblüfft, erschrocken beinahe, keinen einzigen Hinweis auf abnormes Tun zu finden, wie ich es mir vorgestellt hatte. Das dritte Zimmer war eine schmale längliche Küche direkt neben der Wohnungstür, in der zwei fettige Pfannen herumstanden und neben dem Abwaschbecken mehrere schmutzige Teller. In der Mitte stand wie ein großes schweres Tier ein grober Holztisch, auf dem sich ein Korb mit Obst und eine halbvolle Weinflasche befanden. Daneben lagen zwei Bücher: *Dichtungen* von Pablo Neruda und eine Broschüre in rotem Umschlag mit dem Titel: *Diabolische Geschöpfe*. Ich blätterte darin; es war voller Ungeheuer, Dämonen und Spinnenfrauen in Schwarzweiß von Doré, Rendón, Grandville und Johannot. Auf der ersten Seite war *Der Schlaf der Vernunft gebiert Ungeheuer* von Goya abgebildet.

Als Julia aus dem Bad kam, fragte sie, ob sie den Bilal-Comic noch eine Weile behalten dürfe. Ich bejahte das sofort und schlug ihr vor, wenn sie die Haare sämtlicher Figuren im Heft koloriert hätte, könne sie ja mit Amadeus' Perücke im Schrank weitermachen. Sie lächelte mich an, und ich glaubte, Zärtlichkeit in ihren glänzenden Augen zu sehen.

Und da wurde mir klar, dass es keine Rettung für mich gab, dass ich – passiere, was wolle – mich mit Haut und Haar diesem Gefühl ausliefern würde, das unter der dünnen Kruste meines Daseins brannte. Julia wäre mein Verderben oder Strahlenkranz. Ob ich sie eroberte oder nicht, war irrelevant; in beiden Fällen existierte der unweigerliche Schmerz, mit dem ich die Stadt Mozarts am Ende des Sommers hinter mir lassen würde, der spitze Stachel, der mir von diesen Tagen in Erinnerung bliebe. Nein, ich musste sie nicht erobern; es reichte mir, sie zu lieben. In meinem Traum war die Liebe ein Apfel gewesen, und ich würde hineinbeißen, auch wenn ein Wurm darin wohnte.

Wir traten hinaus auf die Straße, und das Tageslicht brannte in meinen Augen und ließ das Hämmern in meinem Kopf wiederaufleben, doch mein Herz tanzte. Wir verabschiedeten uns mit zwei Wangenküssen, von denen einer –

kurz und flüchtig – nahe an meinem Mundwinkel landete. Er ließ eine winzige Speichelspur zurück. Mit der Zungenspitze holte ich sie mir in den Mund.

14

*I*ch fühlte mich immer noch zerschlagen, obwohl ich im Haus der Obelisken zwei Stunden geschlafen und kalt geduscht hatte. Ich war auch nicht mehr so überzeugt davon, dass der Glanz, den ich in Julias Augen wahrgenommen hatte, ein Ausdruck von Zärtlichkeit gewesen war. Nichts hinderte mich, festzustellen, dass Mitleid wahrscheinlicher war. Wie leicht waren diese beiden Gesichtsausdrücke zu verwechseln! Armes Dummerchen, wird sie gedacht haben. Das machte aber nichts; ich hatte mich entschieden, in diesen Apfel zu beißen, auch wenn ich den darin wohnenden Wurm mitessen müsste. Etwas Dringenderes machte mir Sorgen. Ich hatte nachgerechnet und nicht genug Geld beisammen, um die Vorausmiete für Perec zu bezahlen. Ich würde im Theater um einen Vorschuss bitten müssen. Das war mir sehr unangenehm, doch eine andere Lösung sah ich nicht. Ich legte zwei frische Salatblätter für Nooteboom heraus und machte mich auf den Weg zur Probe.

Befremdet stellte ich fest, dass man in den Straßen wieder auf mich zeigte. Ich fürchtete, der Vorfall der vergangenen Nacht sei gefilmt worden und zirkuliere jetzt im Internet. Erschrocken beschleunigte ich meine Schritte. Polizisten ging ich aus dem Weg. Im Theater grinsten mich Künstler aus anderen Produktionen an, als würden sie jemand sehen, der sich als eine bekannte Comicfigur verkleidet hat, und die Festspielarbeiter grüßten mich vergnügt, als wäre ich das Maskottchen ihres Lieblingsvereins. Mir kam sogar vor, die eindrucksvolle Präsidentin der Festspiele, die mir im Flur begegnete, schenke mir ein warmes Lächeln. Mein Puls schnellte nach oben, Beklemmung machte sich breit.

«Zelig hat wieder zugeschlagen», sagte ein Komparse im Umkleideraum. Die anderen lachten. Ich zuckte die Achseln, als kümmerte mich nicht, was die Zeitungen wieder brachten, was immer es war. Doch ich brannte vor Neugier. Ich genoss die Aufmerksamkeit.

«Ist er das, Mozart?», hörte ich Dorothea Röschmann fragen, als ich an ihr vorbeiging. Was hatte Mozart mit der nächtlichen Prügelei zu tun?

«Mieser Hochstapler!», spie Jacques mir entgegen, sobald er mich erblickte, und zog davon, bevor ich ihn irgendwas fragen konnte. Ich verstand nichts. Warum war ich der Letzte, der erfuhr, was in meinem Leben – außerhalb meiner inneren Stürme – passierte?

«Hallo, Vian», begrüßte mich Julia lächelnd, und ich errötete bis hinter den Ohren. «Wie fühlst du dich?»

Ich sagte, gut, und dankte ihr dafür, dass sie mich besucht hatte. Bevor ich sie fragen konnte, was eigentlich los war, trat Carrie-Ann, die Pianistin, zu uns.

«Gibst du mir ein Autogramm?», fragte sie in verschmitzt freundlichem Ton und zeigte mir den Grund für all die unerwartete Aufmerksamkeit.

«Tschüs, Wolfie», verabschiedete sich Julia.

Ich war wieder in der Zeitung.

Da stand ich zwischen Schuff und Cecilia Bartoli, angetan mit rotem Rock und Rokokoperücke, und schaute mit gewichtiger Miene in die Linse des Fotografen, der das Bild aufgenommen hatte. «Schuff und Bartoli unterhalten sich mit Mozart», stand unter dem Foto. Es stimmte, dass mein düsteres Gesicht mit der klobigen Nase hinter Schuffs Zigarettenqualm ein wenig an Mozart erinnerte. Zumindest dem bekannten Porträt, das Barbara Krafft viele Jahre nach seinem Tod gemalt hatte. Doch mehr als mein Gesicht waren es die Perücke, der Rock und meine Körpergröße, die an den Komponisten denken ließen. Niemand wäre es in den Sinn gekommen, zu behaupten, ich hätte Ähnlichkeit mit Mozart. Na, es würde schon vorbeigehen, ich würde schon wieder in die Anonymität zurücksinken. Der hohlen und flüchtigen Freude über diese zeitweilige Anerkennung würden bald schon die Leere und Enttäuschung folgen, die jeder unverdiente Ruhm im Vorbeieilen hinterlässt. An diesem Vormittag jedoch würde ich noch ein wenig Aufmerksamkeit erregen. Das genoss ich. Man nannte mich Mozart!

«Ich hoffe, das Warten ist für Mozart nicht unzumutbar», sagte Schuff mit beflissener Ironie, als er in der Cafeteria auftauchte, in der wir Komparsen gewöhnlich warteten und warteten.

«Manchmal glaube ich», antwortete ich, all meinen Mut zusammennehmend, «dass man uns nicht für das bezahlt, was wir auf der Bühne tun, sondern fürs stundenlange Warten.»

«Schon gut», sagte Schuff und hob seinen *Caffè Latte* an den Schnauzbart, «dann also an die Arbeit.»

In der Pause suchte ich den Darstellerbeauftragten. Ich fand ihn im Halbdunkel der Requisitenkammer, wo er Namen in einen Schreibblock notierte. Ich hatte das Gefühl, jemand sei mir gefolgt, und ich schaute mich um, doch wir waren allein. Er machte ebenfalls eine witzige Bemerkung über Mozart. In unser Lachen hinein fragte ich ihn, ob man mir die Bezahlung der kommenden Wochen vorstrecken könne. Und wieder hatte ich das Gefühl, jemand treibe sich im Halbdunkel herum. Der Beauftragte lachte immer noch und sagte, ich sei wohl immer zu Scherzen aufgelegt. Ich antwortete, das sei kein Scherz. Seine vorhersehbare Ablehnung überraschte mich ebenso wenig wie mein schon vorweg empfundener Verdruss darüber. Den Blick auf seine Notizen gerichtet, schlurfte er lachend davon. Aus dem Dunkel der Kulissen lösten sich zwei Schatten.

«Geldprobleme?», fragte Jacques und strich sich über den Handrücken, als wäre es der Rücken einer Katze.

«Hör nicht auf ihn», flüsterte Julia, als sie an mir vorbeiging und eine Handvoll Konfetti vom Requisitentisch nahm.

Stotternd verneinte ich, doch Jacques schnitt mir die Worte ab und unterbrach mich mit einem Vorschlag: Ich sollte am Abend mit ihnen ins Casino gehen.

«Wenn du verlierst, kann es nicht viel sein», sagte er, immer noch seinen Handrücken streichelnd. «Wenn aber das Glück, dieses scheue Eichhörnchen, zu dir kommt, ist dein Problem gelöst, und du kannst aufhören, dich wie ein Verlierer zu fühlen. Also um acht vor dem Casino.»

Ich hätte ihn am liebsten geohrfeigt, weil er mich Verlierer genannt hatte. Und ihn umarmt, weil er mir einen Abend mit Julia organisiert hatte. Ich kam jedoch zu dem Schluss, dass ich besser nicht hinging. Wenn mein Vater davon erfuhr! Ich wollte antworten, ich sei noch nicht sicher, ob ich käme, eigentlich hätte ich gar keine Probleme …

«Geh nicht hin», sagte Julia mit traurigem Lächeln, blies in die Hand und ließ die bunten Konfettipunkte in der Luft tanzen.

Ich schwöre, dass ich einen Moment lang die pointillistischen Umrisse eines Apfels vor den Schatten schweben sah, in denen Jacques und Julia sich verloren. Ich war Julias Sklave, der Sklave des Feuers, das sie in meinem Innern entfacht hatte. Wenn ihr Wille in diesen Tagen von Jacques abhängig war, dann würde es meiner ebenfalls sein. Ich rief hinter ihnen her, ich käme. Die Antwort war ein schwirrendes Kichern.

15

*I*ch kam pünktlich zur Verabredung. Ich trug den Anzug, den ich nie mehr zum Vorsingen anziehen würde. Jacques und Julia waren noch nicht da.

Auf dem Weg zum Casino war ich vor dem Mozart-Denkmal stehen geblieben, wie ein Torero vor einem Heiligenbildnis innehält. Ich bin nicht abergläubisch; aber es konnte nicht schaden, auf die Glückwünsche des Komponisten zu vertrauen, der zu Lebzeiten ein großer Spieler war ... Billardspieler. Wenn Mozart sich mit Freunden traf und die Karten auf den Tisch kamen, zog er offenbar ein Buch aus der Tasche und las, solange die anderen spielten. Ob er Karten spielte oder nicht, war unwichtig. Ich war hier, weil das umgekehrte Lesen seines Namens mir Freude machte, mir Begeisterung und Zuversicht gab.

«Wenn ich gewinne, bringe ich dir Blumen», versprach ich dem Denkmal. «Bringe mir Glück, Trazom.»

Eine halbe Stunde lief ich schon vor dem Casino auf und ab. Ich konnte mir nicht vorstellen, dass sie mich warten ließen, und dass sie überhaupt nicht kamen, schon gar nicht. Ich beschloss, noch zehn Minuten zu warten. Wenn sie bis dahin nicht kämen, würde ich allein den majestätischen Palast betreten. Ich war noch nie in einem Spielcasino gewesen, aber ich hatte Filme gesehen. Zuerst würde ich beobachten, das Spiel allmählich verstehen, und dann würde ich mein Glück versuchen. Ich hatte keine andere Wahl. Perecs Frau war deutlich gewesen: ohne Vorauszahlung keine Vermietung.

Die zehn Minuten vergingen, ich gewährte ihnen weitere zehn. Die beiden spielten mit mir, amüsierten sich auf meine Kosten. Ärger legte sich wie eine dunkle Wolke um mich. Der Apfel, der Apfel, sagte ich mir und hörte auf, mich als Opfer zu sehen.

Um neun war ich überzeugt, dass sie nicht mehr kamen. Entschlossen fasste ich die Revers meiner Jacke, zog sie nach unten, sodass sie glatt auf meinen hängenden Schultern saß, betrat das glänzende Foyer des Casinos, tauchte ein in den lärmenden Trubel aus Lachen, Lichtern, klappernden Jetons, ratternden Automaten und dem schnurrenden Kreisen des Rades beim Roulette.

Muss ich in allen Einzelheiten von meiner anfänglichen Verwirrung berichten, als ich durch die Gänge schlenderte; den beschämenden heimlichen Blicken, mit denen ich eine Stunde lang um die Spieltische strich, bevor ich auf dem Bänkchen am Black-Jack-Tisch Platz nahm; meiner Unruhe, als ich meine Geldscheine in harte Plastikchips umgetauscht sah; von meiner trunkenen Freude nach den ersten Gewinnen, gefolgt von wachsender Verzweiflung, als aus meinen vier zwergenhaften Chiptürmen erst drei, dann zwei, dann einer wurde? Nein, lieber erzähle ich, wie ein innerer Ruck, gleichsam ein kurzer Stromschlag in den Magen, mich meinem fatalen, dumpfen Wettzwang entriss und mich davor bewahrte, alles zu verlieren. Ich hörte rechtzeitig auf. Ich nahm mein winziges Türmchen, stieg von der Bank und schaute mich an den anderen Tischen und bei den anderen Spielern um. *Black Jack* war nicht der richtige Tisch für mich gewesen. Jetzt, während ich mich unruhig und wachsam vorwärtsbewegte, wie ein Schiff, das die Insel wählt, die es anlaufen will, um den Schatz zu finden, lenkte mich derselbe innere Ruck, der mich vor dem Verlieren bewahrt hatte, wie ein unfehlbarer Kompass zu dem Ort, an dem sich das Glücks-Eichhörnchen niedergelassen hatte. *Craps.* Ich nahm einen Platz am Würfeltisch ein.

Soll ich in allen Einzelheiten berichten, wie unbehaglich ich mich fühlte, als ich in dieses Spiel einstieg, dessen Regeln ich überhaupt nicht kannte; wie ich gewann, indem ich Jetons dahin warf, wo schon andere lagen, und sie auf diese Weise wieder verlor; wie die Croupiers mich zweimal zu mehr Aufmerksamkeit ermahnen mussten und wie ich errötete; wie beschämend langsam ich das Spiel lernte, bis ich endlich verstand, wie man beim Würfeln wettete? Nein, ich komme besser gleich zu dem Punkt, als ich nach einigen Verlusten und einigen Gewinnen, die den Stapel meiner Jetons nicht merklich veränderten, an die Reihe kam, selbst die Würfel zu werfen. Ich legte so viel Schwung in meinen Wurf, dass einer der Würfel über die Bande sprang und am Stöckelschuh einer sehr blonden Dame landete, die mir einen missbilligenden Blick zuwarf. Ich würfelte noch einmal, bekam acht Augen und auch ein wenig Applaus. Ich warf die Würfel ein ums andere Mal, und nach jedem Wurf wurde der Jubel ringsum lauter. Alle gewannen, und die missbilligende Miene der sehr blonden Dame wurde zu einem koketten Lächeln, das auf ihren sehr roten, sehr sinnlichen Lippen erblühte. Ich schüttelte Hände und schrie mit den anderen, wenn die Würfel irgendeine Kombination zeigten, die nicht die Sieben war. Am Ende warf ich wieder eine Acht, die Gewinne wurden geteilt, ich füllte mit meinen neuen Jetons zwei Rillen vor mir auf dem Tisch. Immer neue Spieler kamen, der Filz füllte sich mit Jetons. Die gierigen Blicke der Spieler verschlangen mich. Ich blies in die Hand, die zärtlich beide Würfel umfasste, und fiel in den Jubel der anderen Spieler ein, als ich die Neun würfelte. Eine Zahlenkombination nach der anderen gewann, wenn meine glückliche Hand sie warf. Der Spieltisch war ein Tollhaus. Mädchen brachten unentwegt Getränke, ich gab großzügige Trinkgelder. Wieder fiel die Neun, und der Tisch machte sich für eine weitere Runde bereit. Ich füllte meine Rillen, war nicht zu bremsen, alle jubelten mir zu. Ach, wäre Julia doch bloß gekommen und könnte mich sehen, wie ich gewinne und gefeiert werde, dachte ich. Jemand sagte, ich käme ihm bekannt vor, und ich bestätigte mit aufgesetzter Bescheidenheit, dass ich in der Produktion von *Don Giovanni* arbeitete und er mich wahrscheinlich im Fernsehen oder in der Zeitung gesehen hatte. Ein anderer rief, ja, natürlich, er kenne mein Gesicht aus den Fernsehnachrichten. Ein weiterer schrie, ich sei Mozart, und erwähnte das Foto in der Zeitung. Mein Lachen imitierte das törichte Gelächter von Formans *Amadeus*. Ich gab ein Autogramm und warf weitere Gewinnerwürfel.

«Was für eine Nacht!», rief ein schwitzender Mann mit rosigen Wangen begeistert. «Dieser Typ verliert nicht im Spiel, und beim Roulette habe ich einen gesehen, der zweimal hintereinander auf die Gewinnerzahl gesetzt hat.»

Die Bemerkung aktivierte den leichten Stromschlag in meinem Magen, doch ich wusste seinen Sinn nicht zu deuten.

Zu Beginn einer neuen Runde würfelte ich eine unerwünschte Drei. Bevor die Würfel in die Hand meiner Nachbarin weiterwanderten, bedachten die Umstehenden am Tisch mich mit schallendem Applaus. Aus reinem Vergnügen blieb ich noch am Tisch, gewann und verlor ein paar Chips. Meine Rillen waren gefüllt, drei Türme meiner Chips ragten am Tischrand auf, in meiner Hand befand sich eine weitere Rolle. Ich hatte nicht nur mein verlorenes Geld zurückgewonnen, in den nächsten Tagen konnte ich mir auch ein schönes Leben leisten. Ich würde meiner Schwester etwas kaufen, Julia in ein teures Restaurant einladen, unbekümmert im Triangel essen.

Als die Würfel wieder in meiner Hand landeten, gab es Beifall und großzügige Einsätze. Mein Wurf – eine schreckliche doppelte Sechs – erzeugte langsam abklingende enttäuschte Vokale. Der nächste Spieler verlor ebenfalls beim ersten Wurf. Mehrere Spieler wandten sich ab, weil sie wohl ahnten, dass das Eichhörnchen zu einem anderen Tisch gewandert war. Der innere Ruck wurde wieder spürbar, es war Zeit zum Rückzug. Ich beschloss, nur noch die Jetons zu spielen, die ich außerhalb der Rillen besaß. Nach einer Stunde hatte ich sie alle verloren und hätte beinahe das Signal zum Rückzug überhört. Ich stand schon im Begriff, ein paar Jetons der ersten Rille zu setzen, weil eine nicht zu widerlegende Logik mir sagte, dieser Einsatz sei nur dazu da, meinen Verlust auszugleichen, als die Vernunft Alarm schlug und meinen Arm zurückhielt.

Ich sammelte meine Jetons ein und ging zur Kasse, um sie zu wechseln.

Ich hatte gewonnen, mein Puls raste, und ich konnte nur mit Mühe den Opernschrei der Freude unterdrücken, der aus mir hervorbrechen wollte. Ich hatte gewonnen. Mir schmerzten die Wangen vor lauter Grinsen; das breite Lächeln dehnte meine Gesichtsmuskeln. Ich hatte gewonnen.

Auf dem Weg zur Kasse hätte ich mich beinahe verlaufen, und als ich am Roulettetisch vorbeikam, fiel mir ein, was der begeisterte Mann beim *Craps* gesagt hatte. Da wurde mir klar, dass das Eichhörnchen hierher umgezogen war. Die Göttin Fortuna, so lautete die Nachricht, erwartete mich beim Roulette.

Soll ich wirklich zeitaufwendig berichten, wie meine Jetons mir einer nach dem anderen durch die Finger rannen gleich Körnchen einer Sanduhr, bei der die Bank der untere und ich der obere, sich unaufhaltsam leerende Kolben war; wie ich nach einer qualvoll langen Zeit, in der weder Vernunft noch Stromstoß mich warnten, bei der Überprüfung meines Gewinns nur noch ein paar armselige Chips in meiner zitternden Hand vorfand? Nein. Es reicht, wenn ich sage, dass ein abgrundtiefer Hass seine giftigen Reißzähne in meine Brust schlug. Ich bekam kaum noch Luft, wollte jemand schlagen, das Mädchen würgen, das die Getränke servierte, das Casino in Brand setzen, Jacques umbringen. Er hatte mich hierhergebracht, mich in meine eigene Hölle geführt. Ich setzte meine restlichen Jetons auf die 18. Was sollte ich noch mit dem Geld? Besser ganz auf den Grund sinken, alles verlieren. Ich wollte gehen, bevor das Rad zum Stillstand kam. Dem Tisch den Rücken kehren und aufrecht davongehen, das Ergebnis verachtend meine Würde wahren. Wie groß ist die Wahrscheinlichkeit, dass die Elfenbeinkugel auf der gesetzten Zahl liegenbleibt? Eins zu sechsunddreißig. Da spürte ich wieder diesen Stromstoß im Magen, einen heftigeren Ruck diesmal, deutlicher spürbar als die anderen in dieser Nacht. Seine Strahlkraft blendete mich förmlich, ein langgezogener Ton überdeckte die anderen Geräusche im Casino, ein kurzer Schwindel erfasste mich, und ich musste mich an der Tischkante festhalten, um nicht hinzufallen,

und eine aufflammende Sekunde lang sah ich die Gewinn-
zahl vor mir. Es war nicht die 18.

«Die letzten Einsätze!», rief der Croupier.

Ich schob mein Häufchen rasch auf die Position der 23.
Mit brennenden Augen verfolgte ich, wie das Rad langsam
an Geschwindigkeit verlor; wie die Kugel ihre letzten Hüp-
fer über die roten, über die schwarzen Kästchen tat; wie sie
langsam und makellos ins Kästchen ihrer endgültigen Bestimmung fiel. Sechsunddreißigmal den Einsatz, das war
mehr, als ich in der ganzen Nacht gewonnen hatte. Ich hielt
mir mit schweißfeuchten Händen den Bauch an der Stelle,
wo ich den Ruck gespürt hatte, und brach in brüllendes Gelächter aus. Ich hatte alles auf die 18 gesetzt und im letzten
Augenblick auf die 23 geschoben. Die 14 gewann. Ich lachte
immer noch mein entgleistes Lachen, als ich aus dem Casino
nach draußen trat und der nächtliche Wind mir eine Ohrfeige gab und das bleiche Mondlicht mir in die Augen stach.

Die Raben krächzten.

Ich hatte gewonnen. Ich hatte nur nicht rechtzeitig aufgehört, das war alles. Aber ich hatte gewonnen, man hatte
mich bejubelt, ich hatte gewonnen. An diesen glorreichen
Augenblick musste sich meine Erinnerung klammern. Ich
hatte gewonnen. In die Erinnerung an die bunten Jetons in
meinen Händen musste ich mich ganz versenken. Unterwegs
wiederholte ich die drei Worte wie ein Mantra. Ich hatte gewonnen; ich hatte gewonnen. Ich sagte es mit zusammengebissenen Zähnen, bis sie knirschten. Ich hatte gewonnen. Ich
trat gegen alles, was mir vor die Füße kam, Dosen, Steine,
Pferdeäpfel. Ich hatte gewonnen. Und die geballten Fäuste
hatte ich tief in meinen leeren Hosentaschen vergraben.

Ich hatte gewonnen ...

16

*I*ch brauchte fast zwei Stunden bis zum Haus der Obelisken. Den Blick hielt ich stur auf die dunklen Umrisse der Berge gerichtet. Ich ging umfangen von einer morgendlichen Frische, die ich schon den ganzen Sommer gespürt hatte. Zu Hause zog ich mich aus und fiel in einen tiefen Schlaf, der nicht lange dauerte. Es war noch früher Morgen, als ich erwachte. Ich trat unter die Dusche, zog mich schnell an und begab mich nach draußen in die Straßen Salzburgs, die unter einer blauen, von milchigem Mondlicht durchbrochenen Decke lagen, welche von einem langsam heraufziehenden Sonnenorange fortgeschoben wurde. Die altehrwürdige Stadt begrüßte mich kühl und schweigend. Ich sah sie erwachen und sich nach und nach mit Besuchern füllen. Wachsende Hitze legte sich auf ihre Wege. Ich begrüßte meine Freunde, die Statuen. Blumen für Trazom hatte ich nicht dabei. Ich betrat den Mozartsteg. Mitten auf der Brücke glaubte ich, vom Anblick des hypnotischen Fließens der Salzach festgehalten zu werden, eingelullt von ihrem zornigen Gemurmel. Alles tat mir weh: Muskeln, Knochen, Nägel, Haare. Mich schmerzten der Schlaf und die Stimme meines Schattens. Mich schmerzte meine Kindheit, meine Jugend, mein Erwachsenwerden. Mich schmerzte das Morgen.

Als ich die Buchhandlung betrat, trank Perec Tee und las in einem Buch von Pessoa. Sein forschender Blick sah meine geröteten Augen, meine übernächtigte Miene und das bleiche Gesicht, und ich erklärte ihm unumwunden, dass ich das Geld für die Miete im Casino verloren hatte. So niedergeschlagen, wie Perec auf seinem Stuhl zusammensank, sah ich ihm an, dass das Urteil seiner Frau unwiderruflich war. Jedes weitere Verhandeln würde fruchtlos bleiben.

«Und, was machen wir jetzt?», fragte Perec und strich sich über den Bart. Er sah eindeutig besorgt aus. Ich beruhigte ihn mit einer Lüge; erzählte ihm, einer meiner Mitkomparsen habe mir Unterkunft in seiner Einzimmerwohnung angeboten, ein eigenes Zimmer wäre mir zwar lieber gewesen, doch angesichts der Umstände würde ich die Gastfreundschaft meines Kollegen wohl annehmen und während der mir in Salzburg verbleibenden Wochen sein Zimmer mit ihm teilen. Je länger ich mich über meine Lüge verbreitete, umso mehr beruhigte ich mich selbst damit, als enthielte diese Fiktion das hoffnungsvolle Körnchen einer noch nicht enthüllten Wahrheit und damit die Lösung meiner Probleme. Meine wachsende Sicherheit überzeugte auch Perec. Er bedauerte mein Pech im Casino und die Euros, die ihm durch die verunglückte Miete durch die Lappen gingen. Er bot mir Eistee an und tröstete sich damit, dass so seine Frau wenigstens das Zimmer des Sohnes unverändert lassen konnte. Unverändert und leer. Unverändert und nutzlos. Ich fragte mich, ob mein Problem am Ende eine Erleichterung für das Ehepaar war. Vielleicht hatte ich Perec sogar eine schwere Last von der Schulter genommen. Seine Lockerheit schien meinen Verdacht jedenfalls zu bestätigen. Es schmerzte mich, dass er derart schnell getröstet war. Ich dankte ihm für den Tee, den ich nicht austrank, und unter dem Vorwand einer Probe, die ich nicht hatte, verabschiedete ich mich. Bevor ich aus der Tür gehen konnte, legte Perec mir eine Hand auf die Schulter und sagte mit Nachdruck, ich könne stets auf ihn zählen, wenn ich etwas brauche. Seine Hand war nicht so schwer wie die Zugbrücke meines Vaters beim Vollführen der gleichen Geste. Perecs Hand war ein Seil, das etwas aus dem Brunnen zieht. Ich dankte ihm gerührt und ein wenig beschämt und ging.

Der große Tag der Eröffnung der Festspiele näherte sich.

Ich ging zur Bank von Herrn Wolfgang. Er war nicht da, ich setzte mich. Ein Vorübergehender steckte eine Münze in das rosige Porzellanschwein. Ich nahm mein Buch mit den Briefen Mozarts aus dem Rucksack, las ein paar Absätze aus den letzten, in denen er seine Freimaurerbrüder um Geld bittet, sich melancholisch fühlt, Kopf- und Zahnschmerzen hat. «Wenn die Leute in mein Herz sehen könnten, so müsste ich mich fast schämen», schreibt er. Mozart bittet um Geld, Mozart liebt, Mozart leidet, und doch macht er weiterhin Scherze, erscheint zu seinen Vorstellungen, bei Abendessen; Mozart lebt. Die Lösung meiner Probleme hieß Mozart, entschied ich ohne jede Logik und erhob mich von der Bank, bevor mich die Müdigkeit übermannte.

Wie ein Kind, das sich verlaufen hat, wanderte ich durch Salzburgs Straßen. Ich suchte nach Gründen, optimistisch zu bleiben, mich an eine Hoffnung zu klammern. Ich fand keine. Ich versuchte, welche zu erfinden; es fehlte mir an Phantasie. Ich würde umziehen müssen. Die Erinnerung der Katze an mich würde das Einzige sein, das an dem Ort von mir zurückbliebe. Wo würde ich landen? Jacques und Julia um Asyl zu bitten, stand außer Diskussion. Flüchten. Aber wohin? Ich würde den fiktiven Kollegen ausfindig machen, den ich für Perec erfunden hatte. Genau. Ich würde mir eine Hütte im Mirabellgarten errichten, ein salzburgisches Walden. Genau. Ich würde Herrn Wolfgang um Asyl bitten. Genau. Ich hatte einen Luftballon im Kopf; gefüllt mit Helium, das meine schwerelosen Gedanken mit Ameisenstimmen in die Höhe schweben ließ. Erschöpft ließ ich mich auf einer anderen Bank nieder.

Das Klingeln meines Telefons erreichte mich aus großer Ferne. Ich war eingenickt. Es war mein Vater. Er rief an, um mich an meinen Auszug zu erinnern und mich zu ermahnen, das Haus sauber und aufgeräumt zu verlassen. Ich stimmte eilfertig zu. Er wollte wissen, ob ich für den Rest des Sommers eine Unterkunft hatte. Ich log ihn an. Er fragte, ob ich Geld benötige. Ich log noch einmal. Zum Ende der Unterhaltung, die eher ein von kurzen Einwürfen meinerseits unterbrochener Monolog war, teilte er mir mit, dass er mir für den Tag nach der letzten Aufführung von *Don Giovanni* per E-Mail ein Rückflugticket nach Mexiko geschickt hatte. Ich dankte ihm, und wir verabschiedeten uns. Ich hatte kein Geld, keinen Ort, an dem ich nach meinem Auszug bleiben konnte, doch was auch immer passierte, hatte ich die Sicherheit dieses Datums, dieser Rückkehr in das Leben, das mein Vater für mich organisiert hatte. Der große Tag der Eröffnung der Festspiele näherte sich. Dahinter – zwei furchterregenden schlafwandlerischen Riesen gleich, die mit jedem ihrer zerstörerischen Schritte wacher und noch größer wurden, finsterer auch – warfen der große Tag meines Auszugs und der große Tag meines Abflugs ihre langen Schatten voraus und kamen näher.

Als ich mich von den immer dichteren Trauben erhitzter und beschwingter Passanten durch die Straßen treiben ließ, musste ich daran denken, dass sich unter ihnen auch die Kenner, Kritiker und peniblen Chronisten befanden, die mit gespitzten Federn bereitstanden, die Aufführungen, Konzerte und Auftritte der Solisten, die Orchester und die Performance ihrer Dirigenten zu kommentieren. Die eine oder andere Berühmtheit sah ich sich von begierigen Fotografen umlagern lassen. Ich war einer von den Gleichgültigen. Ab und zu hielt ich inne, um den Stimmen der Chöre zu lau-

schen, deren harmonische Kaskaden von den oberen Stock-
werken herabregneten, in denen sie probten. Ich folgte den
Musikern, die ihre Instrumente in der exakten Geometrie
ihrer dunklen Futterale und Koffer mit sich trugen: Brat-
schen, Geigen, Flöten, Hörner und Cellos und drüben, am
Eingang der Felsenreitschule, eine – wie von einer Fee ver-
zauberte Muschel – hoch aufragende Harfe, die ihr schwitzender Interpret hinter sich her zerrte. Da ich schon einmal
dort war und erst in vier Stunden meinen Auftritt haben
würde, beschloss ich, mir die Generalprobe von Rihms *Die
Eroberung von Mexico* anzusehen. Anfangs musste ich gegen
meine Müdigkeit kämpfen, damit mir die Lider nicht zufie-
len und ich gehindert wäre, die Werktreue des Komponisten
zu bewundern, der dies von den Texten Artauds inspirierte
Musikdrama erschaffen hatte. Schon bald jedoch musste ich
keineswegs mehr gegen Müdigkeit kämpfen, sondern war
ganz und gar gefesselt. Dies war ein Theater der Grausamkeit, vertont mit den pulsierenden Krämpfen der Eroberung
Mexikos als gebärender Körper, dessen Wehen Darsteller
und Publikum in ein Theater ohne Literatur versetzten,
begleitet vom eindringlichen Vielklang des Mantras vom
weiblich-sächlich-männlichen Zusammenprall. Ich war beeindruckt von diesem Mexiko der Symbole, das Regisseur
Peter Konwitschny entworfen hatte. Die blutige Eroberung,
das gewalttätige und komplizierte Aufeinandertreffen zweier
Kulturen überführt in ein Ehedrama zwischen Montezuma –
von einer Sopranistin dargestellt – und dem herrischen
Cortés in seinem auf dem Schrott ausgeschlachteter Autos
errichteten Luxusappartement. Was ich da sah von meinem
unbequemen Theatersitz aus, dieses luxuriöse Appartement,
auf verschrotteten Autos erbaut, diese Gewalt zwischen dem,
was war, was ist und was es ins Sein nicht schafft, dieser un-

barmherzige Kampf um eine unmögliche Identifikation, dieses Labyrinth der Einsamkeit war die ganze patriarchalische Welt, der ich entstammte. Natürlich erkannte ich die Verse von Octavio Paz, die der Komponist für das Ende eines jeden Aktes gewählt hatte. Sie stammten aus *Der Urgrund des Menschen*.

Das Licht des Mittags blendete mich, als ich aus dem Theater kam. Ich war völlig fertig. Meine Augen brannten, ich hatte Durst, und mein ganzer Körper schmerzte. Ich musste raus aus der Sonne und dem entfesselten Flattern der Raben. Ich ging durch die Getreidegasse, am Rathaus vorbei, in dem in einem anderen Jahrhundert unschuldige Kinder gefoltert worden waren, und kam zu Mozarts Geburtshaus. Dies konnte meine erleuchtete Zuflucht sein.

Nur wenige Besucher waren im Museum, das edle dunkle Holz knarrte unter meinen Füßen. Es gab eine Küche und ein Wohnzimmer aus der Mozartzeit, die Bücher der Familie, Beschreibungen der langen Reisen, die während der Kindheit des jungen Genies unternommen worden waren, ein paar Briefe und Originalpartituren, eine Haarsträhne von ihm, die Geige, auf der er gespielt hatte. Es war schwindelerregend. Der Gegensatz von dem, was ich hier sah, zu der Welt meiner Kindheit, die Rihms Werk mir ins Bewusstsein gerückt hatte, konnte ausgeprägter nicht sein. Mit Mozart verband mich nichts, weder seine Zeit noch seine Kultur. Wie hatte ich auf den Gedanken kommen können, in Mozarts Biographie eine Botschaft, eine Lösung für mich zu finden? Ich kam mir wie ein ausgemachter Trottel vor. Wie ein entmutigter Reisender, der in den tiefen, unüberwindlichen Abgrund starrt, der ihm am Ende seiner Expedition den Zugang zum unerreichbaren Schatz verwehrt. Dann vernahm ich die Musik. Aus einem der Säle drang ein Mozartstück für Violine und Klavier zu mir, das ich nicht einzuordnen vermochte. Ich ging ihm nach und fand es. Zwei Musiker probten die Sonaten, die sie in der kommenden Woche beim Konzert zu spielen hatten (erklärte mir die Saalwärterin). Ich setzte mich vor dem historischen Wohnzimmer, in dem ein Flügel aus Mozarts Zeit stand, auf den Boden. Mein Kummer schwand. Die Musik kam von der Geige, auf der er selbst gespielt hatte. Seine Musik. Wechselnde Melodien, fröhliche und schwermütige, breiteten sich aus, zogen sich in die Länge, überwanden mit überwältigender Einfachheit die Leere, die unsere so verschiedenen Welten voneinander trennte, unsere so weit voneinander entfernten Epochen, unsere abgrundtiefe Verschiedenartigkeit, und bildeten eine Brücke. Die Brücke Mozart. Mein Kummer verflüchtigte sich, wurde ganz klein und machte der Verzückung Platz, der zeitlosen Reise über die Brücke. Jemand zeigte auf mich. Ich blieb ernst wie der posthume Mozart auf dem Gemälde der Krafft, wie fixiert vom Blick einer schwarzen Katze, wie etwas Nichtvorhandenes auf dem Edelholz des Fußbodens. Ich warf den Kopf zurück, vergaß den Fluss der Ängste, der unter Mozarts Brücke dahinströmte, schloss die Augen. Am Ende der Probe verschwanden die beiden Musiker hinter einem Vorhang zum nächsten Zimmer. Ich blieb sitzen und freute mich über die Entdeckung, dass, obwohl keine Musik mehr zu hören war, die Brücke immer noch existierte.

Ein sanftes Knarren von Holz und ein leichter Druck auf meiner Schulter.

«Alles in Ordnung?», fragte die Saalwärterin und kehrte, als sie mein stilles Lächeln sah, ohne einer Antwort zu bedürfen, an ihren Platz zurück.

Als ich das Museum verließ, spürte ich den Geist Mozarts, des Mozart, den ich in seiner Musik und seinen Briefen kennengelernt hatte – meines befreiten Mozarts –, an meiner Seite. Er fuhr Fahrrad.

Ich kam zur Probe ins Theater, und als ich hineingehen wollte, sah ich von ferne Julia und Jacques herankommen. Julia ging mit gesenktem Kopf und rauchte. Wunderschön. Jacques schaute umher, als wäre er eine Berühmtheit, und suchte in den Blicken der anderen das Erkennen. Julia schaute auf und erkannte mich. Sie hob eine Hand wie eine Taube, die auffliegt, und lächelte mir zu. Jacques sah mich gleich darauf, und sein Mundwinkel hob sich in die Höhe, wie um auf den herausfordernden Glanz zu deuten, der in seinen Augen blitzte.

Ich sah stur geradeaus; auf die imposante, solide, schweigende Burg auf dem Berg.

Ich sah den Zahnstocher wie einen hölzernen Stachel in Jacques' Mundwinkel tanzen.

Ich sah die Farben in Julias Haar.

Die Schlussverse der *Eroberung von Mexico*, die Verse von Octavio Paz, klangen mir im Ohr: «In der Liebe gibt es keine Form / nur deinen unbewegten Namen, als Stern. / An seinen Ufern singen / das Grauen und der Durst nach dem Unsichtbaren.»

Der große Tag der Eröffnung der Festspiele näherte sich. Ich lächelte zurück.

Vier

___

DIE LICHTE
ZUFLUCHT

1

Der große Tag der Eröffnung der Festspiele kam mit
all seiner Pracht und Herrlichkeit, mit seinen künstlerischen und humanistischen Reden, mit seiner monumentalen Musik. Auf den roten Teppichen trug man Gala.
Schmuck glänzte vor den Kameras der Fotografen oder
dem neidischen Blick des Sitznachbarn, und teures Parfum
schwängerte die Luft in der Stadt, die sich mit Besuchern,
Fotografen, Musikenthusiasten, Kritikern, Künstlern und
Managern der Musikindustrie füllte. In ganz Salzburg und
Umgebung gab es kein freies Hotelzimmer, keine Wohnung
und kein Haus mehr zu mieten. Der große Tag der Festspiel-
eröffnung kam. Der neue Mieter des Hauses der Obelisken
kam. Der große Tag meines Umzugs, meiner Zeit als Ob-
dachloser kam.

In der letzten Nacht im Haus setzte ich mich auf den Balkon, trank ein Bier und ließ meinen Blick über die Dächer
und Schornsteine ohne Rauch schweifen, ließ ihn einen
Moment auf der grünen Kuppel mit dem orthodoxen Kreuz
ruhen, dann gemächlich zu dem Wal-Berg hinübergleiten,
zum dunklen Himmel und weiter zu einem farb- und form-
losen Fleck, meiner planlosen Zukunft. Der weiße Schaum
verschwand aus dem Glas, und die Hitze machte den Rest
Bier zu einem bitteren untrinkbaren Sud. Hingebungsvoll
lauschte ich dem Zwiegespräch der Grillen und dem Rauschen der Salzach in der Ferne. Ich ließ das ungetrunkene
Bier auf dem Tisch stehen, ging ins Haus, lief im kleinen

Wohnzimmer umher, betrachtete jede leere Ecke, berührte die Spitze jedes Obelisken, streichelte das Holz des Tischchens und der Lehnen der Stühle. Ich machte neue Bierflaschen auf, trank alles, was sich im Kühlschrank befand, ging barfuß in den Garten hinaus. Die Schnecke Nooteboom setzte ich ins Gras. Ich würde mich nicht mehr um sie kümmern können. Ich hatte keine Ahnung, wo im Freien ich für den Rest des Sommers schlafen sollte. Dann wäre ich wohl die Schnecke. Ich glaube, ich sang. Jemand befahl mir, den Mund zu halten. Ich miaute dagegen. Die schwarze Katze ließ sich nicht blicken. Ich ging ins Zimmer zurück, starrte lange an die Decke und ließ mich von Nostalgie benagen. Früh am nächsten Morgen kam die menschenfreundliche Frau Schmulzen, um die Schlüssel zu holen und nachzusehen, ob alles in Ordnung war. Ich dankte ihr, sie bat mich, meiner Schwester ihre herzlichen Grüße auszurichten, und fragte, ob ich etwas Gutes gefunden habe, wo ich den Rest des Sommer bleiben könne. Das bejahte ich mit einem sorglosen Lächeln. Das Licht der unbarmherzigen Sonne fiel durch die Fenster herein, explodierte an den weißen Wänden, setzte mit seiner Helligkeit den Ort in Brand, den zu verlassen ich mich nun gezwungen sah. Das Letzte, worauf mein Blick beim Hinausgehen fiel, war der Bildband mit den Mozartporträts, auf denen Nooteboom umhergeschlichen war. Und aus einer Ecke des Gärtchens starrte mich die schwarze Katze mit ihren grünen Augen an.

Meinen Koffer mit dem zerbrochenen Rädchen schleppte ich unter Mühen bis zu Perecs Buchhandlung. Schweißüberströmt kam ich dort an. Perec empfing mich mit erstauntem Blick. Ich erklärte ihm, der Freund, bei dem ich untergekommen sei, habe keinen Kleiderschrank in seinem Zimmer, und ich wolle ihm möglichst wenig zur Last fallen. Ob ich meinen Koffer bei ihm in der Buchhandlung lassen und jeden Tag vorbeikommen könne, um die Wäsche zu wechseln.

«Wie heißt dein Kollege?», fragte er mich unvermutet.

«Gabriel», stotterte ich nach ein paar verwirrten Sekunden.

«Woher kennst du ihn?»

«Aus Berlin», log ich diesmal ohne zu zögern und griff mir das erstbeste Buch aus einem Regal, um seinem forschenden Blick zu entgehen.

«Und wo wohnt er?» Perec zündete seine Pfeife an und heftete seine Augen auf mein Profil, wie ein Detektiv, der einen Verdächtigen in die Enge treibt. Ich gewann ein bisschen Zeit, indem ich interessiert in dem Buch blätterte, ihn die Frage zu wiederholen bat und antwortete, ich wisse es nicht, Gabriel wolle mir nach der Probe sein Zimmer zeigen. In einem etwas beleidigten Tonfall fragte ich, wozu dieses Verhör gut sein solle.

«Zu nichts, entschuldige», sagte Perec und entließ mich aus der Prüfung. «Mir ging da ein blöder Gedanke durch den Kopf. Eine Befürchtung, wenn du erlaubst. Ich hatte plötzlich den Verdacht, dein Freund könne eine Erfindung sein, und in Wirklichkeit müsstest du die Nacht auf der Straße verbringen.»

«Auf der Straße?», ließ ich ein belustigtes falsches Lachen hören. «Wie Herr Wolfgang?»

Perecs Gesicht leuchtete auf, als er den Namen des Obdachlosen hörte.

«Kennst du ihn?», fragte er.

«Manchmal setze ich mich zu ihm auf die Bank, und ich habe gesehen, wie er die Umfassung des *Spirit of Mozart* säubert.»

«Er ist ein Diogenes», sagte Perec mit Bewunderung in der

Stimme und nahm einen langen Zug aus seiner Pfeife. «Man hat schon im Fernsehen über ihn berichtet. Einmal wollten die Behörden ihn aus der Stadt jagen, da haben Einwohner und Presse sich für ihn starkgemacht. Es gibt ein Gerücht in der Stadt, dass hinterher einer der Oberen von Salzburg in Begleitung von Journalisten zu ihm kam und fragte, ob er etwas für ihn tun könne, und Herr Wolfgang sagte – genau wie Diogenes zu Alexander dem Großen –, es reiche, wenn er einen Schritt zur Seite gehe, er stehe ihm nämlich in der Sonne.» Nach einer Qualm-Pause fügte Perec hinzu: «Natürlich kannst du deine Sachen hierlassen, um ... Gabriel nicht lästigzufallen. Ich nehme an, du kennst *Die Abenteuer des Barons von Münchhausen.*»

Ich errötete, denn ich war mir sicher, dass Perec diesen großen Aufschneider und großartigen Erfinder ausgefeilter Lügen nur erwähnt hatte, um meinen eigenen Schwindel ans Tageslicht zu bringen.

«Ja», antwortete ich, «aber ehrlich gesagt hat mir der Film von Terry Gilliam besser gefallen als das Buch.» Und in der Hoffnung, von meiner Lüge abzulenken, indem ich weiter beim Thema blieb, fuhr ich fort: «Gilliam hat die Grausamkeit gegen Tiere vermieden, die man im Original findet. Ich kann unmöglich eine Geschichte gut finden, in der Hunderte von Eisbären getötet werden.»

«Ich mag alle diese verrückten Reisenden: Cyrano, Dante, Astolfo», es schien, als habe es Perec darauf angelegt, meinen Plan zu sabotieren; jeden Moment würde er meinen Namen nennen, «Micromégas, Hans Pfaall, der Baron ...», er deutete mit seiner qualmenden Pfeife auf den schmalen Band, den ich in Händen hielt. Erst dadurch wurde ich auf den Titel aufmerksam: *Münchhausens Rückkehr*, von Sigismund Krzyzanowski, und erkannte erleichtert, dass Perec nie vorgehabt hatte, mich mit dem Baron zu vergleichen. «Es wurde erst nach dem Tod des Autors veröffentlicht. Du kannst es mitnehmen, wenn du willst.»

Ich dankte ihm mit einem erleichterten Lächeln, steckte das Buch in meinen Rucksack und wandte mich hastig zum Gehen unter dem Vorwand, ich käme zu spät zu einer Probe. Wir verabschiedeten uns mit festem Händedruck, und ohne meine Hand loszulassen, schaute Perec mich ernst an und sagte:

«Ich sehe dich morgen, mein Junge, wenn du zum Wäschewechseln kommst. Und du weißt hoffentlich, wann immer du etwas brauchst, egal was, du kannst auf mich zählen.»

Ich dankte ihm noch einmal und machte mich davon, ehe meine Rührung mich verraten hätte.

Als Nächstes musste ich an diesem ersten Tag ohne Dach über dem Kopf mit dem Fahrradverleiher verhandeln. Meine Mietzeit war abgelaufen, und eine Verlängerung konnte ich nicht bezahlen. Ich lungerte vor dem Laden herum, bis keine Kunden mehr drinnen waren, die Zeugen der Bittstellerszene hätten werden können, um die ich nicht herumkommen würde. Als es dann so weit war, brauchte ich gar nicht zu der großen Erklärung anzusetzen, die ich vorbereitet hatte. Der Verkäufer schaute mich neugierig an, kratzte sich am Kopf, hob die Augen gen Himmel, als erwarte er, dort eine Antwort zu finden, dann trat ein Lächeln auf seine Lippen, und er verlängerte mir meine Fahrradmietzeit, ohne dass ich dafür im Voraus bezahlen musste.

«Sie waren in der Zeitung und ich glaube, ich habe Sie auch im Fernsehen gesehen», sagte er und klang wahrhaft begeistert. Es störte mich nicht im Geringsten, dass das, was mich in seinen Augen vom suspekten Kunden zur bewunderten Berühmtheit hatte aufsteigen lassen, nicht meinem

Talent oder einem anerkannten Erfolg zuzuschreiben war, sondern nur der Tatsache, dass ich zufällig dreimal in der Zeitung gestanden und einmal ein komisches Bild im Fernsehen abgegeben hatte. Was würde der Mann von mir denken, wenn er erführe, dass ich ab dieser Nacht kein Dach mehr über dem Kopf hatte? Ich bedankte mich bei ihm und marschierte heiteren Gemüts hinaus. Meinen Koffer hatte ich an einem sicheren Platz untergebracht, ich hatte immer noch mein Fahrrad zur Verfügung, in ein paar Stunden wäre Probe, ich würde Julia sehen. Die Dinge liefen nicht schlecht. Danach würde ich mir überlegen müssen, wo ich die Nacht verbringen konnte. Es wäre nicht das erste Mal, dass ich unter freiem Himmel schlief. Während ich unter der glühenden Sonne dahinradelte, dachte ich an jenen Tag in meiner Jugendzeit.

Ich war zwölf Jahre alt, sollte Brot fürs Frühstück einkaufen, und da ich viel zu weit mit dem Fahrrad herumgefahren war, kam ich erst nach Hause, als sie schon beim Abwasch waren. Mein Vater – damals stets übelgelaunt, weil die Geschäfte nicht gut liefen – ließ seinen Zorn an mir aus und übertrieb es mit der Bestrafung. Er nannte mich Unfall und verspottete mich. Ich wurde wütend, hüllte meinen Zorn jedoch in beleidigtes Schweigen. Meine Mutter rang die Hände, betrachtete mich mit hilfloser, tränenreicher Solidarität und schwieg ebenfalls. Ich biss mir auf die Lippe, hielt meine Tränen zurück und schmiedete einen Plan, um meine Eltern zu bestrafen.

Als mein Vater zum Golfplatz fuhr und meine Mutter unter der Dusche stand, packte ich eine Hose, zwei Hemden, Unterwäsche und einen Band mit Gedichten in einen Koffer und lief davon. Den Haustürschlüssel nahm ich mit. Ich hatte nicht vor, für immer zu verschwinden. Ich würde ein paar Tage fortbleiben, um sie zu bestrafen, damit sie ein schlechtes Gewissen bekämen, damit sie mich bei meiner Rückkehr wertzuschätzen wüssten. Die Lektion dauerte nur eine Nacht, die ich unruhig und unter Krämpfen vor Kälte und Angst im Park verbrachte. Der sternenlose Himmel erdrückte mich, die Gewissheit unerwarteter Gefahren hinter den Schatten der Bäume ließ mich erschauern, das Knarren einer rostigen Schaukel, die der Wind unmerklich in Bewegung hielt, durchbohrte mein Trommelfell. Ich tat die ganze Nacht kein Auge zu und schwor mir, beim ersten Tageslicht wieder nach Hause zu laufen; aber das Licht am Morgen und das zermürbende Wachen bestärkten mich wieder in meinem Entschluss. Ich trieb mich ein paar Stunden herum, doch dann bekam ich Hunger und stellte fest, dass ich nicht einen Peso in der Tasche hatte. Gegen eins kehrte ich mit übernächtigten Augen zurück und fragte mich, ob eine Nacht außer Hauses ausgereicht hatte, um meine Eltern vor Sorgen wahnsinnig zu machen. An der Haustür bekam ich die Antwort. Mein Schlüssel passte nicht mehr. Sie hatten das Schloss ausgewechselt. Auf die Klingel zu drücken, war erniedrigend.

«In diesem Haus», sagte mein Vater ganz ruhig hinter der Doppelseite seiner aufgeschlagenen Zeitung, «ist nur Platz für den, der meinen Regeln gehorcht. Wer das nicht tut, kann verschwinden, wann immer er will. Deine Strafe wird verdoppelt. Willst du bleiben?», fragte er und ließ die obere Hälfte seiner Zeitung nach vorne fallen. Sein Gesicht erschien ernst und ganz entspannt im dichten Qualm seiner Zigarre.

Ich nickte.

«Ich höre nichts», sagte er, und sein stählerner Blick bohrte sich in meine Augen.

«Ja», antwortete ich mit rauer Stimme, räusperte mich und wiederholte meine Antwort.

Die Zeitung hob sich wie eine Zugbrücke, und sein Gesicht verschwand hinter den Artikeln.

Ich schaute auf die Festung, als wollte ich sie stürmen. Die Hitze war mittlerweile so drückend, dass das Atmen mühsam wurde. Ich setzte mich zu Herrn Wolfgang auf die Bank in den Schatten. Der Stadtstreicher aß einen Apfel. Er grüßte mich und bot mir eine Banane an, die ich dankbar annahm. Ich kaute langsam, zog jeden Bissen, der von einem Knurren in meinem Magen begleitet wurde, in die Länge und betrachtete das Supermarktwägelchen unter der Brücke, in dem Herr Wolfgang seine Habseligkeiten aufbewahrte. Ein über den Einkaufskarren gelegtes Brett diente als Tisch. Mir wurde klar, dass ich nicht in der Stadt schlafen konnte. Irgendwer könnte mich erkennen. Was würde Schuff sagen, wenn er mich unter einer Brücke liegen sähe? Wie würde der Fahrradvermieter reagieren, wenn er mich in irgendeinem schattigen Winkel schnarchen sähe? Wie sollte ich Perec meine Schwindeleien erklären, wenn er mich zusammengerollt auf einer Bank oder in einem Hauseingang entdeckte? Und was würde Julia sagen, wenn sie von meiner wahren Lage erführe? Wie ich ihren mitleidigen Blick hassen würde! Ich würde mir einen Platz außerhalb der Stadt suchen müssen; einen, der es mir erlaubte, nicht nur unerkannt zu bleiben, sondern auch schnell zu verschwinden, falls ich überfallen oder von der Polizei kontrolliert würde (ich wusste damals noch nicht, dass es nicht verboten ist, unter freiem Himmel zu schlafen). Ich sah Herrn Wolfgang an, der in die Gegend schaute. Ich wollte einen Rat von jemand, der schon jahrelang ohne Dach über dem Kopf gelebt hatte, wollte ein paar weise Worte von ihm hören, einen tiefen philosophischen Gedanken, etwas, das mir helfen könnte, diese obdachlose Zeit in Angriff zu nehmen. Der Druck meines erwartungsvollen Blicks riss Herrn Wolfgang aus seinen Betrachtungen.

«Diese Schuhe habe ich im Müll gefunden», sagte er und streckte stolz die Beine von sich. «So gut wie neu und passen wie angegossen. Unglaublich, welche Mengen brauchbarer Dinge die Leute heutzutage wegwerfen. Na ja», er erhob sich, «ich geh dann mal.»

Er gab mir die Hand, ging zu seinem Einkaufswägelchen, hob das Brett ab, brachte ein paar Gartengerätschaften zum Vorschein und ging flussaufwärts davon. Ich folgte ihm mit Blicken, bis ich ihn aus den Augen verlor. Mit schweren Schritten stieg ich langsam die Treppe hinauf, doch anstatt mein Fahrrad loszuketten, ging ich zum *Spirit of Mozart* und setzte mich auf meinen Lieblingsstuhl. Die stählerne Sitzfläche war heiß und brannte an meinen Oberschenkeln. Ich ließ die Füße baumeln und schaute den auf dem Kies herumpickenden Tauben zu. Stimmengewirr, mein Atmen, eine Krankenwagensirene. Ich schaute wieder in die Richtung, in die Herr Wolfgang gegangen war. Da kam mir eine Idee, wo ich die erste Nacht verbringen könnte. Herrn Wolfgangs Weg war der Pfeil, der mir die Richtung wies. Nach der Probe würde ich in den Park gehen, an dem ich am Tag meines monumentalen Rausches mit Julia und Jacques vorbeigegangen war. Ich war froh, dass der gewählte Platz mit Julia in Verbindung stand. Ich schlenkerte mit den Beinen, als brächte ich eine Schaukel in Schwung. Ich blieb noch sitzen und las in dem Buch, das Perec mir geliehen hatte, bis ich es in der Sonne nicht mehr aushielt. Ich brauchte dringend ein Dach über mir. Und in dem Moment stellte ich mir vor, dass Mozart auf dem Fahrrad vorbeiradelte und mir winkte, sein

Wohnhaus zu besichtigen; das Museum, in dem ich noch nie
gewesen war. Da ich noch Zeit hatte, nahm ich die Einla-
dung an.

2

*E*ine Weile drückte ich mich am Eingang herum und
wartete darauf, mit der Kassiererin allein zu sein. Ich
würde sie überzeugen müssen, mich ohne Eintrittskarte ins
Haus zu lassen. Besucher kamen und gingen, lächelnd, mit
erhitzten Gesichtern. Ich schaute mir im Eingangsbereich
Prospekte an, studierte die Kammerkonzerte der Saison,
das Programm der Mozartwoche, die Angebote der Museen.
Schließlich war es so weit. Ich lief zum Schalter, zeigte meinen Ausweis, der mich als Mitarbeiter der Festspiele beglau-
bigte, und erklärte, dass ich meine Brieftasche zu Hause
vergessen habe und dies die einzige Möglichkeit für mich sei,
das Museum zu besuchen, ob sie mich nicht einlassen könne,
bitte. Die Dame hinter dem Schalterfensterchen beteuerte,
wie gerne sie mir geholfen hätte, doch leider gestatteten es
ihr die Vorschriften nicht. Ich wiederholte meine Bitte. Dass
sie mir offensichtlich nicht glaubte, ärgerte mich. Sie blieb
freundlich, aber unnachgiebig. Zwei Männer kamen, sich
unterhaltend, herein und blieben vor dem Kassenhäuschen
stehen. Der eine war sehr groß, der andere sehr blond. Sie
machten nicht den Eindruck, als ob sie Eintrittskarten kaufen wollten. Ich stand schon im Begriff zu gehen, da sprach
die Kartenverkäuferin einen der Herren an und erklärte ihm
meinen Wunsch. Ich errötete. Mit Widrigkeiten solcher Art

würde ich in meinem Obdachlosendasein wohl öfter rechnen müssen. Der blonde Mann mit dem freundlichen blauen Blick hörte der Dame aufmerksam zu und sagte ihr, sie könne mich hineinlassen. Tatsächlich lief an diesem Morgen alles wunderbar glatt.

«Danke», sagte ich, und so perplex, wie ich war, kam mir das Wort in Spanisch über die Lippen.

«Keine Ursache, genießen Sie es», antwortete er zu meiner großen Überraschung in einem gezierten, deutsch akzentuierten Kastilisch.

Einige Zeit später sollte ich ihn wiedersehen und erfahren, dass der, der mir den Eintritt ins Museum gewährt hatte, der Präsident der Stiftung Mozarteum war.

Im Hauptsaal waren die Geige und das Klavier ausgestellt, die Mozart gehört hatten, sowie weitere Instrumente jener Zeit. Es roch nach vom Alter veredeltem Holz. An eine Wand wurden Lichtbilder vom Leben und Werk Mozarts projiziert. Eine Fremdenführerin sprach auf Spanisch zu einer Besuchergruppe. Ich näherte mich der Gruppe unauffällig, tat, als betrachtete ich ein Möbelstück in ihrer Nähe, damit ich den Erklärungen lauschen konnte.

An der Wand hinter der Museumsführerin hingen bemalte Holzscheiben, die den Mozarts als Zielscheibe fürs Bölzlschießen gedient hatten. Auf einer sah es so aus, als ob der kleine Mozart seinen Vater anfurzen würde. Eine Frau aus der Gruppe schaute mich argwöhnisch an, sodass ich mich ein paar Schritte entfernte, um weiter der Museumsführerin zu lauschen. Sie erzählte, beim Bölzlschießen in diesem Raum habe Leopold die Nachricht vom Tod seiner Frau erhalten, die Mozart auf seiner Reise nach Paris begleitete.

Bei der Erwähnung der Mutter und ihres Todes erhob sich ein Krächzen in meiner Seele. Ich entfernte mich von der Gruppe, stellte mich vor Mozarts Klavier, und als ich aufschaute, fiel mein Blick auf das Bild der Familie Mozart auf der Wand dahinter: Wolfgang und Nannerl saßen vor dem Klavier, bereit, vierhändig zu spielen; Papa Leopold, ganz in Schwarz gekleidet, stand neben dem Klavier und hielt seine Geige wie eine Trophäe. Hinter dem Vater und den Kindern hing ein Porträt der verstorbenen Mutter, Maria Anna, in einem himmelblauen Kostüm.

Auf dem Bild fehlt die Mutter. Im Museumssaal fehlen sämtliche Personen, die auf dem Bild das Klavier umstehen. Dem Klavier fehlt der Klang der Musik. All diese Abwesenheiten ließen mein Herz schrumpfen. Ich musste an meine Mutter denken. Bedauerte ihre Abwesenheit. Erinnerte mich an sie, wie sie dasaß und las. Immer wieder las sie die Werke des Autors, dessen Namen ich trug.

«Ich verstehe ihn zwar nicht», klagte sie, «aber er gefällt mir.»

Sie las auch Hesse, erzählte mir mein Bruder, und Anaïs Nin, wie meine Schwester mir errötend gestand. Andere Bücher verbinde ich nicht mit ihr. Vielleicht fand sie bei diesen dreien alles, was sie von der Literatur erwartete: Spiritualität, Erotik, Widerspruchsgeist. Meine Mutter las, während ich Hausaufgaben machte und dabei Musik von Mozart hörte. Wenn ich krank war, las sie an meinem Bett; wenn mein Vater keine Zeit für sie hatte, las sie in ihrem Zimmer. Sie las auch noch im Bett in dem Krankenhaus, in dem sie starb. In jenen letzten Tagen las sie wieder *Der Schaum der Tage*. Ich fragte sie nicht, warum sie dieses Buch als ihre letzte Lektüre gewählt hatte. Vielleicht fand sie Trost in diesen Seiten, auf denen der Tod von Musik und Poesie begleitet wird. Oder vielleicht hatte sie den Eindruck, der Krebs, der ihr Leben beendete, gliche der Seerose in Chloés Brust. Eine dritte Möglichkeit war, dass sie das Buch gewählt hatte, weil sein Autor mir meinen Namen gegeben hatte. Als sie zu schwach wurde, das Buch zu halten, bat sie mich, ihr daraus vorzulesen. Von Tag zu Tag wurde meine Mutter kleiner, bekam mehr und mehr Schläuche in ihren kleinen Körper, wurde immer mehr Haut und Knochen. Aber nie verlor sie ihr Lächeln, wenn sie mich sah. Ich las ihr bis zum letzten Augenblick vor, auch als sie ihre Augen kaum noch einige Sekunden offen halten konnte, bevor sie wieder in ihren vom Morphium beförderten Totenschlaf versank. Ich wollte ihr das Buch unbedingt bis zum Ende vorlesen, bevor der Tod sie sich holte. Wenn ich während ihrer letzten Tage das Zimmer betrat, schaute sie mich an, brauchte einen Moment, bis sie mich erkannte, zog kaum merklich die Mundwinkel in die Höhe, zeigte mit hinfälliger Geste auf das Buch und stieß einen zärtlich klingenden Seufzer aus. Zum Sprechen fehlte ihr schon die Kraft. Eines Tages gab es keine Seufzer und keine Blicke mehr, kein Leben im verbrauchten Körper meiner Mutter. Hesse und meine Schwester fielen sich in die Arme und weinten haltlos, mein Vater betrachtete still den wolkenlosen Himmel hinter dem Fenster. Ich starrte auf den leblosen Leib meiner Mutter. Mir fehlten noch zwei Seiten, um das Buch zu beenden. Unter den Seufzern der anderen schlug ich es auf, hielt es mit zitternden Händen und begann, laut zu lesen. Mein Vater begriff nicht, was ich tat, und nannte mich gefühllos. Gleichgültig gegen seine Schelte, gegen Hesses um Besänftigung bemühte Stimme und Nins lauter werdendem Weinen las ich weiter. Schimpfend lud mein Vater den ohnmächtigen Zorn auf mich ab, der ihm die Brust zu sprengen drohte. Ich kann es ihm nicht übelnehmen. Er hätte mir das Buch aus der Hand reißen können. Ich glaube, meine Entschlossenheit hielt ihn davon ab. Ich las mit immer lauterer Stimme, um das Geschrei und das Weinen zu übertönen. Ich las auch immer schneller; nicht weil ich fürchtete, mein Vater könnte mir das Buch entreißen, sondern weil ich mir vorstellte, der Geist meiner Mutter zögere sein Entschweben hinaus, um noch das Ende des Romans hören zu können. Als ich das Buch zuklappte, kniete mein Bruder am Bett nieder, um zu beten. Seine Arme bewegten sich am Bettenrand, und die Hand des leblosen Körpers glitt vom Oberschenkel, auf dem sie geruht hatte, hinunter auf das weiße Laken. Ich drückte einen langen Kuss zuerst in die offene Handfläche und dann auf das Buch. Danach habe ich nie wieder Boris Vian gelesen.

Noch immer betrachtete ich das Bild, das Johann Nepomuk della Croce von der Familie Mozart gemalt hatte, und stellte mir vor, wie ein Bild meiner Familie wohl aussähe. In der Mitte des Gemäldes mein Vater in seinem Lieblingssessel, eine lange Zigarre rauchend. Rechts von ihm gäbe es ein hohes Fenster, und jenseits davon, außerhalb des Zimmers, wären Hesse und Nin zu sehen. Von hinten, sich entfernend, oder traurig ins Zimmer schauend? An der Wand hinge ein Porträt meiner Mutter, ernst, mit einem Buch in den Händen. Ich würde auf der Armlehne des Sessels sitzen, ein wenig meinem Vater zugeneigt wegen des Gewichts seiner Hand auf meiner Schulter. Nur mein Vater würde den Maler ansehen, während ich – so wie Mozart auf dem Bild hinter den Maler schaut – meinen Blick auf die Zimmertür hinter dem Maler gerichtet hielte.

Benommen schlenderte ich durch die angrenzenden Säle, ohne groß Notiz von den dickleibigen Büchern mit ihren dunklen Einbänden zu nehmen, die Leopold Mozart gehört hatten und die in obeliskenförmigen Vitrinen lagen, oder von einem Exemplar seiner berühmten *Gründlichen Violinschule*, von der vergilbten Partitur Mozarts erster Komposition oder den Porträts von Constanze. Erst im vorletzten Saal hielt ich inne, um die Mozartporträts genauer zu betrachten. Acht Gemälde, vier an jeder Wand, und die Bilder meiner eigenen Geschichte, die sich während des Betrachtens unwillkürlich damit vermischten. Das Porträt des sechsjährigen Mozart in seinem blauen Samtanzug, wohlgemut und stolz wie ein kleiner Prinz, brachte mir den Tag meiner Erstkommunion an der Hand meiner Mutter in Erinnerung, die mir Pomade ins Haar kämmte und mir in meinen weißen Anzug half; ihre Hände, am Hals, die mir die Kinderkrawatte umbanden, danach an meinen Wangen, als sie meinen Kopf zu sich heranzog und mir einen Kuss auf die Stirn drückte.

Das Gemälde, das Joseph Lange unvollständig gelassen hatte, ließ mich an meine Karriere denken; an die Felder, die unausgefüllt bleiben würden, und an den Traum, der sich in Wirklichkeit auch nie erfüllen würde.

Und beim Anblick des Knaben mit dem Vogelnest entrang sich mir ein Seufzer, weil ich an Julia denken musste, wie sie den Schlussmonolog des sterbenden Replikanten rezitierte und am Ende die Hände hob, als ließe sie eine Taube fliegen. Allein das Porträt, das Dora Stock von Mozart anfertigte, als sie zwei Tage in Dresden verbrachten, zog meine volle Aufmerksamkeit auf das etwas dickbackige Profil des sich um einen freundlichen Ausdruck bemühenden Mozart. Die breite Nase, der zum Lächeln oder Küssen bereite Mund, der wache Blick dessen, der trotz aller erlittenen Schmerzen nicht sein Feuer verloren hat. Er war vierunddreißig Jahre alt. Ihm blieben etwas weniger als zwei Jahre zu leben.

Im vorletzten Saal gab es zeitgenössische Adaptionen von Kraffts Mozartporträt, auf denen er mit Sonnenbrille, mit Motorradlederjacke oder mit gefärbtem Haar zu sehen war.

Imaginierter Mozart, falscher Mozart, Kindermozart, Apollo-
und Dionysosmozart, unerreichbarer Mozart. Naher Mozart.
Elternloser und unfertiger Mozart.

Ich ging.

Ein sanfter Wind strich mir übers Gesicht. Über dem
Straßenlärm erhob sich das Schluchzen eines Kindes. In der
Hand hielt es ein leeres und feuchtes Hörnchen, die Kugel
Eis lag schmelzend neben seinen kleinen Füßen. Zwei Wespen flogen darum herum. Ich ging zu meinem Fahrrad. Als
ich die Kette aufgeschlossen hatte, hörte das Schluchzen auf.
Die Mutter kniete vor dem Kind, streichelte seine Wange
und tröstete es. Der Satz, mit dem Mozart einem Freund den
Tod der Mutter mitteilt, hallt mir im Kopf wider: «Meine
Mutter, meine liebe Mutter ist nicht mehr!» An diesem Tag
ohne einem Dach über dem Kopf existierte meine Mutter
noch weniger, und nach all den Jahren war ihre Abwesenheit
so groß wie die Höhle im Gesicht der Skulptur des Commendatore. Ich stieg aufs Rad und trat zornig in die Pedale.

3

*D*ie Probe war lang und langweilig. Uns Komparsen
blieb nur das Warten im stickigen Saal. Ich griff wieder zu meinem Buch und hatte schlechte Laune, weil ich Julia nicht am Produktionstisch sehen konnte. Dann fiel mir
auf, dass mich keiner mehr Zelig nannte, dass die anerken-
nenden Blicke, mit denen die Bühnenarbeiter mich üblicher-
weise begrüßten, verschwunden waren. Ein Satz in meinem
Buch erklärte es mir: «Der Ruhm ist wie ein Ruf in den Ber-

gen: aufeinanderfolgende Echos mit immer längeren Pausen, ein letzter Nachhall, und wieder richtet das steinerne Schweigen seine riesigen Felsenohren auf, um den nächsten Ton zu erhaschen.» Ich schaute um mich und sagte leise:

«Alles wird verschwinden.»

«Was?», fragte der Komparse, dessen Lachen wie das Fiepen einer Ratte klang.

«Nichts», gab ich zurück und verließ den Saal, in dem wir warteten, um mir die Proben von hinter den Kulissen aus anzusehen.

Keiner der Solisten sang aus vollem Halse. Sie agierten, bewegten sich über die Bühne und intonierten ihren musikalischen Part eine Oktave tiefer oder mit gedämpfter Stimme. Schuffs Anweisungen flogen durch die Luft, ohne die Musik zu beeinträchtigen. Er saß nicht im Parkett. Er und sein Team schauten sich die Proben von einem Tisch aus an, der auf der den Orchestergraben überragenden Vorbühne stand. Und da war Julia. War sie da? Sicher? «Alles wird verschwinden.» Der Satz kam mir wieder in den Sinn, und einen Moment lang fürchtete ich, irgendetwas Unerwartetes könnte eingetreten und Julia aus Salzburg abgereist sein, sie würde nicht mehr am Produktionstisch sitzen, wäre für mich nicht mehr existent. Bangen Herzens streckte ich den Kopf durch die lange schwarze Stoffbahn, die das Licht der seitlichen Scheinwerfer dämpfte, konnte nicht den ganzen Tisch überblicken, bog den Körper zurück, und dadurch geriet mein Kopf zwischen Scheinwerfer und Bühne. Ein breiter Schatten verdunkelte die Szene.

«Wer ist das?», schrie Schuff, hielt sich die Hand über die Augen, die letzte Silbe zerkrümelte als unwirsches Ächzen.

«Hallo, Vian», verriet mich Jacques laut und deutlich von der Bühne aus, doch ich rannte schon wieder zurück in den

Saal, in dem meine Mitkomparsen warteten. Ich war närrisch glücklich, Julias Gesicht erblickt zu haben, wie sie mit hochgezogenen Brauen den Schuldigen zu erkennen versuchte. Natürlich war sie noch da.

Während der Pause traf ich Jacques in der Cafeteria. Er saß mit zurückgelehntem Oberkörper da, den Rücken durchgedrückt, beide Arme auf den Rückenlehnen der unbesetzten Nachbarstühle. Julia schaute aus dem Fenster, hatte einen Ellenbogen auf den Tisch gestützt, die Wange ruhte in der Hand, die Finger der anderen spielten in den Farben ihres Haars. Beide lächelten, als sie mich sahen, er boshaft, sie freundlich. Sie wollten wissen, ob ich schon umgezogen sei, ich sagte, ja, ich wohne jetzt im Zimmer des Sohnes eines Freundes. Julia zog ihr Telefon aus der Tasche und las die Nachricht, die gerade eingegangen war.

«Wie heißt der Freund?», fragte Jacques, warf die Arme nach vorn, pflanzte die Ellenbogen auf den Tisch, faltete die Hände, wie um zu beten, und stützte sein Kinn auf die verschränkten Finger.

«Gabriel», antwortete ich, und um meine Lüge in diesem zweiten unerwarteten Verhör wahrscheinlicher klingen zu lassen, fügte ich hinzu, die Frau dieses Freundes habe eine mittelmäßige Karriere als Opernsängerin gemacht und verbringe ihre Tage jetzt mit Lesen, und, stelle sich einer vor, sie hat Boris Vian gelesen.

«Du weißt, dass Boris Vian Mozart verabscheut hat?», bemerkte Jacques und stand, ohne auf eine Antwort zu warten, auf und verließ die Cafeteria.

Julia tippte mit fliegenden Fingern auf dem Display ihres Telefons. In ihrem Haar dominierten jetzt das Rot und ein blasses Gelb, doch Orange, Violett und Grün waren nicht verschwunden. Sie entschuldigte sich, ohne den Blick vom

Display zu nehmen, und erklärte, sie beantworte eine Nachricht ihrer Mutter. Ach, dieser Tag, so viel war klar, wollte mir all seine mütterlichen Bezüge nicht ersparen. Ich erkundigte mich nach dem Aufenthalt der Mutter.

«In Chile», antwortete sie. «Sie bittet mich, ihr eine Kuckucksuhr zu kaufen und nach Hause zu schicken. Das hat mir gerade noch gefehlt!»

«Eine Kuckucksuhr?», fragte ich verwundert. Julia erzählte mir, ihre Mutter werfe ihr vor, sie zu lange allein zu lassen, und diese Bitte sei eine subtile Art, ihren Vorwurf zu verschärfen. Als Kind hätten sie eine Kuckucksuhr im Haus gehabt, die sie sehr bewundert habe. Jede Stunde sei sie hingelaufen, um das Vögelchen herauskommen zu sehen und sich an den drehenden Holzfiguren zu erfreuen, die ihre Instrumente zum Takt der bayerischen Musik bewegten, die aus der Spieluhr kam.

«Als ich von zu Hause fortging, habe ich die Kuckucksuhr mitgenommen. Ihre perfekte Mechanik mit dem Vögelchen und dem pünktlichen Musikreigen fasziniert mich noch immer. Indem meine Mutter mich jetzt bittet, ihr eine Kuckucksuhr zu schicken, macht sie mir einen doppelten Vorwurf.»

Bei mir zu Hause hatten wir auch eine Kuckucksuhr. Meine Mutter hatte sie von einer ihrer Europareisen mitgebracht. Sie war einfach, der Vogel kam heraus, tat die Stunde kund, ein hölzernes Männlein spaltete unsichtbares Brennholz und begleitete mit seinen Schlägen die Uhrenmelodie. Meine Mutter fand das köstlich, doch mein Vater ertrug das konstante Ticktack des Pendels nicht und auch nicht den Kuckuck, der jede halbe Stunde rief. Als wir eines Tages von einem Familienspaziergang zurückkamen, von dem mein Vater sich wegen liegengebliebener Arbeit abgemeldet hatte, hing das Pendel der Kuckucksuhr still. Beim Versuch, die Uhr aufzuziehen, klemmten die Ketten und bewegten sich nicht mehr. Meine Mutter fragte, was passiert sei, mein Vater zuckte die Achseln und sagte, er habe nicht einmal gemerkt, dass die Uhr nicht mehr ging. Sie sah ihn lange mit schmalen Augen an, in denen es schimmerte, ging dann in die Küche und kam mit einem feuchten Lappen zurück. Den streckte sie ihm entgegen.

«Du wischst dir damit besser das Schmieröl von den Händen.»

Mein Vater warf den Lappen auf den Teppich, zündete sich eine Zigarre an und tippte weiter auf seinem Computer. Ich war es, der den Lappen zurück in die Küche brachte.

«Meine Mutter hatte zu Hause auch eine Kuckucksuhr», sagte ich.

«Wo ist sie jetzt?», fragte Julia, ohne die Augen vom Display ihres Telefons zu lassen.

«Die Kuckucksuhr?»

«Nein, du Clown, deine Mutter», sagte sie, lächelte aber nicht.

«Nirgends ... sie ist tot.»

«Oh, das tut mir leid.» Sie hob den Blick und schaute mir in die Augen.

«Das muss es nicht», sagte ich mit einem Zucken um den Lippen, das ein Lächeln sein sollte. «Sie starb in Frieden, und ich bin damit im Reinen.»

Sie nahm meine Hand.

«Eine Mutter, die nicht da ist, schmerzt immer ein wenig, oder?»

In ihrer Stimme lag keine Zärtlichkeit, eher so etwas wie der solidarische Kommentar einer Kameradin. Ihre Hand drückte meine fest, nicht sanft. Als sie sie zurückziehen wollte, hinderte ich sie daran, indem ich meine andere Hand darüberlegte.

«Danke», sagte ich gerührt bei dem Versuch, diesen Moment zu einer intensiveren Begegnung zu stilisieren, als er es in Wirklichkeit war. Ich glaube, mein Daumen zeichnete eine unmerkliche Liebkosung auf ihren Handrücken. Sie betrachtete mich mit einem Ausdruck im Gesicht, von dem ich nicht wusste, ob ich ihn als Staunen oder Befremden deuten sollte. Für mich zählte nur die warme Haut ihrer Hand in meinen Händen. Mit entschlossener Geste entzog sie sie mir.

Jacques kam zurück.

«Er hat eine Erzählung geschrieben», sagte er, «in der die Protagonisten in der Avenue Merdozart wohnen. Und das *Rondo alla Turca* hat er in einen lächerlichen *song* umgewandelt. Vian hasste Mozart.» Er gab mir zwei Klapse auf die Wange, ich wandte mich unwillig ab. «Eine hübsche Ironie, dass in dieser Zeitung ein Vian Mozart genannt wird.» Dabei zeigte er verächtlich auf mich. «Doch daran wird sich, zum Glück, bald niemand mehr erinnern.»

«Nun», sagte ich und klopfte mir an die Brust, «dieser Vian verehrt Mozart. Heute war ich in seinem Museum und habe mir seine Porträts angesehen.» Ich gab meiner Stimme einen gelasseneren Ton, um zu zeigen, dass mir die Provokation des Teufels nichts ausmachte. «Ich habe besonders das letzte bewundert, auf dem er ...»

«Das von Dora Stock», unterbrach mich Jacques. «Das gefällt mir auch am besten. Sie hat es in den zwei Tagen gemalt, an denen Mozart in ihrem Haus in Dresden Station machte. Es heißt, als Mozart am Klavier etwas Neues ausprobieren wollte, vergaß er die Zeit, man rief ihn zum Essen, und er blieb wie besessen vor den Tasten sitzen, versprach, sofort zu kommen, wenn er den Satz fertigkomponiert habe, der ihm gerade eingefallen sei. Zum Nachmittagskaffee war Mozarts Stuhl immer noch leer, das Essen längst kalt, und aus dem Satz, den er unbedingt zu Ende bringen wollte, war eine ganze Sonate geworden. Dora Stock hat ihn mit den Augen der Porträtmalerin und den Augen einer Frau gesehen. Sie hat sowohl den himmlischen Geist sehen können, der in dem Komponisten wohnte, als auch den beunruhigenden Teufel. Darum konnte sie so ein herrliches Bild von ihm malen.»

«Die Frau hatte sich in Mozart verliebt», behauptete Julia. «Darum hat sie ihn porträtiert.»

Es gefiel mir, dass Julia von Liebe sprach. Ihre Stimme, ihre Farben lösten den Nebel auf, den die Erinnerung an den Tod meiner Mutter über mein Denken gelegt hatte, und auch den Anflug von Zorn, den Jacques' Provokation in mir geweckt hatte.

«Glaubst du an Liebe auf den ersten Blick, Kleiner?», fragte Jacques und warf Julia einen schelmischen Blick zu.

«Was macht es schon aus, ob ich daran glaube oder nicht?», fragte ich errötend zurück. Ich war auf der Hut und würde mich dieses Mal nicht von Jacques heruntermachen lassen.

«Viel», murmelte Julia und erhob sich.

Die Probenpause war zu Ende.

«Warum?», fragte ich, hinter ihr herlaufend. Mein Herz schlug mir bis zum Hals.

«Weil Dora Stock aus diesem Grund ein so herrliches Porträt von ihm gemalt hat. Sie musste sich einfach in dieses lustige kleine Genie verlieben.»

Wie gern wäre ich Maler gewesen, um Julia zu porträtieren! Mit der Bleistiftspitze das Papier zu liebkosen, auf dem ich ihr blasses Profil sichtbar werden ließe, die feuchten Lippen, die kaum jemals lächelten, den umwölkten Glanz ihrer

Augen, das kleine Ohr hinter den Farben ihres Haars. Wie würde ich die bittere Süße einfangen, die ihren Blick veredelte; das erträgliche Gewicht eines Leids, das ihre Lippen wölbte, ohne ihnen Gewalt anzutun; die Unbeugsamkeit eines Geistes, der im Kampf niemals aufgab? Ja, ich begriff, was Julia darstellte: die Verzückung, die Mozarts Gegenwart bei der sensiblen Dora Stock ausgelöst hatte. Die fühlte auch ich jetzt, aber ach, ich war kein Maler und konnte Julia nicht porträtieren.

«Quatsch mit Soße», lautete Jacques' Kommentar dazu. «Eine Erfindung des Fräuleins. Es gibt keinen einzigen Bericht, keinen Brief und kein Dokument, das deine unsinnige Theorie stützt. Sprechen wir von seiner Cousine, seiner Schwägerin, den Sopranistinnen, für die er komponierte, von der einen oder anderen Schülerin. Da gibt es einige bestätigte Liebeleien und ein paar vermutete, doch das mit der Stock ist ein reines Phantasieprodukt deinerseits.»

«Das streite ich nicht ab», sagte Julia ernst. «Die Liebe ist genau das, nicht? Eine stürmische Phantasie, die zu einer erotischen Initialzündung führt. Ich habe von Anfang an gesagt, dass meine Idee auf einer Phantasie beruht; aber das Fehlen von Beweisen schließt doch die Möglichkeit nicht aus, dass das, was ich mir vorstelle, tatsächlich so gewesen ist.»

«Absolut!», schrie Jacques. «Eine Tatsache, die so wahr ist wie das wahrste Abenteuer des Barons von Münchhausen.» Ich schaute ihn überrascht an, er antwortete mit einem Grinsen, kratzte sich unter einer feuchten Achsel und sagte: «Vian, grüß mir Gabriel und pass auf, dass dir Pinocchios Nase nicht aus der Hose schaut. Dein Stall ist offen.»

Mein Blick und meine Hände waren zur gleichen Zeit am Reißverschluss. Es stimmte nicht, aber ich errötete, als stimmte es. Dann sah ich, dass das Buch, das Perec mir geliehen hatte, aus meinem Rucksack hervorschaute. Wütend stieß ich es tiefer hinein. Jacques grinste sein Grinsen. Ich kehrte in den Wartesaal der Komparsen zurück. Mit einem Kugelschreiber kritzelte ich sinn- und hirnlose Zeichen auf die Rückseite eines linierten Blattes.

4

Eine Wespe, eine Schmeißfliege, eine Libelle, eine Schnecke. Ich zählte Insekten und Tierchen, während ich in die Pedale trat. Der heiße Wind sauste in meinen Ohren.

Am Ende der Probe gingen Jacques und Julia mit den Tänzern, ohne sich von mir zu verabschieden. Verdammter Teufel und seine Macht über den Regenbogen. Verdammter Regenbogen und seine Macht über meine wechselnde Stimmung. Verdammte Liebe, die sich unerlaubt in meinem Leben eingerichtet hatte, mich Spießruten laufen ließ und dafür sorgte, dass meine unmittelbaren Sorgen (wo schlafen, was essen), meine wachsende Kümmernis und Schwermut (das endgültige Aus meiner ersehnten Karriere und die Erinnerungen und die Nostalgie, die damit einhergehen würden), nicht den prominenten Platz einnehmen konnten, der ihnen dieser Tage gebührte. Es reichte schon, dass Julia das Wort Liebe aussprach, wie sie es bei ihrem Phantasieren über Dora Stock und Mozart getan hatte, damit aus meinem Herzen wieder ein Universum von Freude und Hoffnung wurde. Ich müsste mit ihr reden, ihr meine Leidenschaft zeigen, vor ihr ein Gedicht von Neruda deklamieren, sie den Klauen des Dämons entreißen.

Eine Grille, eine Ameisenstraße, eine Fliege.

Ich schlenderte durch die Straßen Salzburgs, vertrieb meinen Hunger, war bald schweißgebadet und wartete auf die Dunkelheit. Meine Seele war Gesang. Ein seltsames Gefühl der Rührung wühlte in meiner Brust. Aus dem Abend würde Nacht, und ich hätte kein Dach, unter dem ich mich zur Ruhe legen konnte. Heute nicht und morgen nicht. Noch den ganzen Rest des Sommers. Ein Abenteuer kündigte sich an. Ein paar Gedichtzeilen aus der Kindheit gingen mir durch den Kopf. In meinem Scheitern wurde mir ganz episch zumute.

Ich ging meine alten Bekannten besuchen: die hölzerne Frau in der Felsennische, Poseidon am Brunnen, den Mann auf der goldenen Kugel, Mozart auf seinem Sockel.

Ich beobachtete die Menschen auf dem Platz. Einige lachten, andere waren in ihre Telefone vertieft. Manche unterhielten sich leise, andere stritten sich. Einige schleckten Eis, das ihnen unter den Händen zerschmolz, andere hatten es eilig. Einige umarmten sich und küssten sich, andere gingen allein. Eine Wespe, eine Fliege, ein Käfer …

«Wie sehen wir aus, von deiner Unsterblichkeit da oben?», rief ich zu Trazom hinauf. «Winzig wie Insekten? Sich in unbedeutenden Kämpfen zerfleischende Motten, fleißige Ameisen, behäbige Hummeln, lästige Fliegen, lyrische Grashüpfer, gefräßige Würmer, schüchterne Schnecken, elegante Libellen, lärmende Hornissen …»

Ich schaute an seiner bronzenen Höhe hinauf, auf sein von Tauben geschändetes Gesicht, seinen den Horizont durchdringenden Blick. War er derselbe, der, wie sein Friseur erzählte, mitten im Frisieren aufsprang, ihn zum nächsten Klavier schleifte und ihm die Melodie vorspielte, die sein unermüdlicher Geist soeben ersonnen hatte? Derselbe, der sich zum Karneval als Zarathustra verkleidete und Zettelchen mit selbstgemachten Rätseln verteilte? Der im Salon der kultivierten Schriftstellerin Karoline Pichler über das *Non più andrai* seines Figaro improvisierte, dann vom Klavier aufsprang und über Stühle und Tische hüpfend wie eine Katze miaute? Er sah nicht so aus; dieses arrogante Denkmal, das – sich seiner Größe gewiss – den Blick in die Ferne richtet, ähnelt nicht dem Mozart, der seinem Vater schrieb, nach langem Nachdenken habe er begriffen, dass der Tod der beste Freund der Menschen sei, der wahre Endzweck unseres Lebens. Und auch nicht dem, der dem lieben Gott versprach, fünfzehn Vaterunser, hundertfünfzig Gegrüßet-seistdu-Maria und fünfzehn Rosenkränze zu beten, wenn seine Symphonie in Paris ein Erfolg würde, und der sich, als ihm dieser Erfolg beschieden war, zuerst einmal ein Eis kaufte. Und schon gar nicht dem, der unermüdlich für seine Musik arbeitete, seine Werke dem Talent der Künstler anpasste, für die er sie schrieb, hingebungsvoll seiner Arbeit, seinen Freunden, seinen Zerstreuungen zugetan war; der sich seines Talents zwar bewusst, dem die Posteriorität seines Werks jedoch egal war, da er immer nur für das unmittelbar – doch deshalb nicht weniger großartige – Notwendige lebte. Julia hatte gesagt, Jacques habe Shaffers Mozart gespielt. Na, dann war Jacques also nicht Mozart gewesen, wie er glaubte, denn Mozart konnte unmöglich auch der betrunkene Rowdy sein, der mit einer Flasche Champagner in der Hand wie ein tragisch abstürzender Rockstar durch die Szenen des Films von Forman stolpert.

«Nein, du schaust von deiner historischen Höhe nicht gleichgültig auf uns herab», sprach ich mit der Schwärmerei meines Herzens weiter auf das Denkmal ein. «Du bist nicht diese Statue. Du umarmst uns mit deiner Musik, du bist unter uns, polierst unser Herz zu Licht und Schatten, zu Müll und Gestirnen, zu Helden- und zu Gräueltaten und siehst in uns Menschen nichts als Menschen. Du bist dein Name vor und zurück, Mozart, Trazom, profund und verspielt, Lehrer und Freund, Berg und Brücke.»

Ich unterbrach mich. Eine Touristengruppe schaute mich neugierig an. Ich errötete. Noch nicht einmal eine Nacht hatte ich unter freiem Himmel verbracht, und schon führte ich mich wie ein verrückter Stadtstreicher auf. Der Verrückte, der mit dem Mozartdenkmal spricht. Gar nicht so schlecht. In aller Ruhe radelte ich vom Platz.

Ein Tausendfüßler, eine weitere Wespe, ein Schmetterling und nach einem langen Stück ohne Insekten eine Schmeißfliege, die mir in den Rachen knallte.

Ich erreichte den Park, in dem ich übernachten wollte. Mein Rad kettete ich an einen Baum.

Mein Rucksack war schwer. Außer meiner Wäsche zum Wechseln und dem Buch über Münchhausen hatte ich das mit Mozarts Briefen dabei und – zu meiner großen Überraschung, denn ich hatte es völlig vergessen – das Gebetbuch, das Jacques aus Sankt Peter mitgenommen hatte. «Nimm es, du kannst es als Kopfkissen benutzen», hatte er gesagt und es mir in meine zitternden Hände gedrückt. Verfluchter Teufel!

Das helle Blau des wolkenlosen Himmels verdunkelte sich, färbte sich rot, dann violett, und dann legte sich ein finsterer Schatten über den Park wie die lange Schwinge eines Raben. Die Laternen am Fußweg gingen an, ihr rabiates Licht leckte kaum in den Park hinein, blendete mich, wenn ich in ihre Richtung schaute, und verlängerte die Schatten der Bäume. Ich fürchtete mich.

Ich suchte mir eine Bank fern von der Straße. Lange Zeit

saß ich da und lauschte den Geräuschen der Nacht. Es war warm. Der Himmel füllte sich mit Sternen; glühenden Augen, die mich beobachteten. Ich glaube, ich erkannte den Großen Wagen. Dabei musste ich an den einsamen, traurigen Eisbären aus Berlin denken. Ich vermisste meine Mutter. Ich dachte an die Reise, die Mozart mit seiner Mutter unternahm, an ihre anfängliche Freude, es hieß, sie seien wie Prinzen gewesen; an die Schwierigkeiten, die dann kamen, an die allmähliche Verschlechterung der Gesundheit, jedoch nicht der Stimmung von Frau Mozart, an ihre letzten delirierenden Tage im Bett, an die Nacht, in der Mozart sie sterben sah, nachdem er viele Stunden lang ihre Hand gehalten hatte. Und an die Rückkehr nach Salzburg, auf der er sich vielleicht schuldig fühlte, gebrochen, voller Trauer, niedergeschlagen und in der Pflicht, sich jetzt um seinen Vater zu kümmern, wie es die davongegangene Mutter nicht mehr tun konnte. Dann tauchte wie ein Glühwürmchen, das den Weg zu beleuchten scheint, in Wirklichkeit aber nur seinen eigenen Bauch beleuchtet, die einleuchtende Frage auf, die ich mir die ganze Zeit überhaupt noch nicht gestellt hatte: Wo würde ich nach meiner Rückkehr nach Mexiko wohnen? Die Antwort war gleichermaßen einleuchtend. Im Geiste sah ich doppelt anschaulich das Familienporträt, wie ich es mir im Mozart-Museum vorgestellt hatte. Mein Vater Zigarre rauchend in der Mitte des Bildes wie ein König ohne Untertanen; meine Geschwister auf der anderen Seite des Fensters, sich abwendend; das Porträt meiner Mutter an der Wand, ich wie angewurzelt auf der Armlehne des Sessels, den Blick auf die Tür gerichtet, durch die ich eines Tages hochmütig hinausgegangen war und durch die ich als gescheiterter Mann wieder hereinkam. Und was ist dieser matte Glanz in der Höhlung meines Vaters Hand; der Hand, in der er die qualmende Zigarre hält? Es ist der verhangene Schimmer der Schlüssel seines Hauses.

Die Dunkelheit wurde undurchdringlich, die Insekten summten, der Park füllte sich mit Geistern. Es waren die von Jackls Bande gequälten Kinder, es war der zum Wolf gewordene Jackl. Ich versuchte, meine Angst auf dem Display meines Telefons zu vertreiben, bis der Akku leer war.

Ich ging ein Stück am See entlang, dann weiter bis hinter den Minigolfplatz. Ich vergewisserte mich, dass niemand in meiner Nähe war, trat hinter den hohen Stein mit der alten Inschrift des Namens des Parks und kauerte mich an den geneigten Stamm eines Baumes. Ich holte das Gebetbuch aus meinem Rucksack und legte es mir unter den Kopf. Verdammter Teufel. Das rasende Pochen in meiner Brust hinderte mich am Einschlafen. Ich schloss die Augen. Das Bild meines Vaters mit den einzigen Schlüsseln seines Hauses ließ mich nicht schlafen. Die Abwesenheit meiner Mutter ließ mich nicht schlafen. Die Geister ließen mich nicht schlafen. Es kam nur darauf an, nicht die Augen zu öffnen. Eine Grille, ein Marienkäfer, eine Blattlaus ... ich fing an, Insekten zu zählen, um einschlafen zu können ... eine Termite, ein Ohrwurm, ein Floh ... es kam nur darauf an, nicht die Augen zu öffnen ... eine Zikade, eine Heuschrecke ... und weiterzuzählen ... eine Schmeißfliege, eine Ameisenstraße, eine Gottesanbeterin ... allmählich traten die Sorgen, die Straßengeräusche, das Draußen, mein Vater in den Hintergrund ... eine Schnecke, eine Bremse, eine Motte ... die zählende Stimme wurde kleiner ... ein Wurm, eine Schabe ... erstarb im Erzählen, wurde zu einem Kribbeln im Arm ... einem Kribbeln von spitzen Füßen, einer Spinne ... ich riss die Augen auf.

*S*alzburg wurde mein Zuhause. Sein glühender Himmel, der sich zu meinem Glück in diesem Jahr weigerte, trotz der dickbauchigen Wolken, die sein helles Blau durchruderten, auch nur einen Regentropfen fallen zu lassen, war mein Dach. Der Platz zwischen der Tafel im Stein und dem schiefen Baum des Parks war mein erstes Zimmer, ein enger Durchgang zwischen zwei Mauern ohne Licht mein zweites, und der Raum unter der Rampe, die zur Brücke führt, auf der ich mich mit Julia und Jacques betrunken hatte, wurde meine dritte Unterkunft. Die Kirchenglocken waren mein Wecker; die Waschräume des Theaters meine tägliche Dusche; Poseidon, der Mann auf der Kugel, die Frau in der Felsennische, Herr Wolfgang und Trazom meine Mitbewohner. Und Wolfgang Amadeus Mozart, der große Sohn dieser an den Ufern der Salzach sich erstreckenden Stadt, war mein leuchtender Gastgeber.

Die Morgensonne öffnete meine Lider, und ich erwachte in dem Gefühl, die Augen nur einen Moment geschlossen zu haben, jedoch glücklich, das Licht zu sehen, die eingebildeten Gefahren der Dunkelheit überlebt zu haben, der erdrückenden Umarmung der Finsternis entkommen zu sein.

Die kurzen Nächte unruhigen Schlafs hielten mich tagsüber in einem Zustand schwebender Unwirklichkeit, nicht mehr ganz ich selbst, wie ein Maulwurf, der sich mit einem Mal oberhalb der Erde wiederfindet, blind und unbeholfen, wie inmitten einer betäubenden Wolke, die meine Ängste dämpfte und es mir erlaubte, mich sorglos, abwesend und ein bisschen einfältig durch die Straßen, die Proben und die Besuche bei Perec zu bewegen, bei dem ich meine Wäsche wechselte. Das entrückte Lächeln war meine leichteste Übung. Ich lachte vor Müdigkeit. Meine körperlichen Weh-wehchen ließen mich den großen Seelenschmerz vergessen. Um halb sechs Uhr morgens brachte ich meinen steifen Körper in die Höhe und meinen vom Licht des neuen Ta-ges beschwingten Geist in Gang. Ich ließ meine Schlafecke hinter mir und schwor mir – in der falschen Hoffnung, am neuen Tag einen anderen, besseren Platz zum Ausruhen zu finden –, nicht mehr an diesen Ort zurückzukommen. Ich wollte nicht wahrhaben, dass nicht der gewählte Schlafplatz der Grund meiner Ängste war; die Ursache meiner nächt-lichen Schrecken war mein Leben in der Verbannung.

Am ersten Tag wanderte ich nach dem Aufstehen durch die leeren Straßen Salzburgs. Es war schier unglaublich, ohne andere Menschen durch die schmalen Gassen zu schlendern, die geschlossenen Läden zu betrachten, die ver-waisten Plätze, Brücken ohne Fußgänger. Ich war der erste wache Mensch. Mir kam der Gedanke, dass vielleicht dies die Zeit sei, zu der der Mann auf der Kugel seine Geliebte im Toscaninihof besuchte. Den Herrenwitz dieses Gedankens verwerfend, eilte ich in der kindischen Hoffnung zum Platz, meine Vorstellung möge wahr geworden sein. Da stand er wie immer auf seiner Kugel, klar.

Am zweiten Tag stieg ich auf den Kapuzinerberg, sorg-sam darauf bedacht, mich immer in Gegenrichtung zu dem Weg zu halten, der zur Burg hinaufführt. Der Berg begrüßte mich mit einem intensiven Geruch von Moos und feuchter Erde. Die barmherzige Wärme dieser frühen Stunde ließ mich nicht allzu sehr schwitzen. Ich füllte meine Lungen mit grünen, erdigen Gerüchen und Blumendüften, die vom Wind herangetragen wurden. Zusammengekauert am ris-sigen Stamm eines Baumes hielt ich ein Schläfchen. Heiseres Krächzen weckte mich auf. Auf dem Rückweg stieß ich Steine vor mir her und fuchtelte mit einem langen Zweig in der Luft herum.

Am dritten Morgen stieg ich auf den Berg, auf dem sich das Museum der Moderne befand. Der *Sky-Space* – Turrells Kunstwerk, in dem ich mit Julia durch die ovale Öffnung in der Decke den Himmel betrachtet hatte – war geschlossen. Ich ging denselben Weg, den wir gegangen waren, und kam wieder an Merz' Kunstobjekt vorbei, dem Iglu, an dem phosphoreszierende Ziffern hängen. Jacques hatte treffend bemerkt, es gleiche einer langbeinigen Riesenspinne. Ich fühlte, wie es mir kalt den Rücken hinunterrann, und kehrte um. Auf den bergauf und bergab führenden Wegen verlief ich mich. Ich begegnete einer Frau, die zwei Hunde ausführte. An einem kleinen Restaurant traf ich auf einen stillen Kobold aus Holz und einen Baumstumpf, in den man Nischen geschnitzt hatte, aus denen die Vögel trinken und Samenkörner picken konnten. Ich blieb lange stehen und betrachtete den Baumstumpf mit seinen einladenden Höhlen. Ich musste daran denken, dass meine Mutter einen kleinen gelben Papagei in ihrer Küche gehalten hatte. «Sing, mein Kleiner, sing», ermunterte sie ihn jeden Tag. Doch der Papagei blieb stumm. Mozart hatte drei Jahre lang auch einen Vogel als Maskottchen; einen Star, der Melodien aus seinen Konzerten pfeifen konnte, und vielleicht hatte auch er ihn, wie meine Mutter, zu singen ermuntert: «Sing, mein Kleiner, sing.» Der geliebten Stimme aus meiner Vergangenheit gehorchend, begann ich halblaut Papagenos Arie zu singen. «Der Vogelfänger bin ich, ja.» Während ich die Melodie vor mich hin trällerte, beschloss ich, mich diese Nacht ganz klein zu machen und in einer der ausgehöhlten Nischen zu schlafen, die ich betrachtete. Ich sah mich still dort drinnen liegen, unbesorgt, bedeckt und beschützt. Dann sah ich den dunklen Schnabel eines Vogels in meinen Rastplatz eindringen, seine Schnabelspitzen öffneten sich wie eine Schere, ihre scharfen Ränder knirschten aufeinander, und ich konnte ihnen nur ausweichen, indem ich den Bauch einzog und mich mit dem Rücken an die Innenwand meiner Nische drückte. Ich hörte das heisere Krächzen und sah mich voller Entsetzen dem gierigen Schnabel ausweichen. Ich hörte auf zu singen und machte mich lieber nicht ganz klein, sondern begab mich, wie an den anderen Tagen, wieder auf die Suche nach einem Platz unter freiem Himmel, an dem ich zur Ruhe kommen konnte.

Nach diesen Spaziergängen ging ich zum Theater, um im Bad des Umkleideraums zu duschen. Nach dem Duschen eilte ich dann zur Bühne, wo ich pünktlich um neun Uhr morgens einen neuen Arbeitstag willkommen hieß. Der für die Komparsen Zuständige fragte mich – ich glaube, weil ich ihn ein paar Tage zuvor um einen Vorschuss gebeten hatte –, ob ich für die Beleuchtungsproben Modell stehen wolle. Wir waren zu fünft, und man stellte uns auf der Bühne dahin, wo die Solisten in den verschiedenen Szenen stehen würden, dann wurden die Scheinwerfer eingerichtet. Das dauerte lange, und danach wurden wir an eine andere Stelle beordert. Claudia rief jeden bei seinem Namen und dirigierte ihn: «Zwei Schritte nach rechts, Fritz» oder «Petra, neben die Skulptur, mit erhobenem Gesicht zum Publikum» oder «Ferdinand, geh langsam von links nach rechts über die Bühne». Ich war der einzige in der Produktion Beschäftigte, deshalb klangen Claudias Anweisungen für mich anders und erfüllten mich mit Stolz. «Vian, stell dich an den Platz von Don Giovanni» oder «Vian, geh bitte Zerlinas Strecke». Ich war selbst überrascht, dass ich beinah alle Bewegungen und Positionen der Solisten in den verschiedenen

Szenen im Kopf hatte. Ich kam an die bezeichnete Stelle und blieb wie die anderen stehen, gebadet im gleißenden Licht wechselnder Helligkeit und Farben. Ich schaute in die Dunkelheit des Parketts, auf die Sitzreihen, über die sich ein dünner Lichtstreif zog, auf die dunklen Silhouetten Schuffs, Claudias und des Beleuchtungsteams, murmelnd, Entscheidungen treffend, auf Licht- und Schattenflecken deutend. Ich wurde nach Stunden bezahlt. Es war nicht viel, aber es reichte, um in den Tagen meiner Unbehaustheit den Hunger zu stillen. Sobald ich mein Geld bekam, ging ich in den Supermarkt und kaufte Käse, Wurst, Brot und Obst. War mein Magen besänftigt, wenngleich er nicht aufhörte, den ganzen Tag zu knurren, ging ich zu Perecs Buchhandlung und wechselte meine Kleidung.

Am dritten Tag schlief ich im Stehen ein. Sie brauchten eine Ewigkeit, um zu entscheiden, welche Art Licht diese Szene beleuchten sollte. Ich träumte von quakenden Fröschen und einem Kahn, den ich ruderte und der wegen dieses Quakens zu Bruch ging. Ich ruderte das Boot, war aber auch einer der quakenden Frösche. Stimmen riefen, im Wasser seien Quallen. Eine dieser Stimmen war plötzlich Claudias Stimme:

«Vian, stell dich an den Platz von Masetto.»

«Pardon?», fragte ich benommen und einen Moment lang unfähig, zu erkennen, wo ich war.

«Du sollst Masettos Platz einnehmen und langsam seinen Weg über die Bühne gehen, bitte.»

«Und er soll seine Arie singen», hörte ich Schuff belustigt sagen. Er hatte nicht mit mir gesprochen, sondern scherzte mit den anderen, doch Claudias Mikrofon fing seine Bemerkung auf und schickte sie über die Lautsprecher. Und die Schatten lachten.

Meine natürliche Antwort wäre gewesen, meine Scham wegzustecken und mit gefälligem Lächeln widerspruchslos zu dem angewiesenen Platz zu gehen und das erbetene Stück über die Bühne zu schreiten; aber das plötzliche Erwachen, der über die Bühne wabernde falsche Nebel, Schuffs heisere Raucherstimme und das verletzende Lachen aus dem Dunkel brachten mir die Nacht ins Gedächtnis zurück, in der ich als Kind meinem Vater ins rauchumwölkte Gesicht geschrien hatte, ich würde nach Salzburg gehen, ja, aber als Sänger. «Sing, mein Kleiner, sing.» In meinem Magen schien sich glühende Lava zu sammeln und sich durch den ganzen Körper zu wälzen. Claudia wiederholte ungeduldig meinen Namen; die Anweisung zu wiederholen, war nicht nötig. Dies war meine Chance.

Mit einem federnden Sprung erreichte ich den bezeichneten Platz, atmete tief ein, stellte meine Füße fest auf den Boden und erfüllte das Versprechen, das ich als Kind meinem Vater gegeben hatte: Ich sang mein Debüt bei den Salzburger Festspielen. Ein unsichtbares Orchester begleitete mich im Geiste. Masettos Zorn war der meine, und mein waren auch seine verletzte Selbstachtung und seine Empörung. Ich sang und schritt dabei die Strecke des Sängers zwischen den Komparsen ab, die mich sprachlos anstarrten. Ich schüttelte die freundliche alte Dame, die an Zerlinas Stelle stand, ging den Bärtigen an, der Don Giovannis Platz einnahm, bewegte mich zwanglos, und meine Stimme klang fest, sicher, schlank und kontrolliert, wie ich es bei meinen missratenen Gesangsproben nie geschafft hatte. Mein Gesang war Masettos Schrei, und meine Darstellung der Widerspruch seiner Gefühle als klingende Melodie. Sie ließen mich zu Ende singen, danach folgte eine tiefe Stille.

«Mexikaner, haben Sie auch etwas auf Deutsch?», scherzte

Schuff nach endlosen Sekunden, als wäre dies ein Vorsingen. Und die Schatten lachten.

Ich ließ mich nicht zweimal bitten – nicht ein einziges Mal! Ein Wirbelsturm von Verwegenheit und Wahnsinn umtobte mich. «Sing, mein Kleiner, sing.» Ich trat zwei Schritte vor und stimmte die Arie des Papageno an, dieselbe, die ich am Morgen an dem Baumstumpf mit den ausgehöhlten Nischen geträllert hatte. Irgendwann glaubte ich, Schuffs Stimme zu hören, die zu Claudia sagte, es reiche jetzt; wie die Stimme meines Vaters, die mir zu Schweigen gebot, wenn ich übte, während er telefonierte. Aber ich war nicht aufzuhalten, ich würde nicht schweigen, selbst wenn man mich anschrie, selbst wenn man mich feuern sollte. Dieser Moment gehörte mir. Die Bühne gehörte mir, und ich würde nicht von ihr lassen. Ich war Papageno und sang, tänzelte elegant über die ausgeleuchteten Bretter und pfiff die Tonskala, die der Vogelhändler auf seiner Zauberflöte spielt, wobei ich meine feuchten Lippen spitzte, zärtlich einen Schwarm unsichtbarer Vögelchen einfing und in den Käfig meines Kopfes sperrte. «Sing, mein Kleiner, sing.» Ich war Papageno und ließ Claudias Ordnungsruf ungerührt verhallen. Was ich in diesem Moment fühlte, dürfte genau das sein, was die großen Opernsänger fühlten, diese machtvolle Welle, die mich in ihren Fängen hielt, eine Welle aus Feuer und Wind und Wasser, eine Bewegung, die sich meiner Glieder bemächtigte – deren dröhnende Präsenz diese Stimme in mir zum Schweigen brachte, die jeden Ton, jedes technische Detail kontrollieren will – und mich befreite und mich all die heiklen Stellen vergessen ließ, aus denen das große Ganze besteht, und mir erlaubten, mich ganz dem allumfassenden Klang hinzugeben, dem irrationalen, dem gewachsenen und vollkommenen Fliegen. «Sing, mein Kleiner, sing», und ich sang. Flieg, mein Kleiner, flieg. Und ich flog. Zum Abschluss breitete ich die Arme aus, als wollte ich das unsichtbare Publikum umarmen, sang die letzten Töne wie mit der Bühne verwurzelt und krönte die Arie mit einem langen, herrlichen hohen Ton – unendlich geschmacklos, ganz wie es sich für einen selbstverliebten *Divo* gehörte.

Der Klang meiner Stimme schwebte in der Luft, waberte zwischen den Theaterwänden, löste sich auf. Mir dröhnten die Ohren, ich hechelte, die Augen traten mir aus den Höhlen, und ein triumphales Lächeln erleuchtete mein schweißnasses Gesicht. Das Gemurmel der Schatten war meine Ovation und der einsame Applaus eines der Komparsen das rauschende Klatschen eines vollbesetzten Hauses. Da stand ich, auf derselben Bühne, auf der so viele Sänger historische Triumphe gefeiert hatten. Da stand ich. Und ich hatte gesungen. Ich hatte es geschafft.

«Vian», befahl Claudia trocken, «stell dich jetzt an Zerlinas Platz vor der Arie.»

Die Scham überrollte mich wie eine Welle und wischte mir das Lächeln aus dem Gesicht, riss mir mit einem Ruck den eingebildeten Lorbeerkranz vom Haupt. Die Welle war ausgelaufen, die piepsende Stimme wieder da. Für einen Sekundenbruchteil sah ich das Geschehen von außen. Meinen Gesang ohne Orchester, mein misstönendes Pfeifen, meinen verrückten zappelnden Tanz. Ich hörte schon die Antwort meines Vaters, wenn ich ihm die Episode erzählte: «Das war kein Debüt, Vian, damit hast du dich nur lächerlich gemacht. Hör mit diesen Clownerien jetzt ein für alle Mal auf und komm nach Hause.» Und er hätte recht. Ich würde es ihm niemals erzählen.

«Vian!», rief Claudia herrisch.

Ich hob die Hände wie jemand, der eine Bestie besänftigen

will. Am liebsten wäre ich weit fort gewesen. Ich bat kopfnickend um Entschuldigung und lief rasch – ohne die anderen Komparsen anzusehen – zu der Stelle, an der in dieser Szene Regula Mühlemann stehen würde. Ich stellte mich neben die Figur ohne Gesicht, in dem nur schützende Dunkelheit herrschte. «Halt endlich den Mund!», dröhnte die Stimme meines Vaters aus der Vergangenheit. Plötzlich stand ich in gleißendem Licht. Ich war geblendet und hatte das absurde Gefühl, nackt zu sein. Ich krümmte mich zusammen, kreuzte die Beine und legte beide Hände unter die Gürtelschnalle meiner Hose.

«Aber bitte», flüsterte Schuff und konnte sich das Lachen kaum verkneifen, «ersparen Sie uns das Vergnügen, uns Ihre Interpretation der Arie der Sopranistin anzuhören.»

Und die Schatten lachten.

6

Ich ließ mein Fahrrad an der Brücke stehen und ging eine Runde zu Fuß, bevor ich im Buchladen meine Wäsche zum Wechseln abholte. Herr Wolfgang war nicht auf seiner Bank. Jemand steckte eine Münze in das rosa Keramikschweinchen. Gesenkten Hauptes ging ich an dem Haus vorbei, in dem Herbert von Karajan geboren und aufgewachsen war. Die Statue auf dem Blumenbeet war das Symbol aller Sieger, aller Künstler, die ihre Dämonen überwanden. Wo war dieses tapfere Herz geblieben, das so ungestüm in meiner Brust gehämmert hatte und mich vor nicht einmal einer Stunde in einer machtvollen Welle furchtloser Verwegenheit hatte singen lassen, wie ich noch nie auf einer Bühne gesungen hatte? Davon übrig geblieben waren nur noch Scham und das schüchterne Pochen meines furchtsamen Herzens. Ich betrachtete die Kunden im Geschäft für Sachertorten, die darauf warteten, die so köstlichen wie kostspieligen Kuchen zu kaufen. Ein Stück weiter stieß ich mit einem eleganten Paar zusammen, welches gerade aus dem Luxushotel kam. Ich entschuldigte mich, obwohl es nicht meine Schuld gewesen war, und setzte meinen Weg fort. Wenn mir wenigstens die Kraft vererbt worden wäre, die dem Vernehmen nach meine Mutter besessen hatte; ich besaß nur eine vage Erinnerung daran aus meinen ersten Lebensjahren. Von einem Tag auf den anderen wich diese Kraft von ihr, und sie unterwarf sich ganz unerklärlicherweise dem allmächtigen Willen meines Vaters.

Ich kannte als Einziger den Grund. War es Zufall gewesen, dass meine Mutter mich bat, ihr aus dem Buch von Boris Vian vorzulesen, bevor sie starb? Hatte sie vergessen, was sich zwischen seinen Seiten verbarg? Unmöglich. Meine Mutter gab mir das Buch, führte mich auf die Spur, damit ich das Geheimnis entdeckte. Bevor ich am Tag ihrer Beerdigung das Buch ins Regal zurückstellte, blätterte ich darin, nicht um zu lesen, sondern die Zeilen zu betrachten, über die ihr Blick geglitten war, und die Ecken und Ränder zu berühren, auf denen ihre zarten Finger geruht hatten. Und da fand ich ihn, einen zweimal gefalteten Brief. Einen Abschiedsbrief. Geschrieben von ihrer Geliebten, der Liebe ihres Lebens.

Sie schrieb von den zermürbenden Gesprächen, die sie geführt hatten, nachdem mein Vater von ihrem Verhältnis erfuhr; von Verständnis für die Lage, in der sie sich befand, und für die enorme Last des Grundes, aus dem sie sich nicht mehr sehen konnten; vom Akzeptieren ihrer Entscheidung, die ihr das Herz zerriss. Meine Mutter konnte ihre Kinder nicht aufgeben, «vor allem nicht den Kleinen», weil sie überzeugt war, dass mein Vater sein Versprechen wahrmachen würde, sie ihr wegzunehmen, wenn sie «mit diesem Wahnsinn» nicht sofort aufhörte. Sie flehte sie an, den Erpressungen des Ehemanns nicht immer nachzugeben, nicht ins Dunkel abzugleiten, weiterhin erhobenen Hauptes durchs Leben zu gehen. Lieben sei keine Sünde, versicherte sie und versprach ihr, sich ihrem Wunsch zu beugen, sie nie wiederzusehen, doch werde sie jeden Tag, unsichtbar, wie ein Geist, in ihrer Nähe sein. Sie unterschrieb nicht mit ihrem Namen; die letzten Worte auf der Seite lauteten: «die Liebe deines Lebens».

Ich begriff nicht sofort, dass meine Mutter mir und keinem anderen dieses Dokument hinterlassen hatte, nicht deshalb, damit ich ihr eine verbotene, entdeckte und aufgegebene Liebe verzieh, sondern vielmehr die vollständige Aufgabe vor meinem Vater, die es ihr unmöglich machte, sich bei kommenden Streitigkeiten auf meine Seite zu stellen. Als ich sie zum letzten Mal sah, kurz bevor der Sarg geschlossen wurde, berührte ich mit zitternder Hand ihre kalte Wange und sagte flüsternd, stockend, dass ich verstanden und ihr nichts zu verzeihen habe.

Eines Tages kam mir der Gedanke, dass der Brief, den ich in Vians Buch gefunden hatte, vielleicht nicht der einzige war, den meine Mutter aufbewahrt hatte. Ich hatte recht. Nachdem ich sämtliche Bücher von Hermann Hesse, Anaïs Nin und Boris Vian aus Großvaters Bibliothek geholt, durchgeblättert, an den Buchdeckeln gepackt und ausgeschüttelt hatte, als würden sie mir Nachrichten vorenthalten wollen, kamen fünf weitere zum Vorschein. In einem erblühten Zärtlichkeit und gemeinsame Pläne; ein anderer war voller gequälter Vorwürfe und schmerzlicher Erwartung; ein dritter im Ton resignierten Ergebens und stoischer Geduld; zwei weitere voller Flehen und Verzweiflung. Wie auch der letzte Brief, waren alle unterschrieben mit «die Liebe deines Lebens». Sosehr ich auch suchte, ich fand keinen Namen; doch brachte ich in Erfahrung, dass sie jünger war als meine Mutter, dass sie sich zwei Jahre nach meiner Geburt kennengelernt hatten, dass sie eine Frau war.

Perec bediente gerade einen Kunden, als ich hereinkam. Ich begrüßte ihn mit einem Kopfnicken und ging ins Hinterzimmer. Bald würde ich meine schmutzige Wäsche in die Wäscherei bringen müssen. Meine sauberen Sachen bewahrte ich im unteren Teil meines Koffers auf und die gebrauchten im oberen, der durch eine mit Reißverschluss zu schließende Abdeckung vom anderen getrennt war. Als ich den Koffer öffnete, war der Reißverschluss offen, eine Kofferhälfte leer, und in der anderen lag meine ganze Wäsche ordentlich gefaltet und herrlich frisch nach Seife duftend.

Ich kehrte sogleich um, der Kunde war gegangen. Perec wehrte meinen beabsichtigten Dank mit einem Handwedeln ab. Er sagte, das habe er gern getan, es sei doch nicht der Rede wert, und um das Thema zu wechseln, fragte er, wie es mir in diesen Tagen ergangen sei. Ein Sonnenstrahl fiel durchs Fenster herein und tauchte den Buchladen in helles Licht. Im Rauch aus Perecs Pfeife taumelten glitzernde Pünktchen, und wenn der Drehkopf des Ventilators sich in ihre Richtung wandte, verwehte der Luftstrom den Qualm, sodass er sich mit dem Licht zu verbinden schien, anstatt sich aufzulösen. Ich erzählte dem alten Mann, dass ich mir angewöhnt habe, früh aufzustehen und ziellos durch die Gegend zu laufen. Dass ich es schön fand, die Stadt und den Berg ohne Menschen zu sehen.

«So, du wanderst also gern ...», er stand begeistert auf und fischte ein paar Bücher aus verschiedenen Regalen. Er hinkte ein wenig, und aus seiner Kehle kamen heisere Laute. Geschwind fuhr sein Finger über die Buchrücken in einem Regal, er nahm eines heraus und legte es zu den anderen, die er im Arm hielt, dann suchte er weiter. Von seinem alten Plattenspieler erklang eine Sonate von Mozart. Es war eines der Werke, die ich auf CD im Haus der Obelisken gehört hatte. Es war die Sonate in a-Moll, die er in den Tagen nach dem Tod seiner Mutter komponiert hatte. Bei dieser handelte es sich um die Einspielung des großartigen Sir Andreas Schiff. Perec kam an seinen Schreibtisch zurück.

«Richtungsloses Gehen befreit, nicht wahr, mein Junge? Welche Art Wanderer bist du? Ein pünktlicher?», dabei legte er ein Buch von Kant auf den Tisch. «Ein einsamer, natur-verliebter?» Er legte Rousseau auf das erste, ohne es ganz zu verdecken. «Ein städtischer?» Er legte Walter Benjamin auf Rousseau, sodass sich eine Fächerform abzuzeichnen begann, eine Spindeltreppe aus Büchern, und in seinem Blick funkelte die Freude dessen, der ein geistreiches Spiel erfindet. «Ein wilder?», und die nächste Stufe bildete Rimbauds Zeit in der Hölle. «Ein politisch inspirierter?» Die Autobiographie Gandhis und eine von Thoreau. «Einer von trunkener Spontaneität?» Kerouac landete oben auf der Treppe. «Der Welt entrückt?» Robert Walser bildete die oberste Stufe.

Er legte noch weitere darauf, die ich vergessen habe. Er erzählte mir ein wenig von jedem, und danach half ich ihm, sie wieder an ihren Platz zurückzustellen. Als er Walter Benjamin ins Regal stellte, fiel mein Blick auf seinen Nachbarn, *Wolfgang Amadeus Mozart* von Karl Barth. Mein Gesichtsausdruck blieb Perec nicht verborgen.

«Die Bücher, die man lesen soll, haben eine Stimme und

rufen einen», sagte er mit ernster Miene, während er sich eine neue Pfeife anzündete. «Dieses hat deinen Namen genannt. Nimm es mit.»

Ich nahm den schmalen Band in beide Hände, blätterte durch die Seiten, und auf dem Titel des letzten seiner Texte, *Mozarts Freiheit*, blieb mein Blick haften. Mein Herz tat einen Sprung. *Freiheit* ...

«Heute habe ich mich ganz schön lächerlich gemacht», sagte ich, ohne meinen Blick von den Buchseiten zu lösen, und erzählte Perec von meinem «Debüt» auf der Bühne. Mit jedem Wort wuchs meine Scham, und je weiter ich erzählte, umso lebhafter sah ich mein absurdes Verhalten und meine idiotische Bühnenbegeisterung vor mir, als säße ich im Parkett neben Schuff und den Schatten. Ich erzählte ihm alles, von den beiden Arien, meiner blödsinnigen Freude, den spöttischen Kommentaren und der Scham, die ich hinterher empfunden hatte. Die darauffolgende Stille füllte sich mit dem Surren des Ventilators, der Musik von Mozarts *adagio*, das sich von seinem ruhigen, idyllischen Aufbau entfernte, von den vorgezeichneten Wegen abwich und für die Konventionen seiner Zeit ein kleines Beben bewirkte. Perec schaute mich versonnen an. Er ließ eine verschwenderische Qualmwolke aufsteigen, und die Luft erfüllte sich mit einem Duft von Ahorn.

«Du hast einen albernen Moment voll ausgekostet, hast dich gut gefühlt dabei, hast ein Versprechen eingelöst und aufkeimenden Spott weggesteckt, hast deinen verwegenen Ritt fortgesetzt und das Ganze noch einmal gemacht. Danach kam die kleine neidische Stimme aus ihrem Loch gekrochen, das blasse Ich, das dich aus dem Schattenreich anschaut und alles hässlich findet, was es fürchtet, was es sich nicht zu verwirklichen traut ... und die Schönheit des Augenblicks brach für dich zusammen. Wie viele solcher albernen Momente hast du in diesen Büchern gefunden?» Die ausladende Geste seiner Hand umfasste die ganze Buchhandlung. «Das Leben ist da draußen, Vian. Hör mit dem Interpretieren und Zensieren auf. Hör nicht auf die kriechende, hemmende, klein machende Stimme in dir. Du hast niemandem geschadet, und du hast dein Tun genossen. Auch der Kobold, der dich übermütig in den Mahlstrom des Unverhofften gestoßen hat, wohnt in dir. Du musst dich entscheiden, welche der beiden Stimmen von dir und deinem Leben berichten soll. Die Menschen da draußen sagen dir schon, was sie wollen. Du hast einen intensiven und wichtigen Moment erlebt. Hast dich von seiner Intensität mitreißen und von dem Hochgefühl des Augenblicks erobern lassen. Glückwunsch! Jetzt geh und gebe als Dank dem ersten Hungerleider, dem du draußen begegnest, eine Münze, dann ist dein Tag vollkommen.»

Mein Herz wurde wieder zu einem sprudelnden Brunnen, der mit einem kraftvollen Strahl reinsten Wassers jäh zum Leben erwacht. Eine fast schmerzliche Zärtlichkeit erfüllte mich, eine brennende Zärtlichkeit für dieses breite Gesicht mit der pergamentenen Haut, die wachen Äuglein hinter den etwas matten Brillengläsern, die mich ruhig musterten, das angedeutete Lächeln unter dem borstigen grauen Schnauzbart, die qualmende Pfeife in seiner großen Hand, deren Rauch langsam in die Höhe stieg. Er war wie eine alte Eiche, runzelig, ruhig, unbewegt. Ich hätte ihn am liebsten umarmt, doch das Bild von dieser übertriebenen Geste hielt mich zurück. Ich begriff sofort, dass da wieder beide Stimmen am Werk waren; die des spontanen Verrückten und die des bedenkenden Richters. Ich spürte das saubere Wasser durch die Kanäle meiner abgestandenen Ängste rinnen und wusste, was ich zu sagen hatte. Ich musste über das Geheimnis reden, das mich seit dem Tod meiner Mutter begleitete. Ich hatte noch nie mit meinen Geschwistern über die Briefe gesprochen, die ich gefunden hatte, auch meinem Vater gegenüber hatte ich sie nie erwähnt und natürlich keinem meiner Freunde, wenn wir betrunken waren und die Zeit der Geständnisse kam. Dies war der Augenblick, verriet mir der Mahlstrom, die Geschichte meiner Mutter mit Perec zu teilen, wenn ich frei sein wollte. Danach, draußen, würde ich die einzige Münze, die ich noch besaß, dem ersten Habenichts in die Hand drücken, der mir über den Weg lief. Dann wäre dieser Tag wirklich denkwürdig und vollkommen.

Alles wäre anders gekommen, wenn ich nicht so lange gebraucht hätte, einen Entschluss zu fassen; wenn sich mein Schweigen nicht so lange hingezogen hätte, dass Perec sich bemüßigt sah, das Thema zu wechseln, bevor mir das erste Wort über die Lippen kam. Mit gedehnter Stimme erklärte er, dass er in der kommenden Woche mit seiner Frau nach Graz fahren wollte, um dort ihren Sohn zu besuchen. Ich spürte eine kurze Übelkeit, einen Schlag in den Nacken, einen Druck in der Brust. Mir wurde eiskalt, das Wasser trübte sich, Schlamm, Geröll und welkes Laub wurden hineingedrückt, aus Zärtlichkeit wurde zuerst Bestürzung, dann Neid und schließlich wachsender Zorn. Jetzt wusste ich, was die saubere und ordentlich gefaltete Wäsche zu bedeuten hatte. Er warf mich aus dem Haus. Er hatte einen Weg gefunden, sich von meinen lästigen täglichen Besuchen zu befreien. Na gut, dann würde ich eben einen anderen Platz finden, wo ich meinen Koffer lassen konnte. Das sagte ich ihm. Kein Problem. Perec hob die Augenbrauen und schaute mich lächelnd an. Sein Schwager würde sich um den Buchladen kümmern, er wisse um meine Situation, ich könne unbesorgt sein. Ach, aber es war keine Sorge, die mir auf der Seele lastete. Wut, Neid, Eifersucht, Schlamm, Gift. Erbärmliche, durch nichts zu rechtfertigende Gefühle. Das Herz sank in den tiefen Sumpf meiner Seele hinab. Es ging unter und mit ihm das Zutrauen, das Geheimnis, das mit ihm zu teilen ich im Begriff gestanden hatte. Perec verließ mich. «Verrat!», brüllte ein hasserfüllter Chor in meiner bebenden Brust, und obwohl der Verstand mir sagte, wie absurd meine Gefühle waren und wie fehl am Platz, konnte ich sie nicht unterdrücken. Sie hatten sich mit dem Wasser vermischt, das sich jetzt als zäher Schlamm gnadenlos voranwälzte und meinen wankelmütigen Geist trübte. Verrat. Verzweiflung. Wut. Das *adagio* war an sein heiteres Ende gekommen, und die galoppierenden Akkorde des *allegro* erfüllten den Raum ... wie brüllendes Gelächter.

Ich nahm die Bücher, verabschiedete mich mit einem Kopfnicken, blieb an der Tür stehen und sagte zu Perec, eigentlich würde ich viel lieber Fahrrad fahren als gehen. Finsteren Blicks trat ich dann auf die Straße und erblickte sofort einen Bettler. Ich ballte die Faust in der Tasche und ging an ihm vorbei. Die Münze darin gab ich ihm nicht.

7

*I*ch versuchte, meinen Groll, meinen ungerechtfertigten Zorn zu verscheuchen. Armer Perec. Was konnte er dafür, dass er seinen Sohn liebte und sich darauf freute, ihn zu besuchen? Die Würmer meines Herzens krochen an die Oberfläche und schlugen ihre Beißer in das Fleisch meiner

Gefühle. Ich lief von Platz zu Platz, meine wütenden Schritte hallten auf dem Straßenpflaster, und ich schrie meinen unbeseelten Freunden Fragen ins Gesicht.

«Vermisst du Nootebooms Briefe?», fiel ich über Poseidon her. «Sie gaben dir das Gefühl, wieder wichtig zu sein, und jetzt, da ich sie dir nicht mehr vorlese, siehst du dich mit Schrecken dem neuerlichen Vergessen der Menschen ausgesetzt?»

Stille.

Ich lief ans andere Ende des Platzes und blieb vor dem Holzmann auf der goldenen Kugel stehen.

«Wie lange willst du hier noch starr und einsam herumstehen?», schrie ich mit gerecktem Hals. «Weißt du nicht, dass nur wenige Schritte von hier eine Frau in ihrer Nische auf dich wartet? Wann springst du endlich und kommst zu uns herunter?»

Stille.

Mit ausgreifenden Schritten machte ich mich davon und eilte zum Mozart-Denkmal.

«Hat sich der Schmerz über das Verschwinden deiner Mutter gelegt», fragte ich mit überschnappender Stimme, «als du Constanza geheiratet hast, als du ihre Familie adoptiert und Frau Weber, deine Schwiegermutter, Mama genannt und ihr manchmal Kaffee und Zucker freudestrahlend als Gastgeschenk mitgebracht hast? Ist die tiefe Wunde durch die Liebe zu dieser anderen Mama, durch die Liebe zu deinem angebeteten Frauchen wirklich verheilt?»

Stille.

Ich floh, rannte davon, stieß mit einem korpulenten Mann zusammen, der hinter mir her schimpfte, rannte weiter und erreichte den Toscaninihof.

«Und was, wenn der Holzmann kommt?», fragte ich die

Frau in der Nische. «Und du ihn nicht mehr erwartest, ihn niemals erwartet hast? Und wenn er feststellt, dass er besser auf seiner Kugel geblieben wäre, statt einsamer denn je unter uns Menschen zu wandeln?»

Stille.

Im Geiste sah ich zwei kräftige Krankenwärter auf mich zugerannt kommen, die den Rasenden, der Statuen anschreit, wegbringen wollten. Sie würden mich in die nächste Irrenanstalt bringen, mir ein Mittel spritzen, damit ich zu brüllen aufhörte, und kein Mensch würde mich besuchen. Mit gesenktem Kopf mischte ich mich unter die Passanten. Ich rannte nicht mehr, als ich in eine enge Gasse einbog. Mein Blick war auf die Gehwegplatten gerichtet. Armer Perec, was konnte er dafür? Armer Vian, Sklave deiner Impulsivität, deiner Ängste, deiner Phobien, deiner miserablen Poesie. Als ich um die nächste Ecke bog, fiel mein getrübter Blick auf einen neuen Freund. Ein Papageno aus Bronze, der auf dem kleinen Platz seines Namens regungslos die Panflöte spielt. Niemand fotografierte, niemand beachtete ihn. Perecs Stimme, die meine morgendliche Heldentat im Theater begrüßte, kehrte langsam und wabernd wie der Qualm aus seiner Pfeife zu mir zurück.

«Heute habe ich deine Arie gesungen, und es war wundervoll», sagte ich zu Papageno mit vor Stolz und vor Zorn geschwellter Brust. «Du bist Mozart, mein Bruder, und dies ist dein wahres Denkmal.»

Stille.

Ich versuchte, zu mir zu kommen, doch mein Herzschlag raste immer noch. Ich schwitzte, ballte die Fäuste. Wie gern hätte ich wieder die sanfte Zärtlichkeit für den alten Buchhändler in mir gespürt, doch meine geschundene Seele wand sich im Innern und verursachte Krämpfe in meinen Eingeweiden. Langsam, schwerfällig und erschöpft wankte ich zum Theater.

Die Probe an diesem Nachmittag war eine Klavierhauptprobe; die erste mit Schminke und vollständigem Kostüm und die letzte unter Schuffs Leitung. Danach würde mit dem Orchester geprobt, wobei der Dirigent Eduardo Montes der neue Regisseur sein würde, der bei keiner der Bühnenproben anwesend gewesen war und daher auch Schuffs Ansatz nicht kannte. In zwei Tagen würde er alles zum ersten Mal sehen. Die Festspielleitung sah Probleme voraus. Schuff hatte deutlich gemacht, dass er keine Änderungen zulassen werde.

«Er soll mir bloß nicht damit kommen, dass er den Chor weiter vorne braucht», sagte er, «oder dass die Sopranistin zu weit hinten steht und niemand sie hört. Das hätten wir in den vergangenen Wochen gemeinsam klären sollen. Er hat sich nie sehen lassen. Sein Problem. Ich gedenke nicht, irgendetwas zu ändern.»

Ich wurde drei Stunden vor Probenbeginn in den Schminkraum bestellt. Die Maskenbildner leisteten Schwerarbeit. Die Tchenova saß vor dem langen Spiegel und wurde frisiert. Sie sprach über Mode und Schuhe und machte kleine Tonübungen mit geschlossenem Mund. Jacques war noch nicht da.

Mein Teufelskostüm kniff an den Knöcheln und kratzte an den Beinen. Ich war müde und empfand weder Freude noch Nervosität, noch irgendeine Art von Aufregung. Mein Zorn hatte mich völlig entleert. Ich nahm das Buch von Barth und las ein wenig, konnte mich aber nicht auf die Lektüre konzentrieren. Über Lautsprecher wurde verkündet, dass die Probe eine halbe Stunde später begann. Die Maskenbildner brauchten länger als vorgesehen. In unseren

Umkleideraum drangen die Stimmen der Solisten, die ihre Stimmübungen machten. Einzelne Sätze der Opernfiguren mischten sich mit auf- und absteigenden Tonleitern. Der Lautsprecher verkündete weitere fünfzehn Minuten Verspätung. Es galt, sich in Geduld zu fassen, die technischen Proben dauerten immer lang, wurden vom Regisseur unterbrochen, sobald etwas schieflief. Dies war seine letzte Gelegenheit.

Kaum hatte ich die Bühne betreten, auf der eine dünne Schicht künstlichen Nebels waberte, stürzte sich Jacques – als haariger Teufel in rotem Rock verkleidet – auf mich und umarmte mich so ungestüm, dass wir beide beinahe zu Boden gegangen wären. Er beglückwünschte mich lärmend und schlug mir auf die Schultern. Ich entzog mich seinem Geschrei und fragte ihn, was der Rummel sollte.

«Es hat sich herumgesprochen, dass du heute Morgen einen Wahnsinnsauftritt hattest», sagte er mit glänzenden Augen und einem Lächeln, bei dem viele Zähne zu sehen waren. «Nicht nur Masettos Arie, sondern auch eine Zugabe, Papagenos Arie mit langem hohem Ton am Ende. Großartig. Außergewöhnlich ...»

Sein Geschrei und Gefuchtel zog die Blicke von Solisten, Komparsen und Bühnenarbeitern auf uns. Mein Atem beschleunigte sich, ich spürte, dass ich errötete, ein glühender Ball brannte in meiner Brust. Ich legte beide Handflächen auf seine Brust und stieß ihn entschlossen von mir. Damit hatte Jacques nicht gerechnet, er taumelte und stürzte zu Boden. Plötzlich herrschte Stille ringsum, alle Blicke richteten sich auf den Gestürzten, der sich seine Zeit nahm, um wieder auf die Füße zu kommen. Er saß da, eines seiner Bocksbeine angewinkelt, das andere ausgestreckt. Der rote Körper auf einen Ellenbogen gestützt, das Gesicht der wabernden

Nebeldecke auf der Bühne zugewandt, das lange Haar, aus dem seine zwei Hörner wuchsen, fiel ihm strähnig in die Stirn. Ich stand mit gespreizten Beinen über ihm, die Arme bereit zum Kampf, der unausweichlich schien. Aus den Augenwinkeln erkannte ich Julia, die uns mit vor der Brust verschränkten Armen betrachtete. Jacques stand in aller Ruhe auf, klopfte sich den Staub von den zottigen Beinen und der roten Jacke. Mit wildem Schwung warf er sein Haar zurück, strich sich über die Hörner und richtete seinen stählernen Blick auf mich. Langsam kam er näher. Mein Herz drohte zu zerspringen. Ich stand wie angenagelt auf meinem Platz, wich nicht eine Handbreit zurück, doch nicht aus Tapferkeit. Dieser eisige, spitze, brennende Blick lähmte mich. Jemand forderte ohne große Überzeugung Ruhe. Jacques stieß blitzschnell seine Hand in die Rocktasche. Ich musste an das Messer denken, mit dem er die beiden Tänzer bedroht hatte, und zitterte. So schnell sie hineingestoßen war, kam die Hand aus dem roten Tuch wieder zum Vorschein. Ich stieß einen erstickten Schrei aus und wich einen Schritt zurück. Zwischen Jacques' Fingern ragte ein Plastikzahnstocher hervor und zielte auf meine Nase.

«Buh!», rief er, steckte sich den Zahnstocher in den Mund, vollzog eine halbe Drehung und marschierte – mit hocherhobenen Händen applaudierend – davon, als wäre dies die gelungene Schlussszene einer Opernaufführung gewesen. Lächelnd kehrten alle zu ihren Tätigkeiten zurück.

«Die Oper beginnt!», rief Claudia.

Wir nahmen unsere Positionen ein, und für den Rest der nicht enden wollenden Probe hatte ich – wie auch bei der Vorstellung – das Gefühl, an einem Platz zu stehen, der nicht der richtige war. Ich bekam keine einzige Anweisung. Jacques in seiner Rolle als Beelzebub lenkte entschlossen seine Horden, hüpfte in karnevaleskem Übermut über die Bühne, und wir, die kleinen Teufel, gehorchten. Er blitzte diesen und jenen herrisch an, mich ignorierte er. Am Ende der Szene schaute ich in Julias Richtung, ihre Aufmerksamkeit war, wie stets, in eine andere Richtung gelenkt. Ich dachte betrübt, dass durch den Stoß unsere merkwürdige Allianz zerbrochen war und diese beiden Replikanten nichts mehr mit mir, dem armen richtungslosen Menschen, zu tun haben wollten. Alles wird verschwinden, hörte ich wieder eine Stimme in meinem Geiste.

Nach der Probe rannte ich in den Umkleideraum und wollte diesen Ort möglichst rasch verlassen. Mein ganzer Körper schmerzte. Der Gedanke, wieder im Park oder auf Asphalt zu schlafen, quälte mich. Ich fühlte mich wie eine Marionette, der man die Fäden gekappt hat. Draußen in der Nacht ging ein schüchterner Wind, der nicht wirklich erfrischte. Dann traf ich Jacques und Julia. Er hatte seinen nackten Arm um ihre Schultern gelegt.

«Morgen fahren wir nach München», sagte er boshaft lächelnd, und ich wusste nicht, ob der Plural mich einschloss oder nur die letzte Ohrfeige war, der Gegenstoß, der mich aus ihrer Gesellschaft endgültig verstieß.

«Ihr fahrt nach München?», fragte ich und konnte meine Besorgnis nicht ganz verbergen.

«Wir fahren», sagte Jacques, und sein in die Runde zeigender Finger schloss mich in die Reisegesellschaft ein. «Morgen proben die Sänger mit dem Orchester, und wir haben einen Tag frei. Wir fahren nach München, da gibt es Farben für dich, eine riesige mechanische Uhr für Julia, und ich werde euch eine wichtige Mitteilung machen. Wir treffen dich um neun an der Bushaltestelle Sigmundstor.»

Julia entwand sich Jacques' Arm, trat zu mir und gab

mir eine Zugfahrkarte. Dabei legte sie mir eine Sekunde die Hand auf die Schulter und sagte im Weggehen:

«Wir sehen uns da, Vian.»

Mein Blick folgte ihr. Sie hatten mich nicht ausgestoßen. Einen ganzen Tag würde ich mit Julia verbringen. Als ich mich wieder umdrehte, starrte ich in Jacques' brennende Augen. Er hob seine Hand, seine Finger nahmen mein Kinn in die Zange.

«Du hättest mich umbringen sollen, als du mich am Boden hattest», presste er zwischen den Zähnen hervor und verstärkte den Klauengriff um mein Kinn noch etwas. Ich rührte mich nicht, sah ihn nur mit hochgezogenen Augenbrauen an. Er ließ ein Kichern hören und nahm seine Hand aus meinem Gesicht.

«Geh schlafen, Kleiner», befahl er und fügte – Julias Ton imitierend – hinzu: «Wir sehen uns da, Vian.»

Was bedeuteten schon Erniedrigung und Gefahr, wenn ich einen ganzen Tag mit Julia verbringen konnte! Die Fäden waren nicht gekappt und ließen die Marionette mit neuer Kraft agieren. Die Hand des Teufels führte Regie.

8

*P*ünktlich um neun war ich am nächsten Morgen an der Bushaltestelle am Mönchsberg. Zwei weitere Personen saßen dort und warteten. Schweigend betrachteten wir die steinernen Pferde in dem Brunnen am anderen Ende der Straße und den gewaltigen Rahmen des in den Fels gehauenen Sigmundstors, das den Eingang des Tunnels bildete, durch den ich während der Proben im Lehrbauhof so oft geradelt war. Ich war nervös. Ich hob den Blick und folgte dem majestätisch aufragenden nackten Fels nach oben bis genau zu der Stelle, an der Jacques sich über den Abgrund gelehnt hatte, gehalten allein von der zitternden Kraft meines Arms. Ich hätte ihn fallen lassen sollen, dachte ich. Ein kalter Schauer rann mir über den Rücken. Julia und Jacques kamen lachend heran, und wir begrüßten uns. Jacques fragte Julia, ob sie sich vorstellen könne, wo ich die Nacht verbracht hätte, denn ich trüge noch dieselben Sachen wie am Vortag (Perec öffnete seine Buchhandlung erst um zehn Uhr). Julia zuckte die Schultern und wechselte zu meiner Erleichterung das Thema. Wir sprachen über die Musikprobe an diesem Vormittag, das Finale, für das Schuff immer noch keine Lösung eingefallen war, den Tenor, der sich krank gemeldet hatte.

«Der erinnert mich an eine Szene aus *Die Pest* von Camus», sagte Jacques, ohne den Blick von der Straße abzuwenden, auf der der Bus kommen musste. «Der Tenor, der den Orpheus singt, bekommt plötzlich einen Anfall und fällt auf der Bühne tot um. Opfer der Pest. Das Publikum strömt benommen und erschrocken nach draußen. Die Pest auf der Bühne in Gestalt eines dahingerafften Mimen», rief er mit erhobener Stimme, «und im Zuschauerraum all der nutzlos gewordene Luxusplunder in Form von liegengelassenen Fächern und Quastenbändern über dem Rot der Theatersessel. Herrliche Szene», fuhr er mit normaler Stimme fort. «Papagei tot», fügte er gefühllos, beinahe lustvoll hinzu.

«Wie dein Vater», sagte Julia düster.

«Ja, wie mein egoistischer, abwesender Papagei von Vater.»

«Du hast ihn nie gesehen?», fragte ich vorsichtig.

«Nur selten; aber nicht deswegen nenne ich ihn egoistisch

oder abwesend, Kleiner», erwiderte Jacques, und ein kaltes Lächeln trat auf sein Gesicht. «So nenne ich ihn, weil er sich aufgehängt hat, ohne eine Erklärung zu hinterlassen. Gewiss, mit seiner Karriere ging es abwärts; aber das? Armer Idiot.» Er spie den Zahnstocher aus, der in seinem Mundwinkel wippte. «Da kommt der Bus, wer als Letzter drinnen ist, zahlt.»

Er gab mir einen Stoß vor die Brust, dass ich taumelte, und sprang mit Julia in den Bus. Sie lachten wie ausgelassene Kinder. Ich hatte kein Geld dabei, das sagte ich ihnen, sie zuckten die Schultern, und wir stellten uns auf eine Fahrt ohne Fahrschein ein. Unterwegs beobachteten sie meine Nervosität und lachten. Bei jeder Haltestelle schaute ich angstvoll in die Gesichter der zusteigenden Fahrgäste, als könnte ich so den Kontrolleur entdecken, der unsere entwerteten Fahrscheine sehen wollte. In den Gesichtern glaubte ich schon Spott, Verurteilung, Missbilligung zu sehen. Ein vorauseilendes schlechtes Gewissen vermengte sich mit meiner zunehmenden Angst. Als wir am Bahnhof ankamen, sprang ich als Erster nach draußen und entfernte mich so rasch ich konnte vom Bus und von den anderen Fahrgästen.

Im Zug fuhr ich allein. Ich hörte das Tuscheln und gelegentliche Lachen von Julia und Jacques, die ein paar Reihen hinter mir saßen. Ich hasste sie beide. War das Ganze eine Falle? Ich konzentrierte mich auf die an den Fenstern vorbeifliegende Landschaft. Was hatte Mozart während seiner langen Reisen in Kutschen gesehen? Achtmal war er nach München gereist, hatte dort zwei Opern uraufgeführt, dort hatte Aloysia Weber ihm das Herz gebrochen, und dort tat er 1781 den Sprung in die Unabhängigkeit von seinem Vater und dem ganzen Hofstaat aus Salzburg. Die Landschaft hatte sich gewiss nicht sehr verändert. Zumindest dort nicht, wo der Mensch in den langsamen Lauf der Natur nicht gewaltsam eingegriffen hatte. Ich stellte mir vor, mit Mozart in der Kutsche zu sitzen, ihn dabei zu beobachten, wie er auf seinem Knieschreibtisch schrieb. Er hatte das Notenpapier, auf dem er seine neue Oper verfertigte, gegen ein anderes Blatt getauscht, um einen Brief zu schreiben. Er schaute fast nie aus dem Fenster. In seinen Briefen finden sich keine Landschaftsbeschreibungen. Nur Musik, Aperçus, Eindrücke von Personen, denen er begegnet oder die er vermisst oder hasst oder verachtet. Während ich ihm zuschaute, schrieb er, ihm gegenüber sitze ein Typ mit einer großen Nase, der ihn anscheinend erkannt habe, denn er starre ihn ungebührlich an. Mozarts Hand formte auf dem Papier die Worte «ich werde ihn fragen, ob er in meinem Gesicht irgendwas verloren hat».

«Willst du etwas aus dem Bistro?», fragte Julia und riss mich aus meinen Phantasien. Sie ging an Jacques' Arm. Ich schüttelte rasch den Kopf.

Die Wolken waren grauer als an anderen Tagen und schienen auf Regen hinzudeuten. Ich würde mir ein Dach suchen müssen, unter dem ich die Nacht verbringen konnte. Ich bekam eine Kurznachricht von meinem Vater, der mich fragte, wie die Dinge liefen. Ich schickte ihm keine Antwort. Ich dachte an die Beerdigung von Mozarts Vater, an der Wolfgang nicht teilgenommen hatte. Ich dachte an dem in irgendeinem Zimmer seines Hauses hängenden Vater von Jacques. Ich dachte an meinen Vater, der eine Zigarre rauchte und in der anderen Hand die Hausschlüssel hielt. Ich schloss die Augen und schmiegte mich in die weiche Umarmung meines Sitzes. Ich träumte, Mozart säße neben mir im Abteil. Er hörte Musik über Kopfhörer und füllte Blätter mit Noten. Zugleich beantwortete er E-Mails und schaute sich Fahrradmodelle auf seinem Tablet an. Plötzlich drehte er sich zu mir um und fragte mit einem Lächeln wie dem von Jacques, ob ich etwas in seinem Gesicht verloren habe. Julia weckte mich, als sie an mir vorbeiging. Ich reagierte nicht gleich und sprang erst beim Signal zum Schließen der Türen aus dem Waggon. Jacques und Julia lachten, als sie den Schrecken in meinem Gesicht gewahrten.

Wir nahmen die U-Bahn, um zum Marienplatz zu gelangen. Bevor wir den Platz betraten, umrundeten wir ihn und gingen an der Staatsoper vorbei. An ihren Wänden hingen Vitrinen mit Fotos der Produktionen, die während der Sommerfestspiele aufgeführt wurden. *Rheingold* und *Die Zauberflöte* unter anderem. Wagner und Mozart, Bayreuth und Salzburg, die Opernsommer meines Vaters. Mein Vater, immer mein Vater.

Wir gingen vorbei, und Jacques ließ wieder einen seiner gelehrten Vorträge vom Stapel, wobei er einen Hang zur Pedanterie erkennen ließ. Die Sommerfestspiele dieser Stadt seien aus einer Produktion des *Don Giovanni* entstanden, die von Hermann Levi überarbeitet worden war, der auch die Uraufführung des *Parzival* dirigiert hatte. Levis Übersetzung des Werkes ins Deutsche wurde Jahrzehnte später von den Nazis verboten, weil er jüdischer Abkunft war. Wagner sei mit dem Dirigieren von Mozart immer glücklos geblieben.

Wir stellten uns auf den Platz unter dem riesigen Glockenspiel. Die Sonne brannte nicht so heiß wie in Salzburg, und unsere Schatten waren runde Flecken unter unseren Füßen. Mit vor der Brust gefalteten Händen verfolgte Julia den mechanischen Tanz der Figuren, die sich oben drehten. Jacques erklärte uns, dass der Tanz das Ende der Pest feiern sollte, und fügte dann noch hinzu, die Pest ende nie, und wir alle seien von ihr infiziert. Julia schien ihm nicht zuzuhören, biss sich auf die Unterlippe und schaute unbewegt und vergnügt nach oben, applaudierte sogar, als am Ende des Reiterturniers einer der Ritter von der Lanze des anderen vom Pferd gestoßen wurde. Als alles vorbei war, breitete sie die Arme aus, umschlang mich und rief spontan: «Was für eine Freude!» Sie ließ mich gleich wieder los, und ich stand da, benommen und bewegt. Jacques stieß einen lauten Rülpser aus, darauf ein gackerndes Lachen, und dann gingen wir zu einer Würstchenbude, um Bratwürste zu essen und Bier zu trinken. Jacques sprach die ganze Zeit mit vollem Mund, und bei jedem Konsonanten kamen kleine Stückchen gekauter Wurst herausgeflogen. Julia hörte ihm nicht zu und schien immer noch ganz in der Freude versunken, die die tanzenden Figuren des Glockenspiels ihr geschenkt hatten. Einen Moment lang schob sich eine graue Wolke vor die Sonne.

«Jetzt ist der Kleine an der Reihe», sagte Jacques, knüllte die fettverschmierte Serviette zusammen und marschierte in Richtung Königsplatz davon. Wir gingen schnell, ich wusste nicht, wohin sie mich brachten. Als wir das Reiterdenkmal Maximilians von Bayern passierten, forderte Julia mich auf, der Blickrichtung seines ausgestreckten Bronzearms zu folgen, die an einer auffälligen Werbetafel für Pilates-Kurse endete. Auf dem kleinen Platz, der dem Andenken der Opfer des Nationalsozialismus gewidmet ist, betrachteten wir eine Weile die brennende Fackel. Mehrere Leute fotografierten dort breit grinsend. Jacques ging weiter, wir folgten ihm in einiger Entfernung. Wir gingen auf der Straße, auf der Hitlers Armeen aufmarschiert waren und sich seine abscheulichen Horden versammelt hatten.

«In der Kunst», sagte Jacques, «haben sie sich Wagner,

Beethoven und Bruckner aneignen können, aber bei jedem Versuch, Mozart als arisches Symbol zu vereinnahmen, hat sich der geniale Geist davongemacht. Trotz der vielen Festspiele überall in Deutschland und in Wien und im Radio, auf denen Mozart als deutsches Symbol *par excellence* angepriesen wurde; obwohl sie die Salzburger Festspiele als Geisel genommen haben mit all ihren Fahnen der Angst und des Todes; obwohl sie versucht haben, den Namen und die Bedeutung seines jüdischen Librettisten Lorenzo da Ponte auszulöschen; obwohl der tiefe Einfluss der Freimaurer unterdrückt und geleugnet wurde; und obwohl eine Legion von Musikwissenschaftlern beauftragt war, Leben und Werk Mozarts aus der Ideologie der Nationalsozialistischen Partei heraus zu erklären, blieb Mozart nach dem verlorenen Zweiten Weltkrieg gänzlich unangetastet und vom Nationalsozialismus vollkommen losgelöst. Gewonnen hatten die Musiker im Exil, die sich für seine Reinheit und seinen Universalismus eingesetzt hatten. Und es gewannen die Musikwissenschaftler – Deutsch und Einstein insbesondere –, die in der Verbannung jene Dokumente erstellten, die heute noch Gültigkeit haben.»

Ich dachte, dass vor allem Mozart gewonnen hatte. Mozarts freie Musik hatte gewonnen. Sein vollkommenes Gebäude aus Luft und Schatten, das unmöglich mit Ideologie, Politik oder Dramaturgie vollgestellt werden konnte. Ich dachte es, sagte aber nichts. Jacques hielt weiter seinen Vortrag; versicherte, die Menschheit würde stets der neuesten Schimäre hinterherlaufen, der vielversprechenden Politik des Augenblicks. Er sprach von der Wiederholung des Perversen, der Intoleranz, des Eigennutzes, die sich natürlich in der erfolgreichen Wiederauferstehung schriller, in West und Ost bejubelter extremistischer Bewegungen offenbare.

«Wir werden niemals frei sein, Kleiner», sagte er und gab mir ein paar Klapse auf den Rücken wie einem abgerichteten Hund. «Du wirst niemals frei sein, Vian.» Er zwängte die Hände in die Taschen seiner engen Hose und begann zu pfeifen. Julia schaute geradeaus und beachtete ihn nicht. Ich ging still hinterher.

Nach einigen Minuten wurde mir mein zu Boden gerichteter Blick bewusst. Ich hob den Kopf, Julia beobachtete mich.

«Schaust du beim Gehen immer auf den Boden?», fragte sie, ohne ihre Frage zu begründen.

«Nicht immer», antwortete ich verunsichert.

«Was siehst du, wenn du nach oben schaust?», mit einer Kopfbewegung deutete sie auf eine Frau, die vor uns ging und in den Himmel sah, und ergriff meinen Arm. Ich schaute nach oben und antwortete, ich sähe Wolken, Baumkronen, Straßenlaternen, Vögel und mit ein wenig Glück einen Regenbogen.

«Und wenn du geradeaus schaust?»

«Gesichter von Frauen und Männern», antwortete ich, «Türen, Schaufenster und Auslagen, Zäune, Mauern, Verkehrsschilder weiter vorn und Ampeln.»

«Und wenn du, wie gewöhnlich, mit dem Blick nach unten gehst?»

«Gehwegplatten, Zigarettenkippen, plattgetretene Kaugummis, Schuhe in Bewegung, Pfützen, Risse, Müll. Eine Münze oder eine Blume … manchmal.»

Nach meiner letzten Antwort, dachte ich, könnte keine weitere Frage mehr kommen. Die beiden machten mich noch wahnsinnig. Doch dann schaute sie mir sehr ernst in die Augen und fragte:

«Und was siehst du, wenn du nach innen schaust?», dabei

drückte ihr Zeigefinger sanft auf meine Brust. Sie ließ meinen Arm los, und ich brauchte ein paar Sekunden für meine Antwort.

«Wenn ich nach innen schaue», sagte ich, «sehe ich das Gleiche, wie wenn ich nach oben, geradeaus oder nach unten schaue. Es kommt auf den Moment an.»

«Wolken, Ampeln, Hundekacke», deklamierte Jacques, der offenbar alles mitgehört hatte. «Und hier haben wir», rief er großspurig und deutete auf das gelbe Gebäude des Lenbachhauses, «das Heim des Blauen Reiters, der 1911 von Kandinsky und Marc gegründeten Kunstbewegung.» Wir traten ein, und Jacques breitete die Arme aus, als wäre er ein Zauberer, der mit einem magischen Trick die Farben der Bilder aufscheinen ließ, die an den Museumswänden hingen. Julia schaute mich erwartungsvoll an, begierig, die Freude in meinem Gesicht aufleuchten zu sehen. Doch was ich in diesem Augenblick empfand, war nicht Ruhe und auch kein Glück, sondern eisige Leere. Die Freude darüber, all die Bilder von Klee, Kandinsky, Marc, Macke und Münter um mich zu haben, war verflogen; die Freude darüber, inmitten ihrer geometrischen Farben dieselbe Ruhe und Ausgeglichenheit zu finden, die ich in den Figuren der Kaleidoskope fand oder den kleinen Regenbögen, die unter meinem Daumen entstanden, wenn ich einen Wasserstrahl im Gegenlicht so zusammendrückte, dass er einen Fächer bildete, war verflogen. Verflogen! Warum beruhigte mich die Geometrie der ausgestellten Farben nicht? Inmitten des eisigen Nichts, das meinen Geist lähmte, versuchte ich mir Verse von Sor Juana in Erinnerung zu rufen. Doch auch sie brachten mir keine Ruhe. Wie und warum hatte ich in diesen ruhelosen Zustand geraten können? Ich ahnte, dass Julias Fragen etwas mit dieser unheilvollen Entwicklung zu tun hatten, mit dieser Leere, aus der sich mit donnernder Kraft Unsicherheiten und Ängste, Liebesfieber und Phobien lösten und in eine unkontrollierte Kreisbahn gerieten, die die Wände meines Bewusstseins einzureißen drohte und all meine Gedanken verdunkelte. Aus diesem dichten Spiralnebel des Lärms krächzten die Raben und hämmerten mir mit spitzen Schnäbeln Sätze und Schreie ins Hirn, derer ich mich nicht erwehren konnte, da ich keine leuchtende Zuflucht fand, die mich rettete. Es war, als wären die Halteseile, an denen ich mich durchs Leben gehangelt hatte, nutzlos geworden, hätten ihre aus Ruhe und Ordnung gewachsene Kraft verloren und sich in monströse Krücken verwandelt, die mich daran hinderten, mich frei zu bewegen. Mir wurde übel, und ich wäre am liebsten nach draußen gerannt. Ach, die meisterlichen Farben dieser erhabenen Kunstwerke verursachten mir körperliches Unwohlsein.

Julia beobachtete mich immer noch. Vielleicht erwartete sie von mir die gleiche euphorische Reaktion, die sie vor dem Glockenspiel am Rathaus gezeigt hatte; dass ich die Arme ausbreitete, sie umarmte und «Was für eine Freude!» rief. Aber ich konnte weder die Geste noch den Ausruf simulieren, wenn mein Gefühl mich nicht dazu trieb. Ich gewährte ihr ein übertriebenes falsches Lächeln und entfernte mich mit schlecht gespielter Begeisterung, schlenderte verzweifelt am Farbenreigen all dieser Meisterwerke vorbei, die meine Seele nicht zu besänftigen vermochten. Nachdem wir noch ein wenig herumgegangen waren, bemerkte Jacques, die Farben hätten offenbar nicht die gewünschte Wirkung gezeigt, und am besten gingen wir jetzt. Meinen überhasteten Protest ignorierend, schritt er entschlossen dem Ausgang zu. Wir folgten ihm. Wir gingen zum Odeonsplatz zurück. Kinder bewarfen sich dort mit wassergefüllten Luftballons.

Die stumme Reglosigkeit der steinernen Löwen verstärkte noch mein Unbehagen. Ich glaubte, den Replikanten den Tag verdorben zu haben. Wir betraten den Hofgarten, und Jacques sprach von Mozart in München, der ausführlichen Korrespondenz, die er während dieser Zeit mit seinem Vater geführt hatte und die uns den kreativen Prozess des Genies erahnen lässt. Ich hörte kaum zu, fühlte mich in der Seele müde und krank, bedrängt von den gnadenlosen Schnabelhieben der schwarzen Vögel. Als wir das Ende des Parks erreichten, hielt die Welt einen Moment lang inne, mein Blut gefror, ich hörte auf zu atmen und konnte nur mit Mühe den Schrei unterdrücken, der sich meiner Kehle entrang. Julia näherte sich mir besorgt, als fürchte sie, ich könne in Ohnmacht fallen. Sie hatte ebenfalls gesehen, was meinen Schrei ausgelöst hatte. Auf der anderen Straßenseite erhob sich riesengroß auf langen Beinen eine schwarze Spinne. Die kreischenden Raben wichen erschrocken zurück. Mit ausgebreiteten Armen rannte ich darauf zu und umarmte sie. Ich hatte meine erleuchtete Zuflucht gefunden.

9

*E*s war dieselbe Spinne. Dieselbe, die ich nach meinem misslungenen Vorsingen in London in der Tate Modern gesehen hatte und die mir eine unerwartete Ruhe bescherte, als ich mich zum Lesen hingesetzt und mich an einen der eisernen Stränge ihrer Beine angelehnt hatte. Und genau diese stand jetzt groß und erhaben auf dem Gehweg vor dem Haus der Kunst. Nachdem ich eines ihrer Beine umarmt hatte, ging ich – ohne mich darum zu kümmern, ob Julia oder Jacques mir folgten – ins Museum, wo weitere Arbeiten von Louise Bourgeois, der Erschafferin der Skulptur, wie ich dort erfuhr, ausgestellt waren. Nun war ich voller Begeisterung, lief von einem Kunstwerk zum nächsten: Riesenspinnen, deren Beine von durchsichtigen Wänden umgebene Zimmer umstellten. Totems und kleine möblierte Käfige, in denen die Spinne wiederkehrte, diesmal winzig und auf einem Sofa sitzend. Zerbrochene und deformierte Körper, hängende Spinnen wie Lampen ohne Licht. Keine von ihnen bewirkte den bekannten Schrecken, das elektrische Erstarren. «Meine Mutter, meine liebe Mutter ist nicht mehr.» Mozarts Worte kamen mir wieder in den Sinn, als ich las, dass die Spinne für Louise Bourgeois ein Muttersymbol war. Ich musste auch an die feuchten Augen meiner Mutter denken, die aufmerksam meinen Lippenbewegungen folgten, als ich ihr aus dem Buch von Boris Vian vorlas, wie sie erwartungsvoll zusah, ob ich ihr Geheimnis entdeckte, ihr all das Alleinlassen verzieh. «Sing, mein Kleiner, sing.» Ich fühlte Julias Blick auf mir. Sie waren mir gefolgt. Jacques stand weiter weg, beobachtete uns, mit einem Zahnstocher in seinem metallischen Lächeln. Gern hätte ich meine Arme ausgebreitet, Julia damit umfangen und ihr «Was für eine Freude!» zugerufen, wie sie es am Ende des Tanzes der mechanischen Figuren an der Rathausuhr getan hat. Ich konnte es nicht. Ich stand ganz im Bann der Kunstwerke, der Erinnerung, meiner Empfindungen. Im letzten Ausstellungssaal tat mein Herz einen Freudensprung. Vor mir erblickte ich ein rotes Bankett. Die Formen erinnerten mich an die Barbapapas, jene Zeichentrickserie, die ich als Kind eher verwundert als vergnügt auf Mexikos einzigem Kulturkanal geschaut hatte.

Mein Vater behauptete, das sei nur ein weiterer Beweis dafür, dass der *Unfall* ein bisschen «komisch» war, was ihm als Euphemismus diente, um nicht «blöd» sagen zu müssen. Er schalt meine Mutter deswegen, sagte, ich hätte über Sponge-Bob und die Simpsons zu lachen, wie es die normalen Kinder meines Alters täten, anstatt stundenlang wie hypnotisiert auf diese trägen stummen Eier zu starren. Im Unterschied zu meinen Zeichentrickfiguren von damals waren die Rundlinge vor mir alle blutig rot, ohne Gesichter, große Tumore um einen ebenfalls roten Tisch angeordnet, auf dem kleine Rundlinge zwischen welligen Fetzen angerichtet waren. Weitere Rundlinge hingen von der Zimmerdecke herab, ein großer roter Uterus. Der Titel dieses Kunstwerks erschütterte meine Seele: «Die Zerstörung des Vaters». Ein neuer Wind peitschte in meinem benommenen Kopf auf Gewissheiten und Mythen ein. Die Mutterspinne, die Zerstörung des Vaters, Julias Geruch neben mir. Ich hätte schreien und meinem Vater eine Nachricht schicken mögen, dass ich in Salzburg bleiben würde, Julias Lippen küssen wollte mit all dem heißen Sehnen meiner eigenen. Ich rannte aus dem Museum und wieder hin zum Lenbachhaus. In diesem Moment der Begeisterung, des jubelnden Wahnsinns, schien es mir unabdingbar, meine lichten Zuflüchte zurückzugewinnen. Ich musste zurück zu den Farben Klees, Matisses, Kandinskys, Marcs, Mackes, Jawlenskys … in diesen als Regenbogen verkleideten Farben musste ich den Frieden finden, der in ihrer Mitte meine Seele stets erfüllte und der mir beim vorigen Besuch verwehrt geblieben war.

Mit lauter Stimme Verse von Nicanor Parra deklamierend – «Wer bist du, unverhofftes / Mädchen, das da niedersinkt / wie die Spinne, die herabhängt / von der Blüte einer Rose» – durchquerte ich den Park, grüßte die steinernen Löwen, ignorierte den bronzenen Reiter, der mit ausgestrecktem Arm auf die Pilates-Kurse wies. Mein Blick war auf die dunklen Wolken gerichtet, die über das tiefe Blau des Himmels trieben. Es sah nach Regen aus, und ich hatte kein Dach, das mich vor dem Wasser schützen würde. Egal. Ich rutschte auf einem Hundehaufen aus. Das rief mir meine Ankunft in Salzburg in Erinnerung, und das Lächeln Cecilia Bartolis brachte sie zum Leuchten. Ich lief weiter, aufgerüttelt und trunken von einer ungewohnten Freiheit, bis vor die Tür des Lenbachhauses. Meine Erklärungen sprudelten mir so hitzig über die Lippen, dass der Museumswärter mich schließlich mit einer halb ungeduldigen, halb wohlwollenden Handbewegung eintreten ließ, ohne dass ich noch einmal bezahlen musste. Und dann versöhnte ich mich mit den Farben. An diesem Nachmittag waren es die Werke Matisses, die mich in den siebten Himmel entführten. Es gab eine Wanderausstellung der Werke, die sein Buch *Jazz* illustrieren. Der Zirkus und seine Worte, der Tanz und seine Farben. Die strukturierenden Ausschnitte. Die Farben ohne Abstufungen, hart, konkret. Die Formen, die vibrieren und sich aufheben. Der Reichtum dieser ästhetischen Reise, die uns mit erdrückender Schlichtheit begegnet, so wie Mozarts Musik. «Sagen Sie nie, Mozarts Musik sei schlicht», mahnte Schönberg einmal Gershwin, als der den Wunsch geäußert hatte, etwas so Schlichtes wie ein Quartett von Mozart komponieren zu können. «Sing, mein Kleiner, sing.» In den Farben die Ruhe wiederzufinden, verstärkte den Sturm und machte das Chaos noch unerklärlicher. Aber es war ein lustvolles Chaos, ein Ansturm von Freiheit. Wie Mozart fand auch ich meinen Anstoß zur Freiheit in München. Dieser Augenblick, das weiß ich heute, war eine Ankunft und gleichzeitig der Aufbruch für mein weiteres Leben. Alles, was mir bis dahin passiert war, führte an diesen Punkt; alles, was danach kam, nahm dort seinen Anfang.

Beinahe körperlich erschöpft verließ ich das Museum, hatte keine Ahnung, wie spät es war, vom bezogenen Himmel fielen die ersten Tropfen herab. Mehr als zu fallen, schienen sie sich aus der Luft abzuseilen. «Heute werde ich unterm Regen schlafen», sagte ich laut zu mir selbst, «und es ist mir egal.»

Julia war die Einzige, die noch nicht in den Zug gestiegen war, als ich auf den Bahnsteig gerannt kam. Sie sah mich von weitem und bestieg den Waggon ohne eine Geste. Ich saß wieder allein. Wie auf der Hinfahrt, hatten die beiden ihre Plätze ein paar Reihen hinter mir. Ich setzte mir die Kopfhörer auf und hörte das Klavierkonzert, das Mozart in d-Moll geschrieben hatte; jene teuflische Tonart, in der er auch seinen *Don Giovanni* komponierte. Die ersten erregten Akkorde verwirrten sich in meinem von der vorbeiziehenden Landschaft immer noch gefangen genommenen und durcheinandergebrachten Kopf. Gegen Ende des ersten Satzes stand ich auf und ging zur Toilette. Als ich meinen Platz wieder einnahm, hörte ich Julias Stimme hinter mir. Sie sagte, im Winter würde da draußen alles mit Schnee bedeckt sein, und die Seen würden zufrieren. Die Worte waren zwar nicht für mich bestimmt, doch ich fing sie im Flug auf, als wären sie es. Mich begeisterte die Vorstellung, dass in diesem Moment Julias Augen und meine Augen dieselben Dinge sahen; den glitzernden Fluss, die grasenden Kühe, das dunkle, halbverfallene Haus unter den Bäumen, die Berge. Ich setzte mir die Kopfhörer wieder auf und stellte mir zu den Tönen der *Romance* die weiße, vereiste, eingeschlafene Landschaft vor. Das Bild weitete sich, und ich sah mitten in ihrem Gesang zu Eis gefrorene Vögel auf vereisten Zweigen, ganze in Eis erstarrte Dörfer, alles von einer Eisschicht umgeben, von Eiskristallen glitzernd, Bäume, Tiere, Menschen, Maschinen. Nur ein Zug fuhr einsam durch die im Eis gefangene Welt. Ein mächtiger langsamer Zug mit zwei Fahrgästen darin, sie und ich, den einzigen Menschen in Bewegung. Eine weiße Wolke schwebt über unserem Waggon. Eine Wolke mit Beinen, Mäulern und großen Leibern. Eine Wolke aus fliegenden Eisbären. Die Musik riss mitten in einer aufsteigenden Kadenz des Klaviers von Mitsuko Uchida ab.

«Wir essen heute Abend im Triangel», verkündete Jacques und ließ die mir aus den Ohren gerissenen Ohrstöpsel in seiner Hand baumeln. «Sei du als Erster da und halte drei Plätze frei. Wir sehen uns dann.»

Er ließ das Kabel mit den Ohrstöpseln fallen und ging davon, ohne meine Antwort abzuwarten ... oder meinen Fluch. Ja, ich würde drei Plätze im Triangel freihalten, damit ich ein paar weitere Stunden mit Julia zusammen sein konnte. Ich würde tun, was Jacques mir befahl, aber die Schnabelhiebe dieses Raben würden mir nichts anhaben können. Noch erstrahlten in meinem Kopf die Farben und Linien der Bilder, noch belebte mich die verwirrende Anziehungskraft einer Spinne, die meine Nerven besänftigte, noch klangen die Verse Nicanor Parras in meinen Ohren nach, und in der Aufnahme des Klavierkonzerts begann der fröhliche Rausch, der strahlende Sturm des dritten Satzes. Noch früh genug würde die Stille mit ihren Zweifeln und Ängsten eintreten, mit meiner törichten Schwäche für die bösen Einflüsterungen des Dämonen, mit meiner mutlosen Liebe zu Julia und der erdrückenden Gegenwart meines immer näher kommenden Vaters, mit den schwarzen Wolken, die sich am Himmel häuften. Und dann würde es regnen. Vor dem Abgrund schützt uns keine Poesie, bietet die Farbe keinen Trost, die

Musik keine Begleitung. Der Erde ist unsere zerstörerische Anwesenheit zu Lande und zu Wasser gleichgültig, der Himmel ist leer, und wir Menschen sind Waisen. Es würde regnen, und es war egal. Ich würde dann wieder meine illusorische Freiheit atmen können, die am Fenster vorbeiziehende Landschaft betrachten, in den Schutz meiner leuchtenden Zuflucht von Farben und Versen entschweben und ziellos durch die sich stets verändernden Gänge und Stege von Mozarts Klanggebäuden tanzen. Mein Geist würde sich erheben und den Kosmos berühren, wäre ein durch eine Nabelschnur mit mir verbundener Papierdrachen, der höher und immer höher flöge, und die Kunst wäre der Wind, der ihn in die Lüfte hob. Später würde es regnen. Am Ende regnet es immer. Es gibt keinen Papierdrachen, der bei Regen fliegt.

Es ist auch egal.

10

Wie lange wartete ich? Monate, Jahre, ein Leben lang. In Wirklichkeit waren es nur zwanzig Minuten, aber das Restaurant war rappelvoll. Ich hatte drei Plätze an einem der langen Tische auf der Terrasse, an der Außenwand des Lokals, ergattert. Einen mir gegenüber und einen an meiner Seite; Jacques würde sich nicht zwischen mich und Julia setzen können. Die zwei leeren Plätze zogen begehrliche Blicke von jenen auf sich, die an der Tür warteten. Nach einer Weile wurde ich, der ich an einem Glas Leitungswasser nippte, mit Argwohn betrachtet. Auch die Schwerstarbeit leistenden Kellner warfen mir fragende Blicke zu. Nur Franzi, der Wirt, glaubte mir, als ich ihm sagte, die anderen zwei würden gleich kommen. Er war der Einzige, der es glaubte, ich selbst war mir gar nicht so sicher. In mir wuchs unaufhaltsam die Überzeugung, dass sie mich wieder versetzen würden, wie sie es in der Nacht vor dem Casino getan hatten. Über den Tischen hingen immer noch die schwarzen Beutel, die die Wespen vertreiben sollten. Draußen und drinnen brummte und schwirrte es von Gästen, Neugierigen, Künstlern und Festspielverantwortlichen wie in einem Bienenkorb. Vergebens versuchte ich mich hinter der Lektüre des Buches von Barth zu verstecken. Mich bedrückte der Gedanke, Franzi könnte kommen und mich bitten aufzustehen, er könne die Plätze nicht länger freihalten, ich müsse schon mehr konsumieren als nur Leitungswasser. Alle würden mich anstarren, ein misstrauischer Polizist würde mich vielleicht auffordern, mich auszuweisen. Ich klappte das Buch zu und versuchte, mich von meinem Verfolgungswahn abzulenken, indem ich unter den Gästen des Triangel nach Sängern suchte. Sie waren leicht zu erkennen, verrieten sich durch ihr aufgesetztes schrilles Gelächter, ihre bekannten Gesichter, die Aura der Berühmten. Ich schaute von einem Tisch zum andern und beobachtete ihr großtuerisches Gehabe. Sie kamen von der Probe, vom Singen, vom Blumensträuße von der Bühne Aufsammeln, vom Empfang stehender Ovationen. Welche Herrlichkeit, welch strahlendes Gefühl, welch Neid!

«Papageien», flüsterte mir Jacques ins Ohr, der unbemerkt hinter mich getreten war.

Julia setzte sich neben mich, Jacques brauchte noch einen Moment, bis er seinen Platz einnahm. Er verabschiedete sich mit Küsschen von zwei Tänzern und sprach dann mit einem dicklichen Mann mit ovalen Brillengläsern und einem Gesicht, das mich an einen Benediktinermönch denken ließ. Er schüttelte ihm die Hand und kam lächelnd zu uns, sprang unter den empörten Blicken der Umsitzenden über den Tisch, klemmte sich auf seinen Platz auf der Bank und griff nach der Speisekarte.

«Ein bekannter deutscher Kritiker», erklärte er uns, «der gern den Intellektuellen gibt, aber im Grunde der geborene Schmierenschreiber ist.» Er nahm das Salzfass, ließ weiße Körnchen in seine Hand rieseln und warf sie über die Schulter. «Weiß der Teufel, wie der bei einer seriösen Zeitung landen konnte. Piranhas. Wie ihr euch schon denken könnt, habe ich ihn mit etwas Papageientratsch versorgt.» Er griff nach dem halbvollen Bierglas seines Sitznachbarn. «Prost! Auf die Kritiker!», rief er und stellte das Glas zurück, ohne davon zu trinken.

Der, dem das Glas gehörte, sprang auf die Beine, warf sich das Futteral, in dem er sein Instrument aufbewahrte, über die Schulter und schaute zornig auf Jacques hinunter.

«Ich scheiß auf die Kritiker», sagte er und eilte mit langen Schritten davon. Der Kellner rannte, mit der Rechnung wedelnd, hinter ihm her.

«Der Ärmste», sagte Jacques mit spöttischem Bedauern. «Auch einer von denen, die sich der reinen Kunst verschrieben haben und die Kritiker verabscheuen, aber begierig jede Zeile lesen, die sie über ihre letzte Vorstellung schreiben, und wenn ein Lob dabei ist, es sofort an ihre Facebook-Pinnwand heften. Papageien. Ha, die wunderbare Welt der klassischen Musik. Fegefeuer der Eitelkeiten. Schaut euch um. Seht ihr da das grinsende Paar, das die Sänger anschleimt und sich mit ihnen fotografieren lässt? Es ist das bekannteste star-fucker-Pärchen der Opernwelt. Vampire. Sie sind zu den

Premieren der berühmtesten Interpreten eingeladen, haben sich mit Lobhudeleien und Geschenken in deren Leben eingeschlichen und bekommen von ihnen Gratiskarten für ihre Vorstellungen und jede Menge Fotos mit ihnen, die sie dann auf ihren *Facebook*-Seiten veröffentlichen und damit all die weniger bekannten *star fuckers* neidisch machen.»

«Vielleicht aber», unterbrach Julia ihn unaufgeregt, «sind es auch nur ehrliche Musikliebhaber, die ihren bewunderten Künstlern voller Zuneigung und Begeisterung folgen, sie aus Dank mit Geschenken oder einem gemeinsamen Essen oder einfach nur ihrer Gegenwart bedenken.»

«Hui, Mutter Julia Teresa tritt für die Fauna der düsteren Opernwelt ein. *Perché*?»

Ein überlasteter Kellner kam, wischte sich mit dem Handrücken den Schweiß von der Stirn, wir bestellten.

«Aber du», fragte Julia ruhig, «der Tratsch an Journalisten verkauft, wie soll man dich sehen? Als Jacques-Piranha, Jacques-Vampir, Jacques-Papagei oder als Jacques-alles-gleichzeitig?»

«Keinen Tratsch», verteidigte sich Jacques. «Aufgehübschte Neuigkeiten. Ich bin nur ein aufmerksamer Beobachter. Ich sehe staunend zu, wie Kunst erwächst aus diesem Dung von Papageien, die nur die plappernde Welt ihrer selbst kennen, die taub und blind sind für die Wirklichkeit um sie herum ...»

«Jetzt verallgemeinerst du», unterbrach ihn Julia.

«... und die Piranhas», fuhr Jacques fort, ohne auf den Einwand einzugehen, «die versuchen, sich ein bisschen vom Glanz der Papageien abzubeißen ...»

«Du machst alles düster.»

«... und die Impresarios und Manager, die die Papageien füttern und verachten, über deren Dummheiten, überspannte Forderungen, Ängste und Promiskuitäten sie tratschen. Großmäulige Direktoren in einem Zirkus der Monster ...»

«In deiner verdrehten Welt hat wohl keiner eine Chance.»

«... taube, bösartige Kritiker, gierige Agenten des Kapitalismus, dem augenblicklichen Erfolg verpflichtete Veranstalter, was gestern war, interessiert nicht mehr. Vampire, Geier, lachende Hyänen, die schamlos das faulende Fleisch zwischen ihren Zähnen zeigen. Aber was mich fasziniert, ist mitzuerleben, wie aus diesem Lebensgemisch, das doch nichts anderes ist als ein brodelnder Sud aus Blut und Gedärm, aus Säuren und Schleim, wie daraus die unbefleckte Blume erblüht, der reine Kristall, das geflügelte Herz, mit einem Wort: Musik.»

«Himmel, was für ein Wortgewitter.»

«Ich bin nicht dieser Meinung.» Diesmal war ich es, der ihm widersprach. «Im Lauf meiner kurzen Karriere bin ich sowohl dem rechtschaffenen und kenntnisreichen Kritiker als auch dem ernsthaften Sänger mit dem weiten Herzen und dem ehrenwerten, engagierten Agenten begegnet. Julia hat recht, du versuchst, alles in deiner Umgebung düster zu machen. Entschuldige, wenn ich dir das sage, Jacques.»

«Unschuldige Geschöpfe», sagte Jacques mit falscher Nachsicht. «Ihr werdet schon noch lernen, die Welt so zu sehen, wie sie ist. Ach, übrigens», sein Zeigefinger war auf meine Augen gerichtet, «im Lauf welcher Karriere? Ich darf dich daran erinnern, Kleiner, dass du nie eine hattest.»

Ich biss die Zähne zusammen, und mein Blick wurde unstet. Franzi brachte das Essen. Einen Salat mit Huhn und Pilzen für Julia, ein Wiener Schnitzel für mich und Kaninchen in Champignon-Weißwein-Soße für Jacques.

«Hase», Jacques rieb sich die Hände, «wie das Gericht, das

Mozart Primus bringen ließ, seinem treuen *valet* in den letzten Tagen seines Lebens.»

«Du bist Mexikaner?», fragte mich Franzi, und nachdem er meine Antwort gehört hatte, schnalzte er mit der Zunge und zog aus seiner Tasche ein Döschen gemahlenen indischen Chilis hervor.

«Reines Feuer», sagte er augenzwinkernd. «Ich kenne noch einen anderen Mexikaner, der sein Wiener Schnitzel sehr scharf mag. Guten Appetit.»

Unsere Tischnachbarn gingen, und die an der Tür Wartenden zeigten auf die frei gewordenen Plätze; doch Franzi stellte ein kleines Schild mit der Aufschrift «Reserviert» auf den Tisch. Nun konnten wir uns ungestört unterhalten. Die genussvolle Berauschtheit, die mich während der Museumsbesuche und auf der Rückfahrt erfasst hatte, war mir jedoch abhandengekommen. Ein verzagter Gefühlskater war an seine Stelle getreten. Mit dem Nachtisch kam auch Nadia Tchenova mit einem kleinen Gefolge von Verehrern aus der Orchesterprobe und besetzte die reservierten Plätze. Die Diva beklagte sich über die *tempi* des Maestros; hier zu langsam, dort unnötig forciert …

«Und das Orchester, ogottogott!» Sie hob theatralisch die Arme. «Das ist hier doch nicht Wagner! Dieser unselige Mensch bringt uns alle um. Aber klar, was soll er schon davon verstehen. Man muss ihn ja nur mit diesem Akzent reden hören; die Hälfte von dem, was er sagt, ist unverständlich. Herrgott! Der Arme hat die Tradition dieses Repertoires eben nicht im Blut.»

«Huch», rief Julia mit gut gespielter Naivität, «bin ich hier etwa die Einzige, die glaubt, eine rassistische Bemerkung gehört zu haben?»

Jacques hob die Hand, ich nickte zustimmend. Die Tchenova verdrehte die Augen zum Himmel, brachte ihre Gefolgschaft mit einer kleinen Anekdote zum Lachen, ging auf Julias Kommentar aber nicht weiter ein.

«Na ja», seufzte sie, «der Arme kann ja nichts dafür, dass er Latino ist.»

«Wieso der Arme?», fragte Julia. «Was hat die Herkunft mit seiner musikalischen Qualifikation zu tun? Können oder dürfen nur weiße Europäer Mozart interpretieren?»

«Für uns ist es einfach natürlicher», antwortete sie, an ihr Gefolge und nicht an Julia gewandt. «Heutzutage muss man allerdings aufpassen, dass man sich politisch korrekt ausdrückt, nicht wahr? Das ist in Ordnung. Im Grunde freue ich mich, dass Menschen anderer Kulturen, anderer Rassen unsere großen Meister dirigieren und interpretieren. Bestimmt bereichern uns manche, mit all den pittoresken Bräuchen, die sie haben. Dieser Dirigent aber nicht, tut mir leid. Viel Gefuchtel und joviales Getue; aber er ist ja nicht einmal in der Lage, mir zu folgen.»

«Ah, verstehe», beharrte Julia. «Es geht gar nicht um Rasse oder Kultur», sie zündete sich eine Zigarette an, «sondern um Unterwürfigkeit und Anbiederung. Mir scheint, Sie verwechseln da etwas.»

«Wer ist diese Person?», fragte die Tchenova einen aus ihrem Gefolge und wedelte mit angewiderter Miene den ihrem Gesicht zustrebenden Zigarettenqualm fort. Ein anderer sprang auf und lief ins Lokal.

«Ich heiße Julia. Ich bin eine von Schuffs Assistentinnen.»

«Oh!», rief die Diva gestikulierend. «Das ist natürlich etwas anderes. Da werden Da Ponte und Mozart niedergemacht, die sich angesichts dieser Produktion in ihren Gräbern umdrehen dürften.»

«Da bin ich anderer Meinung.» Julia schien Gefallen daran zu finden, der Sopranistin zu widersprechen. «Die Ideen sind gut und gründlich ausgearbeitet. Die Konzeptstruktur ist von Anfang bis Ende sehr solide. Die Feinarbeit mit den Sängern verstärkt dabei den erzählerischen Aspekt. Natürlich war es nicht gerade hilfreich, dass Sie mehrere Wochen zu spät zu den Proben gekommen sind.»

Die Tchenova brach in lautes Gelächter aus, hübsch kalibriert und von makelloser Gekünsteltheit. Der ins Lokal entschwundene Begleiter kam mit dem Kellner zurück. Dieser lud die Gruppe ein, an einem Tisch drinnen Platz zu nehmen.

«Oh danke», sagte die Tchenova, «bei dem Zigarettenqualm kann man es hier kaum aushalten.» Lärmend und laut plappernd erhoben sich alle. Uns würdigten sie bei ihrem Abgang keines Blicks.

«Bravo, Julia!», rief Jacques, als die Sopranistin fort war. «Typisch für dich. Jetzt hast du dir die Oberpapageiin zur Feindin gemacht. In den nächsten Tagen gehst du ihr besser aus dem Weg.»

«Ach was ...», sagte Julia und drückte ihre Zigarette auf dem Teller aus.

Ich schämte mich, weil ich nichts gesagt hatte. Immerhin hatte die Sopranistin einen Lateinamerikaner beleidigt. Julias Worte hätten meine sein müssen. Ich bewunderte sie für ihre Rechtschaffenheit und die Standhaftigkeit, die sie gegenüber der Diva bewiesen hatte. Jacques diffamierte lieber anonym. Weitere Kommentare ersparten wir uns und sprachen stattdessen über Vampirfilme, bis der Kellner wiederkam und drei Gläser Champagner auf den Tisch stellte. Jacques nahm eines und sagte:

«Gestern habe ich euch gesagt, heute gäbe es für Julia eine riesige mechanische Uhr, und es gab sie. Für den Kleinen gäbe es Farben, und es gab sie; und dass ich euch eine wichtige Mitteilung zu machen hätte. Nun, hier ist sie: Julia, mit dem Ende dieses Tages ist auch deine Frist abgelaufen, du schuldest mir nichts mehr, bist wieder frei, hast mir jede Stunde bezahlt, die mir verlorenging, als ich mich um dich gekümmert habe. Auf dein Wohl.»

Er erhob sein Glas und leerte es in einem einzigen langen Zug. Ich schaute sofort zu Julia. Ihr Blick war auf das Glas gerichtet, das sie langsam in ihren Händen drehte. Ihr Kopf bewegte sich auf und nieder. Die Mechanismen der Erinnerung sind seltsam. Wie bestimmen sie, welche Szenen in unserem Gedächtnis eingebrannt bleiben? Der Wind spielte in ihrem glatten Haar. Inmitten all des Lachens ringsum, der lauten Unterhaltungen, des Klapperns von Tellern und Besteck vernahm ich nur die dumpfen Schläge in meiner Brust. Das Glas hörte auf, sich zu drehen, die Finger hoben es in die Höhe, als wäre es ein Kelch: Die perlende Flüssigkeit traf Jacques mitten ins Gesicht, und es schien ihn nicht zu überraschen. Danach ein kurzer heftiger Kuss auf den Mund.

«Du schuldest mir auch nichts mehr», sagte Julia ohne Groll. «Morgen hole ich meine Sachen.» Sie stand auf, zündete sich eine neue Zigarette an und ging gemächlich davon. Von Jacques' Gesicht tropfte der Champagner. Furiose Feuchtigkeit glitzerte in seinen Augen. Seine Lippen waren schmal geworden, zeigten ein kaltes Lächeln und dahinter die weiße Ahnung eines vorstehenden Eckzahns. Von der anderen Straßenseite hörte man Julias Stimme:

«Kommst du, Vian?»

Ich sprang auf die Beine. Jacques hob eine Hand und ließ als Abschiedsgruß die Finger spielen. Das Lächeln schien ihm ins Gesicht gemeißelt, und an seiner Nasenspitze hing zäh ein Tropfen, der sich nicht lösen wollte. Julia erwartete mich. Ich musste unwillkürlich lächeln, jedes Pochen in meiner Brust war ein Flügelschlag. Mein Herz flog. Der Tropfen fiel.

«Du zahlst», sagte ich und rannte Julia entgegen.

Mein Herz flog.

11

Man weiß es ja: Die Erinnerung ist dieses tiefe, aufgewühlte Meer, in dem manche Bilder des Erlebten versinken, aber nicht sterben, sondern unterseeisch weiterleben und ihrem Gewicht entsprechend in ozeanische Tiefen sinken oder nahe an der Oberfläche treiben. Erinnern heißt, ein Netz mit einem Bleisaum auswerfen, um so viele flüchtige Bilder wie möglich einzufangen. Einige schwimmen brav in die Maschen, die meisten kämpfen, zappeln im schneidenden Garn, versuchen zu entkommen, verlieren Gliedmaßen in diesem Kampf. Das Netz wird eingeholt, die Bilder – beinahe alle verstümmelt – werden auf dem Tisch der Gegenwart ausgebreitet, und dann beginnt die kreative Arbeit. Aus diesem anderen Meer – weniger klar umrissen, aber größer und genauso gefährlich – namens Einbildungskraft werden so viele andere Bilder an die Oberfläche geholt, wie man braucht, um die verstümmelten zusammenzuflicken und mit anderen zu verbinden, bis man wieder ein einziges, vollständiges, deutliches Bild besitzt. Nicht das Bild der damaligen Wirklichkeit, sondern das, was wir heute sehen wollen.

Unser kleines Ungeheuer atmet.

Ich werfe das Netz in die Nacht aus, in der Jacques Julia

die Freiheit wiedergab, schleppe es hinter mir her, hole es ein und finde darin zu meiner Überraschung ein gewaltiges vollständiges Bild, eine Wal-Erinnerung, die keiner Veredelung durch meine Phantasie mehr bedarf. Eine Erinnerung zu erfinden ist einfacher, als etwas so zu erzählen, wie es war. Wie soll man beschreiben, was man genau in dem Moment des Geschehens empfindet? Ich durchlebe alles genauso wieder, als würde es jetzt passieren, als würde das kleine Zimmer, in dem ich schreibe, zu den engen Gassen, durch die wir gingen, zu den altehrwürdigen Straßenecken, die wir hinter uns ließen, zu dem Himmel über unseren Köpfen, an dem es immer noch nach Regen aussah. Ich gehe an Julias Seite, berühre fast ihre Schulter, mein Herz klopft wild, nervös und hoffnungsvoll. Sie raucht, ihre Brust hebt und senkt sich. Der Wind weht mir den Rauch ins Gesicht, den sie ausatmet und kaum den Mund dabei öffnet. Ich huste. Sie entschuldigt sich nicht. Ein nervöses Glücksgefühl überwältigt mich, ich habe keine Ahnung, was in dieser Nacht passieren wird. Jacques' plötzliche Abwesenheit verursacht mir Schwindel, Freude und Furcht zur selben Zeit. Mein Herz fliegt hoch. Julia schnippt ihre Kippe in einen Abfallkorb, geht schneller, wir überqueren die Straße. Der Pferdebrunnen wird angestrahlt. Es herrscht dichter Verkehr, in einer Stunde beginnt die Oper. Wir lassen die Bushaltestelle hinter uns, an der wir uns am Morgen getroffen haben. Vor dem Schaufenster des Geschäfts mit dem Blechspielzeug bleiben wir stehen. Julias sich im Fenster spiegelndes Gesicht wird von einem Elefanten ausgefüllt, der auf den Hinterbeinen steht und ein kleines Rad hält, auf das – wenn er aufgezogen wird – drei Holzkugeln fallen, die in einem spiralförmigen Turm hochgeschraubt werden. «Warum haben die Spinnen der Bourgeois dich so gefesselt?» Julias gehauchte Frage lässt die Fensterscheibe beschlagen, mit der Faust wischt sie die Wolke vom Glas und betrachtet weiter die Spielsachen aus Blech. «Ich nehme an, weil sie mich an meine Mutter erinnern ... Ich weiß nicht ...» Julia nickt zweimal, schiebt die Unterlippe vor ... «Ja, ja, Freud und all das ...» Weiter sagt sie nichts und setzt sich wieder in Bewegung. Wir biegen in die Getreidegasse ein. Elegant gekleidete Leute betreten und verlassen den Goldenen Hirschen, alle haben Regenschirme dabei. Ich schaue zum Himmel hinauf, er sieht bewölkt aus ... ja, es wird wohl regnen ... macht aber nichts. Über den Wolken brennt die Sonne ... Unwillkürlich kommt mir Matisses Bild vom abstürzenden Ikarus in den Sinn, ich nähere mich einer Sonne des Glücks, und mein Wachs ist haltbarer, doch am Ende, fürchte ich, werde ich genauso abstürzen. Ich schüttle den Kopf, seufze vertrauensvoll, lasse mein Herz höherfliegen und ohne Furcht. Einige Fußgänger halten Konzertprogramme in der Hand, andere Fotoapparate, Vielstimmigkeit erfüllt die Luft. Julia wirft mir einen Blick zu, ich nehme es aus den Augenwinkeln wahr ... Mein Herzschlag beschleunigt sich jetzt ... wir gehen am gelben Haus vorbei, in dem Mozart geboren wurde, beide schauen wir es an, gehen weiter, ich ergreife die Gelegenheit und sage: «Mozart ist nie zur Schule gegangen. Seine erste Reise unternahm er mit sechs Jahren zusammen mit seinem Vater und seiner Schwester, und die nächste, zwei Jahre später, mit der ganzen Familie. Sie besuchten München, Wien, Brüssel, Den Haag, Augsburg, London, Paris ... er war drei Jahre nicht in diesem Haus, in dieser Stadt!» ... Julia gibt ein heiseres Geräusch von sich, ohne den Mund zu öffnen, steckt ihre Hände in die Hosentaschen. «Ein richtiger Europäer, der kleine Mozart; stimmt's, kleiner Vian?» ... Es ist ein erloschenes Lächeln in ihrer Bemerkung ... Sie hat mich Kleiner genannt, genau wie

Jacques ... Der Schatten des Teufels geht zwischen uns. Vermisst Julia ihn, ist sie erleichtert, hasst sie ihn? Ich traue mich nicht, sie zu fragen; noch nicht. Anstatt der Frage höre ich meine Stimme, die über das Kind Mozart spricht, über sein Entsetzen vor dem Klang der Trompete, über seine Leidenschaft für die Musik; niemand zwang ihn, ein Instrument zu spielen, es war eher so, dass man es ihm aus den Händen reißen musste. «Der kleine Mozart fragte jeden, ob er ihn lieb habe, und wenn die Antwort nein war, weinte er.» Julia sagt nichts. Ich würde sie gerne fragen, ob sie mich lieb hat, aber wenn die Antwort nein ist, werde ich weinen ... Aus den Häusern ragen filigrane schmiedeeiserne Arme mit der Werbung für Geschäfte aus einer anderen Zeit: Wo es Optiker heißt, befindet sich ein japanisches Restaurant; wo ein Hutgeschäft angekündigt ist, werden Salzburg-Souvenirs verkauft: Mozartmarionetten, Mozartschokolade, Mozartgummimenten ... Ein Kind reißt sich von der Hand seiner Mutter los, und sie schreit zornig hinter ihm her ... «Die Mutter», sagt Julia und kratzt sich im Nacken ... den Drachen im Nacken ... In einem Schaufenster rechts von uns gibt es mittelalterliche Schwerter hinter Figuren von Zauberern, Kobolden und Kristallkugeln. Es ist der Laden, in dem Jacques seine Brust gegen die Spitze des Schwertes drückte, das ich in der Hand hielt, und mich aufforderte zuzustoßen. Eines Tages würde ich es tun, hatte er gesagt. Julia schaut mich an. Erinnert sie sich auch an diesen Tag? Ich weiche ihrem Blick aus, und wir gehen weiter ... Am Ende der Straße steht eine Statue von Herbert von Karajan, die durch das Schaufensterglas, hinter dem sie eingesperrt ist, über unsere Köpfe hinwegschaut.

Wir betreten den Mozartplatz. «Setzen wir uns hier hin?» Julias Stimme klingt vergnügt, ich stimme sofort zu. Wir setzen uns auf eine der Bänke an der Seite des Platzes. Julia zündet sich eine neue Zigarette an. «Trazom», sage ich und deute auf das Denkmal. Ich höre mich ihr erzählen, dass ich manchmal nachts hierherkomme und der Statue berichte, was mir tagsüber alles so passiert ist, und ihr dann eine gute Nacht wünsche. Ich erzähle ihr auch von dem Mann aus Holz, der sich nicht entschließen kann, von seiner goldenen Kugel herabzusteigen, und von Poseidon, dem ich Briefe von Nooteboom vorgelesen habe ... Julia reißt die Augen auf und zieht die Brauen hoch. Sie raucht dabei weiter. Bevor sie mich für verrückt erklärt, erzähle ich ihr, dass an dem Tag, an dem das Denkmal enthüllt wurde, eine alte Frau die Rede des Bürgermeisters unterbrochen und gesagt hatte, sie sei die erste Pamina gewesen. Ihr Name war Anna Gottlieb, und tatsächlich hatte sie die Protagonistin der *Zauberflöte* erstmals auf der Bühne dargestellt. Sie war auch die einzige noch lebende Frau, die Mozart persönlich gekannt hatte ... «Jetzt bist du es, der Mozartgeschichten erzählt.» Julias Stimme hat einen feuchten Klang und ich weiß nicht, ob er wehmütig oder unwillig ist. Jacques' Schatten kehrt zurück, äugt wie ein Rabe mit dunklem Blick ... er wird mich nie in Ruhe lassen ... Julia steht auf. «Ich weiß nicht, wo ich heute schlafen soll», sagt sie in aufflammendem Übermut und schaut mir in die Augen. «Kann ich diese Nacht bei dir bleiben?» Mir gefriert das Blut. Wie konnte ich das vergessen? Julia und Jacques teilen sich eine Wohnung, und nach dem, was heute Abend passiert ist ... mein Herz verliert seine Flügel und stürzt ab, senkrecht hinein in die beklemmende Dunkelheit meines Innern ... «Selbstverständlich, ja», antworte ich wie ein aufgezogenes Blechspielzeug, erhebe mich mechanisch und gehe entschlossen los, als wüsste ich, in welche Richtung. Ich rufe: «Gute Nacht, Trazom!» Und denke dann: Hilf mir, da rauszukommen. Julia lächelt und wünscht der Statue gleichfalls eine gute Nacht ... Wir gehen auf einer langen Straße, zwei Fahrräder und ein Pärchen mit Kinderbuggy ohne Kind kommen uns entgegen. Am Ende sehen wir das Schaufenster der geschlossenen Kunstgalerie, die wir hinter uns lassen, sobald wir nach rechts abgebogen sind und der Straßenkurve folgen. Natürlich weiß ich, wohin meine Schritte mich führen. Ich gehe zum Haus der Obelisken. Gehe so zielstrebig, als besäße ich immer noch den Schlüssel. Ich erzähle Julia von Freunden meines Vaters, die das Haus während des Sommers an Künstler vermieten, dass ich umsonst dort wohnen kann, dass in den weißen Wandnischen der Zimmer Obelisken stehen ... Ich beschreibe ihr den Balkon und den Garten, in dem jeden Morgen eine Katze mit Obsidianaugen erscheint. Ich erzähle von Nooteboom, der Schnecke, die so gern über die Mozartporträts kriecht (wobei ich ein nostalgisches Kribbeln im Magen verspüre), und von dem Riesenwal, der in baumbestandener Ferne hinter der Kuppel einer Kirche schwebt, die heute ein Krankenhaus ist ... «Hier habe ich dich kennengelernt», sagt sie. Wir sind vor der Treppe stehen geblieben. Ihr Finger zeigt auf die Stufen, über die mein Koffer sich seines Inhalts entleerte, meiner Zahnbürste und Zahnpasta und der Bugs-Bunny-Unterhose, die sie aufgehoben hat. Meine Stirn und Wangen erhitzen sich. Werde ich rot? Sie wird denken, weil sie die Unterhose erwähnt hat, und kann nicht wissen, dass ich aus vorauseilender Scham erröte. Wir steigen die Treppe hinauf. Aus einem Fenster schlägt uns warme Luft entgegen, die nach Reinigungsmittel riecht. Aus einem anderen der Klang eines Weckers. Mit jeder Treppenstufe spüre ich meine Brust enger und die Schläge darin heftiger werden. Dann sind wir da. Vor der Haustür verharren wir einige Sekunden. Ich kann mich nicht mehr bewegen, spüre nur noch meinen keuchenden Atem. Julia schaut mich an, dann schaut sie auf die Tür, danach auf meine reglos herabhängenden Arme und Hände, die nicht die geringste Absicht haben, nach dem Schlüssel zu suchen, der sich nicht in meiner Hosentasche befindet. Mein Gesicht ist ein Flammenmeer, mein Magen ein Eisblock ... Eine solfeggierende Tenorstimme dringt aus einem der Zimmer des Hauses ... «Ich musste ausziehen. Es war schon weitervermietet. Jetzt wohnt jemand anderes hier.» Ich bin versteinert, bringe kein weiteres Wort heraus. Ist auch nicht nötig ... Julias Gelächter explodiert in der Luft, und sie ist es, die sagt: «Und die ganze Zeit hast du auf der Straße geschlafen.» Ein weiteres Auflachen, meine Augenbrauen ziehen sich so weit in die Höhe, dass ich meinen verdutzten Gesichtsausdruck beinahe von innen sehen kann. «Dummkopf.» Ihre Hand fährt mir mit einer kurzen, schnellen Bewegung durchs Haar. «Warum hast du das nicht gleich gesagt?» Sie hebt die Schultern. «Wir werden uns jetzt eine Brücke oder eine Bank suchen müssen. Es ist nicht das erste Mal, dass ich unter freiem Himmel schlafe.» ... Mein Herz zerbricht den beklemmenden Ring dunkler Angst, erhebt sich triumphierend in die Luft, hat mehr Flügel als Adern und Arterien. «Ich weiß, wo wir schlafen können.» Ich nehme Julias Hand und ziehe sie hinter mir her die restlichen Stufen hinauf. «Wir gehen zur Merz-Installation und tun so, als wäre sie die Spinne der Bourgeois.» Julia gibt unbekümmert zu bedenken, dass es regnen wird, und ich erkläre, dass es einen dichtbelaubten Baum direkt neben dem Kunstwerk gibt. Wir lassen die Treppe hinter uns und gehen raschen Schritts weiter. Julia löst sanft ihre Hand aus meiner, und nachdem wir eine Weile wortlos gegangen sind, deklamiere ich einen Satz von Octavio Paz: «Gehen: ein Stück Land lesen, ein Stück Welt entziffern.» Julia lächelt, und ihre weiche, sogar ein wenig belustigte Stimme nennt mich Dichter ... Ich erzähle ihr, dass Poesie mich beruhigt, sie sagt, dass ich ihr das schon einmal gesagt habe, als ich betrunken war. Das Geräusch unserer Schritte erlischt, wir haben den Asphalt hinter uns gelassen, der Weg ist jetzt nur noch Erde. Anstatt einen weiteren Satz aufzusagen, singe ich jetzt lieber. Ich erhebe meine Stimme mit einer Melodie von Duparc zu Versen von Baudelaire. Julia lächelt, und in ihren Augen erscheint ein Licht, das ich noch nie an ihr gesehen habe. Mein Gesang ist voller Zuversicht ... ein Ton bleibt mir etwas im Halse stecken, ein anderer kommt frei heraus, auch wenn ich ihn nicht ganz abdecke, nicht so kreisen lasse, wie es sich gehört und zuträglich ist ... ich beurteile mich, während ich singe: Anfängerfehler, Irrtum eines, der niemals ein Großer sein wird ... Die feuchte Luft kühlt den Schweiß, den mir der Gesang auf die Schläfen treibt ... Ein Vogel fliegt von einem Baum zum nächsten, sein Flügelschlag lässt meinen Gesang fast verstummen. Doch dann schwingt sich meine Stimme empor, hebt sich machtvoll in die Luft, und ich ende mit einem zwar unvollkommenen, aber gefühlig runden hohen Ton. Julia klatscht ein-, zwei-, dreimal ... Von irgendwo fern unter uns, aus der Stadt, erreicht uns beinahe wie eine Antwort auf meinen Gesang das schrille Geheul der Verrückten, die singt. Ich ziehe die Augenbrauen hoch, Julia und ich schauen uns an, wir lachen wohlgemut ... Wir kommen an dem Baumstumpf vorbei, in den jemand Futternester für die Vögel geschnitzt hat. Ich zeige mit dem Finger darauf. «Ich habe mir vorgestellt, dass ich mich klein machen und darin einen Schlafplatz finden könnte.» Julia sagt, dann würden die Vögel kommen und mich fressen können, und ich antworte, dass ich mich aus dem Grund auch nicht klein gemacht habe. Sie versetzt mir einen neckischen Stoß an die

Schulter ... Sie zieht eine Zigarette aus der Schachtel, die Feuerzeugflamme erleuchtet ihr Profil ... Küsste ich ihre Hand, röche sie nach Tabak, küsste ich sie auf den Mund, würde ich den Geruch von erloschenem Feuer wahrnehmen, würde meine Zungenspitze auf ihre treffen, gäbe es ein schlängelndes warmes Kitzeln, einen Geschmack von verbrannten Blüten ... Wir kommen an der Mauer vorbei, die in einer anderen Zeit das Ende des Reiches begrenzte ... dahinter ahnt man die Festung ... Ich denke an meinen Vater, der einen Bauern zieht und meinen ungeschützten Läufer bedrängt ... Warum ziehe ich nicht meinen Bauern, um den bedrängten Läufer zu schützen, warum lasse ich ihn gewinnen? ... Ich muss daran denken, dass Perec seinen Sohn in Graz besucht hat ... Heute war ich nicht da, um meine Wäsche zu wechseln ... Ich stelle mir Herrn Wolfgang vor, wie er auf seiner Bank sitzt und die Wolken und die schäumende Salzach betrachtet ... «Meine Mutter erträgt es nicht, dass ich in Europa lebe», sagt Julia, und ich antworte darauf, dass meine Mutter eine Geliebte hatte, die anscheinend die Liebe ihres Lebens war. Doch dass sie mit ihr gebrochen hat ... Julia schweigt, die Spitze ihrer Zigarette glüht bei jedem tiefen, ruhigen Inhalieren auf. Ich habe es gesagt, ich habe es jemandem erzählt. Julia. Schweigend gehen wir noch ein Stück, erreichen das Museum der Moderne. Wir sprechen über die Bilder, die wir in München gesehen haben. Über Kandinskys Musikalität, über Marcs Adel. Plötzlich fragt Julia: «Warum hat deine Mutter euch nicht verlassen, nicht für ihr Glück gekämpft?» Ich zucke die Achseln ... «Wegen mir», antworte ich ... Als unsere Körper näher kommen, geht am einzigen Haus am Hang das automatische Licht an, Julia reißt überrascht die Augen auf ... Wir gehen eine kleine Anhöhe hinauf ... Wir waren schon einmal an diesem Aussichtspunkt mit seiner Holzbank und dem Abfalleimer und dem Schild, auf dem die Arbeit der Bergputzer beschrieben wird. Von hier aus ist Salzburg ein Lichtermeer, in dem still die grünen Kuppeln schwimmen, die Traufen der Dächer, die sanften Wölbungen seiner Brücken ... Wir verlassen den Weg, gehen über den Rasen, der gewachsen ist und nach feuchtem Gras riecht, obwohl der Regen noch auf sich warten lässt, setzen uns in das Iglu von Merz ... Die Ziffern lassen uns trotz ihres Neonlichts noch die Sterne sehen ... Ich erkenne den Großen Wagen ... den Großen Bären, der über unserer erleuchteten Zuflucht schwebt. Ich überlege, ob ich Julia die Geschichte vom Eisbären im Berliner Zoo erzählen soll, werde jedoch abgelenkt, als mir auffällt, dass unser beider Atmung nicht den gleichen Rhythmus hat. Ich versuche, sie zu synchronisieren, halte die Luft ein wenig an, atme zur selben Zeit aus wie sie, doch dann muss ich wieder Luft holen, als sie offenbar immer noch ausatmet. Wieder halte ich die Luft an, warte, sie atmet ruhig aus, ich kann nicht mehr, stoße die Luft aus, bevor Julia ihre Lungen füllt ... Ich weiß nicht, wie viel Zeit vergangen ist, ohne dass einer von uns ein Wort gesprochen hat ... Nur die Grillen unterhalten sich unter dem sanften Wiegen der Zweige, die ihre Blätter kaum bewegen ... schließlich erklingt Julias Stimme kaum lauter als das nächtliche Rauschen: «Ich weiß, dass es gar keine Hinweise dafür gibt, doch mir scheint es ganz normal zu sein, dass Dora Stock sich in Mozart verliebt hat während dieser zwei Tage, an denen sie ihn gemalt hat. Ich weiß nicht, warum ich ständig daran denken muss. Vielleicht, weil ich mir ihren Gesichtsausdruck vorstelle, als sie wenig später die Nachricht vom Tod dieses Künstlers, dieses außergewöhnlichen Menschen erreicht. Dann frage ich mich, was schwerer zu ertragen ist; der Verlust dessen, was man besessen und geliebt hat, oder dessen, was unser niemals war.» Julias letztes Wort erreicht mich wie aus großer Ferne: Warum erzählt sie mir diese seltsame Phantasie? In meiner Brust breitet sich langsam ein Gefühl von Wehmut aus. Julias Blick umfängt mich mit intensiver Neugier, ihre Stimme ist kaum ein Flüstern: «Du bist doch nicht in mich verliebt, wie Jacques angedeutet hat, oder, Vian?» ... Ich antworte nicht gleich, weil ich nicht weiß, ob nicht alles zusammenbricht, wenn ich meine Gefühle offenbare, oder ob sie nur einen Verdacht bestätigt haben will, der ihr ein gutes Gefühl vermittelt. Lügen oder die Wahrheit murmeln? Schweigen oder den Mund öffnen? Diese beiden Stimmen widerstreiten in mir. Die des Mäuschens rät mir, das Thema zu wechseln, die Frage lächelnd abzutun, als wäre sie nur eine bedeutungslose kindische Provokation. Die andere, die des Windes in den Bergen, fordert mich auf zu sprechen, jenen Gefühlszustand zu beschreiben, der seit Tagen mein Blut in Wallung bringt ... Ein Blatt fällt vom Baum, ich folge seinem Fall mit den Augen, es fällt ins Gras, ich antworte ... «Du hast dich in mein Herz eingegraben. Es ist absurd, ich kenne dich ja kaum, aber es ist so.» Ihre Stimme spricht kaum hörbar meinen Namen, will meine Worte anhalten, ich beschleunige das Tempo meiner Sätze, ignoriere ihre Unterbrechung ... «Der Klang deiner Stimme ist unablässig in meinem Kopf, wie Hintergrundmusik. Ich träume von dir, wenn ich wach bin, ich träume von dir, wenn ich schlafe, ich verfolge die Tätowierung in deinem Nacken, seit ich dich zum ersten Mal gesehen habe. Ich umarme deinen Namen, ich atme die Leerstelle, die du hinterlässt, wenn du gehst, küsse die Erinnerung an deinen warmen Atem.» Ihre Stimme klingt jetzt entschlossener, buchstabiert die vier Lettern meines Namens, doch nach dem letzten N setzt meine heisere Stimme sich durch: «Ich bitte dich um nichts, Julia, ich beantworte nur deine Frage. Es tut meiner Seele gut, wenn ich dir sage, dass du in all diesen Tagen die Fackel gewesen bist, die leuchtet und die brennt, der Wald voller Blumen und Dornen, der Weg, der geradeaus führt und der als Labyrinth mich verzweifeln lässt; und ja, dass du in das Reich meiner Phantasien eingedrungen bist, dass es Kämpfe gegeben hat und damit Tod, Unterwerfung, Jubel und Folter, und ja, dass ich all das genossen habe, dass der Schmerz mich belebt, die Hoffnung mich verletzt, die Wirklichkeit eine glänzende Wunde ist. Und ja ...» – «Vian!» Sie schreit jetzt meinen Namen, und mein Gesicht ist mit einem Mal zwischen ihren warmen Handflächen gefangen. «Es kann nicht sein», sagt sie mit leiser Stimme. Ich frage, ob es einen anderen gibt und bin diesmal bereit zu kämpfen, sie vom Wert meiner Zuneigung zu überzeugen, von der Kraft meiner Loyalität, von der Dauer meiner Leidenschaft, wie ein fahrender Ritter, der ... ihre Stimme unterbricht meine heroischen Gedanken. Sie verneint. «Nein, es gibt keinen anderen, und ja, natürlich wird es jemand geben, ganz sicher, aber das wird und war niemals ein Mann.» ... Stille. Ich bin wie versteinert, stürze ab und zerschelle auf den harten Felsen dieser Enthüllung. Der Druck ihrer Hände wird sanft, wird zu einer doppelten Liebkosung, schwindet. Ich muss schlucken, fühle mich beschämt und richte den Blick zum Himmel. Dicke, niedrige Sterne funkeln unter dunklen Wolken. Ich stoße einen Seufzer aus, den ich in ein unbehagliches Lachen verwandle. «Ich verstehe», sage ich mit hoher, zittriger Stimme, wiederhole Sätze, wünsche ihr alles Gute, amüsiere mich über meine glutvollen Worte, nicke, fuchtle, fülle die Nachtluft mit Vokalen und Konsonanten. Julia sagt nichts mehr, mein Urteil ist gesprochen. Sie weiß vermutlich, dass jeder weitere

Satz den Dolch tiefer treiben würde, den sie mir in die Brust gestoßen hat. Die Wunde glänzt nicht mehr, sondern blutet. Es ist das Blut dieser nutzlosen, schamvollen Worte. Julia schaut mich ernst an, schätzt mich ein ... versteht sie mich? Der erste Regentropfen trifft meine Stirn. Ich breche meinen Redeschwall abrupt ab. Jetzt herrscht eine Stille von zirpenden Grillen und dem fernen Hupen von Autos. Julia steht auf, geht zum Baum und lässt sich unter seinem dichten Blätterdach nieder. «Komm», sagt sie und streckt die Hand aus, «lass uns schlafen.» Ich stehe vor ihr, betrachte reglos die ausgestreckte Hand, die mich ruft. Alle Fesseln lösen sich, nichts hält mich mehr, ich fühle mich schrecklich müde. Ich höre das Rauschen der Stadt am Fuße des Berges. Salzburg schnurrt. Die schwarze Katze mit den Obsidianaugen. Es nieselt. Julia hält ihre Hand immer noch ausgestreckt. Hinter mir erhebt sich die kalte Festung mit ihrem rot blinkenden Auge. Mein Vater nimmt sich den Läufer, den ich ungeschützt gelassen habe. Ich bewege ein Bein, dann das andere, ergreife die Hand, die meine ohne zu zögern umfängt. Ich kauere mich an Julias Seite zusammen. Schachmatt. Das bläuliche Licht der Ziffer dreiundsiebzig, die an der gebogenen Stange, an einem dieser beleuchteten Spinnenbeine über mir hängt, beraubt mich jeder Möglichkeit, den Großen Bären am Himmel wiederzufinden. Julias Arm legt sich um mich, ich schließe die Augen, lege meinen Kopf in ihren Schoß und sinke in tiefen Schlaf.

Blasses Morgenlicht weckt mich. Julia ist nicht mehr an meiner Seite.

12

*K*aum hatte ich die Augen geöffnet, drehte die Distanz die Sanduhr um, und die rieselnden Körnchen begannen ihre Wüste von Abwesenheit, Dunkel und Stille auszubreiten. Es war zu erwarten gewesen, dass Julia nicht mehr bei mir sein würde, und doch rief ich mehrmals ihren Namen, lief von einem Ende zum andern, sah hinter dem Baum nach, außerhalb des Iglus, zu beiden Seiten des Weges ohne Menschen. Der Sand rann unaufhaltsam weiter. Ich ging zu meinem Rucksack zurück. Die zu dieser frühen Morgenstunde blassen Ziffern des Merz'schen Kunstwerks verstärkten meine Mutlosigkeit noch mit der Kälte ihrer lichtlosen Form. Die Luft roch nach Rauch, nach feuchter Erde und Chlorophyll. Meine Kleidung war feucht, und der klare Himmel schmerzte in meinen Augen. Wie lange hatte es während der Nacht geregnet? Ich dachte, mir müssten Kopf oder Rücken oder Beine schmerzen. Nichts tat mir weh. Ich dachte, eigentlich müsste ich Trauer, Verzweiflung, Scham empfinden. Ich empfand nichts davon. Ich warf mir den Rucksack über die Schulter und begann gesenkten Kopfes den Abstieg. Ich ließ den Aussichtspunkt hinter mir und vermied es, den Blick auf die noch schlafende Stadt zu richten. Als ich an dem Haus am Hang vorbeikam, ging die automatische Lampe wieder an, die am Abend zuvor Julias Augen hatte groß werden lassen. Ihr von der Morgenhelligkeit verwaschenes Licht war jetzt nutzlos. Nutzlos und absurd wie ich in dieser Stadt, fehl am Platz, verloren und am Ende.

Bald würde die Probe beginnen, Jacques würde mit seinem kalten Lächeln auf der Bühne erscheinen, ich mich wie ein Roboter von einem Ende zum anderen bewegen, so wie die geprobte Choreographie es vorgab, und würde mich nicht trauen, zum Produktionstisch hinüberzusehen, wo Julia säße. Meine Kleidung klebte mir am Körper, mir war kalt. Bestimmt roch ich nach nassem Hund, nach geprügeltem Köter. Ich ging lustlos, ohne Hast. Ich erinnere mich an eine Wolke von Fliegen, die über einem verdreckten Mülleimer summte, an den blassen Widerschein der Sonne in den Pfützen am Wegesrand, an die Burg, eingehüllt in eine tiefhängende Wolke, die sich allmählich aufzulösen begann. Und an Perecs Buchladen, der noch geschlossen war und in dem sich meine saubere Wäsche befand, und an den Stadtstreicher mit dem Radetzkyschnauzer, der mein mitgenommenes schmutziges Äußere mit einem missbilligenden Blick bedachte, als er an mir vorbeiging. Ich erinnere mich an die Straßen, die sich langsam mit lächelnden Leuten füllten, die auf Kunden wartenden Kutscher mit ihren geduldigen Pferden, die heißer werdende Sonne. Kellner waren dabei, Tische zu decken; Angestellte, Geschäfte und Läden zu öffnen; Taxifahrer, bereit, ihre ersten Fahrgäste zu befördern. Ich dachte daran, dass ich kein Wo mehr hatte, kein Wann, kein Wozu. Ich setzte mich zu Herrn Wolfgang auf die Bank. Lange starrten wir auf den grünen Lauf der Salzach. Der Fluss lud zur Reise ein, regte immer wieder zum Aufbruch an. Auf dem von Herrn Wolfgang geschmückten Weg kamen immer mehr Fußgänger und Radfahrer vorbei. Auf der Brücke wehten die Fahnen. Einer der Passanten blieb stehen und warf ein paar Münzen in das Keramikschweinchen, das am Geländer hing. Herr Wolfgang bedankte sich mit einem verhaltenen Kopfnicken und einem Lächeln. Der Passant betrachtete mich einen Moment lang, und ich hatte den Eindruck, er frage sich, ob er diesem bemitleidenswerten und abgerissener als der Alte aussehenden Streuner auch etwas geben sollte. Ich wandte den Blick ab, um es ihm leichter zu machen. Als er weiterging, betrachteten wir wieder den grünen Lauf der Salzach.

«Ich frage mich», sagte ich und hob den Blick vom Fluss zu dem düsteren Hintergrund von Häusern und Bergen, «ob unser Dasein dieser Flasche gleicht, die von der Strömung fortgetragen wird, oder einem Insekt, das in einem durchsichtigen Bernsteintropfen gefangen wird. Oder ist es beides zusammen? Oder nichts davon?»

Herr Wolfgang ließ den Anflug eines Lächelns erkennen, klopfte mir auf die Schulter, stand auf und suchte seine Utensilien zusammen, mit denen er ein Straßenbeet verschönern würde.

Salzburg war vollständig erwacht, jetzt war es Zeit für die Proben.

Die Orchestermusiker übten Skalen und Akkorde, die sich vermischten und eine unordentliche Klangdecke produzierten. Die letzten Komparsen kamen herbeigeeilt, hinter den Kulissen gab Claudia ihre Anweisungen. Ich saß seit fast einer halben Stunde neben einer Steckdose, um den Akku meines Telefons aufzuladen. Dann nahm ich meinen Platz auf der Bühne ein. Der Vorhang war noch unten. Nichts begeisterte mich, nichts reizte meine Nerven. Mir fehlte ein Wo, ein Wann, ein Wozu. Jacques erschien mit breitem Lächeln zwischen zwei Tänzern, verteilte Handküsse und zeigte spöttisch auf einen Komparsen. Wir trugen noch keine Kostüme, dies war die erste Musikprobe mit Szenenspiel. Das Orchester schwieg, die erste Geige ließ ein vibrierendes A erklingen, dem sich sogleich sämtliche Instrumente mit derselben Note anschlossen. Dies war einer meiner Lieblingsmomente vor einer Probe oder Vorstellung; doch diesmal ließ mich der melodische Gleichklang des Orchesters unberührt. Mein

Blick verlor sich in der sanften Dunkelheit der Falten des Vorhangs.

Dann erweckte das Orchester den ersten Akkord zum Leben, den überwältigendsten der gesamten Opernliteratur, die harmonische Faust, mit der die Ouvertüre von *Don Giovanni* beginnt. Die Probe der «Oper der Opern», wie E. T. A. Hoffmann sie nannte, hatte begonnen, und mein mattes Herz wurde munter. Als der Vorhang sich hob, vermied ich es, ins Parkett zu schauen, wo Julia sitzen musste, und befolgte mit den anderen Unterteufeln nur die Befehle des Oberteufels, den Jacques mit wirbelnden Armen und funkensprühenden Blicken aus boshaft blitzenden Augen gab. Wir rannten wie Insekten auf der Flucht vor Feuer, und jeder von uns beeilte sich, sein Versteck hinter den verschiedenen Bühnenaufbauten zu finden. Ein weiches gelbes Licht erleuchtete einen Moment lang von innen das hohle Gesicht der Statue des Commendatore, hinter der ich mich versteckte. Es war ein stummer Ausruf, ein beleuchteter Schrei. Es lief mir kalt über den Rücken. Dann betraten die Protagonisten die Bühne, gingen grimmig, ohne sich anzusehen, wie Marionetten, die von einer Seite zur andern tappen, sich verneigen, sich um die eigene Achse drehen und wieder abtreten. Mit den letzten Akkorden der Ouvertüre drehte sich der Teufel langsam zur Seite, bis an seinem Rücken die selbstgefällige, hedonistische, dominante Gestalt des großen Verführers, des unbekümmerten Wüstlings Don Giovanni sichtbar wurde, der seinen gestutzten Bart streichelte. Mit der neu einsetzenden Musik wirbelte Don Giovanni mit einem gewaltigen Satz zur Seite, ließ den Teufel stehen, und gleich darauf verschwanden beide hinter einem blauen Schleier. «*Notte e giorno faticar* ...» Leporello sang seine Klage, ging von Säule zu Säule, und als er rief, er wolle nicht mehr dienen, riss er Teile der

Kulissen um und warf sie in die Mitte der Bühne, dabei kam ein Teufel zum Vorschein, der gleich davonhuschte wie eine Kakerlake aus der Küche. Ich war der Dritte und Letzte, bevor Don Giovanni und Donna Anna die Szene betraten. Ich sollte in Form einer Acht über die Bühne laufen, rasch die beiden Protagonisten umrunden, für die ich unsichtbar wäre, und mich in meinem neuen Versteck verkriechen. Doch dazu kam es nicht. Die Tchenova unterbrach die Probe.

Sie hob die Arme und wedelte mit den Händen, wobei sie «*Stopp, stopp, stopp*» rief; nicht sehr laut, aber überzeugt davon, dass man ihrem Befehl am Ende gehorchen würde. Und so geschah es auch. Eduardo Montes ließ das Orchester innehalten und fragte ungeduldig, was los sei.

«Ich mache bei dieser Probe nicht mehr mit», sagte die Sopranistin, jedes Wort deutlich artikulierend. «Ich singe in dieser Produktion nicht mehr, wenn diese Person nicht geht. Gestern hat sie mich beim Abendessen beleidigt, und das lasse ich mir von keinem Menschen bieten.»

Ich brauchte der Richtung gar nicht zu folgen, in die ihr makellos lackierter Fingernagel zeigte. Dies war ihre Rache. Die Teufel kamen aus ihren Verstecken hervor und schauten auf den Theatersessel, der das Ziel des deutenden Fingernagels war. Schuffs Geschrei ließ nicht lange auf sich warten; Eduardo sagte, die Zeit des Orchesters sei zu kostbar, um mit Zank und Streit vertan zu werden; Theaterverantwortliche eilten auf die Bühne.

Schließlich warf ich doch einen Blick ins Parkett. Julia war schon dabei, ihre Papiere zusammenzusuchen, und stand im Begriff zu gehen. Claudia sprach auf sie ein, und Julia verneinte ruhig mit einem schnellen Kopfschütteln. Der Regenbogen ihres Haars strahlte so hell, wie ich ihn noch nie gesehen hatte. Sie ging auf den Seitenausgang zu, Schuff trat ihr in den Weg und sprach mit ihr. Ich verfolgte die Szene, als sähe ich einen der Kriminalfilme, die ich als Kind heimlich im Fernsehen anschaute, ohne Ton, um nicht entdeckt zu werden. Julias Lippen bewegten sich, jemand vom Theater trat hinzu und redete mit ihnen. Schuff ließ resigniert die Arme hängen, bewegte noch kurz die Lippen und ging mit verdrossener Miene zu seinem Sessel zurück. Julia drehte sich um und ging, ohne zur Bühne zu schauen, weiter dem Ausgang entgegen. Ich versuchte, sie mit Blicken zum Einhalten zu bewegen, mein Atem ging stoßweise, ich konnte nicht glauben, dass dies wirklich passierte. Als ich den Drachen in Julias Nacken durch die Seitentür verschwinden sah, rannte ich los zum Künstlerausgang, um sie dort abzufangen. Ein Krallengriff hielt mich zurück.

«Lass sie», befahl Jacques, ohne mich loszulassen. «Sie hat es so gewollt. Sie findet immer einen Weg, sich selbst ein Bein zu stellen. Einem Hund, der nicht aufhört, den Reifen eines fahrenden Autos anzubellen, kann man nur helfen, indem man ihn anbindet. Gestern hat Julia die Sopranistin angebellt; sie würde dich hassen, wenn du die Folgen der Freiheit ihres Gebells nicht respektiertest.»

Kurz wog ich seine Worte, riss mich mit einem Ruck los und schaute ihn voller Verachtung an.

«Der Hund bist du», sagte ich und nahm ihre Verfolgung wieder auf. Jacques streckte ein Bein aus, ich stolperte und stürzte zu Boden. (Ein Feuerball, das rote Blinklicht der Burg, der Schrei im leeren Gesicht der Statue.) Der ziellosen Leere, dem großen Gähnen der Ermattung, die mich den ganzen Vormittag gelähmt hatten, entstieg ein gewalttätiger, aggressiver, wachsender Zorn. Ich stand auf, sah Jacques sich einen Zahnstocher in den Mund stecken, ballte meine Fäuste. Bevor ich ihm einen Hieb versetzte, kam mir der Gedanke, dass dies eine Falle war, dass ich keine Zeit zu verlieren hatte, wenn ich Julia einholen wollte. Ich knurrte Jacques einen Fluch entgegen und rannte los.

Der Sandfaden rann und rann. Die Entfernung machte aus dem Sand eine Wüste der Abwesenheit, Dunkelheit und Stille. Julia war nicht da. Ich rief sie an, sie antwortete nicht. Ich fragte den Portier, ob er ein Mädchen mit bunten Haaren hatte wegfahren sehen. Er sagte ja, sie habe sich mit einem Lächeln verabschiedet, ihr Fahrrad genommen und sei pfeifend davongefahren. Ich fragte ihn, ob sie nicht eine Nachricht, eine Notiz für jemand hinterlassen habe. Er verneinte, und sein Gesichtsausdruck wandelte sich zu einer Grimasse des Bedauerns. Ich dankte ihm und ging los, mein Fahrrad zu suchen. Doch ich wusste nicht mehr, wo ich es abgestellt hatte, und blieb stehen. Eine der für die Komparsen verantwortlichen Frauen kam gelaufen und blaffte mich an, wenn ich nicht auf der Stelle zurückkäme, würde ich meinen Job verlieren. Sie hätten schon genug Ärger mit der Sopranistin, die gerade einen neuen Streit vom Zaun brach. Das erinnerte mich an meine Mutter, die mich zwei Tage nach meinem Ausreißer in den Park an den Schultern fasste, mich schüttelte und sagte, ich müsse immer zur vereinbarten Zeit nach Hause kommen, ich dürfe meinen Vater nicht verärgern, denn sie alle müssten die Konsequenzen tragen. Ich durfte meinen Job nicht verlieren. Julia zu suchen, war in der Tat unvernünftig. Ich biss die Zähne zusammen, warf der Angestellten einen hasserfüllten Blick zu, schrieb Julia eine Nachricht, die vermutlich ohne Antwort bleiben würde, und kehrte zur Probe zurück.

Der Vorhang war unten, das Orchester spielte ohne die Sänger, auf der Bühne gab es neue, von der Tchenova hervorgerufene Verzögerungen. Offenbar hatte sie Jacques erkannt, behauptete, der Typ wünsche ihr Böses, in seiner Gegenwart fühle sie sich nicht sicher, deshalb werde sie nicht weitermachen, es sei denn, er gehe ebenfalls. Schuff rief, das sei unmöglich, sie könne nicht jeden rauswerfen, der ihr nicht gefalle, für wen sie sich eigentlich halte, die Oper könne auch ohne sie weitergehen. Die Theaterleitung teilte die Meinung des Regisseurs jedoch nicht und fragte die Diva, worauf sich ihr Misstrauen gründe. Sie versicherte, einer ihrer zuverlässigsten Freunde habe herausgefunden, dass dieser Typ Interna an Journalisten verkaufe. Jacques wies das von sich, die Szene schien ihn überhaupt nicht zu beunruhigen, eher zu belustigen. Schuff versicherte, jedes Wort sorgfältig abwägend, dass in diesem Stadium niemand anders die für sein Konzept unverzichtbare Rolle des Oberteufels übernehmen könne. Jacques zeigte immer noch sein selbstgewisses Lächeln; ich war mir beinahe sicher, dass die Tchenova nachgeben würde, denn im Grunde wollte sie nicht aus der Produktion aussteigen. Julia hatte dran glauben müssen. Zorn trieb mich an.

«Ich kann die Rolle übernehmen», sagte ich und war von meinen Worten selbst überrascht. Ich musste sie phantasiert haben; es waren keine wirklichen Gesichter, die sich mir zuwandten; auch die siegesgewisse Haltung der Sopranistin war nicht wirklich; ebenso wenig die Bemerkung eines der Intendanten, der der Meinung war, wenn der Darsteller Informationen verkaufe, sei er für das Theater nicht zu halten, es müsse eine Untersuchung stattfinden. Schuff knurrte, gab Claudia ein paar Anweisungen und ging, ohne jemand noch eines Blickes zu würdigen. Claudia sprach mit Jacques. Er schenkte ihr keine Aufmerksamkeit, sondern schaute lächelnd zu mir herüber und hörte mit halbem Ohr ihren Erklärungen zu: Fürs Erste müsse er gehen, die Orchesterproben müssten weitergehen, später, wenn die Gemüter sich beruhigt hätten, könne man ruhig über alles reden, alles werde wieder in Ordnung kommen. Jacques lächelte immer noch. Eine Haarsträhne teilte seine Stirn wie ein gewundener Blitz. Bevor Claudia geendet hatte, kam er zu mir, hielt wenige Zentimeter vor meinem schwitzenden Gesicht und zeigte mir seinen Zahnstocher, den er zwischen Daumen und Zeigefinger hielt. Ich schluckte und wich nicht von der Stelle.

«Bravo», sagte Jacques sanft und ließ den Zahnstocher vor meinen Augen tanzen, «nun hast du mir das Schwert in die Brust gestoßen, wie ich es dir vorausgesagt habe. Du bist um nichts besser als ich», er stieß den Zahnstocher langsam in den Stoff meiner schmutzigen Jacke. «Ich ziehe mich zurück, jetzt bist du am Zug.» Lächelnd trat er zwei Schritte zurück, strich sich die Haarsträhne aus der Stirn und ging lachend und applaudierend ab.

Das Sandfädchen rieselte indes weiter. Die Entfernung machte aus dem Sand eine Wüste der Abwesenheit, der Stille und Schatten. Bevor Jacques endgültig verschwand, blieb er in der Tür stehen, und ohne sich zu mir umzudrehen, rief er verächtlich:

«Armer kleiner Vian. Du wirst einen miserablen Teufel abgeben!»

Ein Feuerball, das rote Blinklicht der Burg, der Schrei im leeren Gesicht der Statue.

«Jeder auf seinen Posten, wir machen mit der Ouvertüre weiter.»

Ich kniff die Augenlider zusammen, füllte meine Lungen mit der staubigen Theaterluft, blähte meine Brust, öffnete die Augen und nahm festen Schritts und finster entschlossen meinen Platz als leitender Teufel in der Bühnenmitte ein.

13

*N*ormal wäre es gewesen, wenn meine Darstellung Satans in einer Katastrophe geendet hätte. Meine Gedanken hätten eigentlich nicht bei der Sache sein dürfen: Ich hatte keine Ahnung, wann oder wo ich Julia wiedersehen würde; ich musste fürchten, dass Jacques Rachepläne schmiedete. Doch wenn ich auch szenische Einzelheiten vergaß, in meinem Einsatz manchmal dem der Sänger hinterherhinkte oder in der einen oder anderen Szene am falschen Platz stand, spielte ich doch die ganze Zeit mit diabolisch überzeugender Intensität, entschlossener Sicherheit und klarer Führung meiner teuflischen Horden. Ich war von Zorn besessen und getrieben, er kappte die Angst, zermalmte Fragen, schnitt Zweifel und Gedanken ab. Ich konzentrierte mich ganz auf den Moment meines Agierens: meine hochmütige Vorstellung in der Ouvertüre; meine Hand, die Don Giovannis führt, wenn er seinen Degen in den fetten Leib des Commendatore stößt; meine Gegenwart als unbequemer Schatten im Duett, wenn Donna Anna den Leichnam ihres Vaters entdeckt und ihren Bräutigam, Don Ottavio, Rache schwören lässt. Und später das lautlose Gift meiner schlangenhaften Umkreisungen Don Giovannis, während er Zerlina zu verführen sucht; meine Rolle als Hund, der es Donna Elvira ermöglicht, die Eroberung scheitern zu lassen; das finstere Spiel von Licht und Schatten auf der Bühne, das von meinen Armen choreographiert wird beim feierlichen Quartett. Zur zwanzigminütigen Pause gab es Applaus, ich badete in Schweiß. Claudia und Schuff – die Partitur und das Heft voller Noten in der Hand – stürzten sich auf mich. Wenn ich überagiert hatte, wenn ich mich zu sehr in den Vordergrund gespielt hatte, sie erwähnten es nicht, wollten mich wohl nicht entmutigen, mir nicht schon beim ersten Auftritt die Flügel stutzen. Dazu würde später Zeit sein. Sie sprachen von dem, was vor mir lag, wiesen auf wichtige Tempi der Partitur hin; Claudia führte besondere Gesten vor, die ich nachmachen sollte. Sie gönnten mir keine Atempause. Mir blieben nur wenige Minuten, bis es weiterging, in denen ich die Toilette aufsuchte und die ganze Flasche Wasser leerte, die Claudia mir reichte. Doch diese wenigen Minuten reichten aus, mich von der Gegenwart des Moments ablenken zu lassen. Der Zorn verflog, und die Mauer, die ich errichtet hatte, bekam Risse, durch die Zweifel, Ängste, Fragen einzudringen begannen. Ich betrachtete meine Hände, flatternde Schmetterlinge, fühlte den wohlbekannten eisigen Knoten, der meinen Magen einschnürte. Der Sessel, den Julia leer zurückgelassen hatte, breitete sich wie ein verstümmelter Tentakel aus, der mich zu umschlingen versuchte. Zur Angst gesellten sich jetzt die passenden Wörter, bildeten schon den ersten lähmenden Satz, als der Komparse mit dem Lachen einer fiependen Ratte mir mitteilte, dass Jacques, bevor er ging, angeblich gesagt hatte, dass Julia und nicht er es gewesen sei, die Produktionstratsch an Journalisten weitergegeben habe. Ich beschimpfte ihn so wüst auf Spanisch, dass es sowohl die Österreicher als auch die Deutschen und die Italiener auf der Bühne verstanden, ohne dass es übersetzt werden musste. Die Wut in meiner Stimme war die Übersetzung. Der zweite Teil der Probe begann, und ich spielte mit neu erwachtem Zorn noch intensiver und viel sicherer meine Rolle als Satan. Selbst als Eduardo Montes das Orchester innehalten ließ, um diese und jene Anweisung zu erteilen, blieb ich in meiner Rolle, ließ mich aus meinem inneren Gefängnis nicht vertreiben. Wir brachten den ersten Akt nicht zu Ende; es war halb zwei Uhr nachmittags, und die Probe wurde just in dem Moment unterbrochen, als Don Giovanni die Stimmen seines Dieners, seiner betrogenen Gemahlin, der Tochter des Mannes, den er ermordet hatte, und des Kavaliers, der von seinem Verbrechen nicht zu überzeugen war, zum Gesang versammelte, um gemeinsam ein kraftvolles *Viva la libertad!* anzustimmen. Das Orchester verstummte, die Stimmen erstarben, um sieben Uhr abends würde wieder alles von vorn beginnen. Claudia schleifte mich gleich in die Kostümabteilung, Jacques' Sachen mussten auf meine Maße geändert werden. Sie nannte mir auch die Zeit, zu der ich im Probenraum zu meinen Auftritten im zweiten Akt erscheinen sollte. Ich nickte, mein Furor war dahin und hatte einer dumpfen, eintönigen Tüchtigkeit Platz gemacht. Die Kostümschneiderin hieß Yvette, kaute Kaugummi, hatte ein glänzendes Gesicht, eine Stimme von Blumen und Sternen und war herrlich dick. Sie nahm Maß, steckte das Kostüm mit Stecknadeln fest, markierte den Stoff mit weißer Kreide. Sie sprach ununterbrochen, sagte, sie habe mich im Fernsehen und in der Zeitung gesehen, und es stimme tatsächlich, ein wenig ähnele ich den Mozartporträts, sie lachte, sogar die Größe sei ja ähnlich, und meinen Aufstieg (so nannte sie es) fand sie gut, denn dieser Jacques sei unerträglich eingebildet gewesen, und wenngleich sie niemandem Böses wünsche, habe sie sich doch ein bisschen gefreut darüber, dass er gegangen war.

«Wer mir wirklich leidtut», sagte Yvette mit zwei Nadeln zwischen den zusammengepressten Lippen, «ist das Mädchen, das wegen des Ärgers mit der Sopranistin gehen musste. Aber der liebe Gott ist barmherzig, und ich glaube, sie sitzt bestimmt schon in einem Flugzeug irgendwohin, wo man sie mehr schätzt.»

Da erst begriff ich, dass Julia möglicherweise, ja, sicher sogar, Salzburg so schnell wie möglich verlassen würde. Was hatte mich nur dazu gebracht, das Gegenteil anzunehmen? Die Wut. Ich zog mich in aller Schnelle um, dankte Yvette und verschwand wie ein Blitz. Ich hielt nicht ein, als der Portier am Künstlerausgang etwas hinter mir herrief, und auch die Frage eines Journalisten hielt mich nicht auf. Ich rannte das ganze Stück zu ihrer Wohnung. Auf der Straße rief ich ihren Namen. Niemand zeigte sich an den Fenstern. Ich drückte auf alle Klingeln, da ich nicht mehr wusste, welche ihre war. Mehrere Stimmen fragten, wer da klingele, keine davon war ihre. Ich rief noch einmal vom Bürgersteig aus, mit weit zurückgelegtem Kopf. Dann suchte ich sie in der Stadt. Ich schaute an den unwahrscheinlichsten Orten nach, im St.-Peter-Stift, in den Galerien der Sigmund-Haffnergasse, auf dem Mozartplatz. Ich überquerte die Brücke zum anderen Ufer der Salzach, blickte mich an allen Straßenecken um, in alle Hauseingänge, alle Fenster. Alles vergebens. Ich musste zum Theater zurück, ich kam schon eine Viertelstunde zu spät zu den angesetzten Proben. Ich rannte, bis ich keine Luft mehr bekam und rechtes Seitenstechen meinen Lauf bremste. Bevor ich ins Theater ging, fragte ich Franzi im Triangel, ob Julia oder Jacques im Restaurant gewesen waren. Ich fragte auch die Kellner, niemand hatte sie gesehen. Ich bekam zwei Kurznachrichten von meinem Vater, aber keine von Julia. Am Theater rief der Portier wieder hinter mir her, ich konnte unmöglich anhalten, tat es aber, als ich den Briefumschlag sah, mit dem er in der Luft wedelte. Ich riss ihn ihm beinahe aus der Hand und die schmale Seite einfach ab, nahm die Karte heraus, die auf beiden Seiten beschrieben war, und die Schlüssel, die in dem Umschlag lagen. Ich las:

Wir sind abgereist, Vian. Jeder geht seines Weges. Schluss
mit dem Abenteuer Salzburg, deines ist noch nicht zu Ende.
Du brauchst nicht mehr auf der Straße zu schlafen, hier
sind Schlüssel und Adresse der Wohnung. Die Miete ist bis
Ende August bezahlt. Alles deins. Wenn du ausziehst, lass
die Schlüssel im Briefkasten. Alles ist gut, genieße deine
letzten Tage in Europa.
   Julia

Ich drehte die Karte um, und beinahe wäre sie mir aus der
Hand gefallen. Ich las:

Hol dich der Teufel, kleiner, kleiner, ewig kleiner Vian.
   Jacques

Kein Zorn und keine Tüchtigkeit lenkten mich mehr ab von
meiner Realität, dem entsetzlichen Gefühl von Verlassenheit, der unermesslichen, trockenen, menschenleeren Wüste.
Schuff war außer sich und schrie mich an, als er mich her-
einkommen sah, schimpfte über meinen Mangel an Profes-
sionalität, sagte, er habe die Nase voll und verschwände, und
verschwand. Claudia arbeitete mit mir, und ich befolgte ihre
Anweisungen methodisch, ohne Leidenschaft. Es gab keine
Leere mehr und keinen Zorn. Nur diese absurde Zeit ohne
Ziel und ein nutzloses Prickeln auf der Haut.

Während der zweiten Probe mit Orchester beging ich weniger Fehler als am Morgen, stand fast immer an der rich-
tigen Stelle, führte korrekt alle Bewegungen meiner Figur
aus, doch mit dem Zorn war auch die satanische Energie
von mir gewichen. Und nicht nur das; ich gelangte immer
mehr zu der Überzeugung, dass meine neue Figur besten-
falls überflüssig war und schlimmstenfalls eine lästige Ver-

fälschung der Geschichte, eine unnötige Beifügung des Regisseurs, dessen unerträgliche Selbstverliebtheit ihn trieb, seinen Namen dem Da Pontes und Mozarts hinzufügen zu wollen. Was tanzte ich da zu den verschiedenen Rhythmen und Melodien herum, die die drei Orchester am Ende des ersten Aktes interpretierten? Wie verabscheute ich meine Anwesenheit bei der Darbietung des großartigen Sextetts, in der Friedhofsszene und, vor allem, bei dem Bankett, zu dem die Statue des Commendatore erscheint! Am Ende der Probe verschwand ich, ohne die Kommentare und Kritiken meines Auftritts abzuwarten, ohne mich von irgendwem zu verabschieden. Mein Magen knurrte vor Hunger, ich hatte nicht einen Cent in der Tasche. Ein Bild ließ mich nicht los: der Fall des abgestorbenen Blattes vom Baum just bevor ich Julia meine Liebe gestand. Seine die Luft durchschneidenden Kanten, die seinen flachen Körper tanzen ließen, seine Gestalt eines erloschenen Sterns. Danach seine steinerne Reglosigkeit auf dem weichen feuchten Gras. Ich ging mit schleppenden Schritten. Julia war nicht mehr da. Am liebsten wäre ich weitergegangen, ohne einzuhalten, auf einem unbekannten Weg, hätte mich in einem Wald verlaufen, auf einem pflanzendunklen Berg, wäre in einer anderen Stadt wieder aufgetaucht, in einer anderen Geschichte. Ich setzte mich auf Herrn Wolfgangs Bank. Ich war erschöpft und schweißbedeckt, las noch einmal die Karte.

Meine Hand schmerzte, und als ich sie öffnete, schimmerte darin das dunkle Metall der Wohnungsschlüssel, die Julia und Jacques mir hinterlassen hatten. Wieder musste ich an das Blatt denken, das zu Boden fiel, bevor ich Julia sagte, dass ich sie liebe. Was nicht mehr vorhanden ist, was für immer gegangen ist. Ein Blatt, das zu Boden fällt wie eine offene Hand, vertrocknet, verstümmelt. Ich sah die

Salzach vor mir, breit und grün und lärmend, eine lange Träne ohne Ende. Ich sah die Sonnenblume, die Herr Wolfgang auf dem Grünstreifen vor seiner Bank gepflanzt hatte: eine hochgewachsene gelbe Klage. Ich schaute auf den Turm an der anderen Seite des Flusses, wo die unschuldigen Hexenkinder gemartert worden waren. Ich hätte noch viele andere Dinge angesehen, die geduckte Burg, die fernen Lichter des Merz'schen Iglus, Mozarts schlanken Stuhl. Doch ich konnte nicht, die Tränen hinderten mich daran. Unbemerkt kullerten sie mir aus den Augen, salzig, lautlos. Ich weinte still vor mich hin. Wie ein grüner Fluss, wie eine gelbe Klage, wie der stille Aufschrei eines Hexenkindes in den Flammen. Als die Glocken in der Stadt zwölf schlugen, stand ich auf. Ich musste mit jemandem reden. Ein leises Ächzen entrang sich mir, wie von einer verwundeten Katze. Jetzt wusste ich, wohin meine Schritte mich führten. Ich würde Trazom mein Leid klagen.

Fünf

─────

DIE RÜCKKEHR

1

Die Tage, die auf Julias und Jacques' Abschied und Flucht folgten, stürzten übereinander wie die Bücher der Flaneure, die Perec auf seinem Schreibtisch in der Buchhandlung stapelte. Und genauso wenig, wie er es mit den Büchern tat, blätterte ich durch diese Tage und stellte sie achtlos in das Regal der Erinnerung.

Ich holte meinen Koffer ab, ohne Perecs Schwager Erklärungen abzugeben (die er im übrigen auch nicht verlangte), und zog in die Wohnung von Julia und Jacques. Eine fiebrige Nervosität ließ mich anfangs wie von Sinnen jeden Winkel der Zimmer durchsuchen. Ich suchte nach Spuren, Hinweisen, zurückgelassenen Gegenständen, an die ich mich klammern konnte, um Julia nicht ganz zu verlieren. Ich fand so gut wie nichts: eine gebrauchte Zahnbürste, die Broschüre *Diabolische Geschöpfe*, meinen Comic, in dem Julia das Haar einer Figur bunt angemalt hatte ... mehr nicht. Besonders schmerzte mich, dass ich die DVD *The Blade Runner* nicht fand. Nachdem die Ärmlichkeit meiner Funde festgestellt war, folgten der fieberhaften Suche eine betäubende Gleichgültigkeit und ein maßloser Schmerz über Julias Abwesenheit. Darüber, dass Julia mich alleingelassen hatte. Ich schickte ihr Nachrichten mit Grüßen und Berichten von den Proben, wobei ich meine Verzweiflung nicht durchscheinen zu lassen versuchte, und wenn es mich auch traurig machte, keine Antworten zu erhalten, so blieb mir doch der Trost, mir vorzustellen, wie sie las, was ich schrieb. Ich hörte auf, ihr Nachrichten zu senden, als ich nach einer Frist, die ich mir gesetzt hatte, um nicht aufdringlich zu erscheinen, ihre Nummer anrief und statt Julias eine Tonbandstimme vernahm, die mich informierte, dass die gewählte Nummer abgeschaltet worden war. Damit verlor sich die Vorstellung, dass sie mich las, ebenfalls im Nichts.

Die letzten Proben verliefen ungestört. Kein Mensch schien sich an die für mich schrecklichen Vorfälle zu erinnern, die zum Auszug des Regenbogens und des besiegten Dämons geführt hatten. Niemand erwähnte die Abwesenden, niemand fragte nach ihnen. Es war, als wären sie nie da gewesen, als hätten sie nie existiert. Die Kunst schritt unbeirrbar mit denen voran, die noch dabei waren. So war es immer. Diese Normalität irritierte und ärgerte mich, diese Generalamnesie stürzte mich in eine Trostlosigkeit ohnegleichen. Allein Mozarts Musik, die der Dirigent kraftvoll und leicht aus dem großartigen Orchester aufsteigen ließ, konnte mich für kurze Zeit meiner Depression entreißen. Doch sobald Eduardo Montes die Musik stoppte, um Anweisungen zu geben, war die Stille, die darauf folgte, meine Stille, eine Stille von Würmern, von Gräbern, von dunkler Leere wie das hohle Gesicht der Statuen des Commendatore. Wie der Schrank ohne den Rock und die Lockenperücke von Amadeus. Wie Salzburg ohne Julia. Meine Darbietung in der Rolle des Teufels war korrekt, aber mehr auch nicht. Ich selbst war mir meiner Arbeit voll bewusst, ordentlich und sauber ausgeführt, doch ohne *esprit*. Ich war nicht zum Mimen geboren, verteidigte ich mich vor meiner eigenen Kritik. Um zu glänzen, musste ich singen. Sobald die Proben endeten, verzog ich mich, so schnell es ging, fort von dem Ort, an dem Julia nicht mehr war, wo es keinen Menschen kümmerte, dass Julia nicht mehr da war.

Wie gern hätte ich mit Perec gesprochen! Jeden Tag betrat ich die Buchhandlung in der Hoffnung, ihn wiederzusehen, und wenn ich nur dem finsteren Blick seines Schwagers begegnete, zeichnete ich mit der Hand einen vagen Gruß in die Luft und ging wieder davon, um mit meinen Statuen zu sprechen. Ich sprach jetzt mit vielen von ihnen. Paracelsus, Awilda, der an seinem Fahrrad lehnende Radfahrer aus Bronze und die fünf Riesengurken vor dem Schiller-Monument standen jetzt auch auf der Liste meiner unbelebten Freunde. Weitere kamen hinzu. Sie halfen mir, über meine Randexistenz und Unbedeutendheit nachzugrübeln. Nur vor einer hatte ich Hemmungen und blieb niemals stehen, um mich mit ihr zu unterhalten. Es war eine lebende Statue, der silberne Mozart, der am Tag meiner Ankunft wie ein Blitz die Nonnbergstiege hinuntergesprungen kam. Er baute sich – nicht immer zur gleichen Zeit – auf dem Residenzplatz auf und saß, die Hände auf ebenfalls silbernen Klaviertasten ruhend, regungslos mehr als einen Meter über der Erde. Die langen Schöße seines silbernen Rocks reichten bis auf den Boden und darunter verbarg sich bestimmt das eiserne Gestell, das ihn trug und die Illusion des Schwebens bewirkte. Er bewegte sich nur, wenn er sich mit minimaler Geste für die in die Spendendose fallende Münze bedankte. Dieser zugleich lebende und versteinerte Mozart schreckte mich ab. Er ließ mich an all die widersprüchlichen Theorien denken, die um das Leben Mozarts entstanden waren. Dass seine Frau sein finanzieller Ruin gewesen sei, dass sie in Wirklichkeit der rettende Engel für ihn war; dass er ein Verschwender war oder in Wirklichkeit sein Vermögen gar nicht so schlecht verwaltet hatte; dass er nie erwachsen wurde und immer ein großes Kind geblieben war, dass er ein seriöser Mann war, der sich in Gesellschaft vollkommen korrekt zu benehmen wusste; dass er ein revolutionärer Rebell gewesen sei, dem die Ungerechtigkeiten seiner Zeit sehr wohl bewusst waren, dass er nur für seine Kunst lebte und nicht allzu viel auf den Zeitgeist gab; dass er dieses war, dass er jenes war. Die lebende Statue repräsentierte diese reale und jenseitige Biographie in ihrem silbernen und lapidaren Äußeren. Mit diesem Zwitter von Denkmal sprach ich nicht. Hin und wieder warf ich ihm eine Münze in die Dose.

Viel Zeit verbrachte ich auch auf meinem Stuhl am *Spirit of Mozart*, ließ meine Beine baumeln und betrachtete das unbeholfene Hüpfen und flinke Picken der Tauben auf dem Kies. Nach einer Weile wechselte ich den Platz und setzte mich auf die Bank zu Herrn Wolfgang. Wir taten nichts anderes, als Leute zu betrachten und die turbulent dahinfließende Salzach. Einmal kam jemand und gab ihm einen Hunderteuroschein. Herr Wolfgang nahm ihn und bedankte sich mit dem gleichen leichten Kopfnicken und freundlichen Lächeln, mit dem er sich für eine Münze bedankte. Ein anderes Mal fragte ich ihn, woher er käme, und er antwortete mit einem Schulterzucken; nicht, weil er es nicht wusste oder vergessen hatte, da bin ich mir sicher, sondern weil es für ihn keine Bedeutung hatte. Ich, der ich den lieben langen Tag über mein Leben nachgrübelte und unter meinem geplatzten Sängertraum litt, bewunderte diesen von Ehrgeiz und Nostalgie unberührten Vagabunden jeden Tag mehr.

Der Tag der Generalprobe kam. Richard Fellow, der unter einer leichten Erkältung litt, kündigte an, dass er seine Stimme schonen müsse. Die Tänzer drohten mit Streik, verlangten eine Honorarerhöhung, da sie am Ende viel mehr tun mussten, als abgemacht war (vor der Androhung rechtlicher Schritte gaben sie schließlich klein bei), und die Tchenova klagte immer noch über «die nicht nachvollziehbaren *tempi* dieses Latino-Dirigenten». Ich hätte sie würgen können; sie war die Ursache dafür, dass Julia nicht mehr da war. Ich stellte mir vor, wie ich ihren Auftritt vor dem Generalprobenpublikum sabotieren könnte. Doch statt es wirklich zu tun, spielte ich meine Rolle brav und uninspiriert, beging Fehler, die mir niemals vorher unterlaufen waren. Die Probe war eine Katastrophe, nicht meinetwegen, ich war nur eine von vielen Ursachen, doch Schuff ließ seinen Frust laut schimpfend an mir aus. «Das habe ich davon, dass ich dem Zufall die Regie überlasse», schimpfte er und steigerte sich: «Genau besehen bist du hier ein Unfall.» Mit wütenden Schritten stürmte er von der Bühne. Alle zerstreuten sich und bildeten Grüppchen, in denen die Probleme kein Thema mehr waren und lebhaft diskutiert und gelacht wurde. Jemand rief laut, für eine gelungene Premiere gäbe es nichts Besseres als eine schlechte Generalprobe. Ich hielt mich abseits und versank in einer dunklen Wolke, in der Raben krächzten. Das hatte mir gerade noch gefehlt, dass mich jemand «Unfall» nannte; als wäre ich nicht ohnehin nur noch ein Schatten meiner selbst. Auch das Gespräch mit den Statuen rettete mich nicht aus diesem Nichts voller Krächzen, durch das ich ging. Auch Verse deklamieren oder Farben suchen war vergebens. Ohne dass ich es merkte, führten meine Schritte mich zum Mozartsteg. Am liebsten hätte ich jetzt einen Mühlstein um den Hals gebunden gehabt und mich von der Brücke gestürzt. Danach hätte ich mich wie Münchhausen am eigenen Schopf aus dem Wasser ziehen müssen, da es in der ganzen Stadt keinen gab, der sich die Mühe gemacht hätte, mich zu retten. Was war aus meinem flüchtig vergänglichen Ruhm geworden? Ich schaute auf und betrachtete müde die ferne graue Burg. Ich stellte mir vor, dass ich lange Dynamitstangen an ihre Mauern legte, rund wie die Zigarren meines Vaters, das Weite suchte, den Zünder an die Brust gedrückt, als wäre er mein Herz, ihn ohne zu zögern betätigte und zusah, wie im sich verziehenden Qualm die Reste des Berges zum Vorschein kamen: ein grauer, zahnloser Kieferknochen aus Beton. Beim Weitergehen war mein Blick auf die Gehwegplatten fixiert. «Was siehst du, wenn du zu Boden schaust?» Das Echo von Julias Stimme in meiner Erinnerung war eine Qual. Ich sah leere ausgestreckte Bettlerhände. Ich sah vergoldete Steine mit den eingravierten Namen derer, die während der Nazizeit dort gewohnt hatten und umgebracht worden waren. Ich schämte mich meines Schmerzes und meines Kummers. Am Ende würde doch mein Vater kommen und mich retten, mir eine praktische und komfortable Zukunft bieten. Julia würde ich vergessen. Ja, ich schämte mich, litt aber trotzdem. Zum Krächzen der Raben gesellte sich das schleimige Tentakel des Schuldgefühls, das mich zu erwürgen versuchte. Ich musste möglichst bald herausfinden, wann Perec zurückkam. Stickige heiße Luft drang in meine Lungen, als ich zur Buchhandlung eilte, um seinen Schwager zu fragen. Hastig und aufgeregt warf ich die Tür hinter mir zu, als wollte ich Raben und Tentakel draußen halten. Ich stand mit dem Rücken zum Ladeninnern, und noch bevor ich ihn sah, roch ich das bekannte Pfeifenaroma und vernahm seine dunkle, freundliche Stimme.

«Du siehst aus wie eine Vogelscheuche», sagte er lächelnd. «Wie geht es dir, mein Junge?»

Ich hätte ihn am liebsten umarmt, mein Gesicht an seine Brust gedrückt und wie ein untröstliches Kind geweint; hätte es gern gehabt, wenn er seine Pfeife und das Buch, in dem er las, aus der Hand gelegt und mir wohlwollend auf die Schulter geklopft hätte.

«Schon zurück?», fragte ich, ohne meine Freude zu verbergen, und setzte mich auf den Stuhl aus geschnitztem Holz vor seinem Schreibtisch. Er berichtete, er habe wundervolle Tage mit seinem Sohn in Graz verbracht, er habe sie abkürzen müssen, da geschäftliche Angelegenheiten seine Anwesenheit in Salzburg erforderten, dass er sich freue, mich zu sehen. Die untergehende Sonne fiel durch die Schaufenster herein und umriss seine leutselige große Gestalt. Der Tabaksgeruch, Perecs tiefe Stimme, sein gedehntes Sprechen, die Bücher in den Regalen … Zum ersten Mal seit wer weiß wie langer Zeit fühlte ich mich zu Hause und wollte so lange wie möglich sitzen bleiben und mich mit dem Buchhändler unterhalten.

«Ich wollte gerade schließen, mein Junge. Kommst du morgen wieder und bringst etwas mehr Zeit mit, damit wir in Ruhe reden können?»

Ich sagte Ja und sprang vom Stuhl, als erinnerte ich mich plötzlich an eine dringende Verabredung.

«Du hast deinen Koffer schon geholt …», sagte Perec nachdenklich, als er sich erhob. Ich erklärte ihm überstürzt, dass mein Freund Gustav ausgezogen sei. Ich hätte die Wohnung jetzt ganz für mich allein und auch Platz für meinen Koffer.

«Hast du mir nicht gesagt, dein Freund hieße Gabriel?»

«Ja klar, Gabriel», stotterte ich, «habe ich Gustav gesagt? Das muss an der Müdigkeit liegen. Übrigens hat man mir in der Aufführung von *Don Giovanni* jetzt eine größere Rolle angeboten.»

Meine Stimme klang schrill und überschlug sich fast, obwohl ich mich bemühte, langsam zu sprechen. Ich wischte mir den Schweiß von der Stirn und brachte ein trauriges Lächeln zustande. Perec runzelte die Stirn, setzte sich wieder hin, klopfte den erkalteten Tabak aus seiner Pfeife und stopfte sie neu.

«Also», sagte er, beugte den Oberkörper vor, zündete die Pfeife an, nahm sie in den Mund und legte die Hände auf den Schreibtisch, «ein bisschen Zeit habe ich noch, bevor ich schließe. Erzähl!»

Ich betrachtete seine Hände: zwei kräftige raue Stämme, an die der Schiffbrüchige sich klammert, um nicht zu ertrinken. Offenbar war es doch nicht nötig, mich an den eigenen Haaren aus den turbulenten Fluten zu ziehen, in denen ich unterzugehen drohte. Ich sah seine Hände und verspürte eine wundervolle Ermattung, holte tief Luft und erzählte ihm alles, was ich erlebt hatte, seit ich aus dem Haus der Obelisken ausgezogen war. Die Nächte unter freiem Himmel, die Reise nach München, Jacques und Julia, die katastrophale Generalprobe.

«Junge, Junge», sagte Perec, als ich meinen langen Bericht beendete und er seine Pfeife auszukratzen begann, «du solltest das alles aufschreiben und deine Erlebnisse in einem Buch zusammenfassen.» Er erhob sich, ich tat das Gleiche. «Aber diese Nacht bleibst du nicht allein. Diese Nacht schläfst du bei mir zu Hause. Du nimmst ein ausgiebiges Bad, isst mit uns zu Abend und schläfst dich richtig aus. Nun komm, hilf mir, endlich mein gesegnetes Himmelreich zu schließen.»

So kam es, dass ich diese Nacht in Perecs Haus verbrachte. Seine Frau begegnete mir nicht gerade warmherzig, verhielt sich jedoch freundlich und tolerant. Ich nahm eine lange Dusche, trocknete mich mit sauberen, nach Blumen duftenden Handtüchern ab, und zum Abendessen bekam ich eine köstliche warme Suppe. Perec brachte mir Backgammon bei und versprach, sich meinen Auftritt bei der Premiere anzusehen. Danach schlief ich zehn Stunden am Stück im Zimmer seines Sohnes, kaum belästigt von ein paar Dämonen, die sich in meine Träume schlichen. Am nächsten Tag kehrte ich ausgeruht und sauber und mit nicht mehr ganz so trüben Gedanken in Julias und Jacques' Wohnung zurück. Perec rettete mich in dieser Nacht nicht nur aus der Verzweiflung, sondern hielt auch sein Wort und gab meinem Treiben als Teufel einen Sinn. Bei der Premiere spielte ich die Rolle präzise. Ich war aufmerksam, genau und voller Energie. Ich gab mich dem Augenblick hin, als stünde ich zum letzten Mal auf einer Bühne (was es ja beinahe auch war). Ich gab alles, wie es im Theaterjargon heißt. Um die Wahrheit zu sagen: Es war mein bester, mein stimmigster Auftritt. Richard Fellow sagte ab und wurde meisterhaft durch Chris Maltman ersetzt, der gerade mit Cecilia Bartoli für eine Aufführung der *Iphigenie auf Tauris* probte. Er hatte nur wenige Stunden, um sich die Bühnenchoreographie einzuprägen, die wochenlang entwickelt worden war. Ich half ihm und gewann seine Freundschaft und trank das eine oder andere Bier mit ihm. Das Publikum feierte ihn mit einer langen und verdienten Ovation vor dem Vorhang. Die anderen Solisten wurden von der begeisterten Menge ebenfalls mit Hochrufen und schallendem Applaus gefeiert. Allen voran die Tchenova, die sich mit theatralischen Tränen und falscher Rührung bedankte. Ich bekam, wie jeder der Komparsen, höflichen Applaus, bedankte mich jedoch mit drei langen und tiefen Verbeugungen, als wäre das eine stehende Ovation. Ich erblickte auch Perec, der mit erhobenen Armen applaudierte. Als Schuff mit seinem Team vor den Vorhang trat, gab es laute Buhrufe, die der Applaus der Sympathisanten nicht zu übertönen vermochte. Schuff nahm sie lächelnd entgegen. Er machte einen zufriedenen Eindruck. Die ganze Truppe war zu einem von der Festspielleitung organisierten Empfang eingeladen. Es gab Häppchen, Getränke und Ansprachen. Perec begleitete mich. Ab und zu schaute ich auf mein Telefon in der Hoffnung, eine Nachricht von Julia erhalten zu haben. Es kam keine einzige. Auch nicht von meinem Vater. Mitten in den Ansprachen flüsterte Perec mir zu, er müsse gehen, seine Frau erwarte ihn. Ich verdrückte mich kurz darauf mit einer Flasche Bier in der Hand ebenfalls und ließ den aufgeregten Lärm der anderen hinter mir. Umfangen von der Stille des Mozartplatzes trank ich mein Bier in der Gegenwart von Trazom.

2

*M*ein Vater kam einen Tag vor der letzten Vorstellung von *Don Giovanni* in Salzburg an. Wir trafen uns vor der Kollegienkirche. In der Ferne ragte die Burg auf, und aus meiner Perspektive schien sie sein Haupt zu krönen. Als Erstes erklärte er mir in allen Einzelheiten die Pläne, die er mit mir hatte. Am Tag nach der Vorstellung würden wir über Frankfurt nach Miami fliegen, wo wir Anzüge und anständige (dieses Wort betonte er und wischte dabei mit seiner Hand mein ganzes Äußeres beiseite) Sachen kaufen würden und alles, was für den Beginn meines wahren Lebens nötig sei. So sagte er es; als wäre die Art, wie ich bisher gelebt hatte, nur ein Lügenleben gewesen. Wir würden drei Tage in den eisgekühlten *shopping malls* von Miami verbringen, da er selbst auch ein paar Einkäufe zu tätigen gedachte, und dann nach Mexiko-Stadt weiterfliegen, wo ich mich in seinem Haus einrichten konnte. Es werde mir dort gefallen, versicherte er mir, und seinem Ton und seinem Blick konnte ich entnehmen, dass, wenn es nicht so käme, wie er behauptete, ich es wäre, der dies bereute. Im Geiste sah ich wieder das Familienbild vor mir: meine Geschwister von hinten, durchs Fenster gesehen, das Foto meiner Mutter an der Wand, mein Vater selbstzufrieden und bequem im Sessel in der Mitte sitzend. Seine Krallenhand auf meiner Schulter drückte mich auf die Sessellehne, auf der ich saß, in der anderen Hand hielt er die Hausschlüssel. Und wenn ich mir seine Pläne nicht zu eigen machte, wechselte er dann die Türschlösser aus, wie damals, als ich eine Nacht im Park verbracht hatte?

«Gehen wir essen», sagte er und ging los in der Gewissheit, dass ich ihm folgte. «Wir essen nur schnell eine Kleinigkeit, ich spüre schon, wie sich der Zeitunterschied bemerkbar macht. Außerdem hast du morgen deinen Auftritt und solltest früh zu Bett gehen.»

Ich warf einen Blick hinauf zur Burg, dachte wieder an die Dynamitstangen, die wie seine Zigarren aussahen, und folgte ihm mit auf den Boden geheftetem Blick.

Er führte mich in die Blaue Gans. Mich überraschte seine Großspurigkeit, als wir das Restaurant betraten. Wie überheblich er seine Ankunft bekanntgab und herablassend seinen Namen nannte, als er nach der Reservierung gefragt wurde; die ruppigen Gesten, mit denen er die Karte in Empfang nahm und die Bestellung für uns beide aufgab. Ich verschwand auf die Toilette. Aus einem verborgenen Lautsprecher deklamierte eine dunkle, wohlklingende Stimme Passagen aus der *Divina Commedia* auf Italienisch, während ich urinierte. Auf der Toilettentür stand der berühmte Satz des Eingangs zur Hölle: *Lasciate ogni speranza, voi ch'entrate!* Jedem anderen hätte diese Installation an diesem Ort als witziger Einfall gegolten. Für mich waren diese Verse und diese Stimme eine düstere Musik, zu der mit der Ankunft meines

Vaters diabolische Geschöpfe ihre teuflischen Tänze aufführen würden; Tag für Tag in meinen wachen Gedanken und Nacht für Nacht in meinen Träumen.

Ich wusch mir das Gesicht mit kaltem Wasser, um die zuckenden Ungeheuer zu vertreiben, die hinter meinen Augen gestikulierten. Ich zeigte mir ein breites Grinsen, rieb mir das Gesicht mit einem Zipfel meiner Jacke trocken, und bevor ich das Bad verließ, streckte ich mir im Spiegel die Zunge heraus. Am Tisch probierte mein Vater den Wein mit der einstudierten Abfolge von Expertengesten. Ich setzte mich und zeigte mein vor dem Spiegel erprobtes Lächeln. Hinter dem Fenster erleuchtete ein Blitz die Nacht, als hätte der Teufel ein Foto gemacht. Mein Vater setzte das Weinglas ab und schaute den Kellner an. Eine Sekunde vor seinem zustimmenden Nicken bestellte ich ein Bier. Und ließ wieder mein Spiegel-Lächeln sehen.

Die Konversation war nichtssagend und ging stoßweise vonstatten, bestand aus Vokalinseln, die sich aus langen unbehaglichen Pausen erhoben. Zwischen Schweigen und Schweigen erklärte mein Vater mir die Stelle, die mich erwartete, beschrieb die Firma, in der ich arbeiten würde, und lobte seinen Intimus, der mein Chef sein würde. Ich nickte still und ohne Überzeugung. Die gemeißelten, unverbrüchlichen Ankündigungen aus seinem Mund wurden von entschiedenen Gesten seiner Hände begleitet, die, wenn sie nicht entschlossen das silberne Besteck handhaben oder geziert das Weinglas hielten oder geschickt die Leinenserviette aufblätterten, unbewegt neben seinem Teller auf dem Tisch lagen, in Habachtstellung gleichsam, wie in Erwartung eines Befehls. Kantig, glatt, mit dicken blauen Adern. Seine Ruhe war die des Tigers, der im Bambus seine Beute belauert. Sie hatten sich nie gegen mich erhoben, und doch waren sie zwei unerbittliche Kolosse, Festungswächter, und jetzt auch noch zwei unerträgliche Gewichte, die an meinen geflügelten Füßen zerrten und mich für immer in sein Reich von Angepasstheit und Routine herabziehen wollten. Diese Hände errichteten das minutiös geplante Gebäude, stoppten jedes Wort, das die von der Festung etablierte Ordnung stören konnte, wechselten Schlösser aus, kauften Kleidung, die dem von ihnen geformten Dasein entsprach. Sie waren die Verteiler, Wächter und Sendboten der Wahrheit meines Vaters; der einzigen, die für ihn existierte. Wie anders waren diese Hände doch als die lebhaften, runzeligen, wild behaarten, altersfleckigen Hände von Perec!

Ich fragte ihn, ob er etwas von meinen Geschwistern gehört hatte. Er antwortete ungerührt, ich wisse doch, dass er keinen Kontakt zu ihnen habe und auch nicht daran interessiert sei. Ich sei das einzige Kind, das für ihn wichtig wäre, und dann sprach er übergangslos davon, wie ungewöhnlich viele Wespen es in diesem Jahr in der Stadt gebe. Ich stellte mir eine Wolke von Wespen vor, die meinen Vater umschwirrte, ihn vollständig einhüllte, vom Boden hochhob und mit ihm in den Bergen verschwand. Dann wäre ich ein Waise ohne gesicherte Zukunft. Das Restaurant füllte sich mit Gästen, die vor der Abendvorstellung noch speisen wollten, und ich musste daran denken, dass meine Phantasie mir sowohl Zuflucht als auch Schrecken war.

Wir versanken in ein weiteres langes, treibsandähnliches Schweigen. Ein spinnenartiges Schweigen. Um es zu beenden, sagte ich, für die Rückreise benötigte ich einen neuen Koffer, meiner sei nicht mehr zu gebrauchen. Mein Vater nickte und kaute, und nachdem er lange gekaut hatte, begann er, die österreichische Küche mit der mexikanischen zu vergleichen. Er sprach von *pozole* und von Gulasch auf Wiener Art, und dann hob er den Kopf und ließ den angefangenen Satz unbeendet. In seinen Augen erschien ein Glanz, den ich den ganzen Tag noch nicht gesehen hatte. Ich drehte mich um, weil ich sehen wollte, was seine Aufmerksamkeit erregt hatte. Daniel Barenboim war hereingekommen und nahm gerade mit seinen Gästen einen Tisch in Beschlag. Neben ihm ging eine sehr schöne Frau mit dunklem, gewelltem Haar.

«Das ist Elena, seine Frau», informierte mich mein Vater in einem so selbstverständlichen Ton, als spräche er von alten Bekannten. Sie setzten sich ganz in unsere Nähe. Eine lebende Legende, ein Mann auf dem Gipfel seines Ruhms, seines Ansehens, seiner Kunst. So nah und doch so unerreichbar für mich. Der Tag würde kommen, dachte ich, da er ein Denkmal wäre, und dann würde ich mit ihm sprechen. Die langen Phasen des Schweigens an unserem Tisch ermöglichten mir, der lebhaften Unterhaltung am Tisch des Maestros zu folgen. Nach dem, was ich verstehen konnte, waren die drei Begleiter des Paars – ein Mann mit Brille und freundlichem Blick, eine schlanke, sehr blonde und sehr oft lächelnde Frau sowie ein junges Mädchen, das sich präzise und intelligent äußerte – kein Gefolge von Schmeichlern, wie bei der Tchenova, sondern eine Arbeitsgruppe. Sie sprachen über Projekte, die Planung eines Konzerts, einen Artikel, den der Maestro über die jüngsten Auseinandersetzungen zwischen Israel und Palästina geschrieben hatte, eine Tour mit Solokonzerten. Ich stellte mir vor, dabeizusitzen, mitzuplanen und Strategien zu entwerfen. Ich wäre der Mozartexperte der Gruppe. Und unter den Namen dieser Strategen, die wir an unserem Tisch zu hören bekamen, würde auch meiner sein. Und gerade, als ich mir dies alles vorstellte, formulierte Barenboim ein paar interessante musikalische Gedanken, die ich hörte und die mich sogleich beschämten.

Ich würde nie ein Experte für irgendetwas sein; der Mozartexperte war er, der Künstler.

«Hör auf, da so hinüberzustarren, Vian!», wies mich mein Vater zurecht, und wieder versanken wir im Treibsand unseres Schweigens. Die Rechnung wurde gebracht, mein Vater zahlte, ohne den Kellner eines Blickes zu würdigen. Beim Verlassen des Restaurants ging er zu Barenboims Tisch, entschuldigte sich für die Störung, aber er wolle dem Maestro nur seinen Dank aussprechen für die vielen Stunden großer Verzückung, die er ihm in seinem Leben beschert habe. Barenboim neigte freundlich das Haupt und wollte sich schon wieder dem am Tisch besprochenen Thema zuwenden, als mir mein Vater die Hand auf die Schulter legte und mich ein paar Schritte nach vorne schob.

«Die erste Oper, die mein Sohn gesehen hat, war Ihre wunderbare Interpretation von *Tristan und Isolde*, neunundneunzig in Bayreuth.»

«Da warst du noch ein Kind», sagte Barenboim leutselig. «Hoffentlich habe ich dich nicht gelangweilt.» Er lächelte.

«Na ja, wahrscheinlich schon», lachte mein Vater. «Der Arme war damit etwas überfordert und ist zum Ende jeden Aktes eingeschlafen.»

Bestimmt wurde ich rot bis hinter den Ohren. Meine Wut brannte noch heißer als meine Scham. Am liebsten hätte ich meinen Vater nach draußen gezerrt und ihm den Mund mit einer Stange Dynamit verschlossen. *Lasciate ogni speranza, voi ch'entrate!*

«Das kann ich dir nicht übelnehmen», sagte Barenboim. «Als Kind habe ich mich hier in Salzburg einmal in eine Aufführung der *Zauberflöte* geschlichen. Karl Böhm hat dirigiert. Man sagt, es sei eine denkwürdige Aufführung gewesen. Ich habe davon nichts mitbekommen. Ich bin dabei genauso eingeschlafen wie du», seine kleine Hand – dieselbe, die dem Klavier und dem Orchester einzigartige und unvergleichliche Musik entlockte – zeigte anmutig auf mich. «Und das schlimmste war, dass ich, als ich mitten in der Aufführung aufwachte, so verwirrt war, dass ich nicht mehr wusste, wo ich mich befand. Ich fing an zu weinen, und ein Platzanweiser brachte mich aus dem Theater. Jahre später habe ich Böhm die Anekdote erzählt. Er war nicht amüsiert.»

Wir lachten. Ich lauter als alle anderen. Ich fühlte mich erleichtert und vom Maestro der Demütigung entrissen.

«Nun ja», beharrte mein Vater, «aber Sie sind Barenboim, Maestro, und mein Sohn hier ...»

Seine Pranke wedelte unbestimmt durch die Luft und der Satz blieb unvollendet. Er konnte oder wollte ihn nicht zu Ende bringen. Mir war, als käme vom Tisch eine Welle von Blicken auf mich zu, in denen ich Sympathie und Mitleid sah. Ich begegnete ihnen mit einem Lächeln, um dem Gesagten die Bedeutung zu nehmen. Mein Vater entschuldigte sich noch einmal, verabschiedete sich lächelnd, und seine in meine Schulter gegrabene Hand schob mich aus dem Restaurant. Die Nachtluft fühlte sich feucht an. Mein Vater betrachtete prüfend die dunklen Wolken am Himmel. Ein weiterer Blitz tauchte die Burg in zuckendes Licht. Immer noch mit der Hand auf meiner Schulter, informierte er mich, dass ich den morgigen Vormittag frei habe, da er der Zeitverschiebung wegen lange schlafen und danach einen Spaziergang in den Bergen machen werde, dabei aber allein sein wolle, und später ginge er mit alten Bekannten zu Mittag essen. Danach würden wir uns vor dem Mozarteum treffen und einen neuen Koffer für mich kaufen. Er nannte keine Uhrzeit. Ich solle auf mein Telefon achten, damit ich seinen Anruf nicht verpasse. Er wünschte mir eine gute Nacht, riet mir, früh zu Bett zu gehen, da ich anderntags meinen Auftritt habe und er im Theater sein werde; so ließ er mich stehen und zog mit zufriedener Miene ab. Ich schaute ihm nach und rührte mich nicht, bis ich ihn unter den Leuten aus den Augen verlor. Ich spürte noch die Wärme seiner Hand wie einen glühenden Abdruck auf meiner Schulter. Eine starke Hand, breit und schwer in ihrem Druck. Eine schützende und wachende Hand. Eine Hand wie ein Rabe.

Ein explodierender Blitz zerriss den Himmel.

3

Ich ging eine Weile und nahm in den Straßen, in den Läden, in Bars und Restaurants die nachlassende Energie der letzten Festspieltage wahr. Ich bekam Lust, «Stille Nacht» vor dem Haus anzustimmen, in dem der Textdichter des Liedes geboren war. Ein Blitz erhellte meinen Gesang. Ein paar Fußgänger applaudierten. Ich ging weiter. Auf dem Mozartsteg beobachtete ich die tanzenden Lichter der Häuser, die sich in der Salzach spiegelten; dem Fluss, der tagsüber so grün war wie die Publikationen der Stiftung Mozarteum. Kummer richtete sich in meinen Knochen ein und rann mit meinem beschleunigten Blut durch die Adern. Ich fühlte mich leicht und unbesorgt. In zwei Tagen würde ich abreisen, in zwei Tagen würde ich ein Leben in Routine beginnen, weit entfernt von allem, was ich hatte verwirklichen wollen; in zwei Tagen würde alles nur noch Erinnerung sein. Ich lief noch eine Stunde weiter, stieß mit den Füßen Steine vor mir her, biss mir die Fingernägel ab, versuchte mit fotografischem Blick jeden Winkel zu betrachten, den ich zurücklassen würde. Dieses Mal sprach ich nicht mit Trazom, erreichte die Haffnergasse und stellte mich vor Awilda auf, der Skulptur in Form eines fünf Meter hohen Mädchenkopfes, dessen Blick dir zu folgen scheint, obwohl ihre Augen geschlossen sind; Awilda, die Offenherzige und Mysteriöse. Seit einigen Tagen war sie eine meiner Lieblingsvertrauten geworden. Ihr konnte ich von meinen traurigen Amouren erzählen; meinen fruchtlosen Versuchen, Kontakt mit Julia aufzunehmen; meiner Verzweiflung ob der Tatsache, dass die Erinnerung an sie in meinem Gedächtnis zu verblassen begann.

«Ich erinnere mich an ihre Augen», rief ich zu Awildas geschlossenen Augen hinauf, «und ich erinnere mich problemlos an die genaue Form ihres Mundes», versicherte ich Awildas starrem Mund, «und ich sehe auch wieder deutlich ihr buntes Haar vor mir», behauptete ich vor Awildas glattem Marmorhaar, «aber wenn ich versuche, Julias ganzes Gesicht zu sehen, bekomme ich nur ein undeutliches Bild, ein unscharfes Porträt von Julia, ein Gespenst von Julia.» Awilda schenkte mir ihr stilles, wohlmeinendes Lächeln. Mitfühlend. In dieser Nacht sprach ich nicht zu ihr. Wir sahen einander nur an. Ich an die Stäbe des bereits geschlossenen Gitters vor der Rechtswissenschaftlichen Fakultät geklammert, sie in ein sanftes, indirektes Licht gebadet. Ich sollte zu Bett gehen, wie mein Vater es mir angeraten hatte. Am nächsten Tag würde ich den letzten Auftritt meines Lebens haben. Ich ging noch ein paar Schritte und betrat das Zipfer Bierhaus, in dem Gebäude, in dem Nannerl gewohnt hatte, nachdem sie Witwe geworden war. Die Nacht war noch jung und lud zum Feiern ein, zum über die Stränge schlagen, ein Glas zu viel zu trinken. Sollte doch mein Vater zeitig unter die Decke kriechen!

Ich setzte mich an den am weitesten vom Eingang entfernten Tisch. Ich mochte den Ort mit seinen Holzbänken, seinem Tabakgeruch, dem blau-weißen Band mit Pferdemotiven, das die cremefarbenen Wände zierte. Ich bestellte ein Bier und las in dem Büchlein von Barth über Mozart. Irgendwann entdeckte ich hinter mir ein Bild, das sofort meine Aufmerksamkeit erregte. Ein Mann sitzt allein am Tisch und starrt gedankenverloren vor sich hin. Den Kopf hat er auf die linke Faust und die offene rechte Hand gestützt. Vor ihm, über den Tisch gebeugt, der Geist einer nackten Frau, die sich dem Mann zuzuwenden scheint, als wollte sie ihn wiedererkennen oder auf sich aufmerksam machen. Der weibliche Geist ist grün wie das Wasser der Salzach. Der Mann merkt nichts von der gespenstischen Gegenwart, ist in seinen Gedanken versunken, in seiner Trübsal? Eindeutig ist, dass das, was seine Augen sehen, keine Bedeutung für ihn hat. Er ist ganz in seine innere Welt eingetaucht. Er scheint der letzte Gast zu sein. Rechts im Bild sieht man leere Tische in dem schon beleuchteten Lokal, und ein Kellner nähert sich, bestimmt, um ihm zu sagen, dass sie jetzt schließen wollen. Ob er das Bier noch austrinkt, das wie vergessen vor ihm auf dem Tisch steht? Mir wurde ein weiterer Krug mit dunklem Bier gebracht, und ich vertiefte mich wieder in mein Buch. Dort fand ich einen Satz, der mich fesselte: «Mozart will nichts sagen. Er singt und klingt nur eben. Und so drängt er dem Hörer nichts auf, verlangt von ihm keine Entscheidungen und Stellungnahmen.» Manchmal schob ich mein Gesicht vor, als versuchte ich auf der anderen Seite meines Tisches eine grüne Traumgestalt zu erkennen, die sich meiner Wahrnehmung entzog. Dann schaute ich zu den anderen Tischen, hörte das lebhafte Stimmengewirr der Speisenden, beneidete sie um ihre Sorglosigkeit – ihre Zugehörigkeit zu einer klar definierten Welt, die Ungezwungenheit ihrer Bewegungen und Unterhaltungen – und nahm noch einen großen Schluck von meinem Bier, leckte mir die Lippen und dachte wieder an Mozart. Barths Blick auf den Komponisten ist eine Art befreiende Askese. Nach allem Studieren wissen wir immer noch nicht, wer Wolfgang Amadeus Mozart eigentlich war. Nicht einmal seine Briefe zeigen ihn uns so, wie er wirklich war, denn geschrieben hat sie stets das kostümierte Genie. Was wusste ich von Mozart? Vieles und nichts, im Grunde nur, dass er ein wundervoller Mensch war. Dass er einer meiner besten Freunde geworden war. Ich steckte Barths Buch ein und bestellte den Nachtisch des Hauses: *Mozarts heiße Liebe*. Ich dachte eine ganze Weile über mein Leben nach, wie jemand es beschreiben würde, der nur über die paar Daten verfügte, die ich in meinem Lauf durch die Zeit hinterließ. Ich war achtundzwanzig Jahre alt und hatte da schon nichts mehr zu tun. Nur den Rat meines Vaters, zeitig zu Bett zu gehen, nicht zu befolgen. Die Tische leerten sich. Ich freute mich über meinen Ungehorsam. In zwei Tagen würde ich mich seinem Diktat unterwerfen. Diese Nacht jedoch konnte ich noch tun, wonach mir der Sinn stand. Ich bestellte noch ein Bier und betrachtete die Rundungen eines feuchten Flecks an der Wand. Fast unbemerkt hatte ich die Haltung des Mannes auf dem Bild angenommen. Das Kinn auf die linke Faust gestützt, mit der anderen Hand die rechte Gesichtshälfte bedeckend; das halb ausgetrunkene Bier auf dem Tisch vergessen und den Blick verloren nach vorn gerichtet. Vielleicht bin ich auch eingeschlafen. Ein Kellner kam und sagte mir, sie würden jetzt schließen. Ich holte mein Geld und mein Telefon aus der

Tasche und stellte voller Schrecken fest, dass ich eine Nachricht von Julia bekommen hatte. Das grüne Gespenst rief mich.

Ich rannte durch die Haffnergasse zurück und setzte mich auf die Brüstung eines Geschäfts gegenüber der Rechtswissenschaftlichen Fakultät, aus deren Innenhof mich wieder der hohe Kopf Awildas beobachtete. Ich las Julias Kurznachricht:

«Wie geht es dir?»

Pochenden Herzens antwortete ich:

«Julia, meine Liebe. Mir geht's gut. Und dir?»

Ich hielt die Luft an, während ich auf ihre Antwort wartete. Mein Telefon zeigte mir an, das Julia noch schrieb, und Awilda schien mir zuzulächeln.

«Ich habe den Staub von Salzburg schon von meinen Schuhen geschüttelt», las ich auf dem Display.

«Kann ich dich anrufen?», fragte ich sofort. Die Buchstaben tanzten über den Bildschirm und als ich zu Awilda hinüberschaute, war mir, als schüttle sie – meine Frage missbilligend – unmerklich den Kopf.

«Lieber nicht, Vian. Lass uns schreiben.»

Sekundenlang fiel mir nichts ein, was ich schreiben sollte. Die ganze Zeit hatte ich darauf gewartet, eine Nachricht von ihr zu erhalten, mit Julia sprechen zu können, ihre Stimme zu hören, und jetzt fiel mir absolut nichts ein, was ich ihr sagen sollte. Viel mehr erschreckte mich die Möglichkeit, eine falsche Frage zu stellen, eine Bemerkung zu machen, die sie sich wieder zurückziehen ließ in die nächste lange Stille gleich der, die zu beenden sie sich jetzt entschieden hatte.

«Morgen ist die letzte Aufführung von *Don Giovanni*», schrieb ich schließlich, ohne darüber nachzudenken, ob das eine sinnvolle Antwort war auf das, was Julia eben geschrieben hatte.

«Ich weiß. Und wie geht es danach für dich weiter?»

Julia antwortete unverzüglich, sich ihrer Worte sicher, ruhig, weil sie nicht in mich verliebt war wie ich in sie.

«Ich reise mit meinem Vater nach Mexiko zurück.»

«Wie schade.»

Diese Worte ärgerten mich.

«Warum?», fragte ich, und die Nachricht, die daraufhin erschien, verwirrte und ärgerte mich noch mehr.

«Weißt du, Vian? Ich habe lange darüber nachgedacht und glaube, dass deine Mutter mit der Frau, die sie liebte, hätte fortgehen sollen.»

Über meine Antwort musste ich nicht nachdenken.

«So wie du?»

Doch kaum hatte ich die Nachricht abgeschickt, bedauerte ich sie, und mir schien, dass Awilda ihre Augen zum Himmel verdrehte.

«Lerne aus der Geschichte deiner Mutter, Vian.»

Ich musste das Thema wechseln. Was hatte meine Mama mit uns zu tun? Ich war irritiert.

«Ich möchte dich sehen, Julia», schrieb ich.

«Vielleicht später. Jetzt geht es nicht. Du darfst nicht mehr in mich verliebt sein, Vian.»

Sie hatte recht, aber ich wollte sie trotzdem in meine Arme schließen. Eine Zeitlang kamen keine Nachrichten mehr. Ich las unsere Unterhaltung noch einmal durch und wusste nicht, was ich antworten sollte. Da kam ihre nächste Nachricht.

«Pass auf dich auf, Vian.»

Wir hatten gerade angefangen, da verabschiedete sie sich schon?

«Nein, warte», schrieb ich mit ein paar Buchstaben zu viel, Geschenk meines verzweifelten Daumens.

«Ja?»

Was sollte ich noch schreiben? Nach Jacques wollte ich sie nicht fragen, es hätte mich geschmerzt, zu erfahren, dass er bei ihr war oder sie noch in Verbindung standen. Ich konnte sie auch nicht fragen, wo sie war, da sie glauben würde, ich wollte sie besuchen. Alte Tage in Erinnerung rufen?

«Ist dein Haar immer noch bunt?», fragte ich. Sie schickte ein lachendes Gesicht zurück und schrieb gleich darauf: «Ja, aber jetzt ist es überwiegend gelb. Ich muss Schluss machen, Vian. Ich umarme dich und schicke dir bunte Farben. Und grüße mir bitte Trazom.» Noch ein Smiley. Ich schickte ihr überschwängliche Abschiedsgrüße und eine Frage, um unser Gespräch noch etwas in die Länge zu ziehen. Dann wartete ich auf ihre Antwort. Awilda schaute mitleidig zu mir herüber. Schließlich gab ich auf, als ich erkennen musste, dass keine Nachrichten von Julia mehr auf meinem Display erscheinen würden, und machte mich auf den Heimweg. Unterwegs begegnete ich einem Rosenverkäufer. Er hielt nur noch einen kümmerlichen Strauß in der Hand, ging müde und mit gesenktem Kopf. Sein Tagewerk war beendet, keine Verliebten waren mehr auf den Straßen. Er blieb stehen und streckte gähnend die Arme von sich. Ich ging zu ihm und konnte ihm den Blumenstrauß für kleines Geld abkaufen. Ich zog mir einen meiner Schnürsenkel aus dem Schuh, knotete ihn an einen der Stängel und ging damit zum Toscaninihof. Nach mehreren Würfen gelang es mir von der seitlich vorbeilaufenden Treppe aus, den Strauß mit der linken Hand so zu lancieren, dass er in der Nische der hölzernen Frau liegen blieb.

«Vom Mann auf der goldenen Kugel», rief ich ihr zu.

«Vielleicht begegnen Sie beide sich nie, aber das hindert den Holzmann nicht, in Sie verliebt zu sein.»

Der Morgen graute. Zwei Straßenkehrer, die ihre Schicht begannen, sahen mich an, wie ich andere die singende Verrückte hatte anschauen sehen. Ich kontrollierte mein Telefon. Das Gespräch mit Julia war verschwunden. Hatte ich es gelöscht und nichts davon gemerkt? Ein langer, hallender Donner ertönte. Ich fühlte mich erleichtert, erschöpft, und mir war seltsam nostalgisch zumute. Diese Nostalgie war wie eine Medaille. Und sie hatte die Wirkung, die alle Medaillen haben. Ich hüpfte die steinernen Stufen hinunter. Von Sprung zu Sprung vermied ich, auf die roten Blütenblätter zu treten, die überall verstreut lagen. Der Himmel grummelte wieder, und ich ging im Regen nach Hause.

4

*I*ch hatte vorgehabt, den ganzen Vormittag zu schlafen. Doch dazu kam es nicht, das beharrliche Klingeln des Telefons weckte mich früh. Das grelle Licht, das durchs Fenster hereinfiel, schmerzte meine halbgeöffneten Augen, und ein Konzert kreischender Vögel in einem nahen Baum brachte meinen Kopf zum Bersten. Noch im Halbschlaf, antwortete ich mit kratziger Stimme. Es war ein dringender Anruf aus dem Theater. Man sagte mir, der Sänger des Masetto habe sich krankgemeldet und seinen Part abgesagt, und man bat mich, sofort ins Theater zu kommen, um seine Stelle einzunehmen und mich darauf vorzubereiten. Ich war sofort ganz wach und sprang aus dem Bett. Das Kreischen der Vögel wurde zu einem himmlischen Gesang, und das durchs Fenster hereinfallende Licht zu einem Baden im Ruhm. Muss ich die Pirouetten beschreiben, mit denen ich durchs Zimmer wirbelte, nachdem ich aufgelegt hatte; das rasende Pochen in der Brust, mit dem mein Herz diese herrliche und unerwartete Chance feierte? Ich schrieb eine Nachricht an meinen Vater: «Heute singe ich. Debüt in Salzburg!» Das war mehr, als ich je erwarten konnte. Ich würde mein Kindheitsversprechen im Angesicht meines Vaters wahrmachen. Unter der Dusche ging ich die Musik der Figur durch. Mit einem Anflug von Besorgnis stellte ich fest, dass ich einige Zeilen meines Textes nicht mehr wusste. Egal, beruhigte ich mich, ich würde den ganzen Tag Zeit haben, sie zu lernen, und in den Stunden, die ich mit Claudia bei der Bühnenprobe verbrächte, könnte ich sie vertiefen. Alles würde wunderbar werden. Mein Herz hüpfte.

Ich kam nicht einmal aus der Wohnung. Ein paar Minuten später rief Claudia an und sagte, alle seien sicher, dass ich einen würdigen Masetto gäbe, doch unglücklicherweise gebe es so kurzfristig niemand, der mich als Oberteufel ersetzen könne. Sie entschuldigte sich für das Durcheinander, aber jemand anderes würde den Masetto singen. Ich akzeptierte mit gekünstelter Würde und legte auf. Ich stellte mir Jacques vor, der irgendwo auf der Welt in diesem Moment sein eisiges Gelächter hören ließ. Das war seine Rache. Ich konnte den Masetto nicht singen, weil ich seinen Teufel spielen musste. «Falscher Alarm», schrieb ich meinem Vater. «Macht nichts», lautete seine Antwort.

Ich setzte mich mit Bilials Comic an den Tisch, schlug das Heft auf einer der letzten Seiten auf und betrachtete das Bild, auf dem zwei Männer und eine Frau sich unterhalten. Das Haar der Frau hatte Julia bunt angemalt.

«Schon Diderot hat gesagt, dass alle Bühnenkünstler wenig intelligente Simpel sind», sagte ich, als sagte es Jacques.

«Oh, jetzt kommt also Eifersucht ins Spiel», sagte ich, als sagte es Julia.

«Was für eine Eifersucht?», fragte ich, wie ich es gefragt hätte.

«Meine Eifersucht richtet sich auf die Narren wegen der grundlosen Freude, die sie an ihrer Narretei haben, Kleiner. Ich bin neidisch auf dich.»

«Beneide sie lieber wegen der Freiheit, die ihr Erfolg ihnen ermöglicht», verteidigte ich sie, wie Julia mich verteidigt hätte.

Erfolg führt nur zu Sklaverei, dachte ich, sprach es aber nicht aus, wie ich es auch vor den beiden nicht getan hätte. Ich blätterte weiter bis zu der Seite mit dem fliegenden Eisbären. Dann verließ ich das Haus.

Als ich den Buchladen betrat, hatte Perec bereits das Backgammonbrett aufgestellt. Seit dem Abend, an dem er mir die Spielregeln erklärt hatte, spielten wir wenigstens eine Partie jeden Tag. An diesem Morgen fragte ich ihn, während er gewann, ob mein Wahn, mich mit Statuen und Denkmälern zu unterhalten, ein Beweis dafür sei, dass ich allmählich verblöde.

«Quatsch, verblöden», sagte er. «Das ist ein Spiel, und spielen ist nicht nur nicht blöd, sondern es reinigt den Geist.»

Ich dachte daran, was Barth geschrieben hatte. Dass Mozart sein Leben lang die Kunst des Spielens beherrschte. Er konnte lachen; aber nicht über das, was das Leben ihm bot, sondern trotz allem, was das Leben ihm bot, weil er zu spielen verstand. Ich sagte das zu Perec am Ende der zweiten Partie, als ich das Spiel definitiv verloren hatte.

«Ja, sicher», spann er den Faden weiter, während er die Steine einsammelte, «Mozart verstand und respektierte die Regeln des SPIELS, des Spiels mit Großbuchstaben. Seine Mitspieler waren das LEBEN, die MUSIK, vielleicht die LIEBE und das LEIDEN. Die Glasperlen seines Spiels haben sich unserer Kultur eingeprägt. Nur die Genies überdauern, immer, jederzeit, jeden Moment, jeder in seinem SPIEL. Und nur durch die vollkommene Beherrschung und Respektierung der Regeln des großen SPIELS finden sie zu ihrer Freiheit. Wir, die anderen, spielen diese Spiele – seine Hände zeigten auf das leere Backgammonbrett – nach vorgegebenen Regeln. Für uns, die anderen, sind Spiele Inseln, Parenthesen im Verlauf unseres Daseins.» Damit klappte er das Brett zusammen und verwahrte es in seiner Schublade. «Wenn du nur einen Hauch der Freiheit spüren willst, der die Herzen der Genies umweht, dann musst du dir dein eigenes Spiel erfinden. Das ist nicht blöd, Vian.»

Freudig stimmte ich zu. Bei solch einem angenehmen, entspannten Gespräch verging die Zeit wie im Flug. Mein Telefon vibrierte. Das Mittagessen meines Vaters war beendet, und er bat mich, pünktlich zu unserer Verabredung zu kommen, die Zeit teile er mir noch mit. Ich stand auf und sagte Perec, ich müsse gehen, käme aber später oder am nächsten Tag noch einmal vorbei, um mich zu verabschieden. Er lächelte.

«Morgen ist mein Schwager hier. Ich muss heute Nachmittag nach Wien fahren. Dies ist der Abschied, mein Junge.»

Ich hatte das Gefühl, dass meine Brust sich weitete und ein Schwall Tränen brodelnd nach oben stieg, um meine Augen zu erreichen; dass ein Staudamm in meinem Hals ihnen den Weg versperrte. Ich konnte nicht sprechen.

«Du schreibst mir hoffentlich», bat er. «Ich werde das

Gleiche tun, versprochen.» Er hob zwei Finger seiner rechten Hand, wie eine Heiligenfigur.

Ich nickte und brachte immer noch kein Wort heraus, bewegte mich nicht.

«Und wo immer du bist, Vian, hör nie auf, mit deinen Statuen zu sprechen.»

Ich beantwortete sein Lächeln mit einer grotesken Grimasse, die ebenfalls ein Lächeln sein sollte. Perec breitete die Arme aus, ich warf mich hinein und drückte ihn lange.

Ich verließ die Buchhandlung mit schweren Schritten, schleppte meinen Schatten mit, meine Traurigkeit. Eine morbide Melancholie bemächtigte sich jedes meiner Gedanken. Die Dämonen tanzten in Zeitlupe. Apathie und Trübsal waren meine Begleiter. Das Telefon hielt ich in der Hand, für den Fall, dass mein Vater anrief. Ich setzte mich zu Herrn Wolfgang auf die Bank. Der Vagabund saß mit vor der Brust verschränkten Armen. Wir begrüßten uns mit einem Kopfnicken und starrten still auf den Horizont.

«Ich reise ab», sagte ich schließlich, ohne ihn anzusehen. «Morgen nehme ich ein Flugzeug und fliege auf einen anderen Kontinent. Es ist vorbei.»

Herr Wolfgang schaute mich an, nickte und richtete den Blick wieder nach vorn.

«Ich reise immer ab, wenn es hier kalt wird», sagte er. «Nicht zu einem anderen Kontinent. Immer in den Süden. Später komme ich wieder zurück. Eines Tages werde ich nicht mehr zurückkommen. Das Reisen bleibt.»

Ruhig deutete er auf den Fluss. Es war wohl als Metapher gedacht, doch ich machte keine Bemerkung dazu. Er schlug sich auf den Oberschenkel und stand auf, ging zu seinem Einkaufswagen und tauschte seine Gerätschaften zum Säubern der Steine gegen Gartengerät aus, mit dem er den

Grünstreifen, die Sonnenblume und die anderen Blumen seines langen Gärtchens zu verschönern begann. Wie eine Handvoll hinkender und klingender Sterne drangen von ferne die melodischen Schreie der Verrückten, die sang, zu uns. Ich musste an den Mann mit dem Radetzky-Schnauzbart und seine unverständlichen Monologe denken. Meinen Vater würden all diese übergeschnappten Leute auf die Palme bringen. Sie waren wie diese verstörend fröhlichen Finale einiger Werke, die Mozart mit leidenschaftlich fließenden Molltönen voller Pathos unterlegte. Wie das glückliche Ende von *Don Giovanni*, das Schuff so viele Probleme bereitet hatte, oder das ausgelassene Finale des Klavierkonzerts in d-Moll, das meinen Vater immer nervte, oder das unerwartete, tänzelnde Ende des Quintetts in g-Moll, das ich bei einem Konzert im Mozarteum gerade gehört hatte. So waren sie, lustig, luftig und überraschend trotz der dramatischen Umstände, unter denen sie lebten, trotz der Erschwernisse ihres Daseins. Kinder der Luft, Harlekine mit ihren karierten Kostümen von Schatten und Licht, lebten sie in einer Blase amadeischer Gnade. Wie sie wollte ich auch sein: verrückt, frei, kühn und leidend.

Dort auf der Bank erkannte ich, dass ich die Pflicht hatte, meine Nöte zu überwinden, den Schlüssel zu der Tür zu finden, die mich dahin führte, wo Siege anders aussahen, wo denkwürdige Taten im direkten Verhältnis zu dem Leid standen, das ich durchmachte. Kopflose, unscheinbare Taten, festliche Höhepunkte meiner Phantasie, um aus der leidvollen Geschichte meines Lebens eine kleine glorreiche Odyssee zu machen. Wenn meine Tragödien winzig waren, dann konnte – sollte! – ich auch nach Komödien gleichen Ausmaßes suchen. Sprühende Schelmereien. Nach Triumph schmeckende Extravaganzen. Alles, was ich bisher erlebt hatte, aus der humoristischen Ecke betrachten und anfangen, fröhliche Funken daraus zu schlagen. Spiele. Die würden das Dynamit sein, mit dem ich die Festungsmauern in die Luft jagte. Und dieses Dynamit hätte eine doppelte Funktion: Es würde die künftigen Tage unter der Bevormundung meines Vaters erträglich machen, und es würde mein Abenteuer als Künstler in einem spielerischen Licht erscheinen lassen. Wie ein Finale von Mozart. Ich erhob mich, riss einen Grashalm aus dem Rasen, den Herr Wolfgang bearbeitete, und steckte ihn in den Schlitz des Keramikschweins.

«Ich werde jetzt auch Verrücktheiten begehen», sagte ich und ging davon, ohne eine Antwort des Herrn abzuwarten, seinen verständnisvollen Blick jedoch wohl ahnend. Wer weiß, vielleicht könnte ich meine Verrücktheiten eines Tages ausleben, wie Herr Wolfgang es tat; wie normales tägliches Tun.

Mein Vater schickte mir seine Nachricht. Wir trafen uns vorm Mozarteum. Er kaufte mir neue Koffer, begleitete mich zum Fahrradverleih, beglich die Rechnung und erklärte mir den ganzen Tag lang, welche Pläne er mit mir hatte, welche Fehler ich in der Vergangenheit gemacht hatte, und verzweifelte jedes Mal, wenn ich einen deplatzierten Scherz machte, wie von meinem Lieblingsstuhl am *Spirit of Mozart* aus ein unsichtbares Orchester dirigieren oder im Koffergeschäft in einen der größten Koffer steigen und wie ein Springteufel wieder hinaushüpfen, oder ihm einen lieben Freund vorstellen wollen und ihn zum Poseidon des Brunnens am Kapitelplatz führen. Mein Vater verlor zwar die Geduld mit mir, war aber entschlossen, so gut es ging, ruhig zu bleiben. Er hatte meine Narrheiten als Trotzreaktion erkannt und würde nicht zulassen, dass ich seine wiedergewonnene Autorität ins Wanken brachte. Er begleitete mich zum Theatereingang, als die Zeit der Probe für meinen Auftritt gekommen war, und sagte mir, er sei stolz auf mich und auf die Zukunft, die mich erwarte.

Der Portier rief mich zu sich. Für mich war ein Paket angekommen. Ich unterschrieb die Quittung und bekam eine große Schachtel, die fast nichts wog. Auf dem Flur zu den Umkleideräumen der Komparsen begegnete ich dem Bariton, der den Masetto singen würde. Ätzender, giftiger Neid stieg mir in die Kehle. Als ich das voluminöse Paket auf einen Tisch hievte, entdeckte ich den Aufkleber mit dem Absender und erkannte die Schrift. Sofort war der Neid verflogen. Mit ungeduldigen Fingern riss ich den Karton überall auf, riss die Plastikhülle in Fetzen, in die er eingewickelt war, zog den gewichtslosen Gegenstand heraus und erblickte den Regenbogen. Hingerissen und gerührt betrachtete ich ihn. Es war eine Rokokoperücke auf einem Styroporkopf. Das Haar war bunt gefärbt. Gelb überwog. Eine Karte lag nicht dabei. Sie war auch nicht nötig. Die trällernden und summenden Stimmen aus allen Garderoben waren ein himmlischer Chor, das Scheinwerferlicht auf der Bühne würde mein Ruhm und meine Ehre sein.

Ich betrat die Bühne mit der Kraft von zehntausend Wirbelstürmen. Jeder Augenblick war der entscheidende. Was wussten die Diven, die zuversichtlich und zuverlässig auf der Bühne agierten und ihre Rollen mit der Gewissheit interpretierten, dass es für sie ein nächstes und ein übernächstes Mal gab, was wussten sie davon, wie wunderbar das Flüchtige sein konnte, das, was nie wieder sein würde? Nie zuvor hatte ich die elektrisierende Wärme bemerkt, die während einer Aufführung vom Publikum auf die Bühne überspringt. Nie zuvor hatte ich so intensiv die belebenden Schwingungen wahrgenommen, die ein spontaner Applaus hervorruft.

Nie zuvor hatte ich mich von der Kraft jeder einzelnen Note umarmen lassen, vom Gesang, der aus dem Körper neben mir hervorbricht, von der Musik, die auf dieser Seite der Kunst entsteht. Ich war ein überschwänglicher Teufel, rückte jedem Sänger auf den Pelz, sobald er seine Stimme erhob, und während des Chor- und Ensemblegesangs sang ich einfach mit, unbekümmert ob der feindseligen Blicke des einen oder anderen Sängers. Ich würde nicht von der Bühne abgehen, ohne meine Stimme bis zum letzten Moment meines gescheiterten Traums erklingen zu lassen. Verborgen im Ensemble sang ich aus vollem Hals und tat, als gälten die Ovationen, mit denen das Publikum die letzte Aufführung von *Don Giovanni* feierte, alle ganz allein mir.

«Du warst gar nicht so schlecht», sagte mein Vater hinterher und nahm gleich darauf lustvoll die Inszenierung auseinander, das Orchester und die Auftritte eines jeden Sängers. Für die Tchenova war er voller Lob, und für den Tenor hatte er nur vernichtende Missbilligung. «Du warst gar nicht so schlecht.» Es war zu erwarten gewesen, dass mein Vater so etwas sagen würde. Aber ich hatte es nicht nur gar nicht so schlecht gemacht, ich war phänomenal gewesen.

Ich hatte mir die bunte Perücke aufgesetzt. Wir waren im Triangel. Franzi fand sie bezaubernd. Für meinen Vater waren der Rummel im Restaurant und meine Perücke zu viel. Es gab weder Nachtisch noch Kaffee. Er ging in sein Hotel zurück, und ich stand auf der Straße.

Ich hätte mir gewünscht, dass meine Abschiedswallfahrt (so wollte ich meinen letzten Besuch bei den Statuen nennen) unter dem sanften bläulichen Glanz eines hohen, geheimnisvollen Mondes stattgefunden hätte. Der Himmel war jedoch bedeckt, und ich musste mit den Straßenlaternen vorliebnehmen. Zwar fielen ein paar Regentropfen, doch ich nahm mir Zeit für jeden einzelnen meiner Freunde. Ich verabschiedete mich von Awilda, von Poseidon und vom hölzernen Mann auf der goldenen Kugel. Und von Paracelsus und den Riesengurken und von Papageno. Und von dem Radfahrer aus Bronze. Von der Frau in der Felsennische, von Schiller und von Trazom. Für jede Figur erfand ich eine eigene Stimme, und alle Stimmen waren meine Stimme. Diese Nacht beschloss ich, nicht in Julias und Jacques' Wohnung zu verbringen. Ich stieg auf den Berg. Von der Aussichtsbank aus betrachtete ich voller Entzücken das Funkeln und Glitzern von Salzburg und der Salzach. Ich legte mich an derselben Stelle zum Schlafen, an der Julias Arme mich umschlungen gehalten hatten. Ich legte mich unter die phosphoreszierenden Ziffern des Iglus von Merz. Beim Einschlafen nahm in meinem Geiste eine Frage Gestalt an, beleuchtete meine Reise ins Unbewusste wie eine weitere Ziffer in der phosphoreszierenden Reihe oder wie das Ergebnis einer endlosen mathematischen Gleichung des Kunstwerks. Eine glanzvolle Frage, eine einfache Frage, die sich mit jeder einzelnen Stimme der Statuen stellte. Eine irrwitzige Frage: «Und wenn ich bliebe?»

5

*S*alzburg schrumpfte. Menschen und Autos wurden zu wimmelnden Insekten. Der Fluss, auf den die letzten Sonnenstrahlen fielen, wurde zu einer sternengesprenkelten Schlange, und die grünen Dächer und Kirchenkuppeln verschwanden unter Wolkenfetzen. Man sah nur noch die schneebedeckten Alpen, eine dicke Wolke, wie ein Kissen, dann – hinter dem ovalen Flugzeugfensterchen, über das runde Wassertröpfchen glitten wie stumme, durchsichtige Noten einer Musik, die niemand hörte – wolkenloser Himmel. Salzburg war entschwunden. Was von seinen Straßen, von den Fassaden seiner barocken Häuser, von den Gesichtszügen seiner Denkmäler und den Farben seiner Abenddämmerungen würde mir in deutlicher Erinnerung bleiben? Gewiss nur wenig. Alles würde allmählich verblassen, zu dunstigen, durchscheinenden Bildern zerlaufen wie der grüne Geist auf dem Bild im Bierhaus, in dem ich mich in der Nacht vor der letzten Aufführung betrunken hatte. Wie die bittersüße Erinnerung an Julia.

Mein Vater las entspannt die Zeitung und nahm mit den aufgeschlagenen Seiten die Hälfte meines Platzes in Anspruch. Ich hielt mein Gesicht ans Fenster gedrückt.

«An was denkst du?», fragte er mich.

«An den Geist einer Frau von der Farbe der Salzach», antwortete ich. Er schüttelte den Kopf, hob den Blick auf die Höhe meiner Haare, schnaubte erbittert.

Wenigstens machte ich ihn wütend. Ich trug meine Rokokoperücke, die ich morgens mit Talkum bestäubt hatte, und jedes Mal, wenn auf dem Salzburger Flughafen jemand lachend auf mich zeigte, entrang sich meinem Vater ein knurrender Laut, und er befahl mir, «dieses lächerliche Scheißding» abzusetzen. Ich erklärte ihm, dass sie nicht in meinen Rucksack passte und dass sie in meinem Handkoffer, den er mir freundlicherweise auch gekauft hatte, zerquetscht würde. Das war ein so schlagendes Argument, dass mein Vater sich die Faust auf den Oberschenkel hieb und Worte zwischen den Zähnen hervorquetschte, die ich nicht verstehen konnte und wollte. Ich würde diese bunte Perücke nicht absetzen;

sie war die Gedichtzeile, die Julia mir geschickt hatte. Diese Perücke war meine Krone. Außerdem war ich mit der Mozartperücke gar nicht so fehl am Platz auf dem Flughafen, der seinen Namen trug. Jedes Zornesgrollen meines Vaters erschreckte und amüsierte mich zur gleichen Zeit. Bei jedem Knurren erzitterte das Kind, das ich war, in einer Kammer meines Herzens, und der Erwachsene, der alle seine Pläne begraben hatte, freute sich. Da mein künstlerischer Traum gescheitert war, machte ich ihn zwar zum Steuermann meines Lebens, ließ ihn mit meinen Verrücktheiten aber seinen Preis dafür zahlen.

Das Flugzeug hüpfte in einer Turbulenz. Mein Vater faltete die Zeitung zusammen, legte sie auf seinen Schoß, und bevor er einschlief, gähnte er mit weit aufgerissenem Mund. Ich beugte mich vor und sah seine reparierten Zähne, seine fleischige Zunge sich nach hinten rollen, seinen roten Gaumen sich in die Höhe heben. Seine Oberlippe zog sich weiter nach oben, ließ die Nase verschwinden, verschlang die Augen und die Stirn meines Vaters, die Zähne gruben sich in das dunkel werdende Fleisch, die Zunge verschwand ganz, und wo das Gesicht meines Vaters gewesen war, war jetzt ein Loch, ein grauenvolles Nichts. In dieser Grabesleere sah ich mich selbst auf der Bühne in das leere Gesicht der Nachbildungen der Skulptur von Anna Chromy schauen, voller Neugier all das erkennend, was ich nicht zu schätzen gewusst hatte. Ich sah mich in Prag dieses selbe leere Gesicht der Statue des Commendatore betrachten, nervös, weil mein erstes Vorsingen in Europa bevorstand; ich sah mich Anfang des Sommers unter den Kolonnaden von Salzburg das Nichts im Gesicht der Pietà betrachten, begierig, die letzte Etappe meines Bühnenabenteuers in Angriff zu nehmen; und ich sah mich auf diesem Flugzeugsitz in den gleichen Abgrund *en minia-*

ture starren (und von ihm angestarrt werden), der sich jetzt im Gesicht meines Vaters auftat. Ich konnte, ich wollte, ich sollte keine Antwort finden auf die leuchtende Frage, mit der ich unter dem Merz'schen Iglu eingeschlafen war. Mein zauderndes, versagendes Ich schaute mir aus all den leeren Gesichtern entgegen, die mir bislang begegnet waren.

Das Quietschen der Reifen und der Ruck, mit dem das Flugzeug aufsetzte, als hätte eine Windsbraut es auf die Landebahn gedrückt, ließen meinen Vater erschrocken auffahren und rissen ihn aus seiner Benommenheit. Sobald es nach der letzten Kurve seine Halteposition erreicht hatte, öffnete er den Sicherheitsgurt, krallte seine Hand in meinen Arm und sagte, wir sollten zusehen, vor allen anderen aus der Maschine zu kommen, er wolle keine Zeit verlieren, vorne zu sein erleichtere stets die Formalitäten und die Ankunft.

Wir stiegen als Erste aus. Er bahnte sich seinen Weg beinahe mit den Ellenbogen. Ich machte weiter meine Verrücktheiten. Auf dem Weg zu den Transportbändern, die die Passagiere schneller von einer Halle zur nächsten bringen, blieb ich zurück, um nicht an meines Vaters Seite gehen zu müssen, und bevor er etwas merkte, sprang ich auf das entgegenkommende Transportband. Beinahe wäre ich dabei gestürzt und musste danach den mir entgegenkommenden Leuten ausweichen, die zerstreut auf ihre Mobiltelefone schauten, ihre empörten Rufe ignorieren und auch die eine oder andere Beschimpfung, wenn sie aus ihrer Versunkenheit gerissen wurden. Am Ende des Förderbandes erwartete mich mein Vater.

«Mit deinen Blödsinnigkeiten wirst du noch einen Unfall verursachen», grunzte er ärgerlich, doch nach wie vor entschlossen, sich nicht von mir provozieren zu lassen. Als wir uns dem nächsten Band näherten, ergriff er meinen Arm und sorgte mit einem entschlossenen Ruck dafür, dass ich in die richtige Richtung ging. Ich hievte mich auf den Handlauf, schlug die Füße übereinander und schwang sie vor und zurück, damit er nicht versuchte, mich herunterzuziehen. Mein Herz hüpfte vor Angst und vor Freude. Die Mäuschenstimme drängte mich, vom Handlauf abzuspringen, es lohne nicht, den Riesen zu reizen, zu Hause in Mexiko würde ich teuer dafür bezahlen. Die Stimme des Windes in den Bergen brauste auf und versuchte das Mäuschen zum Schweigen zu bringen, wurde zu dem Lüftchen auf meinen Lippen, mit dem ich eine Melodie Papagenos zu pfeifen begann. Mein Vater ignorierte mich. Er reagierte auch nicht, als ich am Ende des Transportbandes vom Handlauf heruntersprang und die Arme in die Luft riss wie ein olympischer Turner am Ende seiner Kür, und ebenso wenig, als ich mich in einem Laden, in dem er sich eine lederne Brieftasche kaufte, angeregt mit einer sehr eleganten Schaufensterpuppe unterhielt. Mein Vater ignorierte mich und hatte mit seiner Strategie Erfolg. Ich hörte auf. Das Schaufenster des Ladens, in dem er mit seiner goldenen Kreditkarte bezahlte, zeigte mir plötzlich das Bild eines teilverkleideten Verrückten; eines eigensinnigen, ungezogenen Affen; eines Clowns ohne Schminke und Publikum. Und ich hatte geglaubt, dass ich meinen Vater mit diesen Faxen rühren könnte; die dicken Mauern und die Zugbrücke zum Einsturz bringen könnte, die so erdrückend war und zugleich der Zugang zu einer Welt, in der allein seine Regeln galten. Ich hatte mich geirrt. Meine Faxen waren nicht das Dynamit, das eine uneinnehmbare Festung zerreißt, sondern ein lächerlicher Knallfrosch, der so eine Mauer nicht einmal zum Wackeln bringt. Ich wandte mich ab, um mein Spiegelbild nicht mehr sehen zu müssen. Bittere Trübsal erfüllte meine Brust. Die Schaufensterpuppen dieses Flughafens waren nicht die geliebten Statuen Salzburgs; der Handlauf des Transportbands war nicht der Stuhl des *Spirit of Mozart*; hinter den Leuten, die diese ungastlichen Gänge bevölkerten, floss nicht die grüne Salzach, erhoben sich nicht die barocken Fassaden der Stadt und dahinter die runden Rücken der Berge. Die Raben krächzten. Ich senkte den Kopf, damit die Vorübergehenden meine Augen nicht sahen. Ich erkannte jetzt, was meine eigentliche Niederlage war: nicht mein misslungener Versuch, die Bühnen zu erobern, und auch nicht mein geplatzter Traum von einer Karriere als Sänger, sondern die unfreiwillige Rückkehr und unwidersprochene Unterwerfung. Die Ketten, die ich mir selbst angelegt hatte, um mit meinem Vater zurückzufahren, und die Unfähigkeit, mich von ihnen zu befreien. Ich hatte verloren, ja; aber ich konnte wieder auf die Beine kommen. Die Bilder meines Abenteuers schwammen bereits auf den weiten Wassern meiner Erinnerung, ich brauchte nur noch die Netze auszuwerfen und sie einzuholen. Und wenn die kindischen Verrücktheiten, die ich begangen hatte, seit ich mich auf Herrn Wolfgangs Bank dazu entschlossen hatte, auch kein Dynamit waren, so waren sie doch die spritzende Gischt ewig schäumender Wellen. Und diese Gischt stob durch die Luft wie kleine glitzernde Wolken, wie Luftfischlein, für die man keine Netze auszuwerfen brauchte. Sie waren immer und überall mit Humor oder Melancholie zu fangen. Wie ein Finale von Mozart. Ich war nicht gescheitert, verdammt. Ich musste nur das Netz auswerfen und in meinen Erinnerungen fischen. Die Gischtgeister einatmen. Und mir natürlich neue Verrücktheiten ausdenken. Ich hob den Blick von den grauen Fliesen, in denen sich matt das Krankenhauslicht des Flughafens spiegelte. Vor einer Tür mit der Aufschrift *Staff Only* war ein Fahrrad abgestellt. Es war eines dieser Räder, mit denen die Flughafenangestellten durch die Hallen fahren. Es stand ganz verlassen da, kein Angestellter weit und breit. Wer es benutzen wollte, schien es sich nehmen zu können. Ein Verrückter mit einer Rokokoperücke beispielsweise. Zuerst ging ich langsam, als hätte ich es gar nicht gesehen. Und dann sprintete ich wie von der Sehne geschnellt los. Der Ruf meines Vaters kam zu spät und zerschellte an meinem Rücken. Ich trat schon in die Pedale und winkte mit einer Hand. Ich war wieder das befreite, verrückte, fröhliche, kühne Kind, und diesmal war es nicht die Musik von Queen, die mich begleitete. Mozart und seine Prager Symphonie mit dem ganzen Jubel ihres Lichts, dem rauschenden Fest ihrer Freiheit blühten in meiner Erinnerung auf.

6

*E*in frohlockendes inneres Licht ließ mich leicht und zuversichtlich in die Pedale treten. Ich betätigte die Fahrradklingel am Lenker und wich geschickt den Leuten aus, die in allen Richtungen unterwegs waren. Ich trällerte die sogenannte kleine *Symphonie in g-Moll* und war mir in meiner entfesselten Freude sicher, dass Mozart es geliebt hätte, Fahrrad zu fahren. Ich stellte ihn mir vor, wie er das Gleichgewicht zu halten versuchte, als er mit den Füßen kaum die Pedale erreichte. Und wie er mit fünf Jahren, als er sein erstes Werk komponierte, auch das Fahrrad vollkommen beherrschte. Ich war mir sicher, dass sein Vater ihm die Zeit fürs Radfahren eingeschränkt hatte, da er dem musikalischen Üben und Vorspielen, den Reisen und Konzerten absolut Vorrang einräumte.

Als ich an einer der großen Tafeln mit den Zielflughäfen und Abflugzeiten der Flüge vorbeifuhr, stellte ich mir Mozart auf seinen Reisen mit Nannerl und seinem Vater in jeder Stadt auf einem anderen Fahrrad vor. Er hätte die unterschiedlichsten Fahrräder in München, in Wien, in Mannheim, in Den Haag, in Zürich, in London und Paris ausprobiert. Vielleicht hätte man ihn auch am Hof von Maria Theresia, auf deren Schoß er gesessen hatte, Fahrrad fahren lassen. Oder in Versailles, wo Madame Pompadour den Kleinen nicht in ihre Nähe gelassen hätte, damit er ihr Kleid nicht ruinierte. Ich sah ihn auf italienischen Rädern fahren, als er mit seinem Vater in dem Land unterwegs war. Vielleicht hatte er sich auch ein paarmal aus Pater Giovanni Battista Martinis Seminaren geschlichen, in denen er Kontrapunkt gelernt hatte.

Aus den Augenwinkeln glaubte ich zwei Sicherheitskräfte zu sehen, die auf mich zeigten. Ich war zu schnell, um mir ganz sicher sein zu können. Ich sah auch ausgestreckte Arme mit Telefonen, die mich fotografierten oder filmten. Neugierige Gesichter, überraschte Gesichter, misstrauische Gesichter. Die Mäuschenstimme rief verzweifelt, ich solle meine alberne Fahrt beenden. Die des Windes in den Bergen brachte immer neue Bilder Mozarts auf dem Fahrrad hervor, damit meine Beine bloß nicht aufhörten, ebenso kraftvoll in die Pedale zu treten, wie Mozart es jedes Mal getan hätte, wenn er einen der schlüpfrig frivolen Briefe an das Bäsle, seine Cousine, auf die Post brachte. Und mit derselben strahlenden Freude, mit der er in Mannheim neben Aloysia Weber hergefahren wäre, in die er sich verliebt hatte. Mit demselben hohen Stolz, mit dem er das Fahrrad gefahren hätte, das ihm gewiss vom aufgeklärten Baron Grimm in Paris zur Verfügung gestellt worden wäre. «Es ist das Fahrrad von Diderot», hätte der ihm verraten, und darauf wäre er zum Palais Royal und hinterher weitergefahren, um sich das Eis zu kaufen, mit dem er sich für den Erfolg seiner Pariser Symphonie belohnt hatte. Ebenso wäre er damit zu den Häusern gefahren, in denen er Klavierunterricht gab und damit seinen Lebensunterhalt bestritt. Während der Tage, die er bei seiner Mutter verbrachte, als sie gegen die Krankheit kämpfte, der sie am Ende erlag, hätte er das Fahrrad in irgendeiner Ecke abgestellt und nicht mehr daran gedacht. Nach dem Tod der Mutter wäre Mozart wohl langsam und traurig durch die Straßen von Paris geradelt.

Mir schien, als ob mich jetzt noch mehr Sicherheitskräfte verfolgten. Wie kam ich nur dazu, dieses kleine Chaos zu veranstalten; ich, der ich schon bei dem Gedanken gezittert hatte, dass ein Polizist in meinem Rucksack das Gebetbuch entdecken könnte, das Jacques aus der Kirche gestohlen hatte? Ich durchquerte den Saal, von dem aus man zum Terminal 2 gelangte, und mir war klar, dass mein Verhalten mich verdächtig machte. Ich erkannte, dass meine Dämonen mich trieben, hierzubleiben, mich festnehmen zu lassen, damit die Abreise sich verzögerte; damit mein Vater in seiner Verzweiflung über mein unannehmbares Tun allein nach Mexiko flöge. Ich ließ Bekleidungsläden, Parfümerien, Zeitungskioske, Cafés und Restaurants an mir vorbeifliegen. Wie viele Kilometer hätte Mozart wohl auf seinem Fahrrad zurückgelegt während der zehn Jahre, die er und sein Vater in Diensten des Fürsterzbischofs Hieronymus Graf Colloredo am Hof von Salzburg gestanden hatten? Wie oft hätte sich Mozart wohl den Ärger über die Beschränkungen, die ihm seine Hoheit auferlegte, auf dem Fahrrad abgestrampelt? Mit welcher Mischung aus Zorn und Freude hätte er wohl in die Pedale getreten, als ihn Graf Arco, Kammerherr des Fürsterzbischofs, nach wiederholten und immer abgelehnten Eingaben, von Hof entlassen zu werden, mit einem Tritt in den Hintern hinausbeförderte? Damit die Leute im Terminal nicht erschraken, lächelte ich und winkte mit der Hand. Einige von denen, die in den Abflughallen warteten, winkten zurück, ich hörte Kinderlachen. Die Lautsprecherstimme, die die Reisenden warnt, ihr Gepäck nicht aus den Augen zu lassen, forderte die Person mit der Perücke auf, das Fahrrad zurückzugeben. Mein Herz pochte frohlockend und verwegen. Ich stellte mir Mozart vor, der noch rasender in die Pedale trat, mit noch größerem Hunger nach Freiheit in München während der Arbeit an *Idomeneo*, dem ersten seiner sieben Meisterwerke. Ich sah ihn gegen den Willen seines Vaters mit Constanze, seiner Frau, auf einem Tandem fahren. Im Geiste sah ich ihn mit vollem Tempo durch die belebten Straßen Wiens rasen, wo er sich als unabhängiger Musiker niedergelassen hatte. Ich sah ihn Kutschen, Fußgängern und anderen Radfahrern ausweichen; der Wind blies ihm ins Gesicht, und er hörte die Musik, die beim Radfahren in seinem Kopf entstand und die er niederschreiben musste zum Gefallen des breitgefächerten Geschmacks derer, für die er sie komponierte: den Hof, den Adel, das Bürgertum, Musikliebhaber, Operngänger und eifrige Konzertbesucher. Und mit der er sein tägliches Brot (und den Champagner) verdiente. Ich stellte mir vor, wie er in Prag vom Haus der Duscheks zum Theater radelte, wo er *Die Hochzeit des Figaro* auf die Bühne brachte und später *Don Giovanni*. Ich sah Da Ponte und Mozart Seite an Seite durch einen Laubsturm herbstlicher Blätter radeln und die Einzelheiten des Librettos ihrer drei großen Opern besprechen.

Rechts von mir las ich über der Tür des Flugsteigs A3 den Namen des Ankunftflughafens des nächsten Fluges, und in meiner Brust tat sich eine Landschaft von Glück und Sehnsucht auf: Salzburg. Weil ich jeden einzelnen der weißen Buchstaben dieses Namens las, wäre ich beinahe in die Fensterwand am Ende der Halle gekracht. Wenn ich weiterfahren wollte, musste ich umdrehen. Ich dachte, dass Mozart niemals sein Fahrrad aus der Hand gegeben hätte, weder als er nach Salzburg zurückkehrte, um seine *Messe in c-Moll* zu dirigieren und Repressalien von Colloredo befürchten musste, noch als er vom Tod seiner Kinder erfuhr oder als er so verarmte, dass er seine Brüder aus der Freimaurerloge immer wieder um Geld angehen musste, noch als er aufhörte, sich mit Nannerl zu schreiben, oder als sein Vater starb, zu dessen Beerdigung er nicht erschien. Mozart frei und elternlos. Möglicherweise hätte er sein Fahrradfahren wegen der Depression unterbrochen, die ihn 1790 heimsuchte, als er moralisch und finanziell am Ende war. Wenn nicht, wäre er wohl mehr geschlichen als gefahren, so als würden die Reifen schleifen oder als würde er seinen Schatten hinter sich herzerren. Im letzten Lebensjahr jedoch hätte er seine Ausfahrten mit dem Rad verdoppelt, hätte so kraftvoll in die Pedale getreten, wie er ein Meisterwerk nach dem anderen komponierte: das Klavierkonzert Nr. 27, das *Ave verum corpus*, *La clemenza di Tito* und *Die Zauberflöte*, deren Uraufführungen er dirigierte, sowie das bezaubernde *Konzert für Klarinette*. Und auf dem Totenbett hätte er sich vorgestellt, dass seine Füße in die Pedale traten, als er die Einsätze der Pauke seines *Requiems* komponierte, kurz bevor Gevatter Tod ihn mit sich nahm … auf dem Fahrrad. Am Fenster drehte ich mich um und sah fünf Sicherheitsleute mit einer Hand am Schlagstock auf mich zukommen. Ich schluckte. Mein größter Albtraum wurde gerade Wirklichkeit. Schweiß brach mir aus. Ich wartete mit dem Fahrrad vor mir als Schild zwischen den herankommenden Sicherheitsleuten und meinem zitternden Körper.

Sie umringten mich. Ihre Körpersprache war bedrohlich, wenngleich sie mich höflich aufforderten, das Fahrrad abzugeben, ihnen meinen Pass auszuhändigen, meine Hände auf den Rücken zu legen und sie zu begleiten. Ich gehorchte willig und lächelnd. Der das Fahrrad entgegennahm, untersuchte es, als handle es sich um eine Massenvernichtungswaffe. Der meinen Pass und mein Flugticket bekam, las darin mit finsterem Blick, als sei mein Name der eines weltweit gesuchten Verbrechers, Terroristen oder Waffenhändlers. Sie schauten ihre Kollegen an und nickten. Im Grunde war nichts passiert. Wir schlugen den Weg zur Flughafenpolizei ein. Ich schwitzte. Mein Herz raste. Ein gewaltiger Druck lastete auf meiner Brust. Ein Schatten aus Bronze. So konnte meine Phantasie doch nicht enden! Ein Ende in schweren Schatten war nicht mozartgerecht. Ein Mozartfinale sollte es schon sein. Ich begann die Arie zu trällern, mit der Papageno auftritt: *«Der Vogelfänger bin ich, ja!»*

Der Sicherheitsmann, der links neben mir ging, hob den Arm; aber nicht, um mich zu schlagen, wie ich fälschlicherweise fürchtete, sondern um sich mit dem Zeigefinger mehrmals an die Stirn zu tippen. Die anderen nickten. Ihre anfänglich gespannte und lauernde Haltung war einer neutralen Umgänglichkeit gewichen. Ihnen war klar geworden, dass sie es nicht mit einem gefährlichen Typen, sondern bloß mit einem einfachen Verrückten zu tun hatten. Meine Stimmung wurde wieder prickelnd, alles lief wunderbar, der Abflug rückte näher, und man verfrachtete mich in aller Ruhe aufs Polizeirevier. Ich nahm neuen Anlauf und sang noch lauter für sie und für die Neugierigen, die sich auf Zehenspitzen stellten, um den von Sicherheitsleuten umringten Verrückten mit der Lockenperücke zu sehen und zu filmen.

Wir fuhren auf einer Rolltreppe nach unten, und ich widerstand der Lust, mich auf den Handlauf zu setzen. Wir gingen durch einen langen, nicht so stark frequentierten Korridor, sie baten mich, Ruhe zu wahren, dann betraten wir die Dienststelle. Auf einem Plastiksessel erwartete ich meinen Prozess.

Woher nahm ich die Kühnheit, die Verwegenheit, wie ein Irrer auf dem Fahrrad durch die Flughafenhallen zu rasen und inmitten der Sicherheitsmänner lauten Gesang anzustimmen? Von der Perücke, der Kostümierung des Verrückten. Die würden sie mir natürlich nehmen. Aber Perücke und Kostümierung hatte ich längst verinnerlicht. Das erste Fahrrad tauchte zwanzig Jahre nach Mozarts Tod auf. Das heißt, das Bild von Amadeus auf dem Fahrrad mit Perücke und wehendem Rock, wie der Umhang eines Superhelden, ist unmöglich. Historisch unmöglich, aber in der Einbildung wahr. Unmöglich und wahr. Und daher frei und unwiderstehlich. Unmöglich, wahr, frei und unwiderstehlich wie eine Unterhaltung mit Skulpturen.

7

*A*uf mein Urteil musste ich nicht lange warten. Mein Versuch zu bleiben scheiterte. Mein Vater kam wutentbrannt in die Dienststelle gestürzt, um mich herauszuholen. Er sprach zehn Minuten mit dem Diensthabenden, erklärte ihm, dass ich geistig zurückgeblieben und in einem Augenblick der Unachtsamkeit seiner Obhut entwichen sei, dass ich ja erwiesenermaßen nicht gefährlich sei und der Flug unserer Maschine in die Vereinigten Staaten bald aufgerufen würde. Er versprach, dass sich so etwas vor unserem Einchecken nicht wiederholen werde. Der Diensthabende gab ihm meine Papiere zurück, verabschiedete ihn in verständnisvollem Ton und ließ uns gehen. Auf dem Weg herrschte zwischen uns ein drückendes, unbehagliches Schweigen. Eine Wortlosigkeit, die durch den Stimmenwirrwarr um uns herum noch unerträglicher wurde. Die Stimme des brausenden Sturms war vollständig erloschen, und auch die des Mäuschens hatte sich nervös verzogen. Eine sengende Angst stieg in meiner Kehle auf und ließ jede Lust am Spiel verglühen. Ich würde abreisen, so viel war klar, aber ich konnte nicht auf diese Weise gehen, ich durfte dieser lähmenden Stimmung nicht gestatten, zur Norm meiner künftigen Tage zu werden. Ein letztes Mal mussten die Würfel noch rollen, musste die Gischt von der letzten Welle gefangen werden, damit wenigstens mein Platz in dieser Schlacht markiert wurde, die zwar verloren, aber deshalb nicht weniger ehrenhaft gewesen war.

«Schuld war nur die Perücke», sagte ich in einem Ton, der neckisch sein sollte, obwohl ein Zittern in meiner Stimme ihn Lügen strafte. «Sie hat mir Geschichten von Amadeus auf dem Fahrrad erzählt, die ich in tatsächliches Radeln umgesetzt habe. Beispielsweise ...»

Eine harte, trockene Ohrfeige riss mir die Worte von den Lippen. Meine Augen füllten sich sofort mit Tränen. Es waren keine Gefühlstränen, die meine Pupillen netzten, sondern schlicht eine körperliche Reaktion auf meine brennende Wange. Es war das erste Mal, dass mein Vater mich geschlagen hatte. Meine Muskeln spannten sich wie die eines erschrockenen Tieres. Ein pfeifender Dauerton war in meinem Gehör – der Schlag hatte mein Ohr getroffen – und das Keuchen meiner Kehle. Ich schaute ihn mit aufgerissenen Augen an. Bestürzt und entsetzt. In seinen loderte ein cholerischer Glanz. Seine Hände krallten sich wild in meine Schultern. Zwischen zusammengebissenen Zähnen klang seine Stimme dunkel und schartig:

«Ich weiß verdammt noch mal nicht, was du vorhast, Vian. Aber du machst mir nicht mein Leben kaputt, verstehst du? Und ich lasse auch nicht zu, dass du deines zerstörst. Die Komödie ist vorbei.»

Mit einer schnellen Bewegung riss er mir grob die Perücke vom Kopf, wobei auch ein paar Haare von mir mitgingen, und schleuderte sie wütend auf die Erde.

«Schluss jetzt mit den Verkleidungen, das Theater auf und außerhalb der Bühne ist vorbei. Du hast kein Talent dafür. Es ist Zeit, dass du erwachsen wirst, dass du das akzeptierst und endlich den Weg beschreitest, den ich dir vorgezeichnet habe. Nicht ich bin dein Feind, Vian. Dein Feind ist diese Halsstarrigkeit, mit der du darauf beharrst, etwas zu tun, wozu du erwiesenermaßen nicht berufen bist. Du willst mich provozieren, dich mit mir streiten? Ich tu doch nichts anderes, als dir eine vorteilhafte Stellung zu verschaffen, die es dir erlaubt, dir deinen Lebensunterhalt zu verdienen, vernünftig zu werden und, wer weiß, später vielleicht die Frau zu finden, mit der du eine Familie gründen kannst. Mit der du mir die Freude eines Enkels machst. Eine Freude, die dein Bruder in seiner widernatürlichen Krankheit und deine Schwester mit ihrem Mannweib-Egoismus mir niemals machen können. Du bist sauer, weil das Leben dir gezeigt hat, dass du fürs Theater nicht gemacht bist; aber es hilft dir nicht, wenn du deinen Frust an mir auslässt. Tu, was ich dir sage, Sohn, und eines Tages wirst du beglückt auf diesen Moment zurückschauen, an dem du mir gehorcht hast und aufgeblüht bist, anstatt dein Glück über Bord zu werfen. Aber meine Geduld hat Grenzen.»

Ich wollte etwas erwidern, konnte aber nur den Mund auf und zu machen. Mein Zwerchfell war der Stiel einer liegenden Rose, voller Dornen, der sich langsam drehte und die schwächliche Zuversicht in Fetzen riss, mit der ich meine Spiele ins Werk gesetzt hatte, um mich zu retten. Ich schaute auf die am Boden liegende Perücke. Die Perücke von Amadeus. Die Perücke, die Julia in bunte Farben getaucht hatte. Und die Farben erinnerten mich an das wiedergefundene Glück im Angesicht der Bilder von Matisse in München. Und an die Begeisterung, mit der ich zu ihnen gelaufen war, und an die Spinne der Bourgeois, die mich zu meinem begeisterten Lauf angestiftet hatte. Und an *Die Zerstörung des Vaters*, hergestellt aus Figuren, die wie blutige Barbapapas aussahen.

«Papa», sagte ich ruhig.

«Sprich, mein Sohn.»

«Warum hast du nicht zugelassen, dass meine Mutter mit der von ihr geliebten Frau zusammenlebte?»

Mein Vater runzelte die Stirn, sein Gesicht verzerrte sich in einem Ausdruck von Ärger und Abscheu. Er wusste nicht, dass ich es wusste. Es war sicher das erste Mal, dass ihm jemand diese Frage stellte. Seine Vampiraugen starrten mich an, schlugen ihre Fangzähne in meine Augen, um daraus das Wissen zu saugen, das ich von der Vergangenheit besaß, die schmerzlichen Bilder meiner Erinnerung. Ich hielt dem Biss seiner Augen stand.

«Untersteh dich, mich verurteilen zu wollen, hast du gehört?», sagte er mit heiserer Stimme nach einer Zeitspanne, die für mich kaum noch zu ertragen war. «Diese Unterhaltung werden wir niemals führen, ist das klar? Das hat dich nicht zu interessieren, und du solltest Gott danken, dass du einen Vater hast, der bereit ist, sich um dich zu kümmern, dich aus deinem Elend herauszuholen, deine Verrücktheiten zu tolerieren.»

Seine Fangzähne waren immer noch in meine Augen gebohrt. Mein Vater forderte mich heraus, etwas zu sagen, ihm zu widersprechen, Wahrheiten herausfinden zu wollen. Ich wusste, dass ich etwas sagen musste, aber ich war eingeschüchtert, mein Herz war furchtsam. Als er erkannte, dass ich mich aus meiner Erstarrung nicht lösen würde, dass er gewonnen hatte, versetzte er mir den Todesstoß.

«Weißt du, Vian, mein Lieber? Viele Jahre habe ich nicht geglaubt, dass du mein Sohn bist. Aber ich habe dich großgezogen. Später, als ich entdeckte, mit wem deine Mutter sich vergnügte, erkannte ich, dass du in Wirklichkeit nur ein Unfall warst. Und nichts anderes. Danke Gott für den Vater, den du hast, und hör auf, dich mit Dingen zu befassen, die dich nichts angehen. Jetzt aber los, Zeit zum *boarding*.»

Ich dachte an die Strecke meiner Rückkehr: Salzburg – Frankfurt – Miami – Mexiko. In anderen Worten: Abenteuer – Transit – Vaterwille. Ich schaute die Perücke auf dem Boden an: Mozart – ich – Julia, oder, um im Spiel der anderen Worte zu bleiben: Freiheit – Spiel – Liebe. Alles zusammen: Freiheit – Spiel – Liebe – Abenteuer – Transit – Vaterwille. Und wenn ich es rückwärts sprach, wie Trazom anstelle von Mozart? Vaterwille – Transit – Abenteuer – Liebe – Spiel – Freiheit.

In diesem Moment erinnerte ich mich an die Nachricht, die Julia mir unter den Augen Awildas geschickt hatte. Aber sie kam nicht in ihrer ursprünglichen Form von Buchstaben und Leerstellen, sondern mit dem Ton ihrer geliebten Stimme: «Weißt du, Vian? Ich habe viel darüber nachgedacht und glaube, dass deine Mutter mit der Frau, die sie liebte, hätte fortgehen sollen. Lerne aus der Geschichte deiner Mutter, Vian.»

Ich fühlte, wie mein Körper erschlaffte, Festigkeit verlor, eine enorme Müdigkeit dem Schrecken folgte, der mich unter Spannung gehalten hatte, und wie warmer Honig langsam die geheimsten Krümmungen meines Seins durchfloss. Ein tiefer Seufzer blähte meine Brust. Ich hob die bunte Perücke vom grauen Boden auf, stülpte sie mir wieder auf den Kopf und sprach («Sing, mein Kleiner, sing») die unanfechtbaren Worte:

«Papa, ich bleibe.»

Mein Vater verharrte ein paar Sekunden, kam zu einem Entschluss, zog sich den Anzug glatt und nahm wieder seine ruhige, hochmütige Haltung ein.

«Gut», sagte er und schaute mich mit schmalen Augen an, als spräche er mit einem Angestellten, den er kaum kannte. «Wie du willst. Ich habe getan, was ich konnte. Und das war sehr viel mehr, als ich gemusst hätte. Aber ich kann dich nicht zwingen, die richtige Entscheidung zu treffen. Vergiss ab jetzt, dass du einen Vater hast. Du bist und bleibst ein Unfall.»

Dann drehte er sich um und ging, ohne sich ein einziges Mal nach mir umzusehen, langsam und sehr aufrecht, im Bewusstsein seiner unabweisbaren, armseligen, selbstgebastelten Triumphe, zum Gate.

Ich blieb mühsam atmend stehen, und mit einem Mal bemächtigte sich ein fieberhafter Ansporn meiner Bewegungen. Ich rannte zum Schalter und machte meinen Flug rückgängig und ließ mir ein Ticket nach Salzburg ausstellen. Zu meinem Glück hatte mein Vater ein Hin-und-Rückflug-Ticket gekauft, das weniger gekostet hatte als ein einfacher Flug. Den fiktiven Rückflug konnte ich nun umwandeln. Mein Koffer werde mir an die neue Adresse nachgeschickt, wurde mir versichert. Ich wurde auf die nächste Maschine gebucht. Im Kabinenfenster wurde Salzburg größer, die Punkte im Gras wurden Dächer, Häuser, Autos und Menschen, und die glitzernde Linie, die sich hindurchbewegte, wurde zur majestätischen Salzach. Wie freute ich mich, die Burg wiederzusehen! Nun war es doch nicht nötig gewesen, sie in die Luft zu jagen. Ich brauchte ihr nur den Rücken zu kehren und weder das Gewicht der Zugbrücke auf mich zu nehmen, noch den Druck ihrer dicken Mauern.

In der Flughafenhalle blieb ich vor der Mozartbüste stehen.

«Hallo, Mozart», sagte ich und hätte vor Freude platzen können, «Cronopium, Pataphysiker, Tausendkünstler, Tänzer, Lichtteufel und Schattenengel. Ich komme nicht zurück, in Wirklichkeit bin ich nie gegangen.» Die verstohlenen Blicke der hereinkommenden Fluggäste beachtete ich nicht.

Mein Koffer war nicht mitgekommen. Er käme mit dem nächsten Flug. Auf die Frage, wohin sie ihn schicken sollten, nannte ich im Spaß die Bank von Herrn Wolfgang. Dann gab ich ihnen die Adresse von Perecs Buchhandlung. Während ich auf den Bus in die Altstadt wartete, flog mir eine Wespe ums Gesicht, und ich vervollständigte im Geiste das inexistente Gemälde meiner Familie: Mein Vater saß in seinem eleganten Polstersessel in der Mitte des Zimmers, einen Schlüsselbund in der einen Hand und in der anderen eine angezündete Zigarre. Die Haltung selbstbewusst, der Blick eisern, der Anzug makellos. Gern hätte man noch eine prächtige Bulldogge zu seinen Füßen in den auf Hochglanz polierten Maßschuhen gesehen. Doch er ist ganz allein im Zimmer, hochmütig und unbarmherzig; ein einsamer Monarch, eingeschlossen in den Mauern seiner leeren Festung. Jenseits des Fensters haben meine Geschwister und ich der Burg den Rücken gekehrt und entfernen uns. Hesse händchenhaltend mit einem Mann, Nin schleppt einen Koffer hinter sich her und hält das Ticket zu einem Flug auf einen anderen Kontinent in der Hand, und ich, ein Sausewind auf dem Fahrrad mit rotem Rock und bunter Perücke. An der Wand hängt das Bild meiner Mutter. In ihren feuchten Augen ist eine alte, tiefe Trauer zu erkennen, doch auf ihren blühenden Lippen scheint sich – genau wie auf dem letzten Porträt von Mozart – ein diskretes Lächeln abzuzeichnen und damit ein später, heiterer Triumph.

Der Autobus kam, und diesmal ließ ich die Wespe mit mir hinein.

8

*U*nd hier bin ich nun. Ich spiele immer noch und höre Mozart. Einige Jahre sind vergangen seit jenem Sommer, seit mein Vater mir auf dem Flughafen den Rücken gekehrt und seitdem kein Wort mehr mit mir gesprochen hat. Meine Tage sind nicht immer die reine Freude gewesen, aber Freude ist auch nicht das Lebensziel.

Ich schiebe das Bettgestell unter das Sofa, und die Sprungfedern geben ihr bekanntes metallischen Knarren von sich. Jetzt steht nur noch der alte Polstersessel im Hinterzimmer von Perecs Buchhandlung. Ich richte ein paar Bücher, die seit dem Vortag auf dem Schreibtisch herumliegen, und nehme den leichten Geruch von Tabak in Kombination mit dem von Holz und Papier in mich auf. Mein Blick gleitet über die mit Büchern gefüllten Regale. Mein Zuhause. Heute ist Sonntag, da bleibt die Buchhandlung geschlossen. Ich werde in die Waschräume des Theaters gehen und mich duschen.

Als ich aus Frankfurt zurückkam, empfing Perec mich mit einem Lächeln, das sein Gesicht mit freundlichen Falten überzog. Sein belustigter Blick unter den hochgezogenen Augenbrauen drückte keine Überraschung, sondern Verstehen aus. Er schien sagen zu wollen, mich so bald wiederzusehen, sei immer einer der möglichen Ausgänge meines Abenteuers gewesen. Ohne ein weiteres Wort ging er zu seinem unaufgeräumten Schreibtisch, zog die Schublade auf und holte das Backgammonbrett heraus. Mit einem übermütigen Glitzern im Blick und einer feierlichen Handbewegung forderte er mich auf, Platz zu nehmen. Und später, als er sich ein Bild von meiner Lage gemacht hatte, sagte er, da ja schon mein Koffer im Hinterzimmer gewohnt habe, könne ich das jetzt auch tun. Ich sehe ihn täglich. Er ist mein zuverlässiger Freund. Wir sprechen über Literatur, hören Musik und spielen Backgammon. Er hat schon gemerkt, dass ich ein bisschen verrückt bin, aber er behandelt mich immer noch mit demselben Zutrauen und mit derselben Zuneigung. Ich helfe ihm zwar in der Buchhandlung, weiß aber, dass er mich nicht anstellen kann. Das gibt das Geschäft nicht her. Wenigstens habe ich keinen Mangel an Büchern.

Meinen Lebensunterhalt verdiene ich auf verschiedene Weise. Jede macht mir Spaß, und keine gerät zu Routine. In der Stadt der Festspiele werden immer Statisten gebraucht. Jedes Jahr arbeite ich in zwei oder drei Produktionen mit. Aber wie ich schon geschrieben habe: Ich bin nicht als Schauspieler geboren, ich muss singen. Ich habe eine Genehmigung als Straßenkünstler bekommen und singe jeden Tag. Für die Münzen, die in meinem Hut landen, den ich auf dem Müll gefunden habe, bedanke ich mich ebenso würdevoll wie für einen Schein, der mir manchmal hineingeworfen wird. So wie Herr Wolfgang es mir vorgemacht hat. Es gibt hier auch einen Chor, der nichtprofessionelle Sänger engagiert, und ab und zu fragen sie mich, ob ich bei einem Projekt mitmachen will. Manchmal verkleide ich mich auch als Mozart und stehe stundenlang neben dem Denkmal des Komponisten mit einem Schild, auf dem «Hochstapler» steht. Eines Tages trat ein Mann mit zerzaustem Haar und der Ausstrahlung eines Bohemien zu mir und fragte mich, was ich über Mozart wisse. Ich nannte ihm ein paar Dinge, die nur Eingeweihten bekannt sind. Er lächelte und sagte, es sei wohl nicht ganz klar, ob ich oder das Denkmal der Hochstapler sei. Ich sagte, wir beide, und wieder lächelte er. Er zündete sich eine Zigarette an, warf ein paar Münzen in meinen Hut und ging davon. Monate später sah ich sein Foto in der Zeitung. Er war zum Intendanten der Salzburger Festspiele ernannt worden, und zu meiner Überraschung waren auf den Werbeplakaten seines ersten Sommers Modellskizzen von Louise Bourgeois zu sehen, der Erschafferin der einzigen Spinne, die mich heute nicht nur nicht in Schrecken versetzt, sondern mir Ruhe und Gelassenheit gibt. Als Mozart verkleidet fahre ich auch auf Plätzen herum und erzähle mit lauter Stimme Touristen die wahnsinnige Biographie, die mir zugeflogen kam, als ich durch den Frankfurter Flughafen geradelt bin. Vor zwei Jahren habe ich mich in einer Galerie mit einem Mann namens Thomas angefreundet, der in der Stiftung Mozarteum arbeitet. Für die Mozartwoche ruft er mich an, und ich kann zehn Tage lang Mozart zu Diensten sein und mir ein paar Euros dazuverdienen. Trotz all dieser Verdienstmöglichkeiten gibt es Zeiten, in denen bei mir Ebbe in der Kasse ist. Franzi rettet mich immer mit einem Gratisessen im Triangel, und meine Geschwister schicken mir Geld, wann immer ich sie darum bitte. Sie sagen, ich bin verrückt, aber ich nehme das als Huldigung.

Mein Vater hat sein Versprechen gehalten. Wir haben keinen Kontakt mehr. Seine Abwesenheit wird für mich zwar immer schmerzvoll sein; aber dafür habe ich sein perverses Joch abgeschüttelt und bewege mich jetzt frei in meiner Welt. Andere, wahrscheinlich schmerzlichere Abwesenheiten haben sich zu der meines Vaters gesellt.

Von Julia habe ich nichts mehr gehört. Anders als vermutet, hat es die Zeit nicht geschafft, ihr Gesicht in Vergessenheit geraten zu lassen. Ich habe sie so frisch in Erinnerung wie bei unserer ersten Begegnung auf der Nonnbergstiege, ihre Stimme ist die unserer ersten Unterhaltung, als wir nach der Probe zusammen Fahrrad gefahren sind, und die Wärme ihres Körpers kommt zu mir aus der Nacht, in der ich unter dem Iglu von Merz in ihren Armen gelegen habe. Vor allem aber ist mir das Glücksgefühl treu geblieben, das ich stets in ihrer Nähe empfand; ohne die Farben jedoch, die damals zu ihr gehörten. Manchmal träume ich von ihr. Sie besucht mich in einem wiederkehrenden Traum. Da bäumt die Salzach sich auf und wird zum grünen Geist Julias, der mit mir spricht wie ein murmelnder Bach, der dem Meer entgegenfließt; mit dem Klatschen von mitgerissenen Ästen, dem Schnalzen der schaumigen Wellen, die ans Rasenufer springen. Sie spricht geduldig mit mir in einer uralten Sprache. Und ich lausche ihr aufmerksam und erwache mitten in der Nacht mit vor Freude pochendem Herzen und versuche zu verstehen, was sie mir erzählt hat. In diesen Augenblicken scheine ich davon überzeugt zu sein, dass wir uns eines Tages wiedersehen. Das Wachsein danach vertreibt diese Hoffnung vernünftigerweise.

Auch von Jacques habe ich nichts mehr gehört, doch manchmal stecke ich mir ganz unbewusst einen Zahnstocher zwischen die Lippen.

Die Verrückte, die singt, wurde eingesperrt. Sie ist anscheinend gewalttätig geworden und hat zwei oder drei Personen angegriffen. Sie verlässt jetzt ihr Haus nicht mehr. Schwer zu sagen, ob sie zu Hause immer noch ihre misstönenden spitzen Schreie ausstößt, oder ob sie, wie gewisse Singvögel das tun, sich entschieden hat, in ihrem Käfig zu verstummen.

Von den schönen Trauerweiden, die Poseidons Brunnen flankierten, existiert nur noch eine. Ich habe nicht einmal mitbekommen, wann die rechte gefällt worden ist; aber als ich die leere Stelle entdeckte, hatte ich das Gefühl, einem geliebten Wesen sei der Arm amputiert worden.

Es erübrigt sich wohl, zu sagen, dass ich Herrn Wolfgangs Bank eifrig nutze. Manchmal brachte ich ihm Mozartkugeln mit, die wir genüsslich verzehrten. Wir haben lange Gespräche geführt oder einfach die Salzach betrachtet. Herr Wolfgang ging während der Wintermonate in den Süden auf der Suche nach einem freundlicheren Klima. Seit zwei Jahren ist er nicht zurückgekommen. Ich vermisse ihn, und zwischen den Gedanken an ein mögliches tragisches Ende oder an einen Ort, an dem der Vagabund in seiner Eigenart und Gutmütigkeit freundlichere Aufnahme gefunden hat, als sie ihm in Salzburg zuteil wurde, wähle ich natürlich den zweiten. Ich hoffe, ihn noch einmal wiederzusehen. Einmal kam mir der Gedanke, sein schmales Gärtchen vor der Bank in Ordnung zu bringen, den Rasen zu schneiden und neue Blumen zu pflanzen, Farbe zu besorgen, um Randsteine und Geländer neu zu streichen. Ich habe den Gedanken jedoch gleich wieder verworfen. Er wird schon wiederkommen, um das zu tun. Das ist seine Verrücktheit. Ich habe meine eigenen verrückten Spiele, die darin bestehen, der hölzernen Frau Blumen in die Nische zu werfen; dem Neptun ohne seine Trauerweide Briefe von Nooteboom vorzulesen; den Holzmann auf der Kugel zu beobachten, um den Moment zu erwischen, an dem er doch noch von seiner goldenen Kugel heruntersteigt; am Paracelsus-Denkmal Vermutungen über mein und anderer Leute Leben anzustellen; mich auf meinen Stuhl in der zweiten Reihe des *Spirit of Mozart* zu setzen und die Beine baumeln zu lassen, während die Tauben mich ignorieren und zwischen den Kieselsteinen picken; vor der Papageno-Skulptur zu singen; mit den leuchtenden Ziffern im Iglu von Merz nutzlose Formeln zu ersinnen; vom Mozartsteg aus Zweige und Steine in die Salzach zu werfen, als wären es Geschenke für sie; in Turrells *Sky-Space* Verse von Sor Juana zu deklamieren und vergnügt ihrem doppelnden Echo zu lauschen, während der Himmel in der ovalen Deckenöffnung seine Farbe verändert; Awilda die Geschichten von freier und vergänglicher Liebe zu erzählen, die ich erlebt habe; von dort jede Nacht zum Mozart-Denkmal zu gehen und der Gestalt mit dem umgekehrten Namen alles zu berichten, was mir tagsüber zugestoßen ist, meine Triumphe, meine Niederlagen, meine Spiele und meine Scherze, die Attacken der Raben, die lichten Zuflüchte, in die ich mich rette, das tägliche In-Szene-Setzen meines Lebens.

Ich habe mein Netz im weiten Meer der Erinnerung ausgeworfen und Gedächtnisfetzen herausgezogen. Mit wie vielen Transplantaten der Phantasie ich sie wiederhergerichtet habe, kann ich nicht sagen. Sie sind nun eingefangen und schwimmen im Aquarium dieser Seiten. Ich bin jetzt fertig.

Ich bin der Spinner, der mit den Salzburger Statuen spricht. Heute schreibe ich die letzte Seite meiner Odyssee. Und ich gehe zu dieser Statue, die Mozart überhaupt nicht ähnlich sieht, und spreche sie mit ihrem umgekehrten Namen an und frage dich, Trazom, verabscheust du nicht die Ewigkeit, weil sie für dich bedeutet, keine einzige Note mehr zu schreiben? Das Mondlicht auf einem Bronzebuchstaben deines Namens antwortet mir mit einem blassen spöttischen Zwinkern. Lächelnd bedanke ich mich bei dir. Wir sehen uns morgen. Miauend wie eine Katze gehe ich davon. Ich beneide die Erfolgreichen nicht mehr. Und als ich das Ende des Platzes erreiche, drehe ich mich um und sage und schreibe und singe zum Schluss: «Gute Nacht! Es lebe die Freiheit, Trazom!»

DANK

Von ganzem Herzen danke ich den folgenden Leserinnen und Lesern des Manuskripts (und seiner vielen Metamorphosen und Schrumpfformen), die mir geholfen haben, diesem Roman die endgültige Form zu geben:

Margit Knapp für die Begeisterung, mit der sie das erste Manuskript gelesen hat, für ihre genaue Beobachtung, ihren kritischen Blick und die stets stimmigen Fragen, für das Immerwiederlesen des so oft veränderten Textes.

Judith Neuhoff für ihre unerschöpfliche Unterstützung, ihre aufschlussreichen Gedanken und ihre scharfsinnigen Analysen. Immer zurück.

Mónica Martí, die vorbehaltlos den Finger auf alles gelegt hat, was am ersten Manuskript überflüssig war.

Willi Zurbrüggen, nicht nur für seine präzise Übersetzung, sondern auch für die Kommentare, die er mir während der Arbeit daran zugeschickt hat und die dazu beigetragen haben, dass der Text kleine, aber wichtige Veränderungen erfahren hat.

Dr. Ulrich Leisinger, Mozartexperte, für seine beharrliche, gründliche und freundliche Lektüre sowie für seine zuverlässige Führung durch die Historie. Verbleibende Ungenauigkeiten sind der dichterischen Freiheit geschuldet, die ich mir zugestanden habe.

Lucía Escobar für ihr Einfühlungsvermögen, ihr Verständnis, ihre Motivierung, ihren Beistand.

Ganz besonders Enrique Alfaro Llarena, der vom ersten Kapitel bis zur letzten Lektüre der letzten Fassung mein unverdrossener, begeisterter Begleiter, hellsichtiger Kritiker und klärender Kommentator bei diesem Mozart-Abenteuer war. Und natürlich dem, der dieses Unternehmen zum Leben erweckt hat und mit seiner unvergleichlichen Kunst in vielen Arbeitsstunden an meiner Seite war: danke, geliebter Wolfgang Amadeus, danke, Maestro Mozart.

INHALT

NACHWEIS
DER MOZART-ZITATE

S. 137: Wolfgang Amadé Mozart an Leopold Mozart,
Mannheim, 8. November 1777 (BD 366)

S. 138: Wolfgang Amadé Mozart an Maria Anna Thekla Mozart,
Mannheim, 28. Februar 1778 (BD 432)

S. 203: Flugblatt von Wolfgang Amadé Mozart, Wien, verteilt im
Karneval 1786. Text nach Oberdeutsche Staatszeitung,
Salzburg, 23. Marz 1786 (BD 933)

S. 204: Wolfgang Amadé Mozart an Leopold Mozart,
Wien, 25. Juli 1781 (BD 612)

S. 236: Wolfgang Amadé Mozart an Constanze Mozart,
Frankfurt, 30. September 1790 (BD 1136)

S. 260 und S. 308: Wolfgang Amadé Mozart an Joseph Bullinger,
Paris, 3. Juli 1778 (BD 459)

S. 270: Wolfgang Amadé Mozart an Leopold Mozart,
Wien, 4. April 1787 (BD 1044).

Die Zitate folgen der Ausgabe der Digitalen Mozart Edition
(https://dme.mozarteum.at/briefe-dokumente/online-edition/),
wurden aber in der Schreibung modernisiert.

Weitere Titel

Kunststücke
Lebenskünstler